大连理工大学管理论丛

中国传统产业升级发展的路径研究

原毅军 著

本书由大连理工大学经济管理学院资助

科学出版社

北 京

内 容 简 介

本书主要研究传统产业向中高端升级的驱动机制,加快传统产业升级的产业政策、科技政策及环境政策的协调与创新问题。在内容安排上,本书注重借鉴和吸收国内外同类研究中的新成果,深入分析传统产业向中高端升级的路径与对策,其主要内容包括产业升级的阶段性特征、现代服务业与传统产业的互动、环境政策对传统产业升级的影响,以及战略性新兴产业带动传统产业升级的理论研究和实现机理。

本书可为高等学校、科研机构和企事业单位及研究工业和传统产业发展的人员提供参考,也可作为高等院校经济类和管理类研究生的学习参考用书。

图书在版编目(CIP)数据

中国传统产业升级发展的路径研究 / 原毅军著. —北京:科学出版社,2022.1

(大连理工大学管理论丛)

ISBN 978-7-03-071216-5

Ⅰ.①中⋯ Ⅱ.①原⋯ Ⅲ.①传统产业-产业结构升级-研究-中国 Ⅳ.①F269.24

中国版本图书馆 CIP 数据核字(2021)第 277944 号

责任编辑:郝 悦 / 责任校对:贾娜娜
责任印制:张 伟 / 封面设计:无极书装

科学出版社 出版
北京东黄城根北街 16 号
邮政编码:100717
http://www.sciencep.com

北京建宏印刷有限公司 印刷
科学出版社发行 各地新华书店经销

*

2022 年 1 月第 一 版 开本:720×1000 1/16
2022 年 12 月第二次印刷 印张:18 1/2
字数:373 000
定价:198.00 元
(如有印装质量问题,我社负责调换)

丛书编委会

编委会名誉主任　　王众托
编委会主任　　　　朱方伟
编委会副主任　　　叶　鑫　孙玉涛
编委会委员
党延忠　刘晓冰　成力为　王延章　张米尔
叶　鑫　曲　英　朱方伟　刘凤朝　孙玉涛
孙晓华　苏敬勤　李文立　李延喜　杨光飞
宋金波　迟国泰　陈艳莹　胡祥培　秦学志
郭崇慧

总　　序

编写一批能够反映大连理工大学经济管理学科科学研究成果的专著，是近些年一直在推动的事情。这是因为大连理工大学作为国内最早开展现代管理教育的高校，早在1980年就在国内率先开展了引进西方现代管理教育的工作，被学界誉为"中国现代管理教育的摇篮，中国 MBA 教育的发祥地，中国管理案例教学法的先锋"。

大连理工大学管理教育不仅在人才培养方面取得了丰硕的成果，在科学研究方面同样也取得了令同行瞩目的成绩。在教育部第二轮学科评估中，大连理工大学的管理科学与工程一级学科获得全国第三名的成绩；在教育部第三轮学科评估中，大连理工大学的工商管理一级学科获得全国第八名的成绩；在教育部第四轮学科评估中，大连理工大学工商管理学科和管理科学与工程学科分别获得 A- 的成绩，是中国国内拥有两个 A 级管理学科的 6 所商学院之一。

2020年经济管理学院获得的科研经费已达到4345万元，2015年至2020年期间获得的国家级重点重大项目达到27项，同时发表在国家自然科学基金委员会管理科学部认定核心期刊的论文达到1 000篇以上，国际 SCI、SSCI 论文发表超800篇。近年来，虽然学院的科研成果产出量在国内高校中处于领先地位，但是在学科领域内具有广泛性影响力的学术专著仍然不多。

在许多的管理学家看来，论文才是科学研究成果最直接、最有显示度的体现，而且论文时效性更强、含金量也更高，因此出现了不重视专著也不重视获奖的现象。无疑，论文是科学研究成果的重要载体，甚至是最主要的载体，但是，管理作为自然科学与社会科学的交叉成果，其成果载体存在的方式一定会呈现出多元化的特点，其自然科学部分更多地会以论文等成果形态出现，而社会科学部分则既可以以论文的形态呈现，也可以以专著、获奖、咨政建议等形态出现，并且同样会呈现出生机和活力。

2010年，大连理工大学决定组建管理与经济学部，将原管理学院、经济系合并，重组后的管理与经济学部以学科群的方式组建下属单位，设立了管理科学与工程学院、工商管理学院、经济学院以及 MBA/EMBA 教育中心。2019年，大连理工大学管理与经济学部更名为大连理工大学经济管理学院。目前，学院拥有10个研究所、5个教育教学实验中心和9个行政办公室，建设有两个国家级工程研究中心和实验室，六个省部级工程研究中心和实验室，以及国内最大的管理案例共享平台。

经济管理学院秉承"笃行厚学"的理念，以"扎根实践培养卓越管理人才、凝练商学新知、推动社会进步"为使命，努力建设成扎根中国的世界一流商学院，并为中国的经济管理教育做出新的、更大的贡献。因此，全面体现学院研究成果的重要载体形式——专著的出版就变得更加必要和紧迫。本套论丛就是在这个背景下产生的。

本套论丛的出版主要考虑了以下几个因素：第一是先进性。要将经济管理学院教师的最新科学研究成果反映在专著中，目的是更好地传播教师最新的科学研究成果，为推进经济管理学科的学术繁荣做贡献。第二是广泛性。经济管理学院下设的10个研究所分布在与国际主流接轨的各个领域，所以专著的选题具有广泛性。第三是选题的自由探索性。我们认为，经济管理学科在中国得到了迅速的发展，各种具有中国情境的理论与现实问题众多，可以研究和解决的现实问题也非常多，在这个方面，重要的是发扬科学家进行自由探索的精神，自己寻找选题，自己开展科学研究并进而形成科学研究的成果，这样一种机制会使得广大教师遵循科学探索精神，撰写出一批对于推动中国经济社会发展起到积极促进作用的专著。第四是将其纳入学术成果考评之中。我们认为，既然学术专著是科研成果的展示，本身就具有很强的学术性，属于科学研究成果，那么就有必要将其纳入科学研究成果的考评之中，而这本身也必然会调动广大教师的积极性。

本套论丛的出版得到了科学出版社的大力支持和帮助。马跃社长作为论丛的负责人，在选题的确定和出版发行等方面给予了极大的支持，帮助经济管理学院解决出版过程中遇到的困难和问题。同时特别感谢经济管理学院的同行在论丛出版过程中表现出的极大热情，没有大家的支持，这套论丛的出版不可能如此顺利。

大连理工大学经济管理学院
2021年12月

前　言

自 1978 年中国改革开放以来，产业经济发展取得了令人瞩目的成就。尤其是工业领域，中国不仅成为世界第一制造大国，而且在多个高端制造业的技术领域也达到了国际领先水平。然而，时至今日，传统产业在国民经济中仍占较大比重。加快传统产业的升级，对于实现中国经济的高质量、可持续发展，具有重大意义。

进入 21 世纪后，信息技术、人工智能技术、大数据技术，以及绿色技术等高新技术领域的创新日趋活跃，其创新成果的普及和扩散速度不断加快，在这种趋势的推动下，新的科技革命和产业革命正在形成。以这一科技革命的趋势为背景，在高新技术领域探索推动中国传统产业升级发展的路径，是本书研究的重点内容。

本书共包括 8 章，第一，在分析传统产业发展现状与存在问题的基础上，指出战略性新兴产业在传统产业结构合理化、高级化和产业转型升级中有着重要作用。并从工业 4.0 的视角，阐明中国当前产业升级的阶段性特征，并提出中国传统制造业向工业 4.0 转型的升级思路。

第二，本书系统地研究了制造业与服务业之间的互动升级发展问题，从服务业与制造业的演进关系入手，分析了制造业结构升级和竞争力升级对生产性服务业的影响。服务业具有较高的吸纳劳动力能力和价值创造能力，其与制造业的密切联系，可以形成柔性制造系统的重要组成部分，对中国制造业的优化调整和整个产业升级具有重要的推动作用。服务业促进制造业升级主要体现在以下两个方面：一方面，可以提高制造企业的动态创新能力，减少技术创新在企业内部的应用时间和成本，缩短技术创新周期，从而提高技术创新的绩效；另一方面，制造业的服务化发展可以促使制造企业提高生产的专业化程度，生产节点之间的阻碍远远低于企业单独完成整个生产过程时的节点之间的阻碍，大大降低制造业升级过程中的转换成本。

第三，在环境规制不断强化的大背景下，深入分析环境规制对制造业绿色技术创新的影响和这种影响的区域差异，并研究绿色技术创新在环境规制倒逼制造业转型升级过程中的传导路径，进而提出促进制造业绿色升级的两种路径：一是从消费需求的角度倒逼制造业绿色升级，即通过不断提高消费者的环保意识与健康意识,强化消费者对更清洁、健康的绿色产品的偏好,增加消费者对绿色产品的需求,从而鼓励制造企业加大对绿色技术创新和绿色产品生产的投入,增强其市场竞争优势;二是从产品生产与供给角度推动制造业的绿色升级,即制造企业必须重视环境规制的约束,大力开展绿色技术、工艺和产品创新,实现清洁生产。

第四,以大数据应用、网络化和智能化为特征的数字化转型,对社会与经济发展带来了颠覆性的变化与前所未有的机遇和挑战,传统制造业如何在这场智能革命中实现跨越式发展,已成为理论与实务界关注的重点话题。本书对传统制造业数字化转型如何影响制造企业变革做了较为深入的探讨,得出不同类型的企业在数字化转型背景下其升级路径存在差异。传统制造业数字化升级有利于制造企业在融合先进技术的基础上,实现制造业转型所关注的资源与环境问题。大数据、"互联网+"等智能化发展模式对于制造业调整产业结构、提升服务质量、改进生产效率、开发人力资源、改善生态环境等均产生了积极影响。

本书中的研究在以下三个方面进行了创新性探索。

第一,战略性新兴产业带动传统产业升级的理论研究和实现机理。根据系统论的观点,产业是由一系列企业和其他决策主体所组成的一个复杂系统,而不同的产业又共同组成了更为复杂的产业体系系统。在这一系统中,每个产业都可以被看作技术、资本、人力等相关资源的集合体,产业之间的耦合互动就是通过这些不同层面的资源之间的互相影响而产生的。战略性新兴产业和传统产业之间存在千丝万缕的联系。本书将结合产业结构升级理论、影响因素、基本规律和主要模式进行分析,再以先进制造业、大数据产业和智能制造业等产业为例对战略性新兴产业带动传统产业的实现机理进一步分析,力图揭示传统产业孵化新兴产业的内在裂变原理。

第二,战略性新兴产业带动传统产业升级的微观路径。战略性新兴产业带动传统产业升级的微观路径不仅关系到不同产业企业内部的各种要素与其他产业企业的要素之间在冲突中相互适应融合、相互支持促进,还关系到新旧产业企业之间要素和子系统之间的衔接、传输、融合和放大的过程。本书在借鉴国内外成功经验的基础上,对战略性新兴产业带动传统产业升级的微观实现路径进行探索,试图找到适合不同战略性新兴产业带动传统产业升级的差异化路径。

第三,全球价值链视角下战略性新兴产业带动传统产业升级的落脚点。如何在全球价值链下,找到战略性新兴产业反作用于传统产业,并促进其升级发展的落脚点,是实现产业结构转型升级的关键问题之一。本书研究以芯片产业为例,对芯片产业的现状和问题进行了分析,并且对芯片产业带动传统产业升级的着力点和路径进行探索,试图为战略性新兴产业带动传统产业升级的实现提供借鉴。另外,国际产业转移也是基于全球价值链实现传统产业升级的重要方式之一。

本书是国家社会科学基金重大项目"加快我国传统产业向中高端升级发展的微观机制和政策创新研究"（批准号：15ZDA025）的研究成果之一。在此，对为该课题的研究做出贡献的课题组成员表示感谢。

原毅军

2019年12月

目 录

第 1 章 绪论 ········· 1
 1.1 中国传统产业升级及其面临的挑战 ········· 1
 1.2 传统产业、战略性新兴产业与产业升级 ········· 16
 1.3 工业 4.0 与中国产业升级 ········· 22

第 2 章 制造业与生产性服务业互动升级发展的路径 ········· 34
 2.1 制造业与生产性服务业互动升级发展的机理 ········· 34
 2.2 制造业与生产性服务业共生发展的模式 ········· 50
 2.3 基于科技中介平台的制造业升级发展路径 ········· 61
 2.4 大规模定制化服务创新与制造业升级 ········· 67
 2.5 服务型制造带动制造业升级的路径 ········· 74

第 3 章 先进制造业带动传统制造业升级路径 ········· 83
 3.1 先进制造业的内涵与特点 ········· 83
 3.2 先进制造业带动传统制造业升级的国际经验 ········· 86
 3.3 先进制造业与传统制造业的融合提升 ········· 90
 3.4 先进制造业带动下传统制造业升级的路径 ········· 98

第 4 章 大数据发展背景下的产业升级 ········· 104
 4.1 大数据的应用领域与发展现状 ········· 104
 4.2 大数据驱动产业升级的模式 ········· 112
 4.3 大数据推进工业 4.0 发展的路径 ········· 116

第 5 章 中国芯片产业的升级路径 ········· 126
 5.1 中国芯片产业的现状与问题 ········· 126
 5.2 工业 4.0 视角下的中国芯片产业升级路径 ········· 134

第 6 章 智能制造推动传统产业升级的路径 ········· 138
 6.1 智能制造的内涵及现状 ········· 138
 6.2 智能制造推动制造业产业升级的机理分析 ········· 142

第 7 章　基于"互联网+"的产业升级路径 …………………………… 148
　7.1　基于"互联网+"的制造业升级模式分析 …………………… 148
　7.2　"互联网+"背景下的服务业升级 …………………………… 158
　7.3　基于工业 4.0 云服务平台的制造业升级发展 ………………… 172

第 8 章　中国传统产业的绿色升级路径 ………………………………… 178
　8.1　中国经济发展中的资源和生态环境约束 ……………………… 178
　8.2　产业绿色升级的相关理论 ……………………………………… 204
　8.3　绿色技术创新与制造业绿色升级：产业层面的研究 ………… 237
　8.4　绿色技术创新与制造业绿色升级：企业层面的研究 ………… 257

参考文献 ………………………………………………………………… 272

第1章 绪　　论

1.1　中国传统产业升级及其面临的挑战

1.1.1　传统产业升级的内涵

1. 传统产业的界定

虽然传统产业的相关研究众多,但学者对传统产业的概念仍然没有形成一个统一、清晰的界定。在传统产业概念的界定上,董洁和刘航[1]认为,传统产业被称为"传统",是因为其概念是相对于高技术产业技术知识密集的特征而言的,目前中国的传统产业包括了全部的第一产业和第二产业,以及部分的第三产业,而且,传统制造业的内涵并不是固化的,它与要素投入中的知识密集度相关,因此传统制造业与高技术产业并不是一成不变的。比如,在几十年前属于高技术产业的纺织业如今已经转变为传统产业。刘满凤和李昕耀[2]也强调,传统产业是一个和战略性新兴产业相对的概念,随着产业演化,两者会出现交替更迭。王霄琼[3]指出,传统产业是制造业生态系统的重要组成部分,从产业分类的角度来看,高新技术产业和传统产业分类的最主要的原因是统计便利,但随着经济和技术的发展,这种分类边界会越来越模糊,而且在学术研究中的作用会越来越小。对于传统产业具体包含哪些行业,余泳泽和刘大勇[4]认为,中国的传统产业大部分是劳动密集型和资本密集型行业,传统产业与新兴产业的技术进步路径存在差异,传统产业的技术进步更适合采取模仿性创新的外援式路径,如技术引进和模仿性创新等,在实证中,他们则将两位行业代码的工业行业统计中除高技术产业所覆盖的领域和资源依赖性较强的煤炭采选业、石油和天然气开采业、金属矿采选业、非金属矿采选业和供应业,都归类为传统产业。刘瑞和高峰[5]则将十大传统产业中的钢铁、石化、纺织、轻工、有色金属和装备制造业作为传统产业的代表。

可见，虽然学者对传统产业概念的界定有所差异，但他们都认同传统产业是一个历史的相对概念，从技术进步角度可以将传统产业定义为使用传统技术提供生产与服务的产业，这些产业在工业化初期一般会起到支柱与基础性作用，在中国的当前阶段，传统产业是指在工业化初级阶段和重化工业阶段发展起来的一系列产业群，在统计分类上大部分属于第二产业中的原材料工业及加工工业中的轻加工工业[6]。根据学者的研究，本书研究中传统产业主要涉及的国民经济行业为煤炭开采和洗选业，石油和天然气开采业，黑色金属矿采选业，有色金属矿采选业，非金属矿采选业，农副食品加工业，食品制造业，酒、饮料和精制茶制造业，烟草制品业，纺织业，纺织服装、服饰业，家具制造业，造纸和纸制品业，印刷和记录媒介复制业，橡胶和塑料制品业等23个。

2. 产业升级的界定与内涵

要谈传统产业升级，就必须先搞清楚产业升级的含义。对于产业升级概念的界定，理论界目前主要有三种说法。

一是不区分"产业升级"与"产业结构升级"、"产业结构调整"，从宏观角度定义产业升级是低附加值产业向高附加值产业、低技术产业向高技术产业升级的过程，这种理解实际上是"产业结构高级化"问题研究的延伸。例如，李钢等[7]在研究中国产业升级的方向和路径时，利用购买力平价分行业的数据计算了我国2000~2009年的产业结构，认为应该保持第二产业的比例，第二产业特别是制造业的加快发展仍旧是中国产业升级的方向及产业政策的着力点。

二是从全球价值链的视角，认为产业升级是指市场主体（企业、国家）在特定产业的专业分工中，通过改善投入、技术和产出，使单件产品的价值和单位产出的增加值率均由低而高，实现利润可持续的最大化，从而谋求在市场竞争中的比较优势[8-9]。该种定义强调的是产品单位价值的提高和单位产出增加值率的提高，侧重的是微观视角下的企业和行业内升级改造。

三是从比较优势理论的角度去刻画产业升级，各国应该根据自身在国际分工中具有的比较优势进行专业化分工生产，进一步实现要素禀赋结构内生化，从而实现一国产业升级。因为经典的比较优势理论主要是通过分析要素禀赋来影响国家间的产业分工，因此也可以称为要素禀赋理论。产品空间理论是传统比较优势理论的拓展，强调从产出的角度发现一国的能力和比较优势，以此寻找产业升级的方向。在产品空间理论看来，不同国家的能力可以用产品空间加以测量[10-11]。

综合这几种观点，本书研究认为，产业升级是一个产业发展能力的积累与培育的动态过程，它应该包括两个方面的升级：产业结构升级和产业价值链升级。产业结构升级指国民经济结构中低技术水平、低附加值的产业向高技术水平、高附加值的产业过渡的过程；产业价值链升级指企业不断向提高自身盈利能力的资本、技术密集领域持续迈进的过程，不断由价值链低端环节向高端环节攀升的过程。

3. 产业升级的性质与概述

结构性减速的新常态下，伴随全球制造业回归与新一轮产业革命的到来，中国产业升级环境越发复杂与严峻。快速增长的内在需求和缓慢的结构调整间的矛盾进一步加重，规模资源投入主导的传统升级模式未能根本性地解决该矛盾，并且引发产能过剩、资源浪费等问题。虽然政府、企业对产业升级给予了前所未有的重视，但产业升级的总体方向却依旧没有改变。企业一面设法处理过剩之产能，一面又继续加大资源投入，以期增加产出继而推动产业升级，结果是，不仅没有推进升级进程，而且阻力越来越大。为解决这一问题，学者提出了诸多有益的研究结论。然而当前研究多立足于原有的产业升级模式之上，剖析产业升级的性质的命题研究较少，未能从理论上给予产业实践新的方向指导。

产业升级是产业发展的必然过程。自产业开始发展便有升级之需要，这种需要对产业内的一切主体起着暗中有力的作用[12]。产业环境变化越是剧烈复杂，这种需要便越是急切强烈，产业升级成功的可能性便越大，随之带来的升级结果也越显著。以英国为例，资本主义企业与大工业的发展成长可追溯到16世纪中叶，但产业的形成与贸易的发展则早在几个世纪之前就开始了。然而，早期经济增长并不能与工业革命后即升级之后的产业发展水平相提并论，1741~1771年，英国国民生产总值年均增长速度为0.9%，而在1701~1740年为0.3%，以绝对值计算，这一时期英国的国民生产总值增长率提高了两倍[13]。1780~1881年，英国人均国民生产总值增长3.5%[14-15]。

我国产业升级历史亦呈现上述规律，直至新中国成立初期，第一产业产值仍在三大产业中占绝对比重，在1952年依旧占比50.5%，就业比重占比80%以上。借鉴英国完成工业革命的标准[16]，1958年，我国第二产业产值占比为37%，首次超越第一产业产值占比（34.1%），完成了传统农业国向工业国的转变，可视为我国产业升级的第一阶段[17]。改革开放使得产业环境再度发生变化，第三产业产值迅速提升，产业升级进入新阶段。

基于系统演变的观点，产业系统可视作经济体的子系统，产业环境变化与经济系统所处大环境的变化密切相关。纵观全球及我国产业升级历史不难发现，产业升级史就是一部产业的生存斗争史。产业系统由各行各业、千千万万的企业构成，无论看向哪一国家，都能看到为发展升级而展开的斗争景象。自然界的复杂关系在产业经济系统内上演，不同经济体下的相同产业斗争往往很剧烈，系统内相近的甚至同质的产业子单位间的斗争则最为剧烈[18]。产业系统的最小单位要素是企业,企业竞争便是这种斗争形式的演变,由此看来,产业升级无非是扩大化、系统化的企业竞争。有关产业升级的目的,可以设想一下,如果产业升级中只有两个企业参与,升级关系只存在于这两个企业之间,则每一方都试图在升级过程中增强自身的竞争优势从而超越另一方。任何一方的直接目的都是超越竞争对手,在这场斗争与博弈中获得升级发展的主动权与控制权。

漫长的产业升级历史中,学者对产业升级也进行了定义与界定,大致分为三个阶段:早期、后期及当前研究阶段。早期如李昌宇[19],朱卫平和陈林[20]等主要从生产和供给角度进行研究,认为产业升级是一种资源配置趋势的演变,是要素禀赋动态转化的过程。产业的不平衡增长导致产业结构的转变。

后期贾晓峰[21]在此基础上进一步提出产业升级不仅要有量的积累,还应有质的改变,产业升级是这两方面的综合提高。紧接着,刘春梅[22]通过对区域产业经济进行研究,不仅更加具体地将质与量两方面的提升方式具体化,且尝试将产业升级结果纳入概念界定中,竞争优势及全球产业价值链开始得到关注。研究至今,当前的产业升级定义与全球产业升级环境越发契合,全球分工、价值链竞争优势等都渐渐被纳入产业升级概念中,大量学者的研究结果证明了这一点[23]。

综合产业升级概念内涵的研究,可发现两点不足:一是普遍忽略了产业升级作为经济子系统与政治间的关系,将产业升级放在全球视野下研究的同时未能考虑产业所依托的经济体本身;二是概念的界定没有超脱现实产业升级的错误模式,单一地强调物质资源的规模投入与产出的增加,没有考虑到精神要素在产业升级过程中发挥的关键作用。

鉴于过往研究基础,结合全球及中国产业升级历史经验,本书界定产业升级为经济子系统间的博弈行为,而且是为超越产业对手、获取竞争主动的非零和博弈行为。

4. 传统产业升级的概念界定

将产业升级的概念和传统产业的概念相结合,就可以对传统产业升级进行进一步理解,即传统产业升级是指工业化初级阶段和重化工业阶段发展起来的一系列产业群逐渐发展为高附加值、高技术产业,实现产业结构变动的过程,以及传统企业在全球价值链的低端向高端攀升的过程,包括功能升级、产业链条(跨产业)升级、流程升级、产品升级,实质是产业内部或产业之间高附加值环节对低附加值环节的替代。图1.1和图1.2分别展示了传统产业的结构升级和价值链升级。

第 1 章 绪　　论

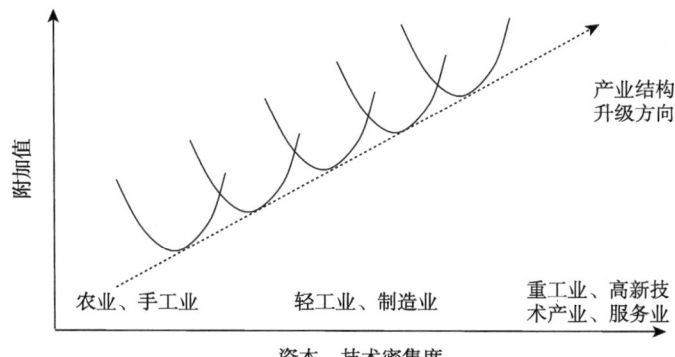

图 1.1　传统产业结构升级

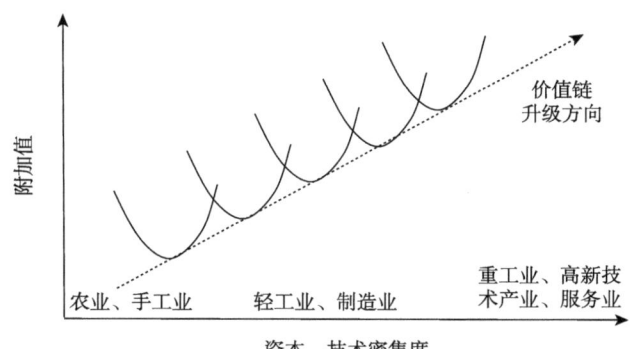

图 1.2　传统产业价值链升级

但是需要说明的是，上述传统产业升级的内涵多从供给侧的角度去理解，而如果从需求侧的角度进行思考，则可以发现，并不是所有传统产业都需要进行升级。

表 1.1 中展示了传统产业和部分非传统产业的存货、周转天数和利润率情况。其中存货情况指标为存货占工业销售产值的比例。从存货情况来看，除了烟草制品业的存货明显很多，大部分传统产业的存货情况要低于 0.12%的平均值，如石油和天然气开采业、非金属矿采选业、农副食品加工业和食品制造业等；从产成品存货周转天数来看，在传统产业中，除了烟草制品业，纺织业，石油加工、炼焦和核燃料加工业，化学纤维制造业，橡胶和塑料制品业，汽车制造业，专用设备制造业和其他制造业，其余传统产业的产品周转天数均低于 20 天，接近 16.96 天的均值；从主营业务收入利润率来看，部分传统产业的产品利润情况较好，如酒、饮料和精制茶制造业的主营业务收入利润率是 23.24%，烟草制品业的主营业务收入利润率是 51.34%，但是大部分传统制造业的产品利润率都低于 17.22%的均值，石油和天然气开采业的利润率仅为 6.50%。综合来看，在传统产业中，有

部分传统产业在市场上仍然存在较大需求，有较好的获利情况，如酒、饮料和精制茶制造业，这一类产业或许不需要进行一般意义上的产业升级。

表1.1 不同行业产品存货及利润情况

行业	产品存货	产成品存货周转天数/天	主营业务收入利润率
煤炭开采和洗选业	0.13%	15.05	17.83%
石油和天然气开采业	0.03%	17.83	6.50%
黑色金属矿采选业	0.08%	6.50	15.75%
有色金属矿采选业	0.08%	15.75	14.89%
非金属矿采选业	0.06%	14.89	12.75%
农副食品加工业	0.08%	6.86	13.13%
食品制造业	0.06%	13.13	13.91%
酒、饮料和精制茶制造业	0.16%	13.91	23.24%
烟草制品业	0.45%	23.24	51.34%
纺织业	0.10%	51.34	15.71%
纺织服装、服饰业	0.10%	15.71	18.96%
皮革、毛皮、羽毛及其制品和制鞋业	0.08%	18.96	12.51%
木材加工和木、竹、藤、棕、草制品业	0.07%	12.51	12.33%
家具制造业	0.10%	12.33	16.42%
造纸和纸制品业	0.10%	16.42	14.79%
印刷和记录媒介复制业	0.09%	14.79	13.21%
文教、工美、体育和娱乐用品制造业	0.12%	13.21	20.98%
石油加工、炼焦和核燃料加工业	0.08%	20.98	12.60%
化学原料和化学制品制造业	0.08%	12.60	14.68%
医药制造业	0.12%	14.68	25.97%
化学纤维制造业	0.12%	25.97	22.05%
橡胶和塑料制品业	0.09%	22.05	16.14%
非金属矿物制品业	0.09%	16.14	14.06%
黑色金属冶炼和压延加工业	0.12%	14.06	14.95%
有色金属冶炼和压延加工业	0.13%	14.95	13.79%
金属制品业	0.11%	13.79	15.83%
通用设备制造业	0.17%	15.83	20.85%
专用设备制造业	0.18%	20.85	21.78%
汽车制造业	0.08%	21.78	15.52%
铁路、船舶、航空航天和其他运输设备制造业	0.22%	15.52	13.41%

续表

行业	产品存货	产成品存货周转天数/天	主营业务收入利润率
电气机械和器材制造业	0.10%	13.41	17.95%
计算机、通信和其他电子设备制造业	0.09%	17.95	13.76%
仪器仪表制造业	0.13%	13.76	20.03%
其他制造业	0.21%	20.03	17.96%
均值	0.12%	16.96	17.22%

资料来源：课题组根据《中国工业经济统计年鉴2016》整理计算

因此，从需求侧的角度，传统产业升级则是指工业化初级阶段和重化工业阶段发展起来的一系列产业群以满足市场需求为导向，实现利润最大化的过程。从这一角度去思考，可以对传统产业升级的内涵进行进一步完善，但本书所指的传统产业升级，仍然是以一般定义的传统产业升级为主。

1.1.2　中国传统制造业的现状

1. 中国制造业发展现状与问题分析

改革开放后，我国经济获得了迅猛发展，产业结构得到了明显改善和持续优化，工业在国家经济的发展中起到了尤为重要的作用。三大产业对国内经济的带动贡献中，第二产业占到一半左右，一直起到支柱作用。

制造业是工业的主体组成部分，如表1.2所示，制造业对GDP（gross domestic product，国内生产总值）贡献率历年保持在1/3左右的水平。第二产业是拉动中国经济增长的主要产业，中国第二产业的高速发展为中国经济发展提供了坚实的保障。

表1.2　第二产业增加值与制造业增加值所占比重

年份	GDP/亿元	第二产业增加值/亿元	制造业增加值/亿元	第二产业增加值对GDP贡献率	制造业增加值对GDP贡献率
2010	412 119.3	191 626.5	130 229.7	46.50%	31.6%
2011	487 940.2	227 035.1	156 628.8	46.53%	32.1%
2012	538 580.0	244 639.1	169 652.7	45.42%	31.5%
2013	592 963.2	261 951.6	182 039.7	44.18%	30.7%
2014	643 563.1	277 282.8	195 643.2	43.09%	30.7%
2015	688 858.2	281 338.9	199 768.9	40.84%	29.0%
2016	746 395.1	295 427.8	209 737.0	39.58%	28.1%

资料来源：课题组根据中国国家统计局历年《中国统计年鉴》数据整理得到

我国制造实力不断增强、优秀的制造企业数量不断增多，制造研发投入不断增大，总规模不断扩大，已然成为世界第一制造大国。2013年，我国制造业产出占世界比重达到20.80%，2018年，我国第二产业增加值达到364 835.2亿元，占GDP的比重达到39.7%。中国有220多种工业产品产量位居世界第一位，占全部500多种主要工业产品类别近一半的比例。2014年，有100家中国企业入选《财富》世界500强，较2008年增加了65家企业，其中有一半以上为制造企业（不含港澳台）。制造业不仅为中国经济的发展做出了巨大贡献，同时也为世界经济的发展贡献了重要力量。我国制造业增长高于日本和德国等制造强国，并超越了美国。1990年我国制造业占全球比重是2.7%，位于世界第九；2000年上升到6.0%，位于世界第四；2007年的比重达到13.2%，位于世界第二；2010年的比重达到19.8%，跃居世界第一。2010年、2013年和2016年《全球制造业竞争力指数》的报告中，中国制造业竞争力均为全球第一。

工业企业自主创新能力显著增强，在创新驱动战略的引领下，社会创新资源禀赋向企业集聚，其研发投入资金快速增长。2013年，规模以上工业企业研发费用支出达到8318亿元，研发强度增长到0.80%，拥有科技机构5.2万个，申请专利数量53万件。

然而，中国制造业迅速发展的同时，还面临诸多问题。2015年中国GDP增长7%，分析近20年的数据可以看出，2007年中国GDP增速是一个阶段性峰值，峰值为14.2%，与1992年的14.3%相近。2007年达到峰值后，增速下行，在2010年回到10.6%的数值，此后并未达到原来的高度，近几年持续回落。中国的经济正在由高速增长转为中高速增长，迈入了经济发展的新常态。在新常态的指导下，中国制造开始步入新的发展阶段。

新常态下的中国制造，主要面临以下几点问题。

（1）成本优势逐步减弱，根据美国波士顿咨询发布的报告，全球出口量排名前25的经济体中，若设定美国的制造成本指数为基准100，中国就是96，中国与美国的制造成本已相差不大，这也代表着中国具有成本优势的传统劳动密集型制造业正在被改变。

（2）转型升级和价值链攀升。一方面，原有传统的劳动密集型制造业转移到东南亚和印度等更低劳动力成本的国家；另一方面，中国制造正向附加值更高的产业发展。中国正在从制造大国向制造强国转变。

（3）互联网和制造业紧密融合。物联网、云计算、大数据、工业互联网、移动互联网、电子商务等都将成为推动制造业发展的关键技术。

（4）消费者需求驱动。消费者对产品质量、创新性等要求越来越高；个性化的需求越来越多，对需求的响应时间要求越来越短，对服务质量的要求越来越高，同时消费者需求也在不断变化。能否抓住消费者的需求、满足消费者的体验，是企业能否成功的关键。

（5）对外出口增速放缓和内部资源面临挑战。受困于全球经济疲软，中国制造产品增速放缓，过去多为两位数增长，现在已经降到了一位数的增长速度。中国制造业的快速增长也带来了环境问题、资源消耗较大等问题。要解决这些问题，建设绿色生产、可持续生产制造体系，调整产业结构和研发应用相应技术是重点内容。

由此可见，新常态既是对中国制造的巨大挑战，也是中国制造转型升级，由制造大国升级为制造强国的重要机遇。

2. 传统制造业在经济发展中的重要性——以辽宁省为例

传统制造业是辽宁省的传统优势产业，借助雄厚的工业基础和政策条件，改革开放以来获得了迅猛发展，形成了门类齐全且具有相当规模的传统制造体系。尤其是在"十一五"期间，传统制造业首次超越石化、冶金两大行业，成为辽宁省的第一大支柱产业并延续至今。如表1.3所示，2014年辽宁省规模以上传统制造业工业总产值占全省比重为31.96%，利润总额在全省占比最高。

表1.3　2014年辽宁省规模以上传统制造业主要经济指标

分组	总计	装备制造业	占比
企业单位数/个	15 707	5 285	33.65%
工业总产值（当年价格）/亿元	50 090.56	16 010.77	31.96%
资产总计/亿元	39 246.62	13 160.24	33.53%
流动资产合计/亿元	17 387.88	7 571.67	43.55%
主营业务收入/亿元	48 801.56	15 554.42	31.87%
利润总额/亿元	2 107.63	936.76	44.45%
利税总额/亿元	4 222.06	1 458.77	34.55%
本年应交增值税/亿元	1 175.39	331.58	28.21%

资料来源：课题组根据2015年《辽宁省统计年鉴》数据整理得到

在经济转型的背景下，传统制造业升级发展对辽宁省经济结构的调整和整体升级具有重要的战略意义和引导示范作用。2014年，辽宁省传统制造业固定资产投资占制造业全部固定资产的44.21%，建设项目500万元以上传统制造业施工个数占制造业全部项目施工个数39.56%，传统制造业转型升级将有效提高生产要素配置和资源使用效率。同时，作为老牌工业基地的辽宁省，经过多年的发展，以传统制造业为代表的战略性新兴产业，已经与其他产业密切结合，形成了众多具有相当规模的产业集群，传统制造业的升级发展将带动整个产业系统的整体升级。

围绕《中国制造2025》的发展目标，辽宁省指出现阶段的重要任务是要积极实施工业强基工程，推动传统工业由要素驱动向创新驱动转变、低中端生产向中高端制造转变，推进先进制造业强省建设。当前，实现传统制造业产业创新和高端升级是重中之重。

我国传统制造业主要分为7个大类，46个中类和178个小类。2012年以前，辽宁省传统制造业大类也有7个，主要包括：①金属制品业；②通用设备制造业；③专用设备制造业；④交通运输设备制造业；⑤电气机械及器材制造业；⑥通信设备、计算机及其他电子设备制造业；⑦仪器仪表及文化、办公机械制造业。2012年开始，辽宁省传统制造业进一步细分，交通运输设备制造业进一步细分为汽车制造业及铁路、船舶、航空航天和其他运输设备制造业两类，仪器仪表及文化、办公机械制造业进一步细分为仪器仪表制造业及金属制品、机械和设备修理业两类。由此，辽宁省传统制造业大类重新分为9类。小类中，截至2013年底，全国排名前六位的辽宁省有58类，所占比例达32.6%。从表1.4可以看出，2009年辽宁省第二产业增加值为7906.34亿元，2011年辽宁省第二产业增加值超过万亿元，产业基础不断增强，产业规模稳步扩大，产业综合竞争力跃升至新的台阶。

表1.4 辽宁省第二产业增加值（2009~2018年）

年份	第二产业增加值/亿元	年份	第二产业增加值/亿元
2009	7 906.34	2014	14 384.64
2010	9 976.82	2015	13 041.97
2011	12 152.15	2016	8 606.54
2012	13 230.49	2017	9 199.80
2013	13 963.95	2018	9 048.96

资料来源：课题组根据国家统计局网站数据整理

产业经营状况是产业发展的晴雨表。"十一五"规划过后，面对国内外深刻复杂的形势，我国进入经济发展新常态阶段。经济下行的压力越发巨大，再加上产业发展的客观约束和内在矛盾逐渐凸显，辽宁省传统制造业的发展同样面临一些问题和挑战，产业经营状况不容乐观。

如表1.5所示，2011年辽宁省工业企业无论是企业单位数量、流动资产合计还是主营业务收入都处于低迷状态。2012年回升幅度巨大，此后各经济指标增长速度明显降低。2014年出现利润总额负增长的经营状况，企业单位数和全部从业平均人数也明显减少，产业发展放缓的趋势十分明显。

表1.5 辽宁省规模以上工业企业主要经济指标（2011~2017年）

经济指标	2011年	2012年	2013年	2014年	2015年	2016年	2017年
企业单位数量/个	16 914.00	17 347.00	17 305.00	15 707.00	12 304.00	8 025.00	6 626.00
流动资产合计/亿元	14 645.77	15 899.64	17 432.94	17 387.88	17 661.38	17 310.89	18 183.34

续表

经济指标	2011年	2012年	2013年	2014年	2015年	2016年	2017年
固定资产原价合计/亿元	19 977.69	21 748.37	25 688.13	26 848.32	24 422.87	20 790.78	20 901.90
流动负债合计/亿元	13 164.38	14 388.74	16 625.95	16 935.31	17 819.97	17 665.87	18 266.58
主营业务收入/亿元	42 845.44	48 199.85	51 533.44	48 801.56	33 243.29	22 038.95	23 476.40
主营业务成本/亿元	36 381.14	41 146.95	44 185.02	42 575.06	28 635.12	18 553.13	19 569.14
主营业务税金及附加/亿元	734.54	872.31	882.60	929.58	878.10	742.15	747.99
利润总额/亿元	2 511.21	2 435.69	2 976.15	2 107.63	1 069.66	575.39	1 063.25
利税总额/亿元	4 310.54	4 612.30	5 372.62	4 222.06	2 732.40	1 972.40	2 511.44
本年应交增值税/亿元	1 047.26	1 295.54	1 492.37	1 175.39	780.74	645.20	683.79

资料来源：课题组根据 2011~2018 年《辽宁省统计年鉴》数据整理

1.1.3 传统产业升级面临的挑战

1. 传统产业的研发与技术水平现状

R&D（research and development，研究与开发）经费支出总量和强度不足。改革开放以来，伴随着中国经济的飞速发展，国家也越来越重视在科技创新上的投入和支持，如表 1.6 所示，2016 年中国 R&D 经费支出达到 15 676.75 亿元，2014~2019 年年均增长率为 10.80%。但是，也应看到，与中国当前经济社会发展的需求和日益白热化的国际竞争形势相比，R&D 投入的总量和强度还需要继续提高。从目前发达国家 R&D 经费支出比重来看，平均水平为 2.30%左右，世界平均水平为 2.10%左右。中国 R&D 经费支出占 GDP 比重在 2014 年仅为 2.02%，到了 2016 年才达到世界平均水平。R&D 经费投入不足无疑会对国家的可持续发展和科技创新能力形成制约，从而阻碍传统产业升级的进程。

表1.6 2014~2019年中国R&D经费支出情况

指标	2014年	2015年	2016年	2017年	2018年	2019年
R&D 经费支出/亿元	13 015.63	14 169.88	15 676.75	17 606.13	19 677.93	21 737.00
R&D 经费支出占 GDP 之比	2.02%	2.06%	2.10%	2.12%	2.14%	2.19%

资料来源：《中国统计年鉴》

中国改造传统产业的投入强度较低。很长时间以来，中国在传统产业改造中的投入强度并不高，并且有不断下降的趋势。改革开放以来，中国对于大中型工业企业的固定资产投资不增反减，每年的固定资产投资虽然在增加，但其中只有很低的比例用于企业技术改造，大部分的固定资产投资都用在房地产建设或者新增生产能力上。图 1.3 展示了 2011 年至 2018 年中国企业技术改造投资占总投资的比例，可以看出，该比值一直处于较低的水平，且呈现下降趋势。

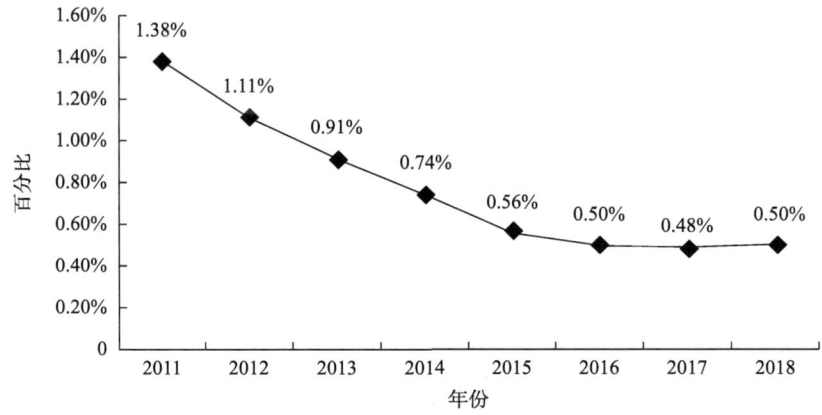

图 1.3　2011~2018 年中国企业技术改造投资占总投资比例
资料来源：课题组根据国务院发展研究中心信息网数据库数据整理计算

与国外的情况相比，在 1947 年到 1979 年期间，美国的企业技术改造投资占总投资额比重曾经高达 69%；在 20 世纪 50 年代初，欧洲各国的企业技术改造投资占比也超过了 50%。可见，中国的企业技术改造投资占总投资额的比重较小。从本质上来说，技术改造属于企业的补偿性投资，用于技术进步和生产活动对企业的生产设备造成的有形损耗和无形损耗。技术改造投资对于企业具有重要意义。如果生产设备的有形损耗和无形损耗长期积累得不到弥补，无疑会降低企业的技术水平，影响其国际竞争力。从第三次全国工业普查数据来看，中国机械制造业中大中型企业的主要装备中有 26.1%属于国际水平，27.7%属于国内先进水平，33.4%属于国内一般水平，还有 12.8%则属于国内落后水平，这部分的装备应该进行淘汰。技术改造对于企业的重大意义还体现在其对企业技术创新能力的影响上。技术改造让企业不断对引进的技术进行消化吸收，从而带动了企业技术创新能力的提升。

信息化水平较低阻碍了传统产业升级。信息化是传统产业升级的重要方向，无论是产品设计升级、信息资源管理升级，还是生产计划控制升级和自动化升级，都离不开信息技术的发展。信息技术发展能够营造良好的数字化环境，这是先进制造技术在传统产业中发展的必要条件，也是传统产业升级的重要突破口。经过多年的努力，中国的信息化水平得到了大幅提升，信息产业不断发展，工业生产自动化方面取得了较大进步，但是仍然存在一些不足，如在自动化控制、计算机辅助生产、资源计划、电子商务等工业化和信息化融合中仍有关键技术障碍，在信息技术、信息产品和信息设备利用及生产体系信息化建设方面还远远落后于发达国家[24]。

中国互联网信息中心根据信息化发展的特征和趋势，选取了网络基础设施就绪度、产业与技术创新、信息化应用效益、网络安全保障和信息化可持续发展等五个一级指标和对应的九个二级指标，构建了国家信息化发展评价指数，并根据该指数对全球的国家进行排名，其中领先国家的排名情况如表1.7所示。从表1.7中可以看出，中国信息化发展指数的排名由2012年的第36位提升到了2016年的第25位。虽然中国的信息化水平进步明显，但是与发达国家相比仍然存在较大差距，从表1.7中可以看出，2016年，美国、英国和日本的信息化发展评价指数分别为84.1、82.7和81.5，而中国仅为72.8。

表1.7 2012~2016年领先国家信息化发展指数排名

国家	指数（2016年）	2012年排名	2013年排名	2014年排名	2015年排名	2016年排名
美国	84.1	6	6	6	6	1
英国	82.7	8	4	3	2	2
日本	81.5	3	14	16	10	3
瑞典	81.4	1	1	1	7	4
韩国	81.0	4	8	8	3	5
芬兰	80.4	2	2	2	1	6
荷兰	80.3	7	3	4	11	7
新加坡	80.1	14	13	15	8	8
以色列	78.6	5	7	7	5	9
德国	78.5	12	12	10	9	10
加拿大	78.3	11	15	17	12	11
挪威	77.9	16	9	13	14	12
爱沙尼亚	77.7	19	18	18	15	13
爱尔兰	77.5	20	10	11	13	14
法国	77.0	9	5	5	4	15
比利时	76.5	17	17	14	19	16
丹麦	76.5	10	11	12	16	16

续表

国家	指数（2016年）	2012年排名	2013年排名	2014年排名	2015年排名	2016年排名
澳大利亚	76.3	22	20	19	17	18
新西兰	75.8	18	21	23	20	19
奥地利	75.5	13	16	9	18	20
瑞士	74.3	15	19	20	24	21
西班牙	73.7	25	25	22	21	22
俄罗斯	73.2	31	30	31	28	23
卢森堡	73.1	30	29	30	22	24
中国	72.8	36	33	34	31	25

资料来源：《国家信息化发展评价报告（2016）》

激励机制缺乏削弱了企业升级改造的动力。从本质上讲，企业进行传统产业转型升级实际上是其为了提高市场占有率和实现利益最大化而进行的创新性投资。对于企业来说，实现转型升级需要大量技术改造投资资金，如果转型升级带来的利润增加值大于技术改造投资额，那么企业就会选择进行技术改造和转型升级，反之，企业则没有动力进行技术改造和转型升级。同时，企业家是否选择创新还与企业家的剩余索取权有很大关系。如果企业进行转型升级后，企业家能够获得更多的"创新红利"，那么企业家就会进行技术改造和创新，反之，企业家则不会。从当前的情况来看，中国缺乏企业家创新的体制和机制，使得企业没有转型升级的动力。从民营企业的角度来看，虽然民营企业家拥有剩余索取权，也具有强烈扩大市场势力和获取更多市场利润的意愿，但是在当前体制环境下，民营企业缺乏创新的信心和动力，贸然增加投资进行技术改造和转型升级可能要付出更多的沉没成本，因此，民营企业不能放开手脚去改造升级。体制和机制上存在的问题，使得中国产业升级的动力不足。另外，中国企业进行技术改造的资源主要来自自有资金和银行贷款，通过股权增发获得资金的形式比较少见，这也体现了投资者对企业技术改造和转型升级进行长期、大量投资的信心缺乏。

2. 大部分企业在转型升级中缺乏有效的长远规划

传统产业升级的关键在于通过信息技术的运用实现传统企业生产要素配置方式和使用效率的改进，从而实现企业国际竞争力的提升。信息技术的应用，涉及产品从生产到销售的各个环节。如果要将先进技术与传统产业进行融合，取得理想的效果和实现产业升级，就必须将信息技术与先进管理理念相结合，同时企业的机制、流程、组织架构和设计也要相应配套。所以说，传统产业升级是一个针对多环节的长期任务，需要企业技术能力、创新能力、管理能力和经营能力的综合提升，需要企业制定合理的、考虑全面的长远规划，然后分步骤有序推进。但是，从目前的情况来看，一些企业在对自身进行技术改造时，往往缺乏长远规划，只是以国家政策和自身偏好为导向，盲目进行，并且常常顾此失彼。常见的问题有以下方面。一是只重视技术水平的提高，而忽略经营管理能力的培养。虽然很多企业都意识到了自身在技术水平方面与国外先进企业的差距，但往往忽略了自身在经营管理能力上的不足，实际上，经营管理能力上的差距对企业升级的制约力可能更大。二是只重视制造环节，而看轻了研发设计等环节。中国许多企业都处于全球价值链的低端，为跨国公司做代工，不具备自身研发和设计的能力，因此缺乏核心技术能力，不具备自主知识产权，难以向价值链高端攀升。三是只重视硬件引进，忽略了软件更新，在中国，一些企业认为技术改造就是设备购买，而忽略了相关信息系统对设备的重要作用，如企业资源计划（enterprise resource planning，ERP）、管理信息服务（management information service，MIS）、产品数据管理（product data management，PDM）和制造执行系统（manufacturing execution system，MES）等。先进信息技术用于传统产业对提升工作效率卓有成效，而这主要依靠的就是软件系统的应用。四是只重视短期收益而忽视长远发展。有很大一部分传统企业在进行转型升级的时候，更关注的是眼前利益的增加，而对产业发展方向和商业模式转型没有成型的想法，使得其难以达到深层次的升级。

3. 中国传统产业技术升级面临的挑战

第一，技术锁定效应和路径依赖是产业升级面临的首要挑战。技术锁定效应是指经济系统中存在的特定均衡需要付出相当大的成本去打破，如果行为主体不能承担这样的成本，那么只能继续之前的决定，经济系统就被锁定在之前的均衡状态中。地区的资源禀赋和产业技术等初始条件是一个国家或地区产业形成和发展的基础。中国制造业早期主要依赖本国低端生产要素的投入和利用，如土地、劳动力、资源等，产业技术水平不高，产业附加值低。不难看出，低端生产要素的投入和低端产业技术水平已经无法保证中国产业的可持续发展，产业升级是一条必须要走的道路。然而，由于长期形成的路径依赖和低端技术锁定效应，很多产业已经在原有的技术水平上进行了大量的设备和人员投入，形成了固定的生产模式，如果进行传统产业改造和升级，不仅意味着需要进行大量的设备更新和资金投入，还意味着需要培训更多的技术人才，这使得低技术、低附加值的产业难以实现产业升级。因此，产业升级面临的首要挑战就是要通过产业技术创新和产业技术升级来破解技术锁定效应和解除路径依赖，为经济增长开拓新的空间，冲破升级的"技术瓶颈"。

第二，国内关键性技术缺乏，技术储备严重不足，主要体现在以下两点：一是缺乏适宜性技术，很多现有技术不适用于中国当下国情；二是供需不平衡，中国现有技术难以满足人们对于高质量商品与先进技术装备的需求，从侧面也说明了中国经济增长为何长期依靠要素驱动和依赖进口。造成关键性技术缺乏的重要原因主要有三点。一是企业缺乏技术创新的内生动力。我国战略性新兴产业采用的关键技术创新大多为引进型或者技术改造型，自主创新的技术缺乏，国外拥有特定行业的产业发展的关键技术，在技术专利、技术标准和主导设计上中国缺乏话语权。二是我国的研发强度不足，技术创新的支持力度不够。技术创新需要研发投入做支撑，而 2016 年，我国战略性新兴产业制造企业在研发中的投入强度仅为 1.4%，而这一比例在发达国家均超过 2.5%，有的地区甚至高达 4%。三是新技术产业化受到较大阻力。虽然国家在努力加大对国内新产品市场投入的支持，但是创新产品仍然难以进入市场，国内厂商不愿意大规模采用新产品，创新成果难以推广和扩散使得技术创新的积极效应难以发挥，也制约了企业自主创新能力的发展。

第三，自我国加入 WTO（World Trade Organization，世界贸易组织）以来，科技和制造业都得到了快速的发展，也成为继美国之后的第二大经济体。为了遏制中国在科技和新兴产业等领域的发展，美国不惜采取各种手段从贸易上打击中国。比如，在 2000 年之前，我国向美国出口的主要是轻工业、纺织等劳动密集型行业的低端产品，美国政府对中国采取了反倾销、反补贴等打击手段；2000 年来，我国向美国出口的产品以机电类、化工类为主，美国政府又发起了上百起"337 调查"案件。从 2018 年 3 月底特朗普在白宫签署的对华贸易备忘录来看，美国政府强调的是保持其在技术领域的领先地位，特朗普政府重点对《中国制造 2025》中计划发展的高科技行业加征关税。可见，中国要实现产业升级，应对贸易冲突是重要挑战之一，而应对贸易冲突的最好方式，就是不断提高国内产业竞争力：一方面，大力发展先进设备制造等被发达国家垄断的产业；另一方面，为了尽量避免发达国家的战略性隔绝机制的危害和国际产品分工末端的锁定，减少对国际技术和装备的过多依赖，我国还应提高自身技术创新能力，提高产业技术水平，争取更多地参与到全球价值链中比较高端的分工合作中。

1.2 传统产业、战略性新兴产业与产业升级

1.2.1 传统产业与战略性新兴产业

战略性新兴产业是国民经济中的战略性先导产业，对经济社会的可持续发展

和产业结构调整具有重要引领作用,能够体现未来生态、绿色的产业发展方向,代表着政府的经济政策的导向和未来发展的重心,对传统产业的发展具有全局带动和重要驱动作用。传统产业作为经济发展中的支撑性产业,对 GDP 和国家财政收入的贡献超过了 70%,对中国的国计民生有着直接影响,如纺织业、钢铁、机械和化工等是中国经济发展中举足轻重的角色。但是,战略性新兴产业与传统产业不是两个独立的概念,它们之间既有区别又有联系。战略性新兴产业不同于传统产业,这样说是基于两个原因:其一,传统产业为战略性新兴产业提供了技术、物质、资金和人力的基础。发展战略性新兴产业是一项风险很高的投资,因为战略性新兴产业的市场大多是潜在的、未表现出来的。同时,战略性新兴产业作为资本、技术和知识密集型的产业对于国民经济中这三个要素的数量和质量都有比较高的要求,而上述所有要素都离不开传统产业的培育和积累。其二,传统产业往往是战略性新兴产业的主要需求方,正是传统产业的发展演进产生了对于战略性新兴产业产品和技术的需求。比如,计算机、自动控制系统对于整个工业体系的现代化改造。今天人们对于新材料、节能环保产业等战略性新兴产业的需求在很大程度上来自改造和更新传统产业以使其更具效率、更加环保的需求。因此可以这样说,传统产业体系的内部分化中孵出了战略性新兴产业,与此同时,战略性新兴产业的兴盛与传统产业的需求密切相关。

随着经济的快速发展及产能过剩和资源环境制约的凸显,研究传统产业与战略性新兴产业之间的联系,实现两者之间的带动和转化成为中国当前经济发展中的一个重要议题,对于实现产业结构调整、优化产业布局和实现产业升级有着重要的意义。因此,许多学者对此展开了研究。例如,赵慧芹[25]认为,大部分战略性新兴产业的发展都是以传统产业为基础的,需要传统产业在资本、平台、技术和人力上提供支持,传统产业和战略性新兴产业可以从资源要素、产业结构、空间格局和市场上实现融合;唐燕[26]从产业演进的视角,认为传统产业主要通过技术和知识实现转型升级,在创新驱动下,传统产业吸收的知识效应和技术学习效应可以推动传统产业向战略性新兴产业的转型;王霄琼[3]认为,产业间的联系决定了高技术产业和传统产业的发展互为前提、相辅相成,但产业间的联系不仅仅指的是里昂惕夫投入产出理论中的物质联系,还包括知识、知识产权和信息等无形联系。总的来说,理论界认为,传统产业和战略性新兴产业之间的联系主要可以通过以下理论进行解释。

1. 产业结构理论

产业结构升级是产业结构理论的重要组成部分,产业结构理论即战略性新兴产业可以通过产业结构调整带动传统产业升级。产业结构理论以产业之间的技术经济联系及其联系方式为研究对象解释了战略性新兴产业是如何带动传统产业升级的,其代表理论主要有:①技术周期理论,即认为技术进步是人类经济增长的唯一源泉,同时它也能够推动产业结构实现优化;②雁行模式理论,即认为产业发展整体上显示出"进口—生产—出口"的变化,该理论反映了产业转移对于产业结构升级的巨大推动力;③梯度转移理论,即认为一个区域的经济水平发展好坏取决于它的产业结构,高梯度区域能够推动区域的经济创新活动,经济创新活动会随着产品的生命周期向低梯度区域进行转移。

2. 产业关联理论

产业关联理论即战略性新兴产业可以通过国民经济内部各行业之间广泛存在、互动复杂的经济和技术关联带动传统产业升级。该理论认为,每个产业生产活动均需以别的行业部门所制造或生产的产品和服务为本产业生产的中间投入品,而本产业的最终产品也作为其他行业不可或缺的中间投入品进入国民经济的大循环之中,这一复杂的要素供需网络维系着国民经济各个行业部门的生产活动。

3. 互动发展理论

互动发展理论即借助产业生命周期理论,将战略性新兴产业与传统产业的关联程度分为萌芽阶段(关联度极低)、成长阶段(中低等强度关联)、发展阶段(中高等强度关联)、高度发展阶段(高等强度关联)四个阶段,分别分析每个阶段战略性新兴产业对传统产业的带动特点、作用和影响。

1.2.2 战略性新兴产业与产业升级

当前,很多国家都意识到了战略性新兴产业的重要性,不断加大对战略性新兴产业的培养和发展力度。美国正在推动以新能源为主导的战略性新兴产业革命,加大对战略性新兴产业的投入,通过杠杆效应得到大量社会资本,保证美国在战略性新兴产业领域的技术优势,加速其战略性新兴产业的发展;欧盟的新兴工业革命以"绿色技术"为主导,并且加大了在这方面的投入和创新力度,推动低碳经济的发展,鼓励互联网和文化创意产业的发展;日本则颁布了一系列针对新能源技术开发的政策和规划,大力支持和培育战略性新兴产业的发展。中国的战略性新兴产业起步相对较晚,战略性新兴产业在产业结构合理化、高级化和产业转型升级中有着重要作用,具体来说,战略性新兴产业可以从以下几个方面带动产业升级。

1. 战略性新兴产业在产业升级中的扩散作用

如图 1.4 所示,战略性新兴产业在产业升级中的扩散作用主要体现为三个方面。第一，回顾效应，指的是处于高速发展时期的战略性新兴产业会刺激上游供应部门对各种要素的需求，并且根据战略性新兴产业的技术特点对要素提出新要求，从而刺激这些要素投入的发展。战略性新兴产业需要的要素投入不仅包括物质投入，如原材料、设备等，也包括其他非物质投入，如高级管理人员和技术人员等，甚至还包括制度、规则方面的要求。第二，旁侧效应，指的是战略性新兴产业的发展会带动周围相关产业的变化，如提供金融服务、技术咨询和法律咨询的服务业、建筑业等。第三，前瞻效应，指的是战略性新兴产业的培育和发展巩固了工业活动的基础，从而为经济活动范围的扩大提供了保障，为新的战略性新兴产业的建立筑起阶梯。

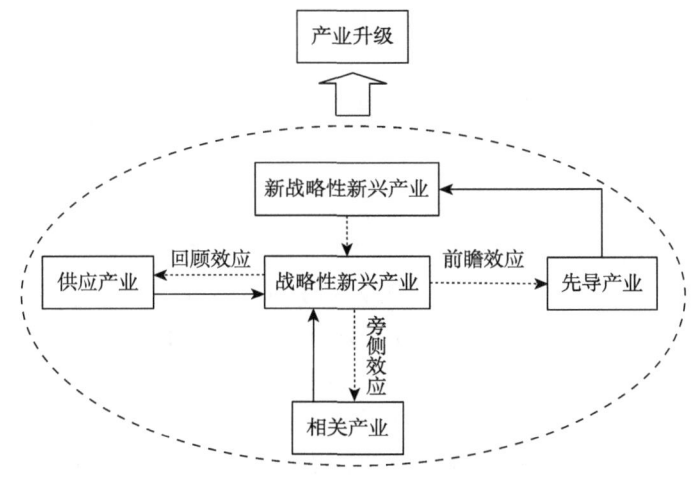

图 1.4 战略性新兴产业在产业升级中的扩散作用

2. 战略性新兴产业的产品将刺激新的社会需求

作为产业升级的引导产业，战略性新兴产业的关联性和扩散作用强，能够刺激关联产业产生新的社会需求。战略性新兴产业的目标是实现产业升级和经济发展，而产业升级和经济发展的实现往往伴随着结构总量的扩张。根据亚当·斯密"市场容量限制劳动分工"的观点，只有不断刺激相关产业产生新的社会需求，增大市场容量，才能实现产业升级。

3. 战略性新兴产业能够结合新兴技术，带来产业技术升级换代

产业升级是有序发生的，需要最大限度地在提高资源使用效率的同时满足社会需求。要做到这一点，吸收先进的科技成果，结合新兴技术，提高生产效率是关键。作为产业升级的先导产业，战略性新兴产业具有吸收科技成果的能力，能够实现新兴技术和新兴产业的深度融合，并凭借其强大的扩散作用在促进自身发

展的同时，带动相关产业的发展，从而实现整个产业的技术升级换代，不断接近产业升级的目标。

4. 战略性新兴产业能够带动产业结构升级

战略性新兴产业可以通过产业内部网络系统带动产业结构升级。在战略性新兴产业的培育和发展过程中，可以通过上下游产品和产业之间的联动形成产业群，促使产业群和区域内的劳动分工体系不断完善，再凭借区域中发达的物质网络和非物质网络，包括产业网络、城市网络、交通网络和信息网络等，推动区域产业间各种要素投入的流动和交换，优化资源配置和产业布局，加速淘汰落后产业，使区域内的主导产业实现有序更替，从而促进产业结构升级。

1.2.3 战略性新兴产业带动传统产业升级的关键问题

目前，很多学者都在关注如何实现战略性新兴产业发展和传统产业升级，如杨以文等[27]从组织学习的视角，对产业升级、增量性创新与突破性创新的路径关系进行了实证分析，发现传统产业升级和战略性新兴产业升级会对突破性创新的效果产生不同影响；陆立军和于斌斌[28]基于进化博弈理论的分析框架，对传统产业与战略性新兴产业融合发展的演化阶段、企业行为和政策策略进行了分析，并且以浙江绍兴为案例进行了分析；霍影和霍金刚[29]认为地方层面在布局战略性新兴产业时应与传统产业协同发展，但现阶段各地区均不同程度存在战略性新兴产业发展趋同和传统产业让位的情况，他们基于外部效应提出了"技术引进—要素升级"和"产业转移—模式创新"两条传统产业升级改造的路径。诚然，这些研究有很大的借鉴意义，但是总的来看，系统性的研究还比较缺乏，对于战略性新兴产业带动传统产业升级的具体机理、实现机制、路径和相关政策研究仍然缺乏严格的理论阐述和实证分析。因此，本书的研究试图对此进行进一步分析，具体来说，本书关注的战略性新兴产业带动传统产业升级的关键问题主要有以下几点。

1. 战略性新兴产业带动传统产业升级的理论研究和实现机理

根据系统论的观点，产业是由一系列企业和其他决策主体所组成的一个复杂系统，而不同的产业又共同组成了更为复杂的产业体系系统。在这一系统中，每个产业都可以被看作技术、资本、人力等相关资源的集合体，产业之间的耦合互动就是通过这些不同层面的资源之间的互相影响而产生的。因此，战略性新兴产业和传统产业之间也存在千丝万缕的联系，战略性新兴产业存在带动传统产业升级的基础和动力。本书将结合产业结构理论及产业结构升级的影响因素、基本规律和主要模式进行分析，再以先进制造业、大数据产业和智能制造业等产业为例对战略性新兴产业带动传统产业的实现机理进行进一步分析，力图揭示传统产业孵化新兴产业的内在裂变原理。

2. 战略性新兴产业带动传统产业升级的微观实现路径

战略性新兴产业带动传统产业升级需要通过产业内部的企业之间的微观互动才能实现，因此必须找到战略性新兴产业带动传统产业升级的微观实现路径。战略性新兴产业带动传统产业升级的微观实现路径不仅关系到不同产业间企业的各种要素在冲突中相互适应融合、相互支持促进的过程，还关系到新旧产业企业之间要素和子系统之间的衔接、传输、融合及放大的过程。本书将在借鉴国内外成功经验的基础上，对战略性新兴产业带动传统产业升级的微观实现路径进行探索，试图找到战略性新兴产业带动传统产业升级的差异化路径。

3. 全球价值链视角下战略性新兴产业带动传统产业升级的落脚点

如何在全球价值链下，避免发达国家的战略性隔绝机制的危害和国际产品分工末端的锁定，找到战略性新兴产业反作用于传统产业，并促进其升级发展的落脚点，是实现产业结构转型升级的关键问题之一。本书以芯片产业为例，对芯片产业的现状和问题进行了分析，并且对芯片产业带动传统产业升级的着力点和路径进行探索，试图为战略性新兴产业带动传统产业升级的实现提供借鉴。另外，国际产业转移也是基于全球价值链实现传统产业升级的重要方式之一。本书也将从国际产业转移的视角，对如何实现传统产业升级进行分析。

4. 促进战略性新兴产业带动传统产业升级的政策创新

政策环境对于产业体系内部各产业的互动升级具有重大的影响，因为它可能会影响各产业的比较优势。因此，提供一定的制度安排是否会增强战略性新兴产业对传统产业升级的带动作用也是关键问题之一。本书对以大数据产业、芯片产业、智能制造产业和互联网产业等为代表的战略性新兴产业带动传统产业升级的相关政策进行了梳理，研究贸易政策、金融政策、外资政策、环境政策对于战略性新兴产业带动传统产业升级的影响，并探讨政府如何发挥微观决策主体的力量和智慧，为战略性新兴产业带动传统产业升级创造有利条件和支撑性的行动协调系统，并搭建一个具有有效激励和约束的政策平台，最大限度地消除传统产业升级的障碍。本书将为促进战略性新兴产业带动传统产业升级提出政策建议。

1.3　工业 4.0 与中国产业升级

1.3.1　工业 4.0 的提出与内涵

1. 德国工业 4.0 的提出

"工业 4.0"的概念于 2011 年在德国汉诺威工业博览会上提出，初衷是通过物联网等新技术的应用提升德国制造业的水平。2013 年，此概念在德国国家工程院、弗劳恩霍夫协会和西门子等科研机构和企业的极力推动下，德国联邦教育和研究部及联邦经济技术部将工业 4.0 纳入《德国 2020 高技术战略》中，战略中详细阐述了德国工业的十大未来项目及其对德国工业领域智能化水平提升、维持国家的国际竞争力的意义，德国对此项计划资金投入高达 2 亿欧元。

2013 年 4 月，德国"工业 4.0 平台"成立，该平台由德国机械设备制造业联合会、德国电气电子行业协会和德国联邦信息产业、电信和新媒体联合会主导，产出了德国首个标准化工业发展路线图。同年 9 月，德国联邦教育和研究部发布了《把握德国制造业的未来，实施工业 4.0 攻略的建议》报告，标注德国工业化 4.0 转型的必要措施和先决条件，以及该发展战略的意义和未来德国工业发展前景。

2. 德国工业 4.0 的内涵

要了解工业 4.0 的内涵，需要先对工业革命中的四个阶段及相关概念进行了解。

第一次工业革命（工业 1.0）。第一次工业革命发生在 18 世纪 60 年代至 19 世纪中期，通过水力和蒸汽机实现工厂的机械化，改变了产品的生产方式。

第二次工业革命（工业 2.0）。第二次工业革命发生在 19 世纪后半期到 20 世纪初期，使人类进入"电气化时代"。

第三次工业革命（工业 3.0）。第三次工业革命从 20 世纪四五十年代开始，通过电气和信息技术的广泛运用，使制造过程自动化，机器能够逐渐替代人类相当比例的"体力劳动"和部分"脑力劳动"，再通过电子工程和信息技术的运用，制造业实现了生产的优化和高度自动化，工业进入"信息化时代"。

第四次工业革命（工业 4.0）。德国的学术界和产业界认为，未来十年，基于 CPS（cyber physical system，信息物理系统）的智能化将使人类进入以智能制造为主的第四次工业革命时代,这将是互联网、大数据、云计算和物联网等新技术综合应用到制造业中的时代。

表1.8对工业4.0的进化历程进行了总结。总的来说,工业4.0是工业发展从集中控制向各环节精准控制的转型,致力于建立一个智能化的产品生产及销售服务模式,弱化传统行业之间的边界概念,形成新的产品领域和合作形式,产业链也会进行重新分工。工业4.0将由智能制造所主导,也称之为第四次工业革命,通过利用CPS智能化地将供销、采购、设计、制造整合到一起,快速完成产品销售的定制化。

表1.8 工业4.0的进化历程

历程	时代名称	特点	主要发明/技术
工业1.0	机械制造时代	通过水力和蒸汽机实现工厂机械化生产	蒸汽机
工业2.0	电气化时代	在劳动分工基础上采用电力驱动产品的大规模生产	内燃机、发电机、电话、飞机
工业3.0	信息化时代	应用电子与信息技术大幅提高自动化程度	原子能应用、航天技术、电子计算机、人工材料、遗传工程、互联网、人机交互
工业4.0	智能化时代	基于CPS智能化实现"分散化"生产	物联网、大数据、无人工厂、人工智能

资料来源:课题组整理

1.3.2 传统产业发展现状与所处阶段

传统产业在中国经济增长和就业中起到重要作用。下面将从几个方面来对传统产业的发展情况进行分析。

从产业规模来看,根据中国国家统计局网站公布的数据,2012年到2016年,传统产业中,规模以上企业的工业销售产值基本呈上升趋势,如图1.5所示。从图1.5可以看出,传统产业的规模以上企业工业销售产值在2012年就高达457 760.79亿元,2013年突破50万亿元后,增速逐渐放缓,2015年与2014年相比,甚至出现了轻微的下跌,但到了2016年仍然保持增长趋势。这表明,我国的传统产业已经具备相当大的规模,但是也到了规模扩张的临界点。表1.9进一步体现了不同传统产业的规模以上企业工业销售产值情况,从中可以看出,大部分传统产业仍然呈现增长趋势,但是部分传统产业已经体现出下降趋势,如煤炭开采和洗选业等。

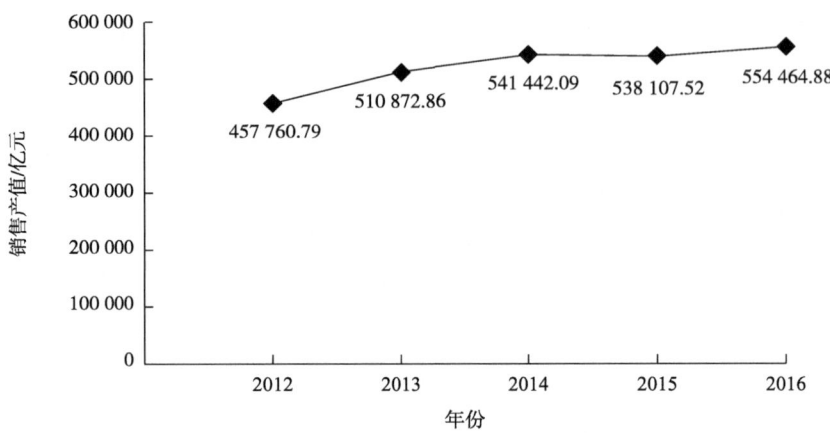

图 1.5　传统产业中规模以上企业工业销售产值

资料来源：课题组根据中国国家统计局网站数据绘制

表1.9　传统产业中规模以上企业工业销售产值（单位：亿元）

行业	2012 年	2013 年	2014 年	2015 年	2016 年
煤炭开采和洗选业	30 240.63	28 886.79	26 025.16	20 793.30	19 843.01
石油和天然气开采业	11 800.53	11 320.41	11 663.82	8 042.76	6 774.18
黑色金属矿采选业	8 416.39	9 521.46	9 331.05	7 216.98	6 213.82
有色金属矿采选业	5 573.71	6 114.82	6 348.32	6 344.87	6 322.35
非金属矿采选业	4 173.30	4 951.26	5 419.94	5 539.19	5 603.91
农副食品加工业	51 601.59	59 643.06	63 595.75	65 835.97	68 857.76
食品制造业	15 573.50	18 039.24	19 914.00	21 871.59	23 544.40
酒、饮料和精制茶制造业	13 233.13	15 149.36	16 372.18	17 626.59	19 034.28
烟草制品业	7 940.39	8 722.41	9 116.64	9 620.49	8 855.80
纺织业	31 776.73	35 446.74	37 704.25	39 392.98	40 287.42
纺织服装、服饰业	17 200.28	19 382.34	21 056.56	22 307.52	23 664.77
皮革、毛皮、羽毛及其制品和制鞋业	11 145.78	12 526.52	13 855.50	14 696.11	15 189.99
木材加工和木、竹、藤、棕、草制品业	10 283.81	12 054.22	13 490.65	14 124.94	15 119.70
家具制造业	5 647.49	6 618.17	7 348.16	7 979.87	8 826.79
造纸和纸制品业	12 559.01	12 976.59	13 774.99	14 215.55	14 832.74
印刷和记录媒介复制业	4 533.55	6 063.27	6 893.98	7 497.48	8 178.51
文教、工美、体育和娱乐用品制造业	10 076.59	12 693.76	14 761.64	15 836.08	16 897.37
橡胶和塑料制品业	24 299.94	27 639.65	30 131.04	31 442.78	32 764.61
非金属矿物制品业	44 156.17	52 253.06	58 239.63	59 988.20	63 057.45
黑色金属冶炼和压延加工业	68 173.89	72 197.85	71 026.51	61 257.31	60 343.78
有色金属冶炼和压延加工业	37 551.56	42 667.56	46 154.64	46 480.99	48 879.02

续表

行业	2012 年	2013 年	2014 年	2015 年	2016 年
金属制品业	28 970.62	33 207.42	36 612.45	37 671.69	39 334.97
其他制造业	2 832.2	2 796.9	2 605.23	2 324.28	2 038.25

资料来源：中国国家统计局网站

从产业基础上来看，不同的传统产业也存在差异。表 1.10 表明了 2012 年至 2016 年不同传统产业的固定资产值，图 1.6 进一步绘制了 2012 年至 2016 年不同传统产业的固定资产均值。从表 1.10 和图 1.6 中可以看出，不同行业的产业基础不同，部分行业的固定资产值较大，部分行业的固定资产值则较小。比如，黑色金属冶炼和压延加工业的固定资产均值高达 25 369.514 亿元；固定资产均值最低为其他制造业，其次是非金属矿采选业和烟草制品业。总的来说，纺织、食品等轻工业的固定资产值要明显低于化工、钢铁、石油等传统产业。

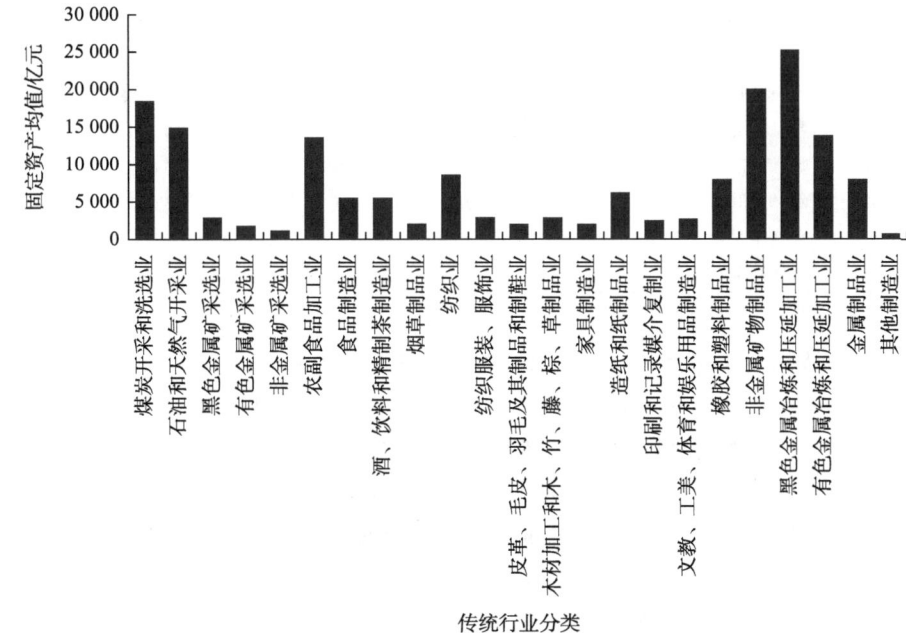

图 1.6 2012 年至 2016 年不同传统产业的固定资产均值

资料来源：课题组根据中国国家统计局网站数据绘制

表1.10 不同传统产业的固定资产合计（单位：亿元）

行业	2012 年	2013 年	2014 年	2015 年	2016 年
煤炭开采和洗选业	16 056.90	18 107.70	19 681.14	20 122.63	18 925.61
石油和天然气开采业	11 527.26	11 702.55	15 037.21	15 390.20	15 048.87
黑色金属矿采选业	2 421.62	2 834.22	3 105.19	3 209.91	2 895.26

续表

行业	2012年	2013年	2014年	2015年	2016年
有色金属矿采选业	1 584.76	1 790.45	2 106.70	2 212.02	2 285.72
非金属矿采选业	985.42	1 164.97	1 333.62	1 449.39	1 421.86
农副食品加工业	7 947.06	9 452.21	10 998.92	11 628.63	11 859.17
食品制造业	3 487.40	4 039.02	4 620.13	5 254.77	5 438.31
酒、饮料和精制茶制造业	3 600.17	4 199.19	4 690.82	5 166.47	5 426.99
烟草制品业	1 186.84	1 236.24	1 288.01	1 473.78	1 488.62
纺织业	7 438.30	7 934.12	8 575.47	8 647.39	8 976.09
纺织服装、服饰业	2 743.51	3 105.79	3 463.44	3 803.40	3 954.59
皮革、毛皮、羽毛及其制品和制鞋业	1 487.67	1 757.38	1 913.40	2 002.75	2 068.29
木材加工和木、竹、藤、棕、草制品业	1 810.54	2 099.71	2 456.60	2 587.56	2 595.41
家具制造业	1 098.10	1 271.40	1 471.35	1 611.94	1 738.38
造纸和纸制品业	4 765.71	5 133.92	5 323.95	5 458.16	5 524.7
印刷和记录媒介复制业	1 306.46	1 575.13	1 806.20	1 929.20	2 059.44
文教、工美、体育和娱乐用品制造业	1 323.25	1 649.44	1 979.47	2 227.60	2 517.07
橡胶和塑料制品业	5 536.39	6 482.12	7 082.27	7 512.87	7 664.85
非金属矿物制品业	14 727.75	16 778.62	18 498.36	19 795.86	20 178.87
黑色金属冶炼和压延加工业	23 124.79	24 965.19	26 004.52	26 641.59	26 111.48
有色金属冶炼和压延加工业	9 509.96	10 906.05	12 486.78	13 162.28	13 412.95
金属制品业	6 101.78	7 011.32	9 228.89	8 212.38	8 267.85
其他制造业	523.98	624.62	689.42	713.60	698.57

资料来源：中国国家统计局网站

从科学技术研发的情况来看，目前传统产业在研发上的投入力度还不足，创新力缺乏。表1.11显示了2016年不同传统产业企业拥有研发机构和进行R&D活动的情况。从表1.11中可以看出，有研发机构的企业占比普遍比较低，均值仅为11.38%，平均仅有不到20%的企业进行R&D活动。从不同行业来看，差别也比较大，拥有研发机构的企业中，烟草制品业占比是最高的，为28.91%，其次是石油和天然气开采业，占比为20.59%，其他行业该比值均低于20%，最低的是黑色金属矿采选业，仅为1.97%。拥有R&D活动的企业中烟草制品业占比是最高的，高达40.63%；煤炭开采和洗选业则是拥有R&D活动的企业占比最低的，仅为4.69%。企业在研发活动中的活力和投入不足，直接影响了传统产业的转型动力。

表1.11 2016年传统产业企业拥有研发机构和R&D活动情况

行业	有研发机构的企业占比	有R&D活动的企业占比
煤炭开采和洗选业	2.46%	4.69%
石油和天然气开采业	20.59%	26.47%

续表

行业	有研发机构的企业占比	有 R&D 活动的企业占比
黑色金属矿采选业	1.97%	5.01%
有色金属矿采选业	3.63%	10.34%
非金属矿采选业	3.55%	5.61%
农副食品加工业	8.75%	12.72%
食品制造业	12.36%	18.89%
酒、饮料和精制茶制造业	9.87%	16.09%
烟草制品业	28.91%	40.63%
纺织业	13.07%	15.76%
纺织服装、服饰业	9.80%	11.10%
皮革、毛皮、羽毛及其制品和制鞋业	9.33%	10.99%
木材加工和木、竹、藤、棕、草制品业	10.05%	11.36%
家具制造业	10.11%	12.00%
造纸和纸制品业	10.49%	15.17%
印刷和记录媒介复制业	10.79%	15.49%
文教、工美、体育和娱乐用品制造业	14.15%	18.45%
橡胶和塑料制品业	14.67%	20.55%
非金属矿物制品业	8.51%	12.94%
黑色金属冶炼和压延加工业	13.17%	17.66%
有色金属冶炼和压延加工业	18.00%	27.54%
金属制品业	14.53%	20.98%
其他制造业	13.10%	20.47%
均值	11.38%	16.13%

资料来源：《中国科技统计年鉴》

从整体上来看，我国的传统产业规模庞大，部分产业已经具备了相当的产业基础，但是创新能力和信息化水平仍然缺乏，如果以工业 1.0~工业 4.0 的发展阶段判断，那么大部分传统产业仍处于工业 2.0 阶段，部分传统产业还处在工业 1.0 阶段。

1.3.3 战略性新兴产业发展现状

"十二五"以来，我国战略性新兴产业的发展取得了长足进步，逐步形成了战略性新兴产业聚集特色，部分细分行业在国际中也居于前列。但是，我国目前经济发展水平不高，科技水平与发达国家还有不小的差距，技术创新能力和创新氛围也相对欠缺，同时，支撑新型行业创新发展的配套政策体系不完善，因此也存在着重复投资、产能利用率较低、关键技术缺失等问题。下面将进一步对战略性新兴产业的发展现状和所处阶段进行分析。

1. 重点战略性新兴产业发展现状

（1）节能环保产业。从产业规模来看，节能环保产业一直保持快速增长，从2006~2010年该产业保持了年均15%~20%的增长速度，大幅超过工业增速。2010年，节能环保产业总产值达2万亿元，约占GDP比重的5%。截至2011年底，全国服务业从业人数达37.8万人。就细分产业来看，高效节能产业和资源循环利用产业在节能环保产业中的比重较大，先进环保产业及节能环保综合服务业次之。2011年，江苏节能环保产业销售收入（4260亿元）中高效节能产业收入为2240亿元，约占江苏节能环保产业销售收入的52.58%，资源循环利用产业为865亿元，占比为20.31%，先进环保产业为1060亿元，占比为24.88%，节能环保综合服务业为70亿元，占比为1.64%。浙江2011年节能环保产业中高效节能产业、资源循环利用产业、先进环保产业及节能环保综合服务业的比重分别为44.16%、38.96%、10.39%、1.3%。广东2011年节能环保产业中高效节能产业、资源循环利用产业、先进环保产业及节能环保综合服务业的比重分别为31.15%、43.06%、23.96%、1.56%。

（2）新一代信息技术产业。近年来中国新一代信息技术产业发展迅速，技术水平、产业规模和盈利能力均有明显进步。广东作为中国电子产业的先发地区和产业聚集地带，聚集了腾讯、华为、中兴、TCL等一批具有国际竞争力的企业。总体来看，2013年广东新一代信息技术产业产值规模达到3468亿元，平均较上年增长25.98%，行业利润增长率达到29.29%。2013年广东信息技术产业用于技术研发的总投入为85.85亿元，研发强度达到7.15%。从地区分布来看，广东的新一代信息技术产业主要集中于包括广州、深圳、佛山、东莞等在内的珠三角地区。总体来看广东信息技术产业的特点是产业布局均衡、产业链相对完整、规模经济优势明显，但在研发创新特别是基础科研等方面还存在短板。从细分行业来看，珠三角地区在新一代信息技术产业（特别是下一代互联网、移动通信网络）和高端软件及新型信息技术服务方面表现尤为突出，在电子核心基础产业（特别是集成电路和新一代显示技术）方面也有布局。2013年，珠三角地区新一代信息技术产业及高端软件产值较上年增长35.48%，利润总额同比增长416.67%。同年，半导体及核心电子元件产业产值增长26.66%，但同期净利润增长仅为9.26%，说明相关产业还处于发展的初期阶段。2013年珠三角地区半导体产业研发规模达到8.85亿元，企业的平均研发强度达到6.6%。

（3）生物产业。长三角地区是中国发展生物产业基础较好、发展水平较高的经济区域。2013年长三角地区生物产业营业总收入平均增长14.25%，达到3431

亿元，研发经费支出也有明显增长，总额达到 65.97 亿元，行业平均研发强度达到 6.06%。从地域分布来看，生物制品产业主要位于浙江和江苏，上海则长于生物研究与服务，这可能与上海地区高校密集、高等教育资源丰富有关。

环渤海地区的北京、天津、辽宁、河北和山东在生物产业方面的整体水平与长三角地区较为接近，且明显强于珠三角的广东。2013 年环渤海地区生物产业营业总收入平均增长 141.00%，达到 3370 亿元，资产规模增长了 25.03%。从地域分布来看，环渤海地区的生物产业不仅规模可观，而且地域分布也较为合理。这一点从各地上市公司的数量可以看出来，2013 年北京拥有生物产业上市公司 21 家，天津有 6 家，河北有 14 家，辽宁有 9 家，山东有 32 家。从细分行业来看，环渤海地区在生物制品制造、生物技术应用和生物工程设备方面拥有一批实力较强的企业，2013 年环渤海地区相关企业用于技术创新的经费规模达到 62.62 亿元。但是，由于企业数量较多，平均研发强度仅为 2.60%，远低于发达国家乃至长三角和珠三角地区生物企业的投入强度。受限于市场化程度和服务业发展水平，环渤海地区的生物研究与服务主要由大学和科研机构提供，缺乏能够提供相关服务的专业性服务企业，这也日渐成为生物产业发展的一个阻碍因素。

（4）高端装备制造业。从产业规模来看，2005 年之后高端装备制造业发展迅速，2005 年产业产值为 3540 亿元，2010 年达到 9174 亿元，2011 年产值规模达 10 862 亿元。2010 年中国高端装备制造业实现收入约 16 000 亿元。从国际竞争力来看，2018 年我国高端装备进出口居于国际前列，其中进口占全球总进口的 9.9%，位居全球第四，出口占 7.9%，位居全球第三，具有较高的竞争地位。

（5）新材料产业。长三角地区作为中国新材料产业的先发地区，拥有较好的新材料产业基础，产业的规模、技术水平和前瞻性均优于珠三角地区。作为中国材料工业的重要基地，环渤海地区的北京、天津、辽宁、河北和山东在发展新材料产业方面拥有不少优势，2013 年环渤海地区材料相关产业营业总收入平均增长 8.2%，达到 6302 亿元，资产规模增长了 16.72%，净利润增长 13.54%。

2. 工业 2.X 阶段的战略性新兴产业及其特征

总体来看，我国的战略性新兴产业正处于工业 2.0 到工业 3.0 之间，即工业 2.X 阶段，其发展呈现如下几个主要的特征。

一是产业规模扩张加速，但是产业结构有待升级。2012 年中国战略性新兴产业中规模以上企业实现销售收入 102 284 亿元，较上年增长 16.86%；净利润总额达到 6186 亿元，同比增长 17.94%。以节能环保产业为例，2012 年涌现了一批年产值超过 10 亿元的现代化环保企业。尽管产业规模庞大，但我国战略性新兴产业的产业结构与发达国家还有明显差距，系统集成、生产和组装的比例较高，原创产品及与产业有关的生产性服务业比重较低，限制了相关产业的盈利能力。

二是创新投入逐年增加，但是核心技术有待突破。近年来，我国战略性新兴产业在创新方面的投入逐年增加，2012年达到1491亿元，同比增长20.49%，其中用于新产品开发的经费较上年增长19.59%。专利申请数达97 200件，同比增长25.06%；企业所拥有的有效发明专利数达到97 878件，同比增长45.16%。然而，尽管创新能力得到持续提升，我国战略性新兴产业中不少核心技术仍旧受制于人，如核心海洋装备制造、电子元器件制造、高科技显示设备及生物科技等。

三是战略性新兴产业主要分布于东部地区，并以珠三角、长三角、环渤海为中心。我国战略性新兴产业发展比较迅猛，并且主要集中在技术、资金、人力资本等产业创新资源良好的东南沿海发达地区。对国内战略性新兴产业发展分析对比的结果如表1.12所示，上海、北京、江苏、广东和浙江处于领先地位。然而纵观我国各省区市战略性新兴产业发展情况，各省区市新兴行业发展涉及的行业领域大同小异，如大部分省区市都将新能源作为未来的产业发展的主攻方向。另外，各地在这方面的发展规划和章程比较杂乱，跨省区市的协调规划难度很大，且缺乏合理的引导和规划，造成了人力、物力资源浪费。

表1.12 部分地区战略性新兴产业发展对比

省市	节能环保产业	新一代信息技术产业	生物产业	高端装备制造业	新能源产业	新材料产业	新能源汽车产业
广东	●	●	◐	◐	◐	◐	◐
上海	◐	◐	◐	●	◐	◐	●
江苏	●	●	◐	◐	●	●	◐
浙江	●	◐	◐	◐	●	◐	◐
北京	◐	◐	◐	●	◐	◐	◐
天津	◐	○	◐	◐	◐	◐	○
辽宁	◐	◐	○	◐	◐	◐	○
河北	○	○	○	◐	◐	◐	◐

省市	节能环保产业	新一代信息技术产业	生物产业	高端装备制造业	新能源产业	新材料产业	新能源汽车产业
山东	◕	◔	◐	◕	◐	◑	◐

注：表中用符号表示课题组对各地区战略性新兴产业发展水平的评估结果。其中：整圆代表的发展水平最高，3/4 圆◕，1/2 圆◐和 1/4 圆◔代表的发展水平依次递减

1.3.4 中国工业 1.0 到 4.0 的升级思路

1. 中国工业升级的阶段性特征

我国产业发展的现状表明，虽然我国的制造业规模庞大，但仍然与德国制造业的发展水平有很大差距。德国制造业在整体上已经处于工业 3.0 阶段，而我国的传统制造业基本处在工业 1.0 到工业 2.0 阶段，战略性新兴产业基本处在工业 2.0 到工业 3.0 阶段。我国的国情决定了我们不能照搬德国经验，而要结合世界制造业的发展方向和自身工业实际情况，来选择转型升级战略，走工业 2.0 补课、工业 3.0 普及和工业 4.0 示范并行发展的路径。

1）第一阶段：工业 2.0 补课，夯实基础

在这一阶段，我国应该打牢自动化、数字化的基础，针对中国产业发展的现状，推动工业自动化的发展。第一，加强基础建设，完善通信网络建设，构建具有国际认证的标准化工业互联网安全系统；第二，把发展基础技术、共性技术和材料、关键零部件放到优先和重点发展的位置，弥补我国在基础共性技术中的不足；第三，推动工业自动化，制度上应将中国工业自动化提上议程，通过与"互联网+"、智能制造和数控一代等技术结合，推动中国工业自动化发展；第四，国际经验表明，自动化设备和仪器仪表产业规模不大，但是却是工业自动化发展的重要基础，因此，中国要注重自动化设备、仪器仪表等企业的培育工作；第五，要紧跟世界工业发展潮流，将绿色、服务和个性化等制造业技术目标与产品性能、效率和质量等目标结合。

2）第二阶段：工业 3.0 普及，重点示范

在这一阶段，主要任务是在第一阶段的基础上，厚积薄发，形成自身优势，打造示范产业。首先，推进智能化、数字化由试点示范向全国范围全面展开，应用智能产品、技术、装备和理念全面改造、提升传统制造业；其次，加强自主创新，实现核心技术和前沿技术的突破，核心技术和前沿技术是产业发展的关键，要进行本土技术攻关，加强生物技术、信息技术、新材料技术、海洋技术、先进能源技术和先进制造技术等的研发；再次，制定合适的技术标准，发挥标准化工

作在产业发展中的引领作用，努力实现标准的国际化；最后，完善第一阶段在政策制定、保障措施、创新平台和数据库建设平台等方面的不足。

3）第三阶段：工业 4.0 示范，全面变革

工业 4.0 包括两个重要方向，一是智能工厂，二是智能生产。智能工厂是智能工业发展的新方向，是在 CPS 基础上的新制造方式，这就要求首先实现信息基础设施的高度互联，将生产设备、人员、材料和成品之间实现互通，其次保障数据的实时性，实现生产数据和数据处理的同步及实时反馈，最后实现存储数据的挖掘和深度应用，通过数据挖掘和应用改进生产制造工艺。智能生产涉及智能机器、人机互动和 3D 技术的应用，实现智能生产首先要求硬件、软件和咨询系统的整合，打造拥有众多控制器和传感器，并能够通过传感网架构将数据上传的制造执行管理系统；其次，要将人工智能技术、机器人技术和数字化制造技术与智能制造结合，将这些技术运用到工业设计、制造和服务的各个环节；最后，要完成生产模式的革命性变革，建设新兴先进制造业的产业集聚区。

2. 工业 4.0 对中国产业升级的借鉴意义

德国"工业 4.0"战略的推出立即引起全球的广泛关注，产生了巨大的国际影响。中国政府在 2015 年颁布的《中国制造 2025》，明确指出中国制造由大变强的战略任务。《中国制造 2025》并不是中国版的工业 4.0，因为《中国制造 2025》在框架、结构和目标等方面都与德国的工业 4.0 有所不同。虽然《中国制造 2025》不同于工业 4.0，但是工业 4.0 作为世界先进制造强国的战略规划，其对中国的制造业升级仍然会有显著的借鉴意义。

以我国制造业发展规模与质量作为衡量标准，可以看出我国制造业整体处于工业 2.0 阶段，与工业 3.0 相较仍有一段距离，且进入工业 2.0 阶段的企业也仅仅实现了自动化发展，还有一部分企业尚未达到工业 2.0 标准。此外，鉴于我国地域辽阔、发展模式各异的特点，我国不同地区、不同行业及企业间的自动化、信息化处理能力不尽相同，相互间存在显著差异。基于上述原因，中国制造业由工业 2.0 向更高阶段迈进的过程中，必将呈现出多样化需求的特点。

首先，不同产业应该正视自身的基础。工业发展的每一个阶段都是难以逾越的，过分去追求跨越式发展很可能适得其反，不同发展阶段的产业应该在自身发展现状的基础上，走渐进式升级的路线，没有达到工业 2.0 阶段的企业和产业要努力向工业 2.0 升级，处于工业 2.0 阶段的企业和产业要努力向工业 3.0 升级。

其次，不同产业应该正视自身的需求和目标。根据产业升级的内涵，产业升级的最终目标是满足市场需求。不同产业和企业不需要都把工业 4.0 当成升级目

标，产业和企业的目标是采用效益最大化的技术，而不是追求最先进的技术。如果产业从工业2.0升级到工业3.0就能够满足市场需求，就没有必要进一步升级为工业4.0，否则会造成资源的浪费和过度投资。因此，不同产业和企业只有找到适合自己的升级目标，才能选好升级的路径。

第 2 章　制造业与生产性服务业互动升级发展的路径

2.1　制造业与生产性服务业互动升级发展的机理

2.1.1　制造业与生产性服务业互动发展的理论解释

1. 产业共生理论

产业共生理论源自生物学领域中的共生理论。共生理论由德国生物学家德贝里 1879 年提出，是指共生单元在一定的共生环境中按某种共生模式形成的关系。随着共生理论的不断发展及学科之间的相互融合，大量的学者运用其来解释经济学问题。国内学者胡晓鹏[30]结合物种共生和产业发展问题，从广义和狭义两个角度分别阐述了产业共生的内涵。从广义上来讲，产业共生是指具有经济联系的业务模块或同类产业的不同价值模块在分工不断细化的情况下，彼此之间为融合、互动和协调的关系，即差异性产业共生；从狭义上则是通过彼此间的融合、互动和协调形成共生的发展状态，即同质性产业共生。由于共生单元在形成产业共同体之后，会继续保留原有的特征和性质，所以现阶段所研究的产业共生均为差异性产业共生。本书基于产业互动角度将产业共生定义为：产业间通过具有经济联系的业务模块的互动来创造共同价值的过程。

根据产业共生理论，共生单元、共生模式和共生环境是产业共生的三个基本要素。其中，共生单元是形成产业共生关系的基本单位；共生模式是指共生单元间的相互结合与互补而形成的不同的产业共生关系；共生环境是指形成产业共生关系过程中的其他影响因素。此外，产业共生界面对于共生关系的发生也是必不可少的,共生界面是指共生单元在交流与合作过程中的接触方式及形成的共生机制集合。

2. 产业共生的机理

制造业和生产性服务业的共生单元指的是制造业与生产性服务业的不同业务模块,制造业的共生单元包括研发设计、零部件组装、生产制造、产品销售和售后维修等,生产性服务业的共生单元包括生产性租赁服务和商务服务等。在产业共生过程中,制造业和生产性服务业之间的不同业务模块会进行物质、能量和信息的交换。制造业和生产性服务业的共生是一种经济组织现象,可从分工合作、产业链和交易成本角度进行分析。从分工合作角度来看,Riddle[31]认为制造业通过生产性服务业降低企业成本以实现自身规模经济增长。随着市场竞争的日益激烈,制造业需不断地提高专业化程度来降低企业成本,所以制造业通过管理专业化,提高生产率、规模经济效益,形成产业分工之间的良性循环。从产业链视角看,从制造业中剥离后的生产性服务职能,通过市场的重新选择和组合形成面向制造业的新的产业链。产业链的分解和重组受制于多重因素的影响,会产生技术性重组、市场性重组等多种重组结果。

3. 制造业与生产性服务业的共生关系

从交易成本角度来看,制造业和生产性服务业本身就是一种交易关系,根据威廉姆森提出的交易性质的三个维度及徐学军等[32]对基于交易成本的制造业和生产性服务业共生关系的研究,将两者之间的交易关系分为临时合约关系、短期合约关系、供应协作关系和联盟合约关系四种,这四种供应关系对应产业共生的四种组织模式。其中,临时合约关系对应点共生模式、供应协作关系对应间歇共生模式、短期合约关系对应连续共生模式、联盟合约关系对应一体化共生模式。

产业共生环境可分为内部共生环境和外部共生环境两种。其中,内部共生环境主要包括产品种类和技术标准等,技术创新是内部环境中影响产业进一步分工的重要因素;外部共生环境是指制造业和生产性服务业经济主体之间的接触机制,主要包括市场机制、政府政策机制和社会关系等。虽然整体上内部共生环境和外部共生环境之间是互相影响的,但在很大程度上外部共生环境受制于内部共生环境。

2.1.2 制造业与生产性服务业共生发展的条件

制造业和生产性服务业共生需要满足四个条件:必要、充分、均衡及稳定[33]。

1. 必要条件

产业之间的共生单元要想实现共生关系，均需要彼此之间存在某种确定的共生界面。一方面，共生界面为共生单元提供实现共生关系的机会和窗口；另一方面，如果产业之间的共生关系能够成功实现，共生界面就会成为产业共生单元信息交流和能量传输的通道，为产业之间建立良好的共生关系提供基础。根据前文的描述，产业共生界面是指共生单元之间接触的方式，一般来说，共生界面包括产业业务内的接触方式和产业业务间的接触方式，在一定程度上，这两种接触方式之间是相互影响的，并且产业业务间的接触方式受制于产业业务内的接触方式。对于生产性服务业和制造业而言，两种产业之间共生发展的必要条件即存在实现共生关系的窗口，即共生界面。

现阶段，两种产业之间的共生界面主要包括市场体系、社会服务体系和法制体系等。根据威廉姆森的治理结构理论研究，产业之间的关系实质上为一种交易关系，按照企业之间的交易关系将治理机制分为市场制、科层制和中间性体制三大部分。其中，市场制在点共生模式下属于外部界面，在间歇共生模式下属于以内部界面为主和外部界面为辅的状态；科层制在连续共生模式、一体化共生模式下属于内部界面。所以，现阶段制造业和生产性服务业共生界面在不同的共生模式下会存在一定的差别，这也需要我们未来对其进一步研究。徐学军等[32]运用交易成本理论和共生理论对制造业与生产性服务业的共生模式进行研究，得出了不同产业的共生界面与交易模式的对应关系。

从表 2.1 中可以看出，不同产业的共生界面对应不同的交易模式和共生模式。对于市场制共生界面而言，主要对应临时合约模式和供应协作模式，其中，临时合约模式要求生产性服务业自身具有资产专用性高和交易频率高等特点，所以制造企业在考虑经济性和合理性的条件下，会选择与多家生产性服务业企业进行短暂的合作，来保证自己的收益水平。临时合约模式存在一定的机会主义风险，很多制造企业因缺少防范意识或者与较多的生产性服务业企业合作而造成损失。供应协作模式要求生产性服务业具有资产专用性低和交易频率高的特点，导致制造企业与生产性服务业企业之间的合作关系不稳定，只能依靠自己的判断或者选择评级机构来评估交易风险。中间性体制共生界面主要对应短期合约模式，其要求生产性服务业具有资产专用性高而交易频率低的特点，导致制造企业若想和生产性服务业企业之间建立长久的合作关系，需要损失较高的治理成本，所以一般制造企业会选择短期合约模式。科层制共生界面主要对应联盟合约模式，其要求生产性服务业具有资产专用性和交易频率均较高的特点，致使一般的制造企业均愿意与生产性服务业企业建立长久的合作与交流关系，彼此之间通过技术交流、资金支持等手段实现稳定长久的共生关系，并有效规避机会主义风险。

表2.1 共生界面与交易模式的对应关系

共生界面	共生介质	交易模式	共生模式
市场制	古典契约	临时合约模式	点共生
		供应协作模式	间歇共生
中间性体制	新古典契约	短期合约模式	连续共生
科层制	关系契约	联盟合约模式	一体化共生

资料来源：课题组根据文献[32]资料整理得到

2. 充分条件

产业共生界面作为共生单元之间交流与信息传输的通道，是产业共生关系形成的重要条件。通过产业共生界面，共生单元进行知识共享和优势互补来弥补自身产业业务模块存在的问题并进行改进，同时，产业之间的共生关系通过共生界面可能会出现新的组织形式，提高了产业形式的多样性。

共生界面上产业的信息、物质和能量的联系为制造业和生产性服务业进行融合、协调和互动提供了可能。而这一过程的产生是因为制造业的快速成长和规模扩大促进了分工，加之生产性服务业为其提供了专业化的服务水平，一方面使得市场效率得到提升，另一方面还大大降低了制造业相关环节的交易成本。

图2.1描述了两者之间共生发展的阶段，而每一阶段两种产业之间的物质、信息和能量联系即为产业共生的充分条件。目前，我国产业之间仍为互动深化阶段，主要表现在产业链的整合和延伸上。产业链的整合为产品和服务的整合，即通常所说的"产品—服务包"发展模式。这一阶段的整合提高了产品的附加值，实现了价值创造和提升。产业链的延伸即作为中间投入的生产性服务向制造业领域延伸的过程，但这一过程需要满足两个条件。一是需要借助现代信息与通信技术（information and communication technology，ICT），形成制造企业的竞争优势；二是要求各种类型的生产性服务企业与制造企业在生产过程中有较高的产业集中度，形成制造企业持久的竞争优势。因此，生产性服务业和制造业之间通过信息交流和优势互补共生发展，有利于两种产业提高发展能力和进行价值创造。

3. 均衡条件

产业共生的对象选择在共生关系的形成过程中起着重要作用，一般表现出一定的规律性。一方面，产业之间需要具备一定的业务可交流性，并在此基础上实现彼此之间的价值创造和能力提升；另一方面，在产业共生关系的形成过程中，

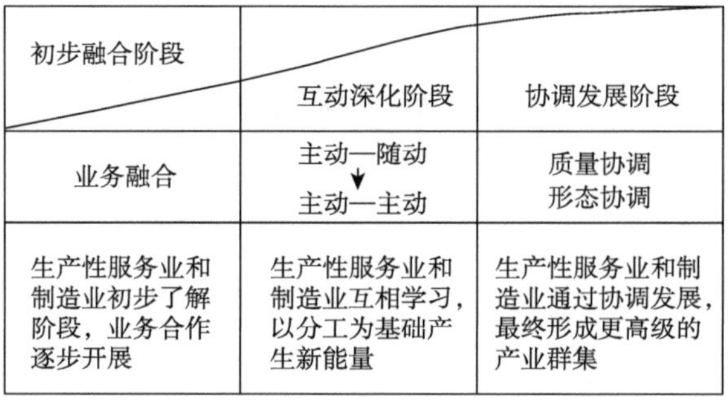

初步融合阶段	互动深化阶段	协调发展阶段
业务融合	主动—随动 ↓ 主动—主动	质量协调 形态协调
生产性服务业和制造业初步了解阶段，业务合作逐步开展	生产性服务业和制造业互相学习，以分工为基础产生新能量	生产性服务业和制造业通过协调发展，最终形成更高级的产业群集

图 2.1 制造业与生产性服务业的共生发展阶段

资料来源：课题组根据文献[30]相关资料绘制

需要通过不断磨合与改进来实现彼此之间共生度的提升，即产业共生关系不是一劳永逸的。而且，在产业关系发展的过程中，随着环境与产业本身的变化，彼此之间的共生关系也有可能发生变化，实现向更优关系或分离状态的转变。所以，针对生产性服务业和制造业结合成共生体所带来的净收益是否显著高于不结合所带来的净收益，以及两种产业结合之后的均衡状态如何，是我们需要考虑的问题。本书借鉴胡晓鹏[30]对于这一方面的研究，考虑了生产性服务业和制造业结合成共生体的均衡条件。根据 Logistic 模型将生产性服务业和制造业的增长曲线表示成如式（2.1）所示的微分方程形式：

$$\frac{dY_i}{dt} = H_i Y_i (N_i - Y_i) - P_i Y_i \tag{2.1}$$

其中，i 表示生产性服务业和制造业；t 表示时间；Y_i 表示产业 i 的产量；N_i 表示产业 i 的饱和水平；H_i 表示产业 i 的累计增长水平；P_i 表示产业 i 每件产品使用周期的长短。当生产性服务业和制造业没有结合成共生体时，各自均衡产量为 $Y^* = N - (P/H)$，当两个产业结合成共生体之后，增长曲线可以修正为

$$\begin{cases} \dfrac{dY_s}{dt} = H_s Y_s (N_s - Y_s - \alpha Y_m) - P_s Y_s \\ \dfrac{dY_m}{dt} = H_m Y_m (N_m - Y_m - \alpha Y_s) - P_m Y_m \end{cases} \tag{2.2}$$

其中，m 和 s 分别表示制造业和生产性服务业；α 表示生产性服务业和制造业之间资源交换的程度，$\alpha=1$ 表示这两种产业使用同一资源，$0<\alpha<1$ 表示两种产业在交流过程中使用了重叠性资源，$\alpha=0$ 表示两种产业的业务模块使用了不同的资源。所以本书根据 α 取值范围的不同考虑生产性服务业和制造业的均衡条件。

（1）资源共享（$\alpha=1$）。此时均衡状态有三种情况，在满足 $N_s-(P_s/H_s)>N_m-(P_m/H_m)$ 时，制造业的业务模块将逐渐被生产性服务业取代；在满足 $N_s-(P_s/H_s)<N_m-(P_m/H_m)$ 时，制造业的业务模块将完全取代生产性服务业的业

务模块；在满足 $N_s-(P_s/H_s)=N_m-(P_m/H_m)$ 时，两种产业之间的业务模块具有无限的可能性组合。

（2）资源重叠（$0<\alpha<1$）。此时均衡状态有三种情况，在同时满足 $N_s-(P_s/H_s)>\alpha[N_m-(P_m/H_m)]$ 和 $\alpha[N_s-(P_s/H_s)]<N_m-(P_m/H_m)$ 时，制造业与生产性服务业实现长久的共生关系，均衡产量为 $Y_s^*=\{N_s-(P_s/H_s)-\alpha[N_m-(P_m/H_m)]\}/(1-\alpha^2)$，$Y_m^*=\{N_m-(P_m/H_m)-\alpha[N_s-(P_s/H_s)]\}/(1-\alpha^2)$，即产业共生后的均衡产量 $Y_s^*+Y_m^*$ 将大于未发生产业共生关系前单一产业的业务水平；在同时满足 $N_s-(P_s/H_s)>\alpha[N_m-(P_m/H_m)]$ 和 $\alpha[N_s-(P_s/H_s)]>N_m-(P_m/H_m)$ 时，现有企业将只生产生产性服务业的业务模块；在同时满足 $N_s-(P_s/H_s)<\alpha[N_m-(P_m/H_m)]$ 和 $\alpha[N_s-(P_s/H_s)]<N_m-(P_m/H_m)$ 时，现有企业将只生产制造业的业务模块。

（3）资源分离（$\alpha=0$）。此时均衡状态只有两种情况，在满足 $N_s-(P_s/H_s)>0$ 时，生产性服务业和制造业将共存；在满足 $N_s-(P_s/H_s)<0$ 时，生产性服务业无法独立生产和发展。

所以，在不同的资源交换模式下，产业共生发展的均衡状态也不同。根据我国现阶段经济体制的发展，现阶段制造业与生产性服务业处于资源重叠模式，所达到的均衡条件为同时满足 $N_s-(P_s/H_s)>\alpha[N_m-(P_m/H_m)]$ 和 $\alpha[N_s-(P_s/H_s)]<N_m-(P_m/H_m)$。因此，生产性服务业和制造业结合成共生体有利于提高两者的均衡产量，即发展能力，但共生之后所产生的新能量分配问题是无法确定的，这与制造业和生产性服务业在共生关系发展过程中融合和互动的程度有关。

4. 稳定条件

产业共生单元在互动融合的过程中，也存在一种临界规模关系，这是产业共生关系形成的稳定条件。因为，在不考虑其他影响因素的基础上，若产业规模过小，则存在一定的风险，不利于保证自身稳定的发展，更无法与其他产业实现稳定的共生关系。若产业规模过大而对方产业规模过小，则会产生规模不匹配问题，不利于两者之间进行有效的交流和资源共享。因此，产业规模对于稳定的共生关系形成是非常重要的。近年来，我国大部分制造企业通过服务外包等方式来减少企业的内部成本并提高交易效率水平，但制造业规模作为其融资约束的重要条件，会导致其与生产性服务业之间的共生关系发生变化。

一般来说，一体化共生模式需要制造业具备一定的固定资产规模和人员储备，而小规模制造企业自身资源约束水平较高，导致在与大规模制造企业竞争过程中处于劣势地位。随着我国生产性服务业的不断发展，传统制造业也逐渐向服务型制造转型升级，但一般只有具备较高综合能力的大规模制造企业才能在此过程中占据有利的竞争优势,所以政府的大力支持和补贴对于小规模制造企业的服务水平发展具有重要的作用。因此,本书得出结论:大规模制造企业在与生产性服务业形成共生关系的过程中,只需要考虑共生关系的形成是否会降低企业的成本、是否会提高企业知识储备和能否规避机会风险等问题;而小规模制造企业则需要在解决资源约束的条件下,再考虑上述因素对共生关系形成所产生的影响。

所以,不同规模的制造业与生产性服务业形成的共生关系不同,在结合成共生体时需要考虑的因素也不同。首先,一般要求两种产业的规模相差不多,形成的稳定的共生关系有利于实现资源的合理利用。其次,对于这两个产业中规模较大的企业,由于企业本身发展规模较大,一般情况下不受资源约束影响,所以两种产业只需要针对自身发展需要,合理考虑成本节约、知识储备、机会风险规避等因素,去实现相应的共生关系。在生产性服务业和制造业中,规模较小的企业因为受到资源约束的影响,所以在产业共生时一般只考虑非一体化的共生模式。所以,如何合理全面考虑共生单元的规模,对于建立稳定健康的共生关系具有重要作用。

2.1.3 制造业与生产性服务业共生发展的约束

生产性服务业和制造业在共生发展的过程中,会受到环境、技术发展水平、经济、地域和政策等多方面的约束。我国服务业相比于国外发展较晚,所以随着制造业逐步由 2.0 向 3.0 的转变,如何有效发现和解决制造业与生产性服务业在互动融合过程中所受到的约束是非常重要的。所以,本书主要从技术创新能力、城市化发展水平和制造业规模三个角度来分析这两者之间实现共生发展的约束条件。

1. 技术创新能力约束

技术水平对于制造业和生产性服务业之间的共生发展具有重要作用,所以如何适当进行技术交流并分配技术研发资金对于产业的健康共生发展来说是非常重要的。一般来说,技术水平可以划分为研发机构支持、技术创新能力、技术研发水平和科研经费的支出等多个方面。

本书主要研究技术创新能力在制造业和生产性服务业之间的分配问题,作为两个独立的产业,它们本身在技术创新能力上就存在一定的竞争优势和差异,所以本书运用博弈论方法对其进行分析。具体情况如下:在制造业与生产性服务业共生关系较弱时,生产性服务业会由于自身专业化水平提升困难难以获得竞争优势,导致生产性服务业之间的竞争加剧。这时,若制造业首先进行创新会使得生产性服务业之间的竞争加剧，因此一般情况下，生产性服务业会选择同时进行创新来保证自己的收益水平；若制造业跟随生产性服务业进行创新则会导致生产性服务业为保证收益率先进行创新。所以，对于生产性服务业而言率先进行创新已成为必然选择。

对于制造业而言，若生产性服务业率先进行创新则会促使制造业将部分业务外包，从而提高制造业的收益水平；若生产性服务业选择跟随创新，则制造业为保证自身的创新收益水平必先率先进行创新，所以对于制造业而言，率先进行技术创新已不具有竞争优势，即一般会选择跟随生产性服务业进行技术创新来保证收益。所以，制造业与生产性服务业在产业共生关系较弱的情况下存在纳什均衡，即生产性服务业率先进行技术创新，制造业跟随其进行技术创新。在此均衡条件下，生产性服务业通过技术创新来提高自身专业化服务水平，包括降低服务成本、提供多样化和定制化服务等，促进制造业转型升级，而制造业通过跟随生产性服务业进行技术创新，既保证了自身的收益水平，也促进了两者之间的健康共生发展。

2. 城市化发展水平约束

我国制造业和生产性服务业发展阶段及过程存在不同，导致城市化进程对两种产业共生发展产生了一定的约束。我国近几年一直倡导提高城市化水平，随着生产性服务业的快速发展，其逐渐向大中型城市聚集，所以我国生产性服务业的空间布局一直在不断发生变化，这一转变也进一步促进生产性服务业在大中型城市中形成稳定的发展布局。虽然近几年一直倡导制造业产业向中西部欠发达的地区转移，但大部分制造业仍然处于大中型城市之中并发挥着重要的作用。而且，我国制造业与生产性服务业的集聚离不开城市化进程的不断推进，这也进一步促使两者之间共生发展。

目前，城市化水平对制造企业的促进作用较为明显，而对生产性服务业的促进作用相对较弱。而且对于小型城市的生产性服务业而言，制造业的地理布局往往缺乏与生产性服务业在空间上的交流与互动，从而延长了小型城市生产性服务业的发展进程。因此，讨论制造业在我国各地区具体该如何布局的意义十分重大，必须合理推动制造业产业转移，促进制造业产业在各地区的协调发展，实现其向中西部地区等工业发展欠缺的城市转移，提升我国制造业整体水平。生产性服务业则需要加快向大中型发达城市聚集，快速及时发挥服务业在工业生产中的作用，减少制造业发展所带来的环境污染和资源消耗问题，进一步促进我国制造业向工业 3.0 和 4.0 的转变。

3. 制造业规模约束

一般来说,规模较大的制造企业拥有雄厚的资金实力和生产能力,可以在市场中占据有利的竞争优势,而规模较小的制造业因融资约束问题而存在发展风险。所以,在我国生产性服务业专业化水平仍然较低的情况下,制造业生产规模的不断壮大是保证共生关系的条件。

近年来,制造业对外包服务有效需求的不断提升节约了制造业的交易成本。现阶段,我国制造企业规模仍以中小型为主。所以,我国应针对不同的制造企业规模合理地制定相关政策,通过生产性服务业辅助小规模制造企业的升级发展,并加强与大中型制造企业的交流合作,实现产业之间的互动融合与协调。因此,制造业的规模发展已成为其与生产性服务业共生发展的约束之一。

根据我国制造业发展规模的现状和存在的问题,一方面,从制造企业本身角度出发,可以通过加强制造企业之间的交流合作与研发,以及政府加强对中小型企业的支持与补贴,来提高制造企业的自身发展水平;另一方面,可以通过制造业与生产性服务业之间的规模匹配与共生发展来促进彼此的升级发展。制造业通过不断提高自身服务外包业务水平,实现向高附加值的产业链攀升,而生产性服务业通过不断提高自身专业化水平,结合工业4.0,通过云平台及客户全程参与等途径,实现向智能服务的转变。所以,结合互联网技术和大数据等技术,通过提高制造业与生产性服务业的互动交流与合作来促进产业升级发展,具有重要的现实意义。

随着中国经济整体水平的逐步提高,我国制造业存在着发展方式粗放、产能过剩、创新能力不足和人均附加值较低等多种问题。随着产业分工的不断深化,服务业已成为中国国民经济增长的重要推动力。现阶段中国大部分制造业处于2.0阶段,甚至有些制造业仍处于1.0阶段,迫切需要转型升级。所以,通过制造业与生产性服务业之间的互动发展来实现升级已成为必然发展趋势,德国制造4.0指出了未来制造业向4.0升级的美好前景,即由传统的单一制造业向"制造+服务"最终再向"智能制造+智能服务"转变的过程,这对于我国未来制造业与生产性服务业的发展也是一个巨大的挑战。

2.1.4 制造业和生产性服务业的共生关系

融合性作为共生发展的首要条件,是判断产业共生能否稳定健康发展的前提。本书参考胡晓鹏和李庆科[34]对制造业和生产性服务业之间融合程度的测定指标,采用中间投入率、中间需求率、融合均衡度(投入)和融合均衡度(消耗)等指标对两者之间融合度进行测定①，两者之间的融合程度越高且越接近于1，则它们之间的共生关系越为密切。

如表2.2所示，从中间投入率角度可以看出，制造业对生产性服务业的指标呈现波动发展的趋势，而生产性服务业对其一直稳定在0.06左右。这表明我国现阶段制造业融合于生产性服务业的程度较高，而生产性服务业要素在制造业部门中间投入品中的占比相对较小，制造业所投入的服务大部分仍在内部，也反映了生产性服务业市场化程度比较低。从中间需求率角度可以看出，彼此均呈现上下波动的趋势，其中，制造业对生产性服务业的中间需求率呈现了较大幅度的下降，说明随着生产性服务业的快速发展，其辅助制造业延伸服务价值链的趋势越来越明显。从融合均衡度角度可以看出，投入和消耗的融合均衡度均呈现先上升后下降的趋势，说明制造业与生产性服务业之间的互动仍处于非均衡状态。

表2.2 制造业和生产性服务业的融合度比较分析

指标类别	2002年	2005年	2007年	2010年	2012年
中间投入率（制造业/生产性服务业）	0.235	0.287	0.247	0.325	0.223
中间需求率（制造业/生产性服务业）	0.269	0.306	0.292	0.313	0.258
中间投入率（生产性服务业/制造业）	0.064	0.068	0.051	0.061	0.066
中间需求率（生产性服务业/制造业）	0.057	0.065	0.043	0.048	0.057
融合均衡度（投入）	0.036	0.042	0.049	0.053	0.034
融合均衡度（消耗）	0.047	0.048	0.067	0.066	0.047

资料来源：课题组根据历年《中国投入产出表》的相关数据整理得到

对于制造业和生产性服务业的互动程度，本书主要采用感应度系数和影响力系数两个指标来测量，指标的具体含义如下所示。

（1）感应度系数。感应度系数表示在各个部门均增加生产一个单位最终产品的情况下，某一部门受此影响而产生的需求程度，计算如下：

---

① 制造业对生产性服务业的中间投入率＝生产性服务业中制造业的投入／生产性服务业的总投入；制造业对生产性服务业的中间需求率＝制造业被生产性服务业消耗的部分／制造业的总产出；生产性服务业对制造业的中间投入率＝制造业中生产性服务的投入／制造业的总投入；生产性服务业对制造业的中间需求率＝生产性服务业被制造业消耗的部分／生产性服务业的总产出；融合均衡度（投入）＝制造业对生产性服务业的投入率／生产性服务业对制造业的投入率；融合均衡度（消耗）＝生产性服务业对制造业的需求率／制造业对生产性服务业的需求率。

$$S_i = \frac{\frac{1}{n}\sum_{j=1}^{n}A_{ij}}{\frac{1}{n^2}\sum_{i=1}^{n}\sum_{j=1}^{n}A_{ij}} \quad (i,j=1,2,\cdots,n) \tag{2.3}$$

其中，S_i 表示第 i 个部门的感应度系数，一般来说，当 $S_i>1$ 时，说明第 i 个部门受到的感应影响要高于我国国民经济的平均感应程度。

（2）影响力系数。影响力系数表示如果某一产业部门在增加一个单位的最终需求情况下，各个供应部门所受到的影响，计算公式如下：

$$T_i = \frac{\frac{1}{n}\sum_{j=1}^{n}A_{ij}}{\frac{1}{n^2}\sum_{i=1}^{n}\sum_{j=1}^{n}A_{ij}} \quad (i,j=1,2,\cdots,n) \tag{2.4}$$

一般来说，T_i 越大代表各个部门之间产出的拉动作用越大。根据表 2.3 可以看出，从感应度系数来说，2012 年交通运输及仓储业、金融保险业、租赁和商务服务业的感应度系数均大于 1，说明这些产业容易受到其他产业的影响。随着我国经济和互联网的快速发展，交通运输及仓储业和金融保险业等行业发挥的作用越来越重要。近几年，随着我国外包业务的不断发展，租赁和商务服务业发展较快，但相比于美国等发达国家而言发展仍然较慢，所以不断提高该类产业的发展速度是非常重要的。如表 2.3 影响力系数所示，2012 年科学研究事业、租赁和商务服务业的影响力系数均大于 1，说明这些部门对其他产业部门的拉动作用较大，但相比于发达国家而言，各产业部门的影响力系数仍然较小。另外，金融保险业的影响力系数最小，说明我国金融保险业对产业间的前向关联程度低，不能有效地引导和促进其他产业部门的发展。所以，我国应加大对生产性服务业的投资和支持，促进产业间的互动和发展。

表2.3　生产性服务业的感应度系数和影响力系数比较分析

系数	生产性服务业	2002 年	2005 年	2007 年	2010 年	2012 年
感应度系数	交通运输及仓储业	1.880	1.797	1.468	1.603	1.555
	邮政业	0.436	0.374	0.382	0.378	0.390
	信息传输、计算机服务和软件业	0.894	0.825	0.585	0.567	0.548
	金融保险业	1.228	0.959	1.129	1.196	1.398
	租赁和商务服务业	0.884	0.996	0.796	0.852	1.027
	科学研究事业	0.438	0.392	0.412	0.403	0.430
	综合技术服务业	0.425	0.527	0.516	0.555	0.537

续表

系数	生产性服务业	2002年	2005年	2007年	2010年	2012年
影响力系数	交通运输及仓储业	0.917	0.908	0.884	0.927	0.895
	邮政业	1.026	0.907	0.856	0.932	0.971
	信息传输、计算机服务和软件业	0.904	0.955	0.773	0.821	0.874
	金融保险业	0.733	0.705	0.613	0.632	0.681
	租赁和商务服务业	1.088	1.184	1.084	1.005	1.036
	科学研究事业	0.819	1.079	0.970	1.021	1.004
	综合技术服务业	1.007	1.024	0.835	0.842	0.901

资料来源：课题组根据历年《中国投入产出表》的相关数据整理得到

从表2.4可以看出，在2012年，食品和烟草，纺织品，石油、炼焦产品和核燃料加工品，化学产品，金属冶炼和压延加工品，通用、专用设备，通信设备、计算机和其他电子设备的感应度系数均大于1，说明这些部门所受的需求引力较大。影响力系数中除了食品和烟草、其他制造产品以外，均大于1。对于感应度系数和影响力系数均大于1的产业部门而言，其具有强制约和强辐射的双重性质，对国民经济发展也将产生双重影响。在我国经济发展过程中，这些部门既是其他部门中间产品的提供者，也是其他部门产品的消耗者，所以其在促进和拉动我国各部门经济发展的过程中，也制约了相关部门的经济发展。

表2.4 制造业的感应度系数和影响力系数比较分析

系数	制造业	2002年	2005年	2007年	2010年	2012年
感应度系数	制造业整体	1.245	1.287	1.319	1.319	1.146
	食品和烟草	0.945	1.001	1.242	1.322	1.265
	纺织品	1.164	1.068	1.143	1.116	1.184
	纺织服装鞋帽皮革羽绒及其制品	0.607	0.561	0.639	0.620	0.523
	木材加工品和家具	0.748	0.666	0.727	0.715	0.629
	造纸印刷和文教体育用品	1.326	1.193	1.121	1.086	0.804
	石油、炼焦产品和核燃料加工品	1.299	1.630	1.559	1.508	1.374
	化学产品	3.274	3.649	3.606	3.517	3.108
	非金属矿物制品	0.797	0.927	0.859	0.918	0.782
	金属冶炼和压延加工品	2.496	2.831	2.952	2.588	2.455
	金属制品	1.015	0.988	1.009	0.987	0.846
	通用、专用设备	1.527	1.353	1.575	1.644	1.116

续表

系数	制造业	2002年	2005年	2007年	2010年	2012年
感应度系数	交通运输设备	1.230	1.119	1.185	1.147	0.849
	电气机械和器材	1.124	1.287	1.176	1.101	0.936
	通信设备、计算机和其他电子设备	1.913	1.973	1.808	1.494	1.435
	仪器仪表	0.618	0.608	0.654	0.627	0.531
	其他制造产品	0.543	0.494	0.481	0.724	0.499
影响力系数	制造业整体	1.138	1.127	1.167	1.197	1.174
	食品和烟草	1.015	0.965	0.992	1.004	0.972
	纺织品	1.198	1.161	1.214	1.157	1.168
	纺织服装鞋帽皮革羽绒及其制品	1.230	1.164	1.215	1.215	1.177
	木材加工品和家具	1.153	1.137	1.143	1.194	1.148
	造纸印刷和文教体育用品	1.086	1.138	1.154	1.202	1.226
	石油、炼焦产品和核燃料加工品	1.045	0.990	1.042	1.000	1.141
	化学产品	1.175	1.194	1.224	1.213	1.229
	非金属矿物制品	1.074	1.114	1.100	1.162	1.118
	金属冶炼和压延加工品	1.175	1.175	1.209	1.226	1.218
	金属制品	1.245	1.219	1.258	1.279	1.252
	通用、专用设备	1.208	1.207	1.244	1.258	1.256
	交通运输设备	1.258	1.268	1.331	1.312	1.273
	电气机械和器材	1.261	1.256	1.335	1.336	1.321
	通信设备、计算机和其他电子设备	1.395	1.438	1.424	1.394	1.359
	仪器仪表	1.285	1.290	1.334	1.304	1.233
	其他制造产品	1.153	1.103	1.149	0.903	0.687

资料来源：课题组根据历年《中国投入产出表》的相关数据整理得到

注：制造业行业按照《中国投入产出表》进行分类，与第一章行业的参考标准不同，因此行业有所不同

根据 2002~2012 年《中国投入产出表》的相关数据将产业主要划分为生产性服务业、制造业和其他类产业三个组成部分，然后按照感应度系数和影响力系数的计算公式将其分子分解为生产性服务业、制造业和其他类产业三部分进行分析[35]。

从表 2.5 可以看出，制造业分解下的生产性服务业感应度系数较小，也就是说制造业以物质要素投入为主的发展模式没有发生较大的改变。而生产性服务业作为制造业转型升级的重要推动力，如何提高两种产业之间的互动程度，实现优势互补具有重要的现实意义。这与政府、企业自身及消费者均有着密切联系，其

中，政府的大力支持与鼓励会促进制造业和生产性服务业不断地提高自身发展能力，企业的管理与经营方式对于产业的发展模式也具有重要作用，而消费者作为产品的体验者，有效的信息反馈会帮助企业更加了解消费者需求，提高制造业服务能力水平。

表2.5 生产性服务业与制造业的感应度系数和影响力系数分解比较分析

系数	类别	2002年	2007年	2010年	2012年
生产性服务业感应度系数		0.884	0.755	0.794	0.716
第一部分	来自生产性服务业	0.489	0.423	0.432	0.466
第二部分	来自制造业	0.134	0.132	0.131	0.092
第三部分	来自其他类产业	0.260	0.201	0.231	0.159
生产性服务业影响力系数		0.928	0.859	0.883	0.911
第一部分	对生产性服务业	0.489	0.423	0.432	0.466
第二部分	对制造业	0.089	0.072	0.082	0.096
第三部分	对其他类产业	0.349	0.365	0.369	0.349
制造业感应度系数		1.245	1.319	1.319	1.146
第一部分	来自生产性服务业	0.089	0.072	0.082	0.096
第二部分	来自制造业	0.907	0.935	0.881	0.837
第三部分	来自其他类产业	0.248	0.312	0.356	0.2125
制造业影响力系数		1.138	1.167	1.197	1.174
第一部分	对生产性服务业	0.134	0.132	0.131	0.092
第二部分	对制造业	0.907	0.935	0.881	0.837
第三部分	对其他类产业	0.097	0.099	0.185	0.244

资料来源：课题组根据历年《中国投入产出表》的相关数据整理得到

现阶段，对于生产性服务业范围的界定国内外仍然存在较大的分歧，Lundquist等[36]认为生产性服务业主要包括信息处理、金融保险服务、商务活动等。国内相关学者和国家机构也对生产性服务业进行了不同的界定。本书在国内外研究基础上，根据《中国投入产出表》将生产性服务业划分为交通运输及仓储业，邮政业，信息传输、计算机服务和软件业，金融保险业，租赁和商务服务业，科学研究事业，综合技术服务业七大类；并利用投入产出表中增加值、中间投入率和中间需求率三个指标来描述中国生产性服务业的发展水平。

增加值代表生产性服务业在我国国民经济中的发展水平。

中间投入率是指在生产过程中某一产业部门中间投入占总投入的比例。计算公式为

$$f_i = \sum_{j=1}^{n} x_{ij} \Big/ (\sum_{j=1}^{n} x_{ij} + V_i) \quad (2.5)$$

其中，$\sum_{j=1}^{n} x_{ij}$ 和 V_i 分别表示在国民经济中第 i 产业的中间投入和增加值。中间投入率与增加值之间呈负相关。

中间需求率是指在国民经济中某一产业的产出作为其他产业部门中间投入的程度。计算公式为

$$d_j = \sum_{i=1}^{n} x_{ij} \Big/ (\sum_{i=1}^{n} x_{ij} + Y_j) \quad (2.6)$$

其中，$\sum_{i=1}^{n} x_{ij}$ 和 Y_j 分别表示在国民经济中其他产业对第 j 产业的中间需求和最后需求。中间需求率越高，则该部门越依赖于中间需求；反之，则更多地依赖于最终需求。

根据 2002~2012 年《中国投入产出表》的相关数据可以看出，在国民经济中，生产性服务业投入在总中间投入中的占比呈上升趋势，从 2002 年的 8.7%上升至 2012 年的 11.1%，但是，物质性投入仍然是总中间投入中占比最大的部分，整体水平为 80%左右；服务性投入在总中间投入中占比较小，只有 20%左右，这说明我国仍然是以资源和要素投入为主的粗放式经济增长模式，见表 2.6。

表2.6　中国生产性服务业发展水平现状

项目	2002 年	2005 年	2007 年	2010 年	2012 年
生产性服务业投入占总中间投入的比例	8.7%	9.7%	6.9%	8.2%	11.1%
服务性投入占总中间投入的比例	23.1%	20.2%	16.2%	16.2%	20.1%
物质性投入占总中间投入的比例	76.9%	79.8%	83.8%	83.8%	79.9%
生产性服务业增加值占服务业增加值的比例	36.2%	36.6%	40.1%	37.2%	37.6%
生产性服务业增加值占总增加值的比例	14.9%	14.5%	15.5%	15.5%	16.8%
服务业增加值占 GDP 的比例	41.1%	39.7%	38.7%	41.8%	46.8%
生产性服务业增加值占 GDP 的比例	14.9%	14.4%	15.3%	15.2%	16.7%

资料来源：课题组根据历年《中国投入产出表》的相关数据整理得到

由于国民经济中中间投入率与增加值呈反方向变动,所以将中间投入率小于 0.5 的生产性服务部门称为具有高附加值发展空间但带动能力较低的部门,将中间投入率大于 0.5 的生产性服务部门称为附加值较低但具有较高带动能力的部门。从表 2.7 可以看出,金融保险业中间投入率小于 0.5,即为高附加值产业;交通运输及仓储业、邮政业、租赁和商务服务业、科学研究事业中间投入率均大于 0.5,即为具有较高带动能力的产业;信息传输、计算机服务和软件业,综合技术服务业中间投入率呈现 0.5 左右浮动,所以无法明确区分行业类型。从生产性服务业整体来看,近几年生产性服务业中间投入率整体呈现上升趋势,说明其在国民经济的稳定发展中起到的作用越来越显著。中间投入率最小的生产性服务行业为金融保险业,这与金融市场上的信息不对称和金融风险高等因素存在着重要的关系,导致中小企业的金融服务一直存在短缺现象,所以如何强化金融风险管理、缓解资金供给不足对于我国国民经济健康发展具有重要意义。

表2.7 中国生产性服务业的中间投入率

分类	2002 年	2005 年	2007 年	2010 年	2012 年
交通运输及仓储业	51.6%	56.9%	53.9%	60.5%	62.5%
邮政业	60.1%	53.8%	50.9%	61.5%	63.1%
信息传输、计算机服务和软件业	43.9%	52.1%	39.9%	47.3%	52.9%
金融保险业	36.1%	38.5%	31.1%	35.0%	40.4%
租赁和商务服务业	60.9%	71.8%	67.7%	64.2%	67.4%
科学研究事业	53.4%	64.2%	56.4%	63.7%	63.4%
综合技术服务业	41.9%	66.0%	46.2%	49.7%	54.6%
生产性服务业整体	47.9%	56.4%	48.2%	52.6%	56.0%

资料来源:课题组根据历年《中国投入产出表》的相关数据整理得到

近些年,生产性服务业中间需求率水平整体较高,说明生产性服务业被其他部门用作中间投入的程度在逐年提高。信息传输、计算机服务和软件业的中间需求率呈现逐年下降的趋势,即实现了从中间需求向最终需求的转变,说明随着我国科技的迅速发展,最终消费领域对信息技术的需求快速增长,即推动了信息传输、计算机服务和软件业用于最终需求的比重,见表2.8。

表2.8　中国生产性服务业的中间需求率

类型	2002年	2005年	2007年	2010年	2012年
交通运输及仓储业	75.2%	73.5%	76.2%	89.8%	80.4%
邮政业	61.4%	62.4%	88.4%	92.8%	92.6%
信息传输、计算机服务和软件业	76.9%	67.8%	54.9%	48.6%	44.1%
金融保险业	86.2%	75.9%	74.7%	77.5%	82.3%
租赁和商务服务业	86.7%	89.6%	77.9%	75.3%	89.7%
科学研究事业	21.7%	37.4%	97.5%	71.9%	72.6%
综合技术服务业	44.8%	44.6%	73.8%	73.9%	77.4%

资料来源：课题组根据历年《中国投入产出表》的相关数据整理得到

2.2　制造业与生产性服务业共生发展的模式

2.2.1　产业共生发展的模式类型

制造业和生产性服务业共生发展的模式是指这两类产业之间的共生单元相互结合和作用。现阶段对于产业共生模式的划分主要从两个角度考虑：从行为方式的角度可以将产业共生模式划分为寄生共生、偏利共生和互惠互生，其中互惠互生又可以划分为非对称互惠互生和对称互惠互生；从组织程度角度可以将产业共生模式划分为点共生、间歇共生、连续共生和一体化共生。

寄生共生模式不会产生新能量，整个共生过程一方向另一方无偿提供能量，即能量是单方向流动的。寄生共生模式的主要特点是有明显的寄生产业和寄主产业之分，一个寄主产业可以带领多个寄生产业，实现产业间现有价值的重新分配。偏利共生模式会产生新的能量，但结果只对一方有利，另一方没有收利或收利很少，但也没有受害。偏利共生模式的主要特点是新能量的产生一般只向共生关系中的一方转移，但存在双向的物质流、信息流和价值活动。互惠互生共生模式会产生新能量，并且新能量在共生单元之间分配，但能量分配存在非对称性和对称性两种情况。互惠互生共生模式的主要特点是产业之间互利共存、优势互补和形成了战略联盟，双方在物质和信息交换过程中均可获得一定的收益，形成稳定的产业链。具体的共生行为模式特征如表2.9所示。

表2.9 产业共生行为模式的特征

模式		特征
寄生共生模式		不产生新能量；寄主与寄生产业之间存在双边单向交流机制；有利于寄生产业发展，不利于寄主产业发展
偏利共生模式		产生新能量；产业之间存在双边双向流动，但结果只对一方有利；有利于获利产业发展，对非获利产业而言，无补偿机制时不利
互惠共生模式	非对称互惠互生共生模式	产生新能量；产业之间存在双边双向流动，结果双方均获利；有利于双方产业发展，但发展进程具有非同步性
	对称互惠互生共生模式	产生新能量；产业之间存在双边双向流动，结果双方均获利；有利于双方产业发展，并且发展进程具有同步性

资料来源：课题组根据文献[30]相关资料整理得到

对于从组织程度划分的产业共生模式而言，点共生反映了产业之间的偶然性、随机性和不确定性，产业共生单元只在某一方面发生作用，导致共生过程呈现短期性和不稳定性的特征。在点共生模式下，两种产业之间的物质和能量交换是通过外部界面来完成的，导致共生关系具有一定的不稳定性。间歇共生模式虽然克服了点共生模式存在的随机性，但共生模式仍然是不稳定的，共生关系也是不连续的，间歇共生模式强调共生单元在某一方面或少数方面发生作用。在间歇共生模式下，两种产业之间生成了产业内部界面，但内部界面的不稳定性导致产业共生关系具有不连续性。连续共生模式下，产业之间通过长期稳定的共生关系既保证了收益水平也实现了产业的独立，此时产业之间通过内生界面形成了相对稳定的合作关系，使共生关系具有连续性的特征。一体化共生模式是连续共生模式的极端形式，此时产业共生单元在封闭式空间内进行交流与信息传输，导致科层组织占据了主导地位，虽然这种共生模式降低了产业之间的交易成本，但同时也提高了组织管理成本。具体的共生模式特征如表 2.10 所示。

表2.10 产业共生模式的特征

模式	特征
点共生模式	在某一特定时刻产业共生单元具有一次性相互作用；产业共生单元只在某一方面发生作用；共生关系具有随机性和不确定性
间歇共生模式	在某一时间间隔内产业共生单元具有多次相互作用；产业共生单元只在某一方面或少数方面发生作用；共生关系克服了随机性，但仍具有不稳定性
连续共生模式	在一封闭的时间区间内产业共生单元具有持续的相互作用；产业共生单元在多方面发生作用；共生关系具有稳定性和连续性
一体化共生模式	在一封闭的时间区间内产业共生单元具有独立与功能互补作用；产业共生单元存在全方位的相互作用；共生关系具有稳定性和必然性

资料来源：课题组根据文献[33]相关资料整理得到

产业之间的共生关系会随着共生单元的性质变化和共生环境的变化而发生改变，不管是从行为方式上还是从组织程度上考虑，对称互惠互生共生模式是制造业和生产性服务业等产业发展的方向，因为对称互惠互生共生模式是现在共生系统中效率最高且最稳定的，在该模式下的产业共生关系会产生最大的共生能量，实现产业进步发展。

2.2.2 基于 Logistic 模型的制造业与生产性服务业共生发展路径

制造业与生产性服务业之间经历了一个动态演化过程，及时准确地了解两者之间的共生发展模式能够更有效地针对发展中的问题做出判断和修正。现阶段我国制造业与生产性服务业的共生发展模式仍处于向上发展阶段，对于实现工业4.0所期望的"智能制造+智能服务"稳定共生发展阶段仍存在较大差距。

本书基于庞博慧和郭振[37]对生产性服务业和制造业共生演化模型的研究，以及金晟[38]对考虑环境因素和知识溢出效应的制造业与生产性服务业的共生演化机理的分析，构建动态演化方程。假设在特定时刻的生产性服务业和制造业的种群密度分别为 P_s 和 P_m，在理想条件下两个种群的自然增长率分别为 R_s 和 R_m，由于生存资源的有限性，生产性服务业和制造业在给定条件下所能承载的最大环境容量分别为 N_s 和 N_m，这也是两类产业所受到的资源约束水平。考虑到两种产业受资源、技术和制度等环境因素的影响，根据博弈论分析可知，生产性服务业技术创新能力较低，因而两种产业存在技术创新能力的差异。假设 λ 为环境系数，λ_s 和 λ_m 分别表示生产性服务业和制造业受环境因素影响的系数，其中，$0<\lambda<1$ 表示外界环境对产业发展起积极作用，$\lambda>1$ 表示外界环境抑制产业发展。假设 α 为知识溢出系数，α_s 和 α_m 分别表示生产性服务业与制造业进行协同创新所产生的知识溢出系数，其中，$0 \leqslant \alpha \leqslant 1$，$\alpha$ 越大，表示企业从协同创新的知识溢出效应中所获得的收益越大，一般来说 $\alpha_m > \alpha_s$。因此，在此基础上，加入环境因素和协同创新因素，构建了生产性服务业与制造业之间的动态演化方程：

$$\begin{cases} \dfrac{dP_s}{dt} = R_s P_s (1 - \lambda_s \dfrac{P_s}{N_s} + \alpha_m \dfrac{P_m}{N_m}) \\ \dfrac{dP_m}{dt} = R_m P_m (1 - \lambda_m \dfrac{P_m}{N_m} + \alpha_s \dfrac{P_s}{N_s}) \\ P_s(t_0) = \overline{N_s} \\ P_m(t_0) = \overline{N_m} \end{cases} \quad (2.7)$$

第2章 制造业与生产性服务业互动升级发展的路径

本书假设式（2.7）中这种产业互不影响，即一个企业种群的发展不会影响到另一个企业种群的发展，所以将 R_s 和 R_m 与 N_s 和 N_m 看成常数。如果两个产业之间相互作用，R_s 和 R_m 与 N_s 和 N_m 会受到种群密度、环境因素和知识溢出系数的影响，而不再是常数。在此基础上，将式（2.7）进行变形，构建了新动态演化方程，如公式（2.8）所示：

$$\begin{cases} \dfrac{\mathrm{d}P_s}{\mathrm{d}t} = R_s{}' P_s (1 - \dfrac{P_s}{N_s{}'}) \\ \dfrac{\mathrm{d}P_m}{\mathrm{d}t} = R_m{}' P_m (1 - \dfrac{P_m}{N_m{}'}) \\ P_s(t_0) = \overline{N_s} \\ P_m(t_0) = \overline{N_m} \end{cases} \quad (2.8)$$

令：

$$\begin{cases} R_s{}' = R_s(1 + \alpha_m \dfrac{P_m}{N_m}) \\ R_m{}' = R_m(1 + \alpha_s \dfrac{P_s}{N_s}) \\ N_s{}' = N_s(N_m + \alpha_m P_m)/\lambda_s N_m \\ N_m{}' = N_m(N_s + \alpha_s P_s)/\lambda_m N_s \end{cases} \quad (2.9)$$

在考虑两种产业之间的相互影响时，每一个产业的实际增长率除了受到自身种群密度、环境因素和知识溢出效应等影响外，还与另一个产业的种群密度相关。所以，在上述动态演化方程的基础上，考虑到两类产业之间的共生关系，本书采用 β 代表两种产业之间的相互作用系数，其中，β_{sm} 表示制造业对生产性服务业影响的作用系数，β_{ms} 表示生产性服务业对制造业影响的作用系数。本书在式（2.9）的基础上，构建了两种产业相互作用的动态演化方程，如式（2.10）所示：

$$\begin{cases} \dfrac{\mathrm{d}P_s}{\mathrm{d}t} = R_s{}' P_s (1 - \dfrac{P_s}{N_s{}'} + \beta_{sm} P_m) \\ \dfrac{\mathrm{d}P_m}{\mathrm{d}t} = R_m{}' P_m (1 - \dfrac{P_m}{N_m{}'} + \beta_{ms} P_s) \\ P_s(t_0) = \overline{N_s} \\ P_m(t_0) = \overline{N_m} \end{cases} \quad (2.10)$$

根据式（2.10），两种产业之间的共生模式可以通过 β_{sm} 和 β_{ms} 的不同取值范围进行划分，结论如下。

（1）$\beta_{sm} > 0$ 时，表示制造业和生产性服务业处于相互协作、资源共享和优势互补阶段，此时，在工业 4.0 理念的推动下，我国制造业向"智能制造"方向转变，推动了生产性服务业的升级发展。$\beta_{sm} < 0$ 时，表示两种产业在竞争同一优势资源，但生产性服务业自身专业化水平不足，导致制造业处于有利位置而阻碍生产性服务业的发展。

（2）$\beta_{ms} > 0$ 时，表示制造业与生产性服务业处于相互协作、资源共享和优势互补阶段，此时，在工业 4.0 的推动下，我国生产性服务业向"智能服务"转变，推动了我国制造业向服务型制造转型升级。$\beta_{ms} < 0$ 时，表示两种产业在竞争同一优势资源，此时生产性服务业会阻碍制造业产业的发展，但这种情况在现阶段我国发展过程中还没有出现。

（3）$\beta_{sm} > 0$、$\beta_{ms} < 0$ 时或 $\beta_{sm} < 0$、$\beta_{ms} > 0$ 时，表示制造业与生产性服务业之间处于竞争中，结果为一方获取收益，一方受到损失，即为产业的寄生共生模式。

（4）$\beta_{sm} = 0$、$\beta_{ms} > 0$ 时或 $\beta_{ms} = 0$、$\beta_{sm} > 0$ 时，表示虽然制造业和生产性服务业在共生发展过程中会有额外能量的产生，但只有一方能够获取收益，而另一方收益为零，即为产业的偏利共生模式。

（5）$\beta_{sm} > 0$、$\beta_{ms} > 0$ 时，表示制造业和生产性服务业在共生发展过程中均会获取额外能量，即为产业的互惠互生共生模式，如果 β_{sm} 和 β_{ms} 均为正数且大小不同，则为非对称互惠互生共生模式；如果 β_{sm} 和 β_{ms} 均为正数且大小相等，则为对称互惠互生共生模式。

（6）$\beta_{sm} < 0$、$\beta_{ms} < 0$ 时或 $\beta_{sm} = 0$、$\beta_{ms} = 0$ 时，表示制造业和生产性服务业的关系处于极端状态，即不存在共生关系，前者代表两类产业之间为竞争模式，后者代表两类产业独立发展。

2.2.3 制造业与生产性服务业共生发展路径检验

1. 产业共生主质参量的选择

制造业与生产性服务业之间的具体共生关系还需要通过共生度来进行衡量，其代表了产业共生单元之间的质参量的关联程度，所以现阶段质参量是产业之间共生程度衡量的主要指标。一般来说，产业会有多组质参量，其中，处于主导位置的质参量称之为主质参量，对衡量产业之间的共生程度起到决定性作用。但现阶段对于主质参量的选择没有统一的标准，本书根据胡晓鹏[30]按照产业共生关系提出的三种主质参量，用附加值增长率作为因产业业务关联引发的共生关系的主质参量；用产出增长率作为因技术互动引发的共生关系的主质参量；用全要素生产率作为因供求关系引发的共生关系的主质参量。

现阶段，我国制造业和生产性服务业的共生关系一般是基于两者之间的供求关系展开的，其中，生产性服务业作为供给方为制造业提供专业化服务，促使其向服务型制造转型升级，而制造业作为需求方为生产性服务业提供更专业化的生产制造来促使其向智能服务转型升级。所以，为进一步研究两种产业之间的互动程度，本书采用全要素生产率作为衡量共生程度的主质参量。

2. 模型设定与数据处理

1）模型设定

对于两个产业的共生单元 M 和 N，假定 Z_i 和 Z_j 分别为 M 和 N 的质参量，则产业共生单元 M 和 N 的产业共生度 δ_{ij} 可以表示为

$$\delta_{ij} = \frac{\mathrm{d}Z_i/Z_i}{\mathrm{d}Z_j/Z_j} \quad (2.11)$$

其中，δ_{ij} 表示质参量 Z_j 的变化率所引致的质参量 Z_i 的变化率，即 δ_{ij} 是一个向量概念，表示 M 对 N 的共生依存度，δ_{ji} 代表 N 对 M 的共生依存度，本书的主质参量即制造业和生产性服务业的全要素生产率。根据共生度我们可以看出 M 和 N 之间的共生行为模式，若 $\delta_{ij} = \delta_{ji} > 0$，表示 M 和 N 处于对称性互惠互生状态；若 $\delta_{ij} \neq \delta_{ji} > 0$，表示 M 和 N 处于非对称性互惠互生状态；若 $\delta_{ij} = \delta_{ji} = 0$，表示 M 和 N 之间没有影响；若 $\delta_{ij} > 0$，$\delta_{ji} = 0$ 或 $\delta_{ji} > 0$，$\delta_{ij} = 0$，表示 M 和 N 处于偏利共生状态；若 $\delta_{ij} > 0$，$\delta_{ji} < 0$ 或 $\delta_{ji} > 0$，$\delta_{ij} < 0$，表示 M 和 N 处于寄生共生状态。

因此，基于上述表述，本书构建了检验共生发展模式的主要模型：

$$\begin{cases} Zm_{it} = \delta_{sm} Zs_{it} + \mu_i + \lambda_t + \varepsilon_{it} \\ \delta_{sm} = 1/\delta_{ms} \end{cases} \quad (2.12)$$

其中，Zm_{it} 和 Zs_{it} 分别表示制造业和生产性服务业的全要素生产率；μ_i 用于控制截面效应；λ_t 用于控制时间效应；ε_{it} 表示残差项；δ_{ms} 和 δ_{sm} 分别表示生产性服务业对制造业的依存程度和制造业对生产性服务业的依存程度。

2）数据处理

本书采用了非参数 Malmquist 指数方法测算全要素生产率。根据 Färe 等[39]提出的基于产出的 Malmquist 生产率指数，在时间 t 的技术条件下，从 t 时期到 $(t+1)$ 时期的技术效率变化可以表示为

$$M_o^t = D_o^t(x^{t+1}, y^{t+1}) / D_o^t(x^t, y^t) \tag{2.13}$$

其中，D_o 表示基于产出的距离函数，即式（2.13）表示在时间 t 的技术条件下，从 t 时期到 $(t+1)$ 时期的技术效率变化。类似地，在时间 $(t+1)$ 的技术条件下，从 t 时期到 $(t+1)$ 时期的技术效率变化可以表示为

$$M_o^{t+1} = D_o^{t+1}(x^t, y^t) / D_o^{t+1}(x^{t+1}, y^{t+1}) \tag{2.14}$$

由于式（2.13）和式（2.14）可能造成使用上的混乱，采用两个 Malmquist 生产率指数的几何平均值来衡量全要素生产率的变化。所以使用式（2.13）和式（2.14）Malmquist 生产率指数的几何平均值来计算从时期 t 到时期 $(t+1)$ 的全要素生产率变化，如果该指数大于 1，说明从时期 t 到时期 $(t+1)$ 的全要素生产率是增长的，可以表示为

$$M_o(x^{t+1}, y^{t+1}, x^t, y^t) = [\frac{D_o^t(x^{t+1}, y^{t+1})}{D_o^t(x^t, y^t)} \times \frac{D_o^{t+1}(x^{t+1}, y^{t+1})}{D_o^{t+1}(x^t, y^t)}]^{\frac{1}{2}}$$
$$= \text{EF}(x^{t+1}, y^{t+1}, x^t, y^t) + \text{TC}(x^{t+1}, y^{t+1}, x^t, y^t) \tag{2.15}$$

Malmquist 生产率指数可以分解为技术效率指数 EF 和技术进步指数 TC。其中，技术效率指数 EF 表示从时期 t 到时期 $(t+1)$ 每个观察对象到最佳实践边界的追赶程度；技术进步指数 TC 又可以分解为规模效率变化指数和纯技术效率变化指数。

本书采用此方法测算了这两种产业的全要素生产率，具体测算指标如下：一是总产出指标，采用制造业和生产性服务业的增加值指标进行测算，为消除价格波动影响，以 2003 年为基期，采用工业品出厂价格指数对增加值进行价格平减；二是劳动投入指标，由于劳动时间数据具有不可得性，为保持数据的一致性，采用制造业和生产性服务业的城镇单位从业人员数进行测算；三是资本投入指标，由于采用永续盘存法对资本存量进行计算对数据要求比较高，所以采用固定资本投资净值来代替资本存量，即固定资本投资原值减去累计折旧，为消除价格波动影响，以 2003 年为基期，采用固定资产价格指数对其价格平减。为保证数据的可得性，本书采用 2003~2016 年的制造业和生产性服务业相关数据，数据来源于《中国统计年鉴》、《中国工业经济统计年鉴》和《中国劳动统计年鉴》。

本书运用 DEAP2.1 软件对 2003~2016 年制造业和生产性服务业各省区市（共 30 个省区市，由于西藏部分数据缺失严重，不做考察，也不包含港澳台）的非参数 Malmquist 生产率指数进行测算，得到技术效率指数 EF 和技术进步指数 TC，并按照我国区域特征划分为东部地区、中部地区和西部地区，如表 2.11 和表 2.12 所示。

表2.11 生产性服务业全要素生产率及其分解的年均增长率（2003~2016年）

地区	省区市	全要素生产率	EF	TC
东部地区	北京	0.8668	0.9750	0.8890
	天津	0.9190	1.0000	0.9190
	河北	0.9517	1.0060	0.9460
	辽宁	0.9103	0.9820	0.9270
	上海	0.9100	1.0000	0.9100
	江苏	0.9729	1.0220	0.9520
	浙江	0.9056	1.0040	0.9020
	福建	0.9003	0.9660	0.9320
	山东	0.9518	1.0030	0.9490
	广东	0.9144	0.9950	0.9190
	海南	0.8601	0.9410	0.9140
	均值	0.9148	0.9904	0.9235
中部地区	山西	0.9073	0.9520	0.9530
	吉林	0.9110	0.9630	0.9460
	黑龙江	0.9110	0.9630	0.9460
	安徽	0.9584	0.9740	0.9840
	江西	0.9258	0.9880	0.9370
	河南	0.9398	0.9820	0.9570
	湖北	0.8974	0.9660	0.9290
	湖南	0.9267	0.9890	0.9370
	均值	0.9222	0.9721	0.9486
西部地区	内蒙古	0.9540	1.0000	0.9540
	广西	0.9043	0.9610	0.9410
	重庆	0.9045	0.9810	0.9220
	四川	0.9118	0.9690	0.9410
	贵州	0.9321	1.0220	0.9120
	云南	0.9082	0.9560	0.9500
	陕西	0.8989	0.9760	0.9210
	甘肃	0.8882	0.9540	0.9310
	青海	0.8692	0.9690	0.8970
	宁夏	0.9046	1.0210	0.8860
	新疆	0.8872	0.9760	0.9090
	均值	0.9057	0.9805	0.9240
全国		0.9134	0.9819	0.9304

资料来源：课题组根据《中国统计年鉴》、《中国工业经济统计年鉴》和《中国劳动统计年鉴》整理得到

表2.12 制造业全要素生产率及其来源分解的年均增长率（2003~2016年）

地区	省区市	全要素生产率	EF	TC
东部地区	北京	0.9177	1.0030	0.9150
	天津	0.8727	1.0020	0.8710
	河北	0.9349	1.0140	0.9220
	辽宁	0.9448	1.0040	0.9410
	上海	0.8557	0.9950	0.8600
	江苏	0.8640	0.9920	0.8710
	浙江	0.8262	0.9930	0.8320
	福建	0.8330	0.9630	0.8650
	山东	0.9035	1.0290	0.8780
	广东	0.8742	0.9800	0.8920
	海南	0.8662	1.0300	0.8410
	均值	0.8812	1.0005	0.8807
中部地区	山西	0.9537	1.0620	0.8980
	吉林	1.0218	1.0300	0.9920
	黑龙江	0.8944	0.9680	0.9240
	安徽	0.9624	1.0130	0.9500
	江西	0.9358	1.0030	0.9330
	河南	0.9025	0.9540	0.9460
	湖北	0.8951	0.9990	0.8960
	湖南	0.9037	1.0120	0.8930
	均值	0.9337	1.0051	0.9290
西部地区	内蒙古	1.0059	1.0690	0.9410
	广西	0.9007	0.9920	0.9080
	重庆	0.8939	0.9780	0.9140
	四川	0.9245	1.0470	0.8830
	贵州	0.9105	1.0370	0.8780
	云南	0.8795	0.9860	0.8920
	陕西	0.9157	1.0220	0.8960
	甘肃	0.9441	1.0490	0.9000
	青海	0.9240	1.0500	0.8800
	宁夏	0.8944	1.0280	0.8700
	新疆	0.8690	0.9830	0.8840
	均值	0.9147	1.0219	0.8951
全国		0.9075	1.0096	0.8989

资料来源：课题组根据《中国统计年鉴》、《中国工业经济统计年鉴》和《中国劳动统计年鉴》整理得到

3. 实证分析

为保证数据的平稳性，分别对制造业和生产性服务业 2003~2016 年的面板数据进行单位根检验，同时采用 LLC、IPS、Fisher-ADF 三种方法进行单位根检验，结果显示均接受原假设，即存在单位根，在此基础上再进行一阶差分的单位根检验，发现均拒绝原假设，即存在协整的可能。

通过 Hausman 检验确定本书使用固定效应模型，结果如表 2.13 所示。从表 2.13 可以看出，在 1%的显著性水平下，制造业对生产性服务业的 δ_{sm} 为 1.0573，生产性服务业对制造业的 δ_{ms} 为 0.9458，说明我国现阶段制造业和生产性服务业之间仍处于非对称互惠互生共生状态。所以，制造业对生产性服务业的拉动作用更大，但两者之间的共生度相差较小，说明我国生产性服务业近几年发展迅速。所以，未来我国制造业和生产性服务业有期望实现对称性互惠互生状态。

表2.13 制造业和生产性服务业的共生度

地区	省区市	δ_{sm}	δ_{ms}
东部地区	北京	0.7967**	1.2552**
	天津	0.9182***	1.0891***
	河北	1.4638***	0.6832***
	辽宁	1.1370***	0.8795***
	上海	1.0201***	0.9803***
	江苏	0.9835***	1.0168***
	浙江	0.9975***	1.0025***
	福建	1.0596***	0.9437***
	山东	1.1403***	0.8770***
	广东	1.1309***	0.8842***
	海南	1.4197**	0.7044**
	均值	1.0970	0.9378
中部地区	山西	1.1007***	0.9085***
	吉林	0.7607	1.3145
	黑龙江	0.7032**	1.4221**
	安徽	1.3423***	0.7450***
	江西	1.1472*	0.8717*
	河南	1.3524**	0.7394**
	湖北	1.1673***	0.8567***

续表

地区	省区市	δ_{sm}	δ_{ms}
中部地区	湖南	1.2915***	0.7743***
	均值	1.1082	0.9540
西部地区	内蒙古	1.3380***	0.7474***
	广西	1.0841***	0.9224***
	重庆	0.8606***	1.1620***
	四川	1.2726***	0.7858***
	贵州	1.0578**	0.9454**
	云南	0.9553***	1.0468***
	陕西	1.2474***	0.8016***
	甘肃	0.9467**	1.0563**
	青海	0.8045**	1.2429**
	宁夏	1.0978***	0.9109***
	新疆	0.9493**	1.0534**
	均值	1.0558	0.9704
全国		1.0573***	0.9458***

***、**、*分别表示1%、5%、10%的显著性水平

资料来源：课题组根据《中国统计年鉴》、《中国工业经济统计年鉴》和《中国劳动统计年鉴》整理得到

从我国各区域的制造业和生产性服务业共生度结果可以看出，我国东部地区、中部地区和西部地区现阶段均处于制造业和生产性服务业非对称互惠互生状态，但两者之间的差距较小，说明我国各区域的生产性服务业正在快速发展。从各省区市的制造业和生产性服务业共生度结果可以看出，我国东部地区的河北、辽宁、上海、福建、山东、广东、海南，中部地区的山西、安徽、江西、河南、湖北、湖南，西部地区的内蒙古、广西、四川、贵州、陕西、宁夏的生产性服务业主要依靠制造业来拉动，即制造业仍然占据了主要的地位。东部地区的北京、天津、江苏、浙江，中部地区的吉林、黑龙江，西部地区的重庆、云南、甘肃、青海、新疆的制造业对生产性服务业的依赖程度较大，说明了近几年这些地区的制造业附加值在生产性服务水平的提升下得到增加，推动了产业转型升级。从整体水平上来看，我国大部分省区市这两种产业的共生关系发展稳定，并逐渐向互惠互生的共生状态发展，这与我国近几年生产性服务业的快速发展及借鉴德国工业4.0的制造与服务理念具有密切的联系。

将上述理论分析与实证分析的结合发现，如何进一步推动制造业与生产性服务业之间的互动发展是非常重要的，无论是生产性服务业的逐步成熟还是制造业的进

一步升级,都离不开产业间的互动。所以,基于上述分析,本书给出进一步加强制造业和生产性服务业共生关系的相关建议:一是进一步促进制造业内部生产性服务"市场化",并推动制造业向3.0升级,从而增强制造业对生产性服务业的推动作用;二是提高生产性服务业对制造业的专业化水平,实现"智能服务",全面发挥其对制造业的服务功能;三是构建制造业与生产性服务业的工业平台,实现"智能制造+智能服务"共生发展,包括构建信用共享平台、完善信息共享平台等。

2.3 基于科技中介平台的制造业升级发展路径

2.3.1 制造业中小企业"创新失灵"的内在困境

当前,我国制造业仍处于低端位置,中小型制造企业缺乏技术创新动力,对新产品缺乏研发动力,多实行"拿来主义",外部依赖问题严重。在横向分工上同质产品"扎堆"严重,创新的"孤岛"效应严重,技术创新上存在创新活动分散、封闭、交叉重复等碎片化现象,造成重复创新和对某一产品的重复建设生产,且制造业产品定位趋同问题严峻。在纵向分工上,产业链生产多锁定于低端位置,缺少高端制造。以数控机床为例,2014年我国数控系统市场规模约为246.5亿元,可供市场的数控机床达1500种,几乎覆盖了整个金属切削机床的品种类别和主要的锻压机械,但高端数控机床严重依赖进口,国内高端数控机床自给率不足10%,约90%依赖进口,日本是主要进口国,约占1/3。由此可知,我国价值链上游研发、设计和下游销售环节有所缺乏,呈现"中间大,两头小"的情况。中国制造业中小企业发展和技术创新的"创新失灵"现象更为明显,中小企业缺乏创新所需的技术、资金和人力资本,其拥有的生产设备较为陈旧,缺乏开展创新的资源和动力,不利于进一步开展产品和工艺创新。另外,中小制造企业以代工厂为主,多从事劳动密集型的加工组装活动,其发展多被锁定于"技术模仿和对先进企业的依赖路径"中,随着我国成本优势的逐渐消失,要素成本趋于上涨,OEM(original equipment manufacturing,原始设备制造)生产模式进一步被打压。此外,技术模仿存在刚性路径效应,即使实现技术创新,也很难在短时间内打破以技术模仿为主的技术创新模式,企业难以放弃现有利润开展具有风险的技术创新,难以实现产业升级,造成产业创新的"市场失灵"情况。基于此,我国制造业创新能力较低,与其他发达国家相比位于较后位置(表2.14)。

表2.14　2016年创新型国家排名前10位及我国排名情况

排名/国家	总分	研发强度	制造业附加值	生产力	高技术公司	高等教育程度	研究人员	专利
1 韩国	91.31	2	1	39	2	1	6	2
2 德国	85.54	8	3	32	5	17	14	3
3 瑞典	85.21	5	16	16	9	16	5	8
4 日本	85.07	3	13	29	5	34	9	1
5 瑞士	84.96	7	8	3	10	25	13	5
6 新加坡	84.54	17	5	5	13	2	7	24
7 芬兰	83.80	4	18	26	23	4	3	7
8 美国	82.84	10	26	8	1	37	21	4
9 丹麦	81.40	6	22	13	21	18	2	10
10 法国	80.39	15	39	15	4	12	18	11
21 中国	72.12	16	15	40	3	50	46	6

资料来源：课题组根据彭博社发布的《2016年全球各国创新指数报告》整理得到

2.3.2　建立面向制造业公共创新服务平台的内在逻辑

制造业中小企业发展对内面临技术、资源不足，创新能力低下问题，对外面临技术模仿和外部依赖路径难以打破的问题。这些问题要求其实现整体的升级优化，增强创新能力，实现技术进步，突破"创新失灵"和"市场失灵"的双重失灵困境[40]。这就需要政府出面搭建公共创新服务平台，制造业公共创新服务平台的内在逻辑如图2.2所示。

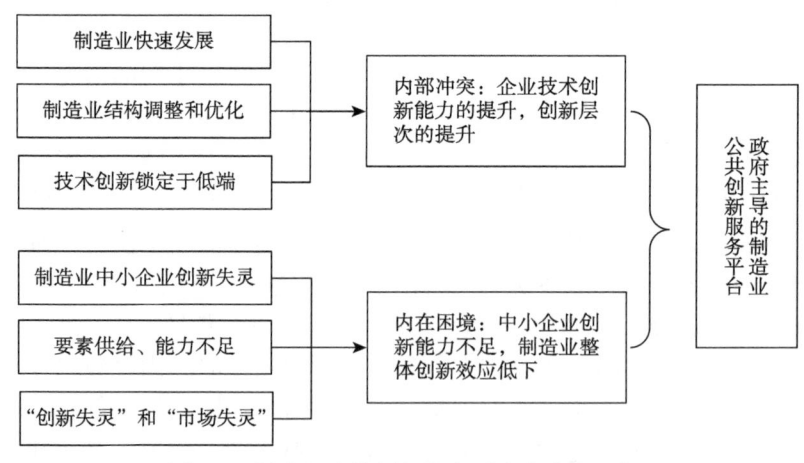

图 2.2　制造业公共创新服务平台的内在逻辑

资料来源：课题组根据文献[40]整理得到

制造业公共创新服务平台是指以信息发布、技术咨询、知识中介、在线交易和技术评估与推广等为主的创新服务平台，以专业化、市场化和社会服务化为发展方向。服务功能主要集中在集聚资源、连接供求、整合社会要素与服务中，是将知识、市场、资源、信息、需求、技术和政策咨询融合的综合性创新服务平台[41]。该类公共创新服务平台是由生产力促进中心、高新技术企业孵化器、大学科技园等组成，具有体制独立化、功能社会化、机构专业化、服务产业化、组织网络化和市场国际化等特征[42]，对我国制造企业的发展与其在全球价值链中的升级具有促进作用。制造业公共创新服务平台扮演着科技创新媒介与非营利组织的双重角色，是国家和制造业价值链升级的纽带及媒介。

公共创新服务平台发挥着"公共服务"的作用，满足技术供需双方协调分配资源，提升创新效率，补救"市场失灵"和"创新失灵"的双重失灵情况，实现社会对公共性质的科技服务咨询的需求。

由于我国制造业区域发展成熟程度和在全球价值链中的位置不同，公共创新服务平台的资源配置和推进程度也有所差异。经济发达、制造业技术密集型的行业和区域，经济水平和知识基础较强，应发挥市场的作用，在技术交易市场等场所由市场决定相关资源的配置，以公平合理的态度配置资源服务[43]；经济发展落后、劳动和资源密集型的行业，应加大公共创新服务平台的扶持和孵化力度，借由生产力促进中心等，积极发挥政府在配置公共科技资源中的作用和加大对中小企业扶持的力度。

公共创新服务平台在推动制造业创新与服务互动发展中具有以下几点作用。

1. 促进技术创新

技术创新包括新技术的研发、完善及相关技术的组合和体系化等。公共创新服务平台在三个层次创新中有重要作用，其是支撑和促进创新主体的技术创新本身，直接或间接提供创新要素，如提供良好的社会环境和资源、技术支持等[44]。以生产力促进中心为例，生产力促进中心通过整合社会资源，提供中小企业发展所需的相关技术咨询、转让和人才培养等服务，提升中小企业竞争能力和创新水平，推动经济与科技的融合，加速产业升级的进程。

2. 促进管理创新

技术创新的要素之一是管理创新。例如，如何高效地对项目进行分析和评估、寻求融资、建立新的组织生产结构、开展市场活动等。在产品投入市场的各个环节中都包含着计划、组织、领导和管理等不同的职能。公共创新服务平台能够提供可行性分析、优化组织结构、调整战略方针和提供专业化服务。相比之下，企业内部的管理需要投入更多的组织成本，此时，企业将寻求实现管理创新，提高运营效率。

3. 促进技术成果转化

公共创新服务平台在创新系统中位于信息传递的核心位置，也是知识传输的纽带。发散的、多领域的知识在各种媒体中转移和扩散可能存在失真的情况，而在公共创新服务平台的作用下，通过网络系统，可实现知识与资源的整合优化与评估，并由此将部分隐性知识变为技术，促使隐性知识显性化，发挥载体作用。此过程实现的技术产品，将通过技术交易市场等进行交易并为技术需求方所拥有，借助创新过程，使其转化为技术商品，扩大使用价值和作用范围，可以实现技术孵化。以企业孵化器的技术转移和扩散为例，技术形成初期创意存在于发散的、多领域的知识中，在创业辅导机构等中介平台的诱导和培育下，通过网络系统，对相关信息和资源进行整理和升华，由此转变为创新的产出——技术产品，在企业孵化器的作用下，通过研发、中试和试产等过程，逐渐将技术产品转化为技术商品，推广至市场，实现一次创业和科技企业的成功孵化，在此基础上进行改进和扩张，使技术商品扩展至整个行业，进而实现产业升级。

2.3.3 公共创新服务平台的运行机制

上节中指出了公共创新服务平台发展的内在逻辑，表明制造业尤其是中小制造企业发展需要依托公共创新服务平台的支持。下面将以生产力促进中心为例，说明生产力促进中心在推动制造业升级发展中的作用。

生产力促进中心是一个产业或区域的技术创新服务平台，旨在以政府为依托，以中小企业为主要服务对象，提供技术创新体系配套构建的服务，提升中小企业的核心竞争力，搭建政府与企业、企业与企业之间的桥梁和纽带，推动科技成果转化，提高全社会的生产力水平、实现制造业技术升级，功能如图 2.3 所示。以制造业产业升级为目标展开的相关技术创新、人才培养和政府职能延伸等功能，可以弥补中小企业发展中的创新资源不足和"创新失灵"问题，并通过契约方式，发挥生产力促进中心对创新的导向作用。同时，借助公共创新服务平台，为制造企业与政府、高校、科研单位、金融部门、教育培训单位等组织的协作和协同创新提供平台支撑及环境保障。

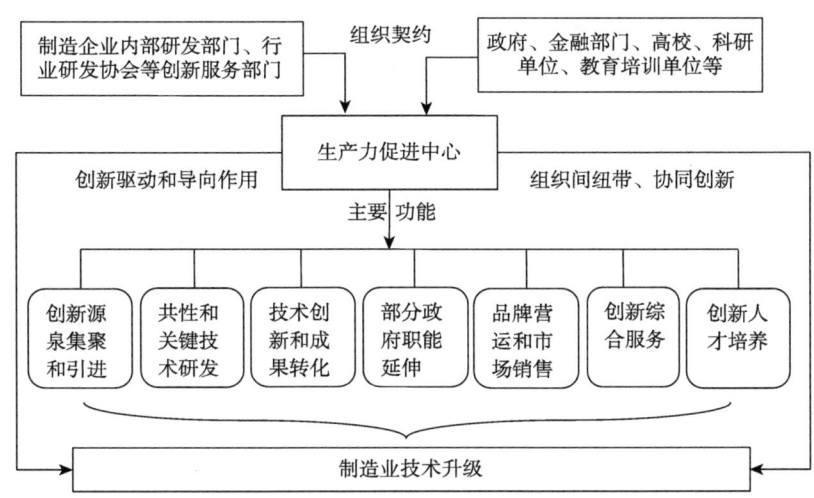

图 2.3 生产力促进中心的功能介绍

借由生产力促进中心实现各类中介机构的互动联结与集体创新，通过协同创新实现技术进步，进而实现对科技型中小企业的孵化与扶持。该协同创新网络具有以下特点：①加速科技进步，推动创新成果转化；②实现中介平台间各要素的协同作用，产生凝聚力和集合效应，提升现有中介平台的整体服务能力，实现"1+1>2"的作用效果，促进科技要素的有效流动；③以需求为动力拉动技术研发与成果转化；④协同网络的可持续发展与该区域和国家的科技服务协同机制相适应；⑤人才、资金和政策等要素是该协同网络实现的重要保障。该协同创新网络可通过以下路径实现。

1. 构建服务联盟，推动协同互动

鼓励各科技中介平台，尤其是区域内国家级孵化器、生产力促进中心和大学科技园等融入"管产学研联盟"，发挥各创新主体的知识创造能力，协调互动，构建以创新成果市场化为目标、资源为纽带，利益共享、风险分担的科技服务新格局。

以日本首都圈为例，为推进区域创新系统建立，提高科技中介的执行力，日本先后建立包括茨城协同服务创新中心等在内的多个创新体，设立专门科学技术联络员，收集科研机构的创新成果和企业的生产需求，增强区域创新能力[45]。

2. 构建中介机构服务网络和创新驿站，形成系统效应，促进技术升级

对于不同产业、不同领域的服务，应建设高效灵活的服务平台，实现信息与资源的高效传输，形成横向、纵向联合服务平台，构建包括研究型大学、技术中

介机构、中小企业及政府在内的"四位一体"的区域协同创新体系,打破区域内及地区间的科技信息不对称、资金分散、创新资源割裂的局面。

以欧盟创新驿站为例,其源于欧盟的"创新和中小企业计划",通过互联网实现资源共享,旨在帮助中小科技企业开展跨国技术合作与转移。目前这一为中小企业提供科技和商业支持的中介服务模式取得较好成效,涉及 44 个国家,超过 500 个组织参与合作,其主要面向中小企业提供技术创新和商业化的服务,是全球最大的商业服务中心[46]。我们在科技中介平台的发展与创新中可以借鉴该模式,建立创新驿站,发挥信息辐射、技术转移和加强国际合作等作用。目前,我国在创新驿站上进行了一些实践,如清华大学国际技术转移中心等。

3. 建立人才交流协作平台,为科技中介平台创新提供人力资本

专业人才欠缺是制约我国科技中介平台发展创新的重要问题,应加强相关人才培养,提供中介平台和中小科技企业创新所需要的人才;通过与高校协作,帮助中小企业吸引高校毕业生中的优秀人才进入中小企业;同时构建管理人员、专业人员和操作人员三个层次的培训机制,促进企业员工的进步与发展。以科技中介从业人员为例,其提供的服务具有知识密集的特征,从业人员需要有深厚的科技背景、广阔的视野,同时需要涉猎管理、经济、金融和法律等多方面的学科知识。因而,更应加强对科技中介从业人员的教育与培训,提高整体素质[47]。此外,还可以通过鼓励高校、科研院所中有能力的人员从事中介服务,加强对海外留学人员的吸引等,为我国中小企业技术创新、中介服务业提供人才支持。

4. 推动本土科技中介机构与国内外知名机构的合作创新

推动我国本土企业与国内外知名机构的合作,加快我国中介平台的国际化进程,可以通过以下几个方面开展实施:①组织本土各类技术中介平台机构,采取"走出去,引进来"的战略,通过到国外先进中介服务平台考察、培训等,学习其先进的中介服务经验,提高服务质量与水平,促进技术成果的产业化与技术创新的效率;②吸引国外知名科技中介机构入驻国内,开展国际化技术转移业务。欧洲和美国技术转移已经有丰富经验,可以通过向其学习,将"引资"转化为"引智",将优秀的团队、人才和科技引入我国。目前,中国技术交易所已经逐步实现了与包括世界知识产权组织(World Intellectual Property Organization,WIPO)、瑞士中心等在内的 300 余家国际技术转移机构的广泛合作,实现了服务技术进出口和国际科技交流与合作等业务的往来。

2.4 大规模定制化服务创新与制造业升级

2.4.1 大规模定制化服务创新的概念辨析

随着新一代信息技术的应用,客户获取信息的途径越来越多,对商品的需求趋于多样化和个性化,为满足客户的需求,各制造行业逐渐开始采用新的生产模式,大规模定制成为各行业提高核心竞争力的关键。大规模定制是指采用具有较强柔性或者灵活性的方式向客户提供个性化产品与服务[48]。大规模定制最早应用于制造业的生产,是对大规模生产的一种发展和替代,涉及产品开发、生产、控制、运输、顾客概念和产品交付等的全部价值链过程[49]。对制造业而言,大规模定制的运用能够解决产品的个性化和标准化之间的选择矛盾,既能够提高生产效率又能满足客户的个性化需求和提高产品质量[50]。大规模定制的原理是根据不同的偏好将客户分为不同的消费群体,继而对不同群体提供差异化的产品和服务,在提高客户满意程度的同时,减少过度的定制化引发的高成本和技术约束等的问题[51]。

随着社会分工日益深化,企业之间的竞争日趋激烈,服务逐渐成为提高产品价值的重要途径,良好的服务成为企业核心竞争力的重要组成部分。如何在向客户提供差异化和个性化服务的同时,提高服务的规模效应、削减服务成本和提高企业利润,成为企业考虑的重要问题,大规模定制化服务的思想逐渐深入服务业的生产和发展中。另外,随着信息技术的不断应用,制造业与生产性服务业之间的界限和技术专用性边界趋于模糊,制造业与生产性服务业在产业边界和交汇处生产的产品、服务及技术呈现融合态势。这种融合态势主要表现为:①制造业的"非实体"性服务成分有所提高,服务要素逐渐成为制造业的重要组成部分;②服务业在发展中也包含制造业的特点,如标准化和模块化的生产、服务产品的实体特征提高;③顾客需求和市场导向在制造业的产品创新和技术创新中占据重要席位,生产过程更加灵活,渐进创新十分重要。在上述原因的共同作用下,大规模定制化服务创新应运而生,并渗透进入制造业和生产性服务业发展的领域,大规模定制旅游服务和物流大规模定制服务发展迅猛。

目前,大规模服务创新处于发展初期。服务具有无形性、难以分离性、质量差异性和不可储存性等特点。服务创新也不同于技术创新,服务创新多为无形的"产品",创新具有过程性和概念性的特点,形式多样,以客户导向为主,客户在创新中起着重要作用[52]。因此,服务创新具有差异化和个性化的特征,所需的运营柔性更高,不确定性更大。大规模定制通过权衡"规模效应"和"个性化需求"之间的问题,以延迟策略解决这一矛盾,通过调节客户订单分离点的位置,进而实现客户需求和规模效应间的平衡[53]。考虑到服务创新和大规模定制的特点,大规模定制化服务创新的实现思路为:以成本约束和满足客户个性化需求为目标,采用系统工程的思路,通过延迟策略等,对资源加以有效整合,设计最优的服务方案,主要包含服务、定制、规模和资源四个部分(图 2.4)。大规模定制化服务创新是对服务的大规模定制,具有无形性和需求个性化的特点;定制需要在洞悉客户需求差异的基础上实现,在细分市场的基础上开展定制化服务;规模是指定制要实现规模效应,控制定制化的服务成本;资源是对有形、无形资源的管理和运营等[54]。

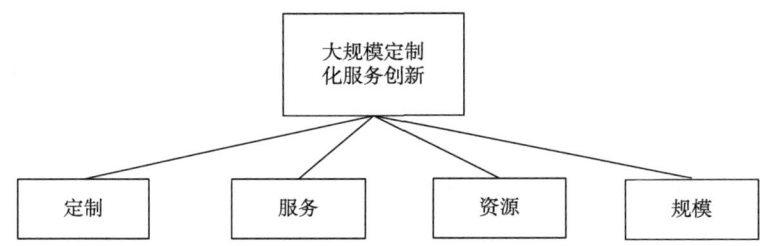

图 2.4 大规模定制化服务创新的组成要素

根据上述分析,可以将大规模定制化服务创新描述为:大规模定制化服务创新整合了服务业以顾客服务为主的特征和制造业以大规模生产实现高效化为主的特征。服务创新的实现过程里,将服务业产品要素进行标准化处理,在为服务商或顾客提供现场服务业的基础上,最大限度并高效地将顾客的价值提升,并减少成本,提高服务的竞争力[55]。当前,大规模定制化服务创新在实践中取得了一些成效,如移动通信行业提供的各种资费套餐设计、商业银行的个性化理财业务、咨询公司提供的各类模块化咨询服务等均能够在降低生产成本的同时,满足顾客个性化需求。

进一步,大规模定制化服务创新的驱动因素主要分为内部驱动和外部驱动两部分。其中,内部驱动因素主要由服务创新的特点决定,服务具有无形性、不可存储性和质量差异性等特征,服务行业主要为劳动密集型行业,且客户的参与性较高、对服务质量的评价具有较强的主观性和依赖性,因此需要在提供定制化服务时,将客户的差异化需求和柔性设计的动态要素组合,为不同市场细分下的客户提供定制化的服务。外部驱动因素主要包括市场环境、技术推动和客户需求等。新技术的出现,将改变生产方式和运输的灵活性,使得现代物流行业快速发展,而客户需求的市场细分与传统市场的划分标准有所差异,在开展大规模定制化服务创新时应考虑到这一因素,服务行业所处的行业环境和政策环境对其开展定制服务业具有一定影响。

2.4.2 大规模定制化服务创新的特点与模式

大规模定制化服务创新具有服务创新和大规模定制的属性，拥有不同于产品创新的特点，主要包括服务需求随机，服务定制订单个性程度高、复杂性强，服务订单阶段多，规模效应存在差异等特点。

（1）服务需求随机。服务定制具有需求随机性的特点，这主要是由不确定的客户订单产生的，这一随机需求在服务价值链中由上至下传递，一方面使服务链的不同阶段的协同性提高，实现了服务定制，提高了资源利用效率，另一方面也将导致不同主体的协调成本提高。

（2）复杂性、个性化的服务定制订单。服务订单具有多个定制种类、小批量需求、需求交货期不同、服务质量存在差异等特点，且客户位于不同的地域，这些因素均将导致服务需求信息传递的困难性提高。服务定制订单的复杂性还体现在客户需求服务的差异性和所需时间的差异性上，如对于餐饮服务业而言，不同客户对事物的口味、调料和肉品火候等有不同需求。为此，可将服务订单划分为：特殊、一般性和紧急性订单。

（3）服务定制涉及多个阶段，不同阶段的规模效应也不同。服务交互阶段主要是面向客户直接提供交互性服务，该阶段较难形成规模效应，而交互前的准备阶段和之后的处理阶段由于不直接接触客户，较容易实现规模效应。

（4）随机性的服务能力。大规模定制化服务在运行过程中还存在服务能力随机性的特点，这主要是由于在不同的供应链里，各成员的协作呈复杂性特点，由此不同时空节点上能够实现的空余服务能力有所不同，进而导致该服务最终呈现出随机化的特点。换而言之，即在大规模定制化服务中空余服务能力、协作关系等具有的非线性关系导致服务随机性的出现。

在辨析大规模定制化服务相关特征和对相关文献梳理的基础上，将大规模定制化服务创新的主要模式总结为以下几种。

1. 选项框架模式

框架效应是指决策者面临的相关决策信息在不同的正负框架下获取会有差异化的风险偏好倾向[56]。近年来有学者将这一框架效应运用于消费者产品服务选取中。采用不同的方式向消费者提供服务或者产品并供其选择的方法叫作选项框架模式。

在实践中，可采取的选项框架模式包括"减法""加分"模式两类。其中，在

"减法"模式中,消费者将选取数量更多、价格更高的产品组合,该类现象即为选项框架效应。例如,移动通信公司让客户选取和设计自己需求的商品等。该类模式下,客户可以选择适宜的服务需求,提升消费体验,同时提高企业收益,企业通过为客户提供完整的服务包,让客户采用减法选择自身所需要的定制化服务。

2. 模块化服务

最早对模块化进行研究的是西蒙,他认为解决复杂系统的管理问题可通过将复杂系统分解为子系统的方法,减少子系统中的部件数目,由此简化相关的管理内容,这就是模块化发展的雏形。Sundbo[57]将模块化的思想引入服务设计中,将服务加以标准化设定,使其成为服务模块,对不同服务产品的设计源于对该类服务模块的选择与匹配。通过模块化的生产模式,企业具有统一标准的产品要素和相关程序,能够依据客户的需求将这些标准化的产品要素予以重新组合和匹配,以提供相应的定制化服务[58]。模块化能够减少服务和产品设计的开发时间;通过有效的组合和匹配更大程度地满足客户需求,易于定制;通过模块化,实现服务规模化生产,降低生产成本;服务的不同模块化部分,可以单独进行检测,有利于提高组合后的服务质量;此外,模块化服务还具有标准化设计和研发周期短等优势。

通过服务模块化能够实现服务的大规模定制,服务模块化是大规模定制化服务创新实现的基础。进一步,服务模块化的过程可区分为服务产品的相关模块划分与服务化模块再配置过程。考虑服务模块化中各子模块的不同联系与区别,可将其分为五类,具体如表2.15所示。

表2.15 服务模块化的分类和具体内涵

服务模块化的类别	具体内涵	举例
共享型构建模块化	在不同的服务产品中运用相同的构件,主要是对标准部件或统一行业标准的应用	台式机电脑的硬盘驱动系统,在不同的电脑品牌中均可采取同一驱动方式(共享构件)
互换型构建模块化	在基础服务的基础上,将不同的服务模块与之相组合,构建和互换出新的服务产品	在提供顾客核心服务的基础上,根据具体需求,对不同的模块化服务加以组合,开发便利性服务
"量体裁衣"模块化	在改变基本子模块的特征和属性的基础上,与其他服务模块加以组合,以创新	
总线型模块化	在把不同的构件按照标准接口连接后,将其安排在共同的结构之上	以移动网络服务—手机—传输协议为"总线",通过服务供应商提供的各类软件、游戏和服务等,满足客户的个性需求
组合型(混合型)模块化	将几个不同的标准部件通过组合的方式加以匹配,提高服务的定制化和多样化水平	餐馆将各种标准的基础事物通过不同的烹饪方式组成新的餐食

3. 基于服务平台的服务族设计形式

基于服务平台的服务族设计形式通过服务模块化能够搭建服务平台,通过服务平台能够快速应对客户需求,选择合适的服务模块柔性地加以配置,满足客户的个性化要求,进而完成大规模定制化的服务创新过程。服务族则是在服务平台的基础上衍生而来的,有一致的基本功能和差异化的属性,是能够实现市场中不同客户个性化需求的服务个体[59]。服务族及服务平台构建过程如图 2.5 所示。

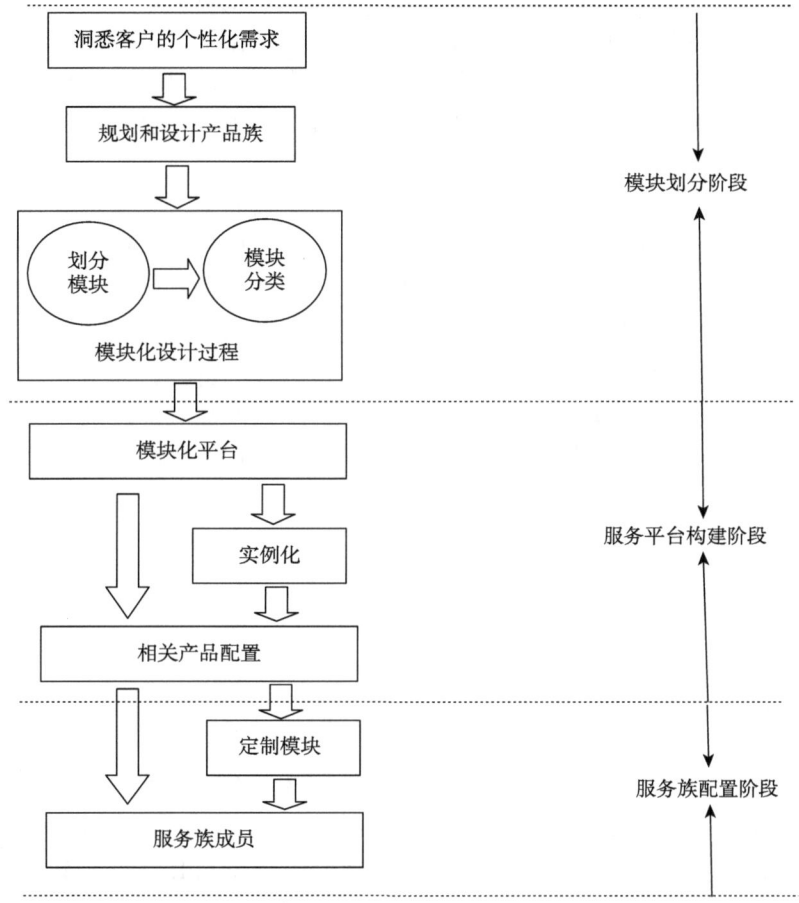

图 2.5　服务族及服务平台构建过程

资料来源:课题组根据文献[59]整理得到

2.4.3　大规模定制化服务创新推动制造业升级的路径

服务业与生产性制造业在提供产品和服务的模式、特点上和对个性化需求响应的时间上均存在一定差异,通过大规模定制化服务创新实现制造业升级需要从制造和服务融合的视角入手考虑。大规模定制化实际上是融合制造业与服务业的相关特点实现的,制造业在规模化生产的基础上需要实现个性化需求,服务业在提供个性化服务的基础上,需要通过规模化生产降低服务成本。二者的异同主要体现在以下几个方面。

(1)市场细分程度差异。对制造业而言,制造业产品生产通常包括较长的价值链,以厂商为主导,具有规模化生产的初始特征。随着客户需求的多样化,生产逐渐出现大规模定制的需求,可通过对客户的区别化细分及有限的组合选择实现大规模定制。就服务业而言,客户需求个性化程度高,难以实现市场细分,对该类服务的大规模定制主要采取案例分析。要实现大规模定制化服务创新则需要构建模块化、服务族等。

(2)对需求的响应时间差异。就服务业而言,客户具有需求变化快速、服务随机性等特点,要实现对细分市场的大规模定制服务提供,需要适当采取延迟响应办法,增强服务提供的稳定性,通过构建产品服务平台和服务族等,权衡快速响应需求和大规模定制化服务,实现制造产品和服务的升级及效率提升。就制造业而言,大规模定制和制造生产过程本身具有延迟性的特征,通过大规模定制和模块化标准化生产,对基本标准元件的组合能够降低产品响应时间,提高产品生产效率,实现产业优化升级。制造业和生产性服务业在大规模定制中的融合如图 2.6 所示。

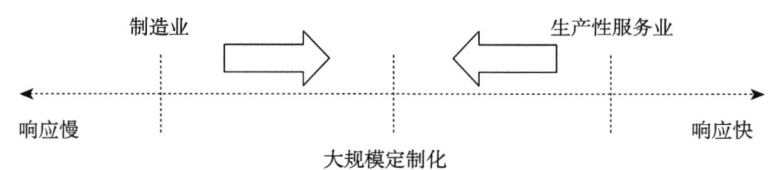

图 2.6 大规模定制:制造业与生产性服务业融合视角

下面以模块化的方式为例,说明大规模定制化服务创新对我国制造业升级的具体作用路径,依据模块化的思想将位于全球价值链中的制造企业划分为四个不同类型,分别为品牌企业、系统集成企业、模块供应企业和低端嵌入企业(图 2.7)。第一象限企业的模块制造能力和公共设计能力均较强,属于系统集成企业,既进行技术开发也进行生产活动;第二象限的企业具有较强的公共设计能力,能根据客户需求进行新产品和新技术的研发活动,属于品牌企业;第四象限的企业有较强的模块制造能力,能够通过模块化生产获取较高利润;第三象限为制造业价值链的低端嵌入企业,模块制造能力和公共设计能力均较弱,位于模块化陷阱,需要实现转型升级。

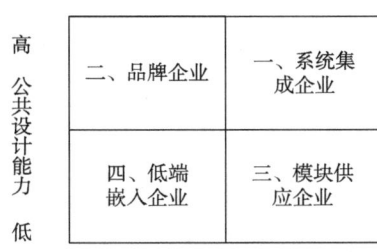

图 2.7 基于模块化分类的制造企业价值链位置

位于第四象限的低端嵌入企业可通过向第一、二、三象限企业的转变实现升级发展,如进行工艺升级,即通过与服务创新的融合实现技术、工艺的创新,进而提高生产效率,实现产业在价值链内的攀升。由第四象限向第二象限攀升,由初始的模块化制造生产向自主技术和品牌转变,通过洞悉市场需求,结合大规模定制化服务创新,企业参与到产品设计的过程中,随后发展至拥有独立的品牌和销售渠道。具体而言,基于模块化的升级路径有以下几点。

1. 借由模块化实现技术升级

产业技术升级是指通过对相关生产要素的调整优化、管理组织能力提高及技术创新能力提高等,推动制造业整体的升级。同时,低端嵌入企业要紧跟集成企业技术进步的发展步伐,使用新的公共模块标准。通过模块化服务创新,在基础标准服务模块的基础上,根据制造企业的不同需求重新选择和配置,满足企业个性化需求,为提高企业生产率、实现技术升级提供良好的服务和奠定基础。以金融服务为例,通过搭建不同的服务平台和内容,构建相应的服务族,制造企业可根据需求选择合适的融资和借贷方式,实现资金融通和持续生产。升级路径有公共设计升级策略、跟随模块升级策略和模块内升级策略等。

2. 依托模块化的市场升级路径

依托模块化的市场升级路径,是指实现制造企业在国内和国际市场中经营及营销能力的提升,其中品牌建立和渠道销售是重要的升级内容[60]。品牌效应是实现市场区分和构建销售环节准入壁垒的有效途径。实现市场升级可以通过自主拓展新市场、开展战略联盟和并购等途径实现。以开展战略联盟为例,通过与国际知名企业组建战略联盟,能够在一定程度上学习国外的先进技术,提高业务水平,并提升国际竞争力。尤其是通过组建研发联盟,能够实现共性技术的开发,分担风险,提高产品性能。此外,通过构建模块化供应商联盟,能够将某一产品的生产和服务过程分解为不同的标准模块,由具有比较优势的厂商进行生产,并通过模块化方式,相互提供所需的零部件、服务甚至成品。充分发挥制造企业和服企业的比较优势,将部分服务和生产外包,专注于核心竞争力,实现制造业与生产性服务业的互动升级。

3. 依托模块化的生产升级路径

通过大规模定制生产和定制服务创新能够整合大规模生产和定制生产/服务的优势,既实现低成本的生产,又能够满足不同客户的个性化需求,提高产品质量。定制服务,使得消费者参与设计的相关过程,并通过大规模生产,以模块化方式将新产品迅速付诸生产,缩短产品周期,响应市场需求。此外,大规模定制能够有效避免制造业生产和服务产品面临的模块化陷阱及技术封锁制约,结合需求与生产过程,通过对模块化产品和服务的再配置及再选择,实现新产品的生产,有效开展柔性化生产,实现制造业在价值链中的升级发展。

2.5 服务型制造带动制造业升级的路径

2.5.1 服务型制造的界定与类型

制造业与生产性服务业的融合,生产性服务业的迅猛发展,使得制造业产业结构、产业内部活动及产业间关联都发生了显著的变化,服务型制造正起源于此[61]。

The Australian Expert Group in Industry Studies[62]提出"服务增强型制造"概念,认为新的产品服务结构与单一产品结构相比更具竞争优势。Hauenstein 等[63]指出,制造业服务化是一个动态发展的过程,传统制造商需要完成自身角色的转变,才能获取新的竞争优势。国内学者也从多种角度界定了服务型制造的概念,郭跃进[64]指出未来产业技术变革趋势和用户需求将逐步在服务型制造中起到导向作用。孙林岩等[65]认为服务型制造是一种先进制造模式,是制造与服务相融合的新产业形态。张青山等[66]对服务型制造的概念进一步延伸,认为制造业服务化和服务型制造是等同的概念。姚小远[67]进一步丰富了制造业与服务业两种产业的融合形式,并构建新的模式框架,指出两种产业不断深化融合的目标是不断推进制造业服务化,从而最终完成服务型制造的先进转变,认为服务型制造是一种结果和趋势。张青山和吴国秋[68]对服务型制造的概念进一步延伸,认为服务型制造的内涵可以更多一些,完全可以作为制造业被不断"服务化"的一种过程去分析和研究。在这些研究的基础上,王玉辉和原毅军[69]将服务型制造视作制造业和服务业融合的新的产业系统,从内在逻辑转变和外在阶段特征等角度,对传统制造和服务型制造的概念内涵进行了更加清晰的区分和识别,认为服务型制造不仅是未来的趋势,也是现在发展的方向,更是时时刻刻不断动态进行中的系统变化和模式应用,是传统制造向先进制造的过渡,包含企业、具体行业、产业系统三个层次,受到系统内部不断升级和外在环境迅速变化等多种因素影响。韩江波[70]则更多从企业的角度,认为服务型制造作为新的制造模式,之所以能够陆续实现制造企业碎片化资源的有效整合,原因在于服务型制造的本质是一种范围经济,这种性质揭示了服务型制造的基础就是企业资产的通用性。服务型制造模式的基本形态构成如下。

1. 设计引领

在制造业生产的整个环节中甚至在整条价值链中,技术研发都处于重要的核心地位,这是因为技术研发需要制造企业具备很高的科技水平,因此对于制造企业来说进入难度较大。以往制造业将产品设计看作关键,通过使用系统仿真、人机工程等核心技术,将创新体现在了制造业的整条价值链中,创新服务也转变为高端的综合性设计服务。在产品、工艺流程、系统等领域,制造企业加大力度进行研发设计,力图以先进的技术水平带动产品与服务的升级,同时提高企业的盈利水平,增强全行业的竞争力。目前,一些制造企业将自身业务完全聚焦于产品的研发设计和知识产权的授权上。例如,英国的 ARM 公司提供半导体的知识产权,却不负责生产和销售半导体芯片,但是 ARM 公司的架构却赢得了全球 95%智能手机与电脑的市场。

2. 定制化服务

互联网用户在全球范围内已经是十分庞大的群体,因此制造企业可以通过信息技术来获取用户的消费需求信息,这些信息技术主要有物联网、云计算、大数据等,但是要想成功获取需求信息,必须依赖合理的在线设计、大数据挖掘等方法。之后就可以根据获得的信息对制造企业各环节进行模块整改,重新组合产品的各部分零件,以实现供需匹配。美国的服装企业 Knot Standard 的业务模式即通过对消费者上传的衣橱中的服装款式和尺码信息的获取,来为消费者量身打造符合他们品味的服装,进而提供快速化、个性化、定制化的服务。

3. 供应链管理

制造企业在供应链管理上越来越重视对于大数据、互联网、云计算等信息技术的应用,通过这些技术的应用可以与上下游的制造企业、第三方物流企业形成产业合作联盟,有利于外包活动的开展,同时物流设备和仓储设备的智能化为制造企业提供了更便捷的订单处理、物流配送、仓储等服务,也带来了产品生产和管理环节的调整和升级,提高了供应链上的市场需求和供给对接效率,保证了原材料和产品库存的稳定。此种供应链管理模式使得传统的市场竞争方式得到了改变,竞争方向调转到更能反映企业生产价值的产业链上。例如,香港利丰集团有限公司在生产过程中将矛头指向了供应链管理,不断改进技术,使得企业生产中的运输成本、库存成本和采购成本大幅度降低。

4. 信息增值服务。

软件的更新、网络技术的进步给予了制造企业对产品服务提供延伸的可能,它们可以同时在线上线下对其产品开展增值服务,使得产品的附加值大大提升。面向生产者,制造企业的优势在于为最终消费者提供多元化的检测管理分析服务;面向消费者,企业可以向消费者提供个性化增值服务。例如,美国苹果公司拥有巨大的消费群体,而公司也为这些用户群体提供了各项增值服务,包括歌曲开发、语音功能、支付功能等各种增值服务。在基于工业 4.0 的制造业发展环境下,生产性服务业依托于自身的特点和适应新环境的能力,有力地拉动了制造业的发展,在一些大型制造企业中,服务经济已经占据了营收中的绝大部分。

2.5.2　服务型制造带动传统制造业升级的基本模式

为了应对激烈的市场竞争并提高自身竞争力,制造企业在产品全生命周期中各环节加入服务,促进产品和服务的深度融合,创造新的制造模式和新的产品生命周期的活动,这种模式就是服务型制造。

制造过程的服务化主要发生在价值链基本环节的原材料供应过程、市场营销过程和价值链支持环节。制造业服务化在制造生产过程中主要表现在柔性制造、网络协同制造上,这种新的生产模式延长了价值链。为企业提供生产性服务的供应商可以由企业内部的职能部门提供,也可以通过独立于企业的生产性服务业提供。

制造产品的服务化是指基于制造企业的实物产品,向客户提供与实物产品相关的服务,如产品的在线监测,形成"产品+服务"的业务模式。这种全新的业务模式是指除了销售实际产品外,还会向购买产品的客户提供服务,并且负载于产品之上的服务在企业产品价值中的比重越来越大,提供的服务在企业收入中比重也越来越大。这种业务模式不仅为客户提供了差异化产品,也提高了自身的竞争力。

制造产品的服务化从初级、中级到高级有三个层级,第一个层级是产品功能的服务化，第二个层级是产品增值的服务化，第三个层级是为客户提供集成方案等服务内容。具体包括向客户提供的与产品相关的服务、向客户提供的客户支持服务及为客户提供解决方案的服务。

服务型制造在制造业产业的服务化趋势中，也具有越来越重要的作用。第一，从价值链角度看，服务型制造具有延伸价值链和加强价值链的作用，这就促使企业发展"微笑曲线"的上下游两端的设计和销售类等附加值高的环节。由于上下游环节的附加值不断提高，服务的专业化水平不断提升，制造企业开始将这些产品外置于企业，交由专业的服务企业或内部单独的部门提供。制造服务化使得上下游的供需关系更为灵活，通过内部服务一体化或专业服务企业外包使得各业务环节有序衔接，业务灵活，构成新的产业生态系统。

第二，制造业在技术发展的大环境下呈智能化、网络化和数字化的发展趋势，信息基础设施建设也呈服务增强的趋势。制造企业在服务型制造过程中需要更高水平的产品设计、工艺和技术标准，为了满足制造业更高标准的需求，各类专门提供研发设计、生产过程流程管理和营销销售的服务机构不断涌现。在基础设施建设方面，政府将重点放在强化信息资源建设方面，以推动制造业融合数字化、网络化技术，以及云计算、物联网技术等。

第三，工业互联网能够对工业数据进行全面深度感知，将信息动态实时传输，为制造业提供解决方案和自动化控制服务，这对制造业服务型制造的发展方向也是极为重要的，因此制造业价值链的智能化、数字化、网络化有利于向"产品+服务"的服务型制造转型。

从战略演化角度来看，我国制造企业要通过转变制造模式、完善资源配置及提高制造能力等进一步实现转型升级。随着我国传统制造业向服务型制造的转型升级，制造业原有的组织结构和管理方式均会随着环境而发生转变。现阶段，我国制造业与生产性服务业的互动发展已经逐渐趋向于互惠互生的共生模式，本书主要以价值链的创新来分析制造业服务模块的延伸。一般来说，制造业的价值链创新主要包括研发设计创新、生产制造创新、产品销售创新等。

研发设计创新，是指将服务与研发有效结合起来，通过用户参与的方式进一步满足用户需求。随着德国工业4.0理念的不断深化，实现"智能制造+智能服务"已成为未来制造业发展的首要方向，其着重强调"以人为中心"，通过物联网技术、云平台及大数据等向用户提供专业化和定制化的服务，既降低了制造企业的成本，也及时了解了用户需求，保证了制造企业自身的竞争优势。但现阶段，我国制造业仍处于工业2.0向3.0转变的过程中，对于实现制造业向服务型制造的转型升级仍需要一定的时间，所以政府的大力支持、企业自身能力的提高及消费者积极参与的意愿均对制造业的发展有重要的影响。

对于生产制造创新而言，制造业生产制造与供应商、用户和企业之间有着密切的联系。传统制造业的生产制造环节一般只与产品有关，而与服务无关，但随着服务业的逐渐发展，为用户提供定制化产品已成为必然趋势。在我国经济高速发展的态势下，用户对于产品的需求不仅仅是实用性和持久性，还包括高质量和高品质。例如，在工业 4.0 中提出通过建立工业云平台，将与服务相关的信息通过大数据集中在云平台上，从而及时有效地根据用户的需求为其提供更优质的定制化产品。

产品销售创新对于制造业服务化水平的提升也具有重要作用，线上服务与线下服务相结合已成为现阶段大部分制造业发展的方向，线上服务的应用已成为用户的第一选择，一方面，企业能够及时了解用户的需求并为其提供帮助；另一方面，用户也能够在第一时间向企业阐述自己的需求，促进企业与用户之间的互动合作。例如，海尔集团公司（以下简称海尔）作为成功实现向服务型制造转型的案例，一直以来强调"以用户为中心"的发展模式，大力支持和鼓励员工及用户参与研发设计，进行产品创新和开发，并努力向为用户提供成套解决方案的服务商转变。

在我国制造业演化升级的过程中，智能化已成为未来制造业和服务业发展的必然趋势。现阶段，我国制造业普遍缺乏整体综合实力较强的企业，这也是与美国、德国等发达国家存在差距的地方。所以，工业 4.0 指出物联网和大数据等技术已成为未来制造业转型升级的重要手段。虽然我国制造业现阶段仍存在很多问题，但由于我国特有的人口分布特点，我国制造业存在较大的需求空间，因此为制造业向智能制造转型提供了动力支撑。制造业粗放式的发展方式不仅造成了资源浪费，也破坏了生态环境，所以制造业转型升级已迫在眉睫。其中，制造业由东部地区向中西部地区的转移优化了原有的产业结构，加快了我国中西部地区的发展；制造业智能工厂的建立帮助企业及时了解用户的需求，使企业具备了一定的竞争优势，实现了企业与用户的共同价值创造；线上与线下相结合的服务化模式为企业节约了成本，同时也防范了风险，保证了用户的安全性。

所以，从制造业的演化升级可以看出，用户需求已成为现阶段制造企业首要关注的问题，也成为其获取有效信息和竞争优势的主要来源。在传统制造业向服务型制造转型升级的过程中，制造业需要实现由单一的产品供应商向服务商的转变，深入贯彻德国工业 4.0 理念，实现"以人为中心"，从而在整体上提升制造业价值链。因此，用户是企业信息的有效反馈者和研发设计的重要参与者，制造业要结合智能化生产不断地为用户提供服务平台，满足用户的需求。

从创新模式上进行划分，可大致分为服务创新、体验创新和集成创新三种创新模式。

服务创新可分为售前服务创新和售后服务创新，其能够实现产品性能、功效与内在价值的提高。产品性能复杂度的提升使消费者难以熟练了解和掌握产品的基本原理、操作模式及难以了解后期如何维护，因此需要生产企业向其提供"产品+服务"的组合化产品。因此，由制造业产品产出视角入手，制造业服务是在原有产品上衍生出的附加性服务，并依托该服务提升产品的市场竞争力。运用新一代信息技术，可以实现远程维护、监控等服务。例如，三一重工股份有限公司（以下简称三一重工）通过远程通信业务，实现对产品的问题诊断，并利用大数据研发故障预警服务，提升产品附加值，实现制造业服务的转变。

体验创新是在上述服务创新的基础上，加强用户体验的创新行为。服务的可接近性、消费者与企业的互动和消费者参与度是体验创新的三个重要组成。下面分别就上述三部分加以分析：①服务的可接近性是指消费者在购买、使用产品及获取相关服务时较为容易；②消费者与企业的互动，是指两者之间的互动有利于顺利实现企业品牌价值与满足消费者个性化需求，具体表现为企业社会责任与品牌的树立；③消费者参与度，是指最大限度地满足消费者的诉求与意愿，由此建立企业与消费者之间的联系。

集成创新是制造企业在以实现产品集成的目标下致力于提供全面解决方案的创新形式，是将安装、售前售后服务、集成化整合为一体的业务模式。企业依托研发、供销等环节的优势延展服务范畴，向客户提供一站式解决问题的方案，通过一站式服务产品实现更大的价值创造。现阶段，大数据和物联网等的发展为集成创新提供了新的机遇，谷歌通过综合运用智能传感器、大数据和激光雷达等软硬件，实现了车辆的无人驾驶。此外复杂系统产品，在对企业技术服务需求分析的基础上，也依托大数据计算的帮助。

从产业层面入手，信息技术的发展使得制造业在产品、服务、管理等方面的智能化水平不断提升，网络化的发展使得商业模式有了新的开拓，电子商务和用户参与的新型运营模式逐渐普及，使得制造业呈现出服务化的发展趋势，并将金融、物流、维修和监测等以中间投入的形式融入制造业生产过程中，提升了中间服务的比重。

依托产业的网络化发展，一方面，企业将生产过程从原有价值链条中分离，或将某阶段予以撤除，依托生产外包实现该类产品的供给，构成纵向分离；另一方面，产业链中的竞争者或上下游企业将在网络化的作用下形成一种新的竞合关系，结成协同竞争网络。服务型制造通过外部协作、内在支持和需求及时响应等环节实现资源的有效配置，推进智能化进程，实现产业由 2.0 和 3.0 向 4.0 的升级；而在管理层面，依托大数据和云端计算为服务平台提供业务重组、供应链管理和数据挖掘等多功能的信息化服务平台，提高管理的科学性和个性化。综上，产业链中各企业紧密联系，协作生产，实现了产品的高效率生产和服务的个性化满足。

2.5.3　服务型制造带动制造业升级的模式与路径

1. 现有研究回顾与理论机制

服务型制造最主要的特点是系统性和服务化,由早期单纯的产品转化为产品加服务的产品服务系统。越来越复杂的市场环境下,制造业的客户从被动的产品接受者逐渐转变为主动的产品选择者。客户需要的不再是单一的产品,而是能不断满足其需要、为其创造价值的整体解决方案,即产品服务系统。Millard 等[71]认为,将有形的产品同无形的服务结合起来,为客户提供"产品+服务"的整体解决方案,是当前制造业升级发展的关键。

服务型制造从层次来看包括核心企业微观层次、中观细分产业及整体三种,从内按服务产品的种类可分为技术研发服务、物流服务、金融服务等几个方面。

服务型制造推动制造业升级主要从售后服务、对顾客的支持、对合作伙伴的支持服务和外包等四方面实现。制造业要实现升级,其关键是要有核心竞争力。单一企业拥有资源有限,不可能在每一环节均拥有核心竞争力,若要实现产业升级和自身价值链的重塑,一个重要环节就是整合服务,结合供应链管理的大环境,运用服务型制造弥补自身发展不足,实现产业升级和竞争优势的长期发展。服务型制造的本质和目标就是价值的创造和创新,服务创新与价值共创在差异化制造、获取竞争优势上的作用和机理十分相近。李兆磊和吴群琪[72]从特征角度对传统制造业与服务型制造进行了区分,从服务型制造、服务创新、客户化创新、转化路径四个方面阐述了传统制造业转型升级的路径。冯晓玲和丁琦[73]提出以提升高级生产者服务水平的方式促进传统制造业向服务型制造的发展,通过增加附加值提升产品系统总体价值。简兆权和伍卓深[74]以价值链为研究对象,从微笑曲线入手研究了制造业服务化对传统制造业转型升级的影响。国外学者 Quinn[75]认为,不断结合的新的产品服务系统只有以服务为基础,才能持续进行价值创造,获得竞争优势。Francini 等[76]进一步指出,产品制造控制的是成本,服务才是利润的源泉。

在过往研究基础上,Gebauer[77]进一步归纳了售后服务提供者、顾客支持提供者等四个方面的服务型制造带动传统制造升级的影响因素。何哲等[78]进一步指出,服务型制造的本质和目标就是价值的创造和创新,服务创新与价值共创在差异化制造、获取竞争优势上的作用和机理十分相近。周国华和彭波[79]提出了服务型制造模式框架,从价值实现、作业方式、组织模式和运作模式上更加具体地阐述了服务型制造这一先进制造模式的优势所在,提出传统制造向服务型制造升级的基本路径是塑造新的竞争优势。

2. 服务型制造带动制造业升级的路径分析

随着对企业研发的相关研究不断深入,学者发现,企业研发活动与企业生产活动有着很大的区别。尤其在中小企业,研发人员投入有时发挥着比资金投入更为显著的作用。进一步研究发现,研发投入只是影响创新产出的重要因素之一,对研发人员的激励同样十分重要,从研发人员的心理分析到行为预测,从薪酬激励到知识共享,研究内容逐渐丰富。然而,服务经济的迅猛发展和工业 4.0 时代的到来,极大地改变了企业研发的外部市场环境,环境的复杂变化催生企业内部研发组织和研发模式开始了新一轮的变革。外部研发产业链的延伸、内部研发团队的组建、研发部门的完善和研发创新平台的建设为研发人员提供了良好的环境。截至目前,学术界对研发激励尚未有一个明确、统一的定义,为了能够更系统地阐述研发激励的内涵特质,本书将从服务创新导向的环境塑造、组织创新环境塑造及研发人员的创新激励三个方面进行研究。

1) 服务创新导向的环境塑造与技术创新

研发活动中有大量外部因素能直接影响到最终结果,对任一因素的忽视都可能导致整体技术研发的失败,相反,如果能事先对外部市场环境加以把握,企业就有可能成为市场的首个创新者。随着知识的爆炸性增长、技术突飞猛进的发展及产品更新换代的加速,企业技术研发的复杂性、艰巨性和长期性不断增加。不仅如此,消费者需求也逐渐多样化,客户越来越希望参与到企业的产品设计和技术研发中去,对企业研发能力提出了新的挑战。市场导向的研发激励环境有助于企业研发系统加强对技术信息的甄别、管理和应用,认知和把握市场机遇,促进研发活动的顺利进行,并最终保证创新产出的市场竞争力。蒋天颖等以 7 个地区 136 家中小微企业为研究对象进行实证分析,研究结果表明,市场导向对中小微企业知识整合会产生显著影响。基于我国 22 家制造型出口企业的问卷调查,张婧和段艳玲提出了企业市场导向的三个维度,并验证了市场导向对企业改善创新活动、提升创新绩效的正向作用。由此,服务导向的研发环境塑造对企业研发和技术创新有着正向的积极作用。

2) 组织创新环境塑造与技术创新

为了能够使企业研发不断适应和把握市场需求,企业必须拥有与之相适应的组织结构,以保证市场信息在企业研发系统内部高效率地传递。新产品研发活动和对市场潜在机会的追逐往往伴随着巨大的风险,这就要求企业研发组织具备一定的风险承担能力,这种能力需要在一次次的研发活动中逐渐提高。除此之外,还要求企业加强自身组织文化建设。伴随技术创新复杂度和艰难度的增加,研发人员往往需要与他人进行合作交流才能完成一项技术开发,而事实上,研发团队成员更多地将时间用于个人独立工作而非与他人的交流沟通。顾远东和彭纪生[80]

通过对478名在职员工进行问卷调查,发现组织创新氛围与员工的创新行为密切相关,是激发员工创新行为的重要影响因素。连欣等[81]通过对493名在职员工的调查研究,同样证明了这一点。在此基础上,孙锐[82]通过问卷调查发现,在中国组织背景下,注重绩效、广泛培训和决策参与等战略人力资源管理实践会通过组织创新氛围来推动研发人员创新,组织创新氛围起着重要的中介作用。因此,组织创新环境塑造对企业研发和技术创新同样有着正向的积极作用。

3)研发人员的创新激励与技术创新

研发人员在企业中担负着最需创造力的工作,是企业生产要素的核心,是企业生存和发展的源泉[83]。在服务型制造逻辑和先进的生产模式变革下,只有通过对企业研发人员的激励,才能最大限度发挥研发人员创新的积极性和主动性,才能最大限度地发挥研发投入的作用。广泛培训可以提高员工技能,体现了对其职业生涯的重视,高技术企业会为研发人员提供各种培训机会[84]。Huselid[85]的研究表明,对员工进行培训及通过薪酬制度进行激励能够显著提高员工的创新动机,从而提升组织创新绩效。Shipton等[86]通过对香港22个企业的调查研究发现,对员工进行创新激励有助于企业新产品的开发和技术创新。在研发项目中,Arthur[87]发现,对研发人员进行创新激励在一定程度上可以鼓舞员工勇于承担风险,从而激励研发人员进行创新。创新过程中的授权行为则会强化研发团队成员间的沟通协作,最终促进整体技术的创新和研发水平的提升。综上,研发人员的创新激励是研发激励的关键和核心,是提升企业研发水平和技术创新能力的重要因素。

鉴于市场导向和组织建设可归为创新环境塑造,本书从创新环境塑造和研发人员创新激励两个方面研究研发激励对企业技术创新的影响。基于以上讨论,本书构建了研发激励与企业技术创新关系的理论模型,如图2.8所示。以制造业为例,制造企业技术创新会推动制造业整体技术创新,制造业技术创新水平可作为衡量中国制造转型升级的标准。

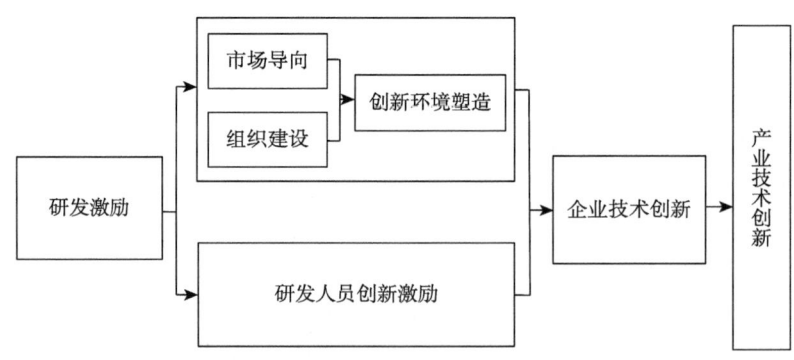

图2.8 研发激励与企业技术创新关系的理论模型

第 3 章　先进制造业带动传统制造业升级路径

3.1　先进制造业的内涵与特点

3.1.1　先进制造业的内涵

20世纪80年代末期，美国率先提出了"先进制造技术"的概念，以扭转国家竞争力不断下降、国际贸易逆差增大的趋势，随后从国家战略的高度上提出要促进先进制造业的发展，并且提出和总结了一系列的相关理论。目前，先进制造业已经得到了学者的广泛关注，其概念和内涵是学者研究的重点之一，学者纷纷从不同角度提出了自己的观点。例如，杨大庆等[88]从制造技术的角度，认为将先进制造技术运用于制造业的生产过程中，制造业就能成为先进制造业；陈定方和尹念东[89]从制造模式的角度，认为采用不同于传统制造模式或者制造系统或者管理方式的产业可以成为先进制造业，如柔性制造系统、高效快速重组生产系统、绿色制造模式、虚拟制造模式和精益生产模式等在一些产业中的运用使这些产业成为先进制造业；还有学者直接基于传统制造业来对先进制造业进行定义，通过对新型行业中可用技术成果的吸收总结，将其实施到产品的设计、研发、生产和销售中去，以实现产业生产的绿色化[90-91]。

总的来说，目前学术界对先进制造业的内涵和概念仍然没有一个统一、公认的定义。如果将先进制造业的内涵看得过于宽泛，那么在先进制造业的发展中则面临投资金额巨大、无从下手的问题；如果将先进制造业的内涵看得过于狭隘，那么无疑会对产业结构产生不良影响。之前学者的研究对认识先进制造业的内涵有很大帮助，但是仍然比较零散和片面，先进制造业的内涵不仅应该意识到其采用的技术或者模式，还应该考虑到全球化制造的影响和开放式创新的背景。在这样的背景下，应该从两个层面理解先进制造业的内涵：一是以技术创新为前端的技术革命；二是企业需要应对的越来越多元化的国际市场需求。从这两个层面出发，可以从制造模式创新、生产组织方式创新和生产与服务功能相关联三个方面对先进制造业的内涵进行分析。

（1）制造模式创新视角。作为制造业领域中的领头羊，先进制造业首先表现为以先进制造技术为基础。在新技术和新产品的开发运用中，改变的不仅仅是制造的模式。当这些革新和改变进一步延伸到企业生产组织、经营管理环节，则会引发企业对技术、组织和人力资源等要素集成方式的改变，激起企业的研发热情，推动企业转型升级。在制造模式创新视角下，虽然单纯采用先进的技术手段的产业并不都能被称为先进制造业，但是，信息技术渗透程度高、国际化经营更活跃的产业确实更具备先进制造业的特点。

（2）生产组织方式创新视角。在传统的企业组织模式中，企业内的价值链组织模式是封闭的，价值链上生产要素的配置和附加值完成的全过程都在企业内部，而在先进制造业中，生产销售都和企业内部手段及市场手段息息相关，这样一来，企业的价值链组织模式就不可能是封闭的，价值链大都以"分离态"或"片段化"存在，这种情况在大型企业的国际化过程中尤为常见。当前，在大部分制造业内，OEM、"交钥匙"工程和企业联盟等新型的商业模式也越来越常见，公司将"市场"和"准市场"等手段综合使用，不仅解决了稀缺资源的获取难题，降低了生产成本，同时为企业获取创新动力提供了新渠道。

（3）生产与服务功能相关联视角。生产与服务功能关联融合形式是多元化的，这种关联融合对产业内制造和服务的衔接及分工有很大的帮助。随着当代制造业服务化的盛行，越来越多的领先型企业向"服务导向"型企业转变，将获取利润和保持竞争力的重点放到服务环节。服务导向使企业更加注重自身的研发能力，领导型企业不断通过加大研发投入或者通过加入技术联盟等获取前沿科技技术。在销售环节上，企业会更加关注市场渠道网络的高效布局，及时了解客户需求和进行沟通，不断拓宽企业自身的竞争边界，逐渐将产品制造和服务纳入自身的竞争范围中去，使价值链实现信息化和智能化的延伸。

综合来说，先进制造业的生产过程以一系列的先进制造模式为基础，拥有超越传统制造业内部统一管控的生产协调方式，能通过外部策略不断地获取更多的资源，并且注重从高度专业化的生产者服务活动中对资源构成进行优化和使创新路径得到拓展，提升创新效率。

3.1.2 先进制造业的特点

首先,与传统制造业相比,先进制造业的"先进"特点主要体现在以下几个方面:在生产方式方面,传统制造业是单一产品的大规模和标准化生产,而先进制造业是建立在社会需求基础上的小批量和多品种的生产,在灵活性和适应性方面表现更突出;在采用技术方面,先进制造业能够大量通过创新与技术开发应用的结合,实现制造业的信息化、自动化、智能化、柔性化和生态化生产,推动产业实现转型升级;在制造模式方面,先进制造业积极推行柔性制造系统、精益生产模式、计算机集成制造系统、虚拟制造模式和清洁生产模式等先进制造模式;在生产关联方面,先进制造业能够充分体现生产链的动态关联性和生产要素的全球化配置;在生产理念方面,先进制造业更加注重通过科技进步,实现资源的节约和环保,以及增加产品的科技含量和提高经济效益;在经济发展方面,先进制造业更能以一个发展的眼光来进行生产,注重信息化、无形资产的利用及技术创新能力的作用,注重节约型、集约化和可持续发展。

其次,先进制造业不是一个静态的概念,而是动态演变的。比如,在第一次工业革命中,先进制造业的代表是纺织业、煤炭业和冶金业等;到了第二次工业革命,先进制造业的代表则变成了电力、钢铁和石化等制造业;而当第三次工业革命爆发后,先进制造业的代表则是电子通信业、航天航空制造业、生物医药业和新材料新能源产业等。另外,在具有不同经济发展水平的地区,先进制造业的代表产业也不同。

再次,先进制造业具有开放性。其一,先进制造业不是局限在生产环节的封闭系统,而是向生产环节前端和后端延伸的开放系统;其二,先进制造业可以通过网络化组织与社会经济领域实现全面关联与融合;其三,在全球价值链背景下,先进制造业能够在全球范围内进行资源搜集和整合,通过外包、合约生产和联盟等形式利用外部优势形成新的价值链和产业链体系。

最后,先进制造业从本质上来看,是一种先进的生产方式。先进制造业的发展不仅仅涉及技术进步,更关乎产业结构转型和产业升级等问题,是关于生产方式的深刻变革。如果说世界制造业的发展经历了产品生产阶段、加工装配阶段和知识产权阶段,那么,先进制造业的发展则说明制造业发展将进入一个新的阶段。

3.2 先进制造业带动传统制造业升级的国际经验

3.2.1 美国：NNMI 建立与配套政策并行

当美国意识到制造业在经济发展、科技创新和维持国际竞争力中的重要作用后，美国政府就一直对制造业的发展高度重视，并且不断采取举措保证制造业发展保持领先优势。以金融危机为契机，奥巴马政府提出了"重振美国制造业"战略，这项战略的实施不仅仅是为了帮助美国恢复传统制造业的活力，更是为了抢占新的经济增长点。美国为此采取了一系列的政策举措，如美国国家制造业创新网络（National Network of Manufacturing Innovation，NNMI）的建立和促进先进制造业发展的相关配套政策举措的施行。

1. NNMI

2011 年 2 月，美国推出创新战略，其后美国又提出了一系列创新计划，如"21世纪大挑战计划"等。NNMI 计划的目标是通过联邦政府出资的 10 亿美元，促进企业、高校和社区共同建立创新研究网络，缩小科研和产业界的距离，促进新技术、新工艺的研发，打造一批先进制造业的创新产业集群，推动先进制造业的发展，促进国内就业和重振美国经济。美国政府的设想是 NNMI 由 15 家制造业创新研究所组成，并以这 15 家非营利独立运行的研究所作为区域制造业创新中心。创新研究所的主要任务是整合企业、高校、社区、联邦政府、州政府和地方政府等相关机构的资源及力量，共同进行产业共性技术的研究，研究、开发和展示新技术、新工艺与新产品，以及为国内制造业提供人才培训等。

创新研究所的合作伙伴涉及企业、高校、科技实验室、社区和各级政府等。创新研究所的资金来源最初以联邦政府资助为主，最终发展为自负盈亏的形式。在联邦政府初期大力资助的两三年后，创新研究所的私人部门资金将逐渐增加；五到七年后，创新研究所将从会员费、收费服务、合同研究和产品试制等得到的收入中进行自我建设。表 3.1 列出了美国已公布的 12 家制造业创新研究所。

表3.1 美国已公布的12家制造业创新研究所

研究所名称	建立时间	资助部门	研究重点和领域
增材制造业创新研究所	2012年8月	多部门	3D技术
下一代电力电子技术国家制造业创新研究所	2014年1月	能源部	智能、安全、低成本和环保的电力网络,提供电力电子供应链的公共设施、设备、测试和建模服务
数字制造和设计创新研究所	2014年2月	国防部	数字化设计、工程和制造等过程的技术及流程研发,利用"数字线程"高度集成制造和设计复杂产品
轻型现代金属制造业创新研究所	2014年2月	国防部	商业和国防应用中轻质部件结构集成、设计和制造
先进复合材料制造创新研究所	2015年1月	能源部	扩大先进复合材料(如碳纤维)在飞机、军用车辆、卫星、风力发电机叶片、高效工业设备和轻量轿车等领域的应用
集成光子制造业创新研究所	2015年7月	国防部	网络和电信信号超高速传输、新高性能信息加工系统和计算、紧凑传感器应用、多传感器应用和其他多样化军事应用技术
柔性混合电子制造创新研究所	2015年8月	国防部	柔性混合电子技术在以下方面的应用:可穿戴电子信息装置、生物标志和植入装置、嵌入式传感器、应用轻质机器人、电子设备集成等
智能制造的清洁能源制造创新研究所	2015年9月	能源部	新一代电力电子和先进复合材料
革命性纤维和纺织品创新制造研究所	2016年4月	国防部	光纤科技、商业化的纤维和纺织品等新产品
过程强化研究所	2016年12月	能源部	利用模块化化工过程强化开发突破性技术,改进油气、造纸和各类化学品等行业的制造工艺
生物制药制造业创新研究所	2016年12月	多部门	活细胞在复杂生物治疗药物中的使用
组织生物制造创新研究所	2016年12月	国防部	开发细胞、组织修复及替代下一代制造技术

2. 促进先进制造业发展的配套政策举措

为了促进先进制造业的发展,美国政府还从技术创新、投资经营环境、竞争环境维持和教育改革等多方面制定了配套的政策和采取了相关举措。在技术创新政策方面,奥巴马政府相继出台了《重振美国制造业政策框架》和《先进制造业国家战略计划》等国家战略和相关政策,强调从战略制定、政策完善等方面促进先进制造业的发展。奥巴马政府重视对先进制造业研发和基础设施的投入,面对财政紧缩的现状,依然增强对先进制造业的研发支持。在良好的竞争环境维持上,美国政府在2011年出台"出口倍增计划",保护核心技术不受安全威胁并提高关键行业的出口竞争水平。从改革教育和签证制度等方面来看,美国有效地保障了制造业发展的人才需求,包括改革中小学教育体制,加大中小学、高校等的教育支出,提高职业教育和培训水准;推进非学位制培训计划的实施,并且颁发相应的资质证书;为美国中学生和大学生开发联邦基金项目,增加制造业的长期回报期望;改革签证和绿卡制度,吸引高技能人才移民;借鉴外国的签证经验,吸引和留住优秀的科学、技术、工程和数学人才等。美国政府对先进制造业的重视为美国经济增长和产业发展产生了显著的影响。随着先进制造业创新研究所的接连建立,美国中西部传统制造业"铁锈带"地区逐渐向"科技带"转变,提高了区域的生产和就业能力。

先进制造业的发展还推动了美国第三次工业革命的发展。为了推动第三次工业革命的进行,美国政府与学术界、产业界联合,通过产业融合与协同实现技术攻关与创新,催生出一大批战略性新兴产业。可以预见,美国新兴先进制造业将继续以技术研发应用密切相关的领域为重点,在可再生能源和新一代移动通信等新兴技术领域进行科技创新,推动先进制造业的发展,深刻改革美国制造业格局。

3.2.2 日本:科技引领与因地制宜

第二次世界大战(以下简称二战)以后,日本的主导产业经历了劳动密集型产业向重化工业更替的过程,由轻纺工业和农业转变为汽车和家电等制造业,使得经济飞速发展,20 世纪 70 年代石油危机的爆发,使日本产业发生转变,开始对战略性新兴产业、先进制造业进行培育,并将知识密集型行业作为发展的重要内容。

到了 20 世纪末,日本的发展战略有所改变,开始以"创新性技术立国"为发展战略,投入大量人力物力对知识密集型产业进行扶持,为抓住世界科技革命作出努力。日本的创新研发重点体现在医用电子器械和生物技术等多方面。

日本制造业在经历石油危机之后,产业结构调整较为明显,低技术产业占比不断减少,中高技术产业占比不断增加。实际上,进入 21 世纪后,日本更加重视以信息技术、新能源技术为代表的先进制造技术和相关产业的发展,并且在政策层面上给予了大力支持。在信息技术方面,日本于 2009 年 3 月颁布了信息技术发展计划,该计划历时 3 年,以促进信息技术在医疗、行政等领域内的应用为核心。随后,日本政府提出了"ICT 新政"、"环保积分制度"和出台了《i-Japan 战略 2015》等政策,以信息与通信技术产业促进全国所有产业的增长,聚焦于开发和应用数字化技术。日本 2011 年信息技术产业国内总收入达 2501

亿美元。2011年，日本发布《第四期科学技术基本计划（2011—2015）》，把第二代交通网络、智能网络、高速互联网、云计算列为强化竞争力的重要手段。此外，在信息技术、医药、工程技术等领域内，日本还面向2025年制订了长期计划《创新25战略》，以期通过创新促进日本经济的飞速发展。2016年1月，日本政府发布了《第五期科学技术基本计划（2016—2017）》，该计划提出了超智能社会5.0战略，强调要灵活利用信息与通信技术，通过互联网或物联网持续创造新价值和新服务。

在新能源技术领域，日本提出了一系列关注环保的社会目标，如"环之国""环之生活""环之地球"等，并且以"最优生产、最优消费、最少废弃"作为2004年的经济发展战略。随后，各种政策草案相继颁布，如《绿色经济与社会变革》等，这些政策以促进高技术产业发展为目标，聚焦于核能、太阳能等新能源的开发与利用。为增加能源的自给率，日本持续加大对新能源研发的投入和预算，扩建核电站。随着一系列新增长战略的提出，日本着重发展文化旅游、环保型汽车、电力汽车和太阳能发电等相关产业，强调要发挥本土优势，将环境与能源健康产业相结合。此外，作为太阳能开发利用大国，日本对太阳能的利用也很重视，并且出台相关政策为中小企业使用太阳能提供补助。

日本不断通过技术创新推动先进制造产业发展。以汽车工业为例，日本制定了新一代汽车的总体战略建议，该战略具体包括技术开发战略、制度整备战略和促进普及战略。其中，技术开发战略将高性能和低成本的电池及马达开发作为重点，致力于将新型电池和马达的性能及成本能与汽车汽油相较量。2007年，日本已经启动了下一代汽车用电池的技术开发项目，目标是开发出新电池以取代锂离子电池。

3.2.3 德国：德国制造与工业4.0

2013年德国政府推出的"工业4.0"战略为增强新技术研发应用、提高德国创新能力和先进制造业水平提出了新标准。2016年，德国进一步提出《数字化战略2025》，强调经济的信息化发展，提出要在2025年完成高速传输光线网络的建设，并且增加对新兴企业的投资、促进新兴企业与成熟企业的合作，打造良好的投资和创新环境。

与其他国家相比，"德国制造"具有独特的历史传统和发展模式，德国在发展先进制造业的过程中更加注重企业和产业协会的协作，政府在其中更多是起到指导、推动作用。比如，德国制造业标准化的建设中强调企业要起到牵头作用,不能单纯依靠政府自上而下的制定和协调,政府只对各个产业链的部分利益主体进行协调和控制。德国政府还不断加大对先进制造业的宣传力度和基础设施建设投入,以为先进制造业的发展营造良好的社会环境和资源环境。比如,德国总理默克尔访问中国时不忘对工业 4.0 进行宣传,面向世界吸引全球投资者的目光。

在德国发展先进制造业过程中,企业和产业协会是真正的主体。当前,德国的行业协会和社会团体组织大概有 30 万个,它们不仅代表了行业协会中所有会员的利益,还扮演着政府和企业之间联结者的角色。企业和产业协会积极推动着德国先进制造业的发展,1990 年联邦德国太阳能研究协会成立,其宗旨是协调和加强德国在新能源利用方面的研究和开发工作,从而助推传统制造业向节能、环保的新兴产业转型;2016 年德国工业界与标准化领域权威机构共同设立了"工业 4.0 标准化理事会",负责提出工业 4.0 数字化产品的相关标准等。

不仅如此,德国对先进制造业的重视和宣传让企业的决策者、管理者和技术工人都能对此有比较深刻的认识,并且积极参与其中。例如,德国高校的计算机专业毕业生在国家的鼓励下,更愿意去计算机技术和制造业技术相结合的领域进行工作,而不是进入互联网行业,这促进了传统制造业的"信息化"和"智能化"转变。此外,德国良好的社会氛围也促进了先进制造业的发展,德国看重技术工人的职业声誉,并且尊重具有"工匠精神"的技术工人,这为德国培育优秀的技能人才提供了良好条件。

3.3 先进制造业与传统制造业的融合提升

3.3.1 先进制造业与传统制造业的融合机理

产业融合,是指本来相互独立的产业经过产业互动,融合形成了新的产业,使得之前独立的业务边界变得模糊或者消失。从产业的角度来说,产业融合包括产业渗透、产业交叉和产业重组三类。产业渗透指的是,先进制造业和传统产业在边界处进行融合,先进制造业逐渐向其他产业渗透创造出新的产业,如农业高新技术化、生物和信息技术对传统产业的改造,以及新产生的电子商务和网络金融等。产业交叉指的是,各产业之间通过职能上的互为补充和相互拓展融合产生的战略性新兴产业。产业重组一般指某产业的某些关系紧密的子产业之间发生的融合。当前,经济发展进入新时代,先进制造业与传统产业进行融合发展是实现产业转型升级的必然选择。先进制造业与传统产业的融合机理如下。

1. 传统产业为先进制造业的发展提供基础

传统产业可以从两个方面为先进制造业的发展提供根基和基础。一方面,传统产业为先进制造业的发展提供了肥沃的土壤,根据先进制造业的定义就可以知道,大部分先进制造业是在传统产业的基础上,通过新技术、新模式和新生产方式或满足市场新需求等升级方式形成的。比如,通过信息技术的融合应用,传统机床产业转变为数控机床产业;通过新能源技术的融合应用,传统汽车产业转变为新能源汽车产业;通过生物技术、电子技术的应用,传统化工产业升级为新材料产业等。可见,传统产业是催生先进制造业的厚实土壤。

另一方面,传统产业还能为先进制造业的发展提供资金支持。先进制造业的发展离不开不同学科、领域的交叉融合,离不开技术水平更高、更复杂的生产设备、技术和生产工艺。因此,在先进制造业中,产品设计、研发、试制、生产和销售的各个阶段,都需要雄厚的资金作为基础和支持。传统产业作为国民经济的支柱产业,是国家财政收入和资金获取的主要源头之一,早已形成了一套金融体系,创造了多样化、市场化的筹资方式,因此能够为先进制造业的发展提供资金支持。

2. 先进制造业对传统产业起到提升带动作用

先进制造业能够通过技术扩散对传统产业产生辐射带动作用。比如,新能源产业的核能、太阳能、风电及生物质能的应用提高了能源综合利用的效率,使以煤炭为主的能源消费结构得到改变;新一代新兴技术涉及的信息网络、集成电路等内容,是传统产业升级广泛采用的新兴技术。先进制造业中的先进制造技术为传统产业带来了新的活力,不断推动传统产业向更高端的方向发展。

先进制造业还能通过产业链嵌入带动传统产业发展。在中国,大部分传统产业都处于价值链低端,缺乏核心技术、缺少知名品牌,普遍是加工组装的业务。发达国家拥有核心技术和知名品牌,处于价值链高端。如果这种情形得不到扭转,很多传统产业的企业的生存将岌岌可危。因此,传统产业必须想办法走向高端环节,与先进制造业进行融合,实现产业链的嵌入,这是传统产业获取竞争优势的重要途径。传统产业可以从两个方面进行努力。一方面是为先进制造业提供设备;另一方面是采用先进制造业的新技术和新产品。图3.1展示了先进制造业与传统产业的融合提升机理。

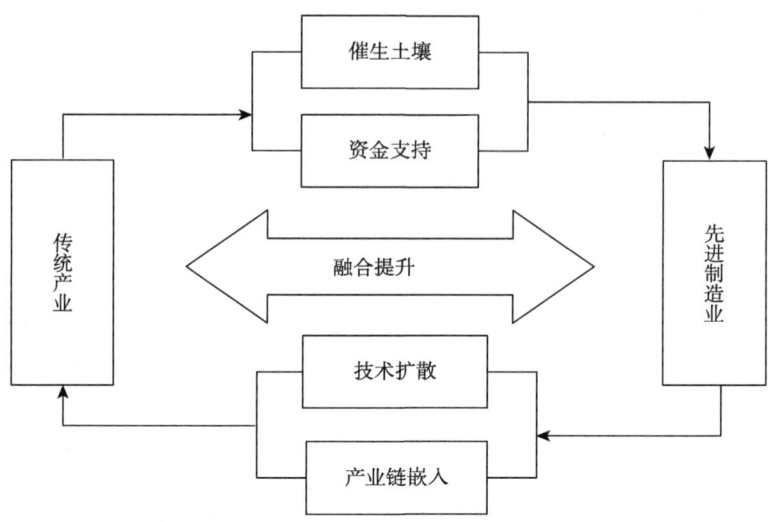

图 3.1 先进制造业与传统产业的融合提升机理

3.3.2 先进制造业与传统制造业的融合度测算与分析

1. 先进制造业的行业界定

目前在学术界，对于先进制造业细分行业的界定，主要采取两种方法，一是采用综合指标评价方法通过测评来确定；二是根据相关理论、国家相关标准、规定和国情现状进行确定。比如，郭巍和林汉川[92]从技术、管理、模式、经济效益和社会效益等 5 个方面，选取了 22 个指标构建了北京先进制造业的评价体系，并根据主成分分析法确定了北京的先进制造业行业种类；黄烨菁[93]从制造模式创新、生产组织方式创新和功能关联视角对先进制造业的内涵进行了详细剖析；商黎[94]以《国民经济行业分类》中的制造业分类为蓝本，结合中国先进制造业发展的实际情况，确定了先进制造业包括信息技术产业、高端装备制造业、生物技术和化学产业、新材料产业、新能源产业和节能环保产业等，涉及了 17 个大类行业、43 个种类行业和 96 个小类行业；李金华[95]根据先进制造业的定义、战略性新兴产业的界定和数据状况，确定了 16 个先进制造业行业。学者采用的指标不同、参考的标准不同，得出的先进制造业行业也稍有差异，但是综合学者的研究，并且结合国家统计局《国民经济行业分类》中的行业类型，本书认为先进制造业具体包括以下行业分类：石油加工、炼焦和核燃料加工业；化学原料和化学制品制造业；医药制造业等。

2. 传统产业的界定

在中国目前的阶段,传统产业在统计分类上大部分归属于第二产业中的原材料工业及加工工业中的轻加工工业,如纺织、轻工、冶金、部分机械和建材等,涉及的具体国民经济行业如表 3.2 所示。

表3.2 传统产业涉及的国民经济行业及其代码

代码	行业	代码	行业
06	煤炭开采和洗选业	20	木材加工和木、竹、藤、棕、草制品业
07	石油和天然气开采业	21	家具制造业
08	黑色金属矿采选业	22	造纸和纸制品业
09	有色金属矿采选业	23	印刷和记录媒介复制业
10	非金属矿采选业	24	文教、工美、体育和娱乐用品制造业
13	农副食品加工业	29	橡胶和塑料制品业
14	食品制造业	30	非金属矿物制品业
15	酒、饮料和精制茶制造业	31	黑色金属冶炼和压延加工业
16	烟草制品业	32	有色金属冶炼和压延加工业
17	纺织业	33	金属制品业
18	纺织服装、服饰业	41	其他制造业
19	皮革、毛皮、羽毛及其制品和制鞋业		

资料来源:国家统计局网站

需要注意的是,传统产业并不一定就是低技术的停滞产业,传统产业作为制造业生态系统中的重要部分,它和先进制造业之间的关系并不是能割裂的,或者说,传统产业和先进制造业之间并没有清晰的界限。先进制造业的发展离不开传统产业的发展,传统产业通过产业间的知识和技术上的联系能够为先进制造业的发展提供基础和平台,而先进制造业的发展是传统产业进行转型升级的动力。只有传统产业和先进制造业之间实现健康协调的互动和融合发展,才能实现产业升级和经济可持续增长。

3. 产业融合度的测算

学术界普遍采用的用来测算产业融合度的指标实际是反映产业技术融合程度的指标。从当前的研究来看,根据研究对象和研究内容的差异,学者采用的产业融合度计算方法主要有 HHI[①]测算法、熵指数、专利系数法和投入产出法等,如下所示。

---

① HHI 即 Herfindahl-Hirschman index,中文含义为市场集中度指数。

（1）HHI 测算法。HHI 测算法计算公式为

$$\text{HHI} = \sum \left(\frac{X_i}{X}\right)^2 \tag{3.1}$$

其中，X 表示技术专利总数；X_i 表示各个行业的技术专利数。HHI 越大，则说明产业技术融合的程度越低，反之亦然。

（2）熵指数。熵指数的计算公式为

$$\text{DT} = \sum p_i \ln\left(\frac{1}{p_i}\right) \tag{3.2}$$

其中，DT 表示熵指数；p_i 表示企业在各个行业中的销售收入占总销售收入的比重。当企业在各个行业中的销售收入一样时，熵指数值为最大。

（3）专利系数法。该方法需要先测算两种产业的技术正向融合系数和技术反向融合系数，然后测算两系数的相关系数。

（4）投入产出法。这一方法可以借鉴汪芳和潘毛毛[96]的研究中对信息产业与制造业各行业融合度的测算。行业 i 生产过程中信息技术的总投入占 i 行业总产出的比重越大，则说明两个产业之间的融合程度越高。根据汪芳和潘毛毛的研究，可以推测出 j 产业与 i 产业的融合程度：

$$j\text{产业与}i\text{产业的融合度} = \frac{i\text{产业生产过程中}j\text{产业投入}}{i\text{产业总产出}} \tag{3.3}$$

投入产出法计算出的产业融合度取值范围在 0 到 1 之间，当产业融合度为 0 时，表示两个产业之间没有任何融合；当产业融合度为 1 时，表示两个产业完全融合。

考虑到产业融合处理方式和计算方法的可行性、数据的可得性和数据结果的合理性，本书决定采用投入产出法对先进制造业与传统产业的融合度进行测算。本书的数据来源为国家统计局公布的 2012 年《中国投入产出表》。

根据《中国投入产出表》的数据，最终确定的先进制造业的代表行业为石油、炼焦产品和核燃料加工品业、化学产品业等。利用投入产出法，最终算出的先进制造业与传统产业的融合度如表 3.3 所示。

表3.3 先进制造业与传统产业的融合度测算结果

传统产业	先进制造业					
	石油、炼焦产品和核燃料加工品	化学产品	专用设备	交通运输设备	通信设备、计算机和其他电子设备	仪器仪表
煤炭采选产品	0.6629%	2.1328%	1.9666%	0.0736%	0.3661%	0.0260%
石油和天然气开采产品	3.1724%	2.5187%	2.9211%	0.0858%	0.1153%	1.1731%
金属矿采选产品	5.0619%	5.0708%	2.7985%	0.3805%	0.1374%	0.0570%

续表

传统产业	先进制造业					
	石油、炼焦产品和核燃料加工品	化学产品	专用设备	交通运输设备	通信设备、计算机和其他电子设备	仪器仪表
非金属矿和其他矿采选产品	5.8391%	7.6357%	5.0926%	0.8716%	0.1345%	0.2907%
食品和烟草	0.1568%	1.9875%	0.1332%	0.0115%	0.0107%	0.0116%
纺织品	0.1178%	9.8876%	0.3838%	0.0040%	0.0121%	0.0046%
纺织服装鞋帽皮革羽绒及其制品	1.4903%	6.6248%	0.5034%	0.0109%	0.0341%	0.0012%
木材加工品和家具	0.5062%	8.0249%	0.4188%	0.0090%	0.0486%	0.0275%
造纸印刷和文教体育用品	0.3369%	12.4052%	0.5688%	0.0219%	0.4284%	0.0222%
非金属矿物制品	3.7959%	7.8400%	0.7810%	0.4331%	0.0527%	0.0727%
金属冶炼和压延加工品	4.6157%	1.4815%	0.2961%	0.0310%	0.0301%	0.0432%
金属制品	0.6986%	5.4401%	1.2066%	0.1319%	0.1117%	0.1490%
其他制造产品	0.9393%	18.1413%	0.4129%	0.0889%	1.5341%	0.3379%

从表 3.3 中可以看出，化学产品业与多个传统制造业行业的融合度都比较高，如其与其他制造产品业的产业融合度是全部行业中最大的，产业融合度为 18.1413%；其与造纸印刷和文教体育用品业的产业融合度为 12.4052%；其与纺织品业的产业融合度为 9.8876%。石油、炼焦产品和核燃料加工品业与金属矿采选产品业的产业融合度为 5.0619%，与非金属矿和其他矿采选产品业的产业融合度为 5.8391%；专用设备业与金属矿采选产品业的产业融合度为 2.7985%，与非金属矿和其他矿采选产品业的产业融合度为 5.0926%。其他先进制造业和传统行业的产业融合度值普遍小于 1%，先进制造业行业中的交通运输设备业与各个典型传统产业的产业融合度没有超过 1%的，先进制造业行业中的通信设备、计算机和其他电子设备业与传统产业中的其他制造产品业的产业融合度为 1.5341%，除此之外，其与其他传统产业的产业融合度也均小于 1%。

图 3.2 进一步绘制了先进制造业与传统产业细分行业的产业融合度均值。从图 3.2 中可以看出，先进制造业与其他制造产品业的产业融合度均值最高，为 3.5757%；其次是与非金属矿和其他矿采选产品业的产业融合度均值，为 3.3107%。先进制造业与食品和烟草业的产业融合度均值最低，仅为 0.3852%；其次是先进制造业与煤炭采选产品业的产业融合度均值，为 0.8713%。其余传统产业细分行业与先进制造业的产业融合度均值均在 1%~3%。

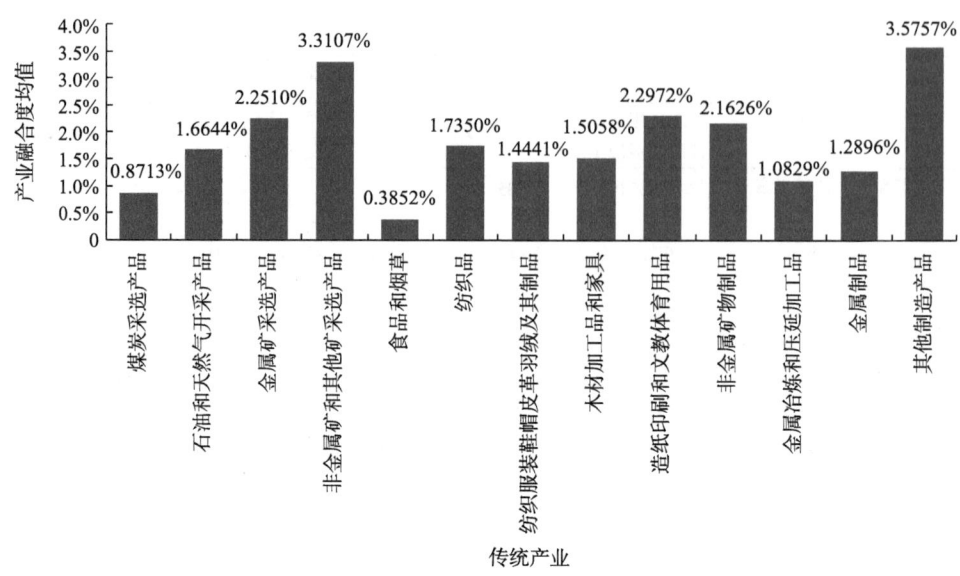

图 3.2 先进制造业与传统产业细分行业的产业融合度均值

图 3.3 绘制了先进制造业细分行业与传统产业的产业融合度均值。从图 3.3 中可以看出，先进制造业中的化学产品业与传统产业的产业融合度均值最高，为 6.8608%，远远大于其他先进制造业与传统产业的产业融合度均值。交通运输设备业，通信设备、计算机和其他电子设备业及仪器仪表业与传统产业的产业融合度均值都比较低，分别为 0.1657%、0.2320% 和 0.1705%。

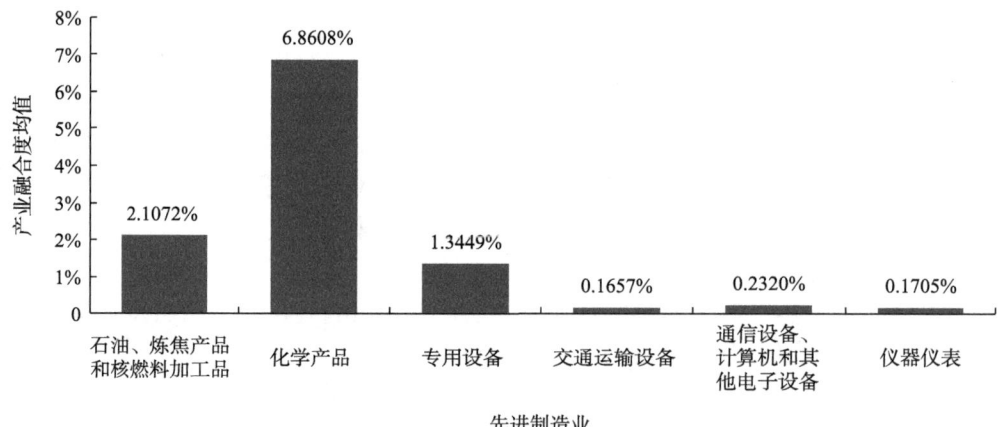

图 3.3 先进制造业细分行业与传统产业的产业融合度均值

3.3.3 促进先进制造业与传统制造业融合提升的策略

为了加速先进制造业与传统产业的融合,实现先进制造业和传统产业的共同发展,我国应该采取以下五个策略,如图 3.4 所示。

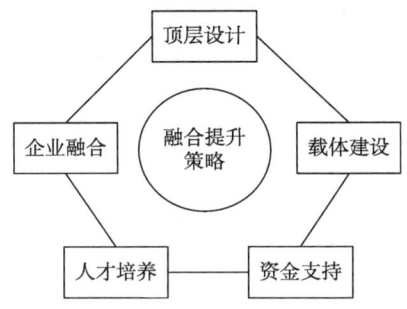

图 3.4 促进先进制造业与传统产业融合提升的策略

第一,对先进制造业与传统产业融合发展的顶层设计进行科学谋划。要有效促进先进制造业与传统产业的融合提升,首先需要遏制和避免两个产业的盲目发展。融合发展的顶层设计是先进制造业与传统产业实现转型升级的关键,我国政府应该清晰认识到这一点,树立起顶层设计的意识,对此进行科学谋划和方案制订。各级政府部门应该对本地现状和特色进行调研及了解,在了解当地现状和特点的基础上,科学制定先进制造业与传统产业的融合思路、定位及目标等内容,制订出相关详细规划。在规范方案制订出来后,还应进一步进行细化研究,将实施方案和指导目录具体化,为先进制造业与传统产业的融合提升提供战略支持。

第二,要全力推进企业主体的融合发展。先进制造业与传统产业的融合提升依靠的是先进制造企业和传统企业之间的融合发展,可以从两个方面推进两个产业的企业主体间的融合发展。一方面是以传统优势产业为先行者的融合发展,即以具备传统优势的龙头企业或者领军企业为主体,主动对先进制造业的资源、技术和产品进行吸收和优化;另一方面是以先进制造企业为先行者的融合发展,即以先进制造企业为主体,主动对传统产业企业进行渗透和联结,形成上下游互相协作、补充的整套体系。

第三,要支持先进制造业与传统产业融合发展的载体建设。先进制造业与传统产业的融合发展离不开平台载体的支持。首先应该加速先进制造业与传统产业融合发展平台的基础建设,包括基础设施、物流服务和信息服务平台等配套设施的建设。其次,应该加速先进制造业与传统产业融合创新载体的建设,包括构建和完善创新平台的基础设施,推动创新驱动战略的实施,实现产业间资源的及时流动,实现先进制造业与传统产业的优势互补。

第四,加快先进制造业与传统产业融合发展的人才培养。人才是先进制造业与传统产业融合发展的生命之源。要实现先进制造业与传统产业的融合发展,必须培养出专业的人才队伍,提供人力资本支持。一方面应该积极吸引国内外掌握相关专业知识的人才和团队,打造一支专业的人才队伍;另一方面要凭借先进制造业与传统产业融合发展的项目载体,对拥有相关技术和资金的人才进行培育。此外,为人才提供良好的科研环境,也是融合发展策略的重要方面。

第五,为先进制造业与传统产业的融合发展提供有力的资金支持。先进制造业与传统产业是否能够实现可持续的融合发展,与资金支持的有力程度密切相关。首先,国家应该增强相应的财税支持力度,完善国家和地方相关的财政税收政策。其次,金融系统的支持也必不可少,应该积极引导金融机构对先进制造业与传统产业融合发展进行信贷支持,鼓励和支持金融机构进行产品创新,对先进制造业与传统产业的融合发展提供更加有力的支持。最后,还应强化风险投资资金保障,完善金融机构的风险投资担保制度。

3.4 先进制造业带动下传统制造业升级的路径

3.4.1 结构调整

发展先进制造业进行产业结构调整是实现产业升级的重要路径之一。很长时间以来,我国凭借低成本的劳动力优势进行轻纺产品的大量生产和出口获取经济利益。但随着国际贸易摩擦日益升级,这种低成本的渗透战略难以为继,中国必须提高技术含量,促进产业结构调整和产业升级。对于传统产业而言,先进制造业具有信息和知识要素投入的特点,以先进制造技术为主要生产手段。先进制造业的特征符合知识经济时代对科技发展的要求,也符合经济可持续发展的思路,有助于产业结构的调整和优化。可见,先进制造业在产业结构调整中有重要作用。

发展先进制造业是实现产业结构升级的基点,但仍然需要多种因素的辅助,通过比较优势的充分利用,以产业之间的共同发展来实现产业结构的调整和升级。首先,要提高装备制造业和服务业融合发展水平。装备制造业为国民经济的很多部门提供了物质装备,是国民经济各部门技术装备的重要来源和基础。装备制造业和服务业融合发展水平的提升对整个工业的发展影响深远。其次,要大力促进高新技术产业的发展。20世纪80年代至今,不同发展层次的国家都在产业建设中将高新技术产业当成经济现代化建设战略的重点。在发展高新技术产业中,不仅要立足我国国情和市场需求,充分利用现有的科研力量,进行核心技术和前沿技术的研发,还应提高科研成果转化能力,尽快形成规模经济。最后,要大力发展第三产业。第三产业的发展不仅有利于产业结构的调整和升级,还能吸纳劳动力,缓解国家的劳动力过剩问题。因此,应该合理放宽第三产业的市场准入限制、促进产业内竞争,鼓励第三产业的发展。

3.4.2 技术创新

结构调整、产业转移所带来的技术进步和产业升级对于原有的产业来说,无疑已经是一种跨越,但要在升级后的产业平台上保持自身特色、形成持续的竞争能力,就必须实现产业的再升级,而能够实现再升级的根本路径就是技术创新。若将推动产业升级的技术创新看成一个系统,则至少涉及四个强度指标。

一是研发投入强度。从表 3.4 中可以看出,2010 年,我国的研发投入强度仅为 1.71%,到了 2019 年,我国的研发投入强度提升到 2.19%,提高了 0.48 个百分点,10 年来研发投入强度均值为 2.00%。可见,我国对研发的重视程度不断增加,研发投入强度不断提高,但与创新型国家相比,仍然还有很大差距,如 2019 年以色列的研发投入强度为 4.25%,韩国的研发投入强度为 4.23%,日本的研发投入强度为 3.49%。

表3.4 中国2010~2019年研发投入变动情况

年份	GDP/亿元	R&D 经费内部支出/亿元	R&D 经费内部支出占 GDP 比重
2010	412 119.3	7 062.58	1.71%
2011	487 940.2	8 687.00	1.78%
2012	538 580.0	10 298.41	1.91%
2013	592 963.2	11 846.60	2.00%
2014	643 563.1	13 015.63	2.02%
2015	688 858.2	14 169.88	2.06%
2016	746 395.1	15 676.75	2.10%
2017	832 035.9	17 606.13	2.12%
2018	919 281.1	19 677.93	2.14%
2019	990 865.0	21 737.00	2.19%

资料来源:根据历年《中国统计年鉴》计算得到

二是企业投入强度。根据相关年份《中国统计年鉴》的数据,2004 年规模以上工业企业的研发投入为 1104.5 亿元，2015 年该值增加到 10 013.9 亿元，增加了 8 倍多，这说明中国企业的主体地位在不断增强。

三是政府投入强度。从图 3.5 中可以看出，2010 年到 2018 年期间，我国的政府研发投入呈现明显上升趋势。2010 年，我国的政府研发投入仅为 1696.30 亿元，到了 2015 年，政府研发投入超过 3000 亿元，到了 2018 年，政府研发投入为 3978.64 亿元，是 2010 年的 2 倍多。

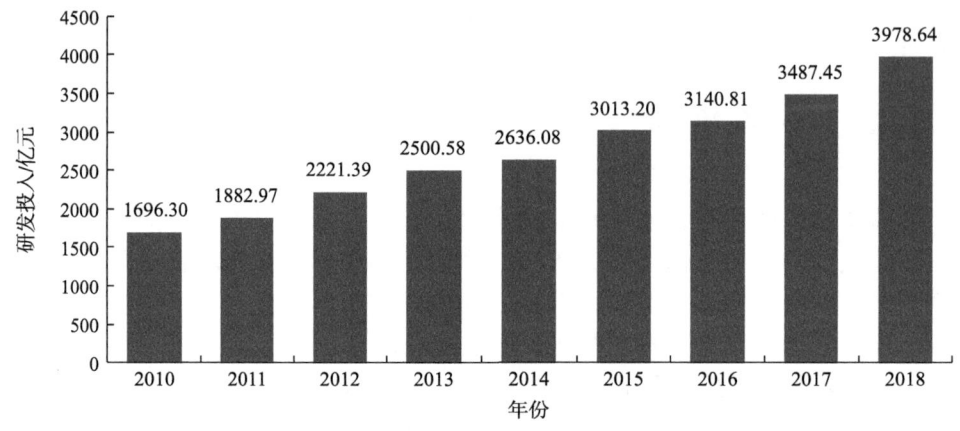

图 3.5　中国 2010~2018 年政府研发投入

资料来源：课题组根据《中国统计年鉴》计算整理

四是产学研合作强度。这几年来，国家产学研结合程度进一步加深，合作内容不断拓展和深化，强度不断增加。表 3.5 对 2005 年和 2015 年的产学研合作情况进行了对比。从研究机构研发活动中的企业投入金额来看，2005 年的均值为 18 723.60 万元，2015 年这一数值提升到 21 786.43 万元，增加了 16.36%；从高校研发活动中的企业投入金额来看，2005 年的均值为 57 628.70 万元，2015 年这一数值提升到 100 459.60 万元，增加了 74.32%；总的来看，企业在研究机构和高校研发活动中的投入由 2005 年的 76 352.30 万元，增加到了 2015 年的 122 246.03 万元。但是，如果从先进制造业的技术水平提升的角度来看，一体化运作机制仍然还需要完善，产业向高端升级的实际效果仍需加强。

表3.5　中国2005年和2015年产学研合作情况对比（单位：万元）

地区	2005 年			2015 年		
	研究机构研发活动中的企业投入金额	高校研发活动中的企业投入金额	研究机构和高校研发活动中的企业投入	研究机构研发活动中的企业投入金额	高校研发活动中的企业投入金额	研究机构和高校研发活动中的企业投入
北京	137 015	291 558	428 573	150 103	448 191	598 294
天津	6 560	46 763	53 323	4 479	213 644	218 123

续表

地区	2005 年			2015 年		
	研究机构研发活动中的企业投入金额	高校研发活动中的企业投入金额	研究机构和高校研发活动中的企业投入	研究机构研发活动中的企业投入金额	高校研发活动中的企业投入金额	研究机构和高校研发活动中的企业投入
河北	87 778	33 594	121 372	549	34 442	34 991
山西	4 941	12 645	17 586	8 265	29 191	37 456
内蒙古	365	6 454	6 819	1 005	7 087	8 092
辽宁	18 510	117 556	136 066	36 176	204 051	240 227
吉林	4 170	37 477	41 647	4 010	33 574	37 584
黑龙江	1 174	62 687	63 861	1 579	171 298	172 877
上海	69 695	193 883	263 578	53 129	272 630	325 759
江苏	28 442	185 001	213 443	64 412	339 805	404 217
浙江	13 837	104 687	118 524	14 131	188 927	203 058
安徽	10 606	41 553	52 159	18 209	48 299	66 508
福建	6 583	7 817	14 400	7 317	30 865	38 182
江西	1 613	21 582	23 195	5 140	21 529	26 669
山东	20 370	43 173	63 543	16 178	90 528	106 706
河南	6 510	10 399	16 909	10 014	36 412	46 426
湖北	58 419	101 801	160 220	36 621	162 272	198 893
湖南	8 674	56 288	64 962	40 378	67 104	107 482
广东	36 831	56 405	93 236	40 097	123 720	163 817
广西	964	9 817	10 781	2 360	13 481	15 841
海南	136	52	188	3	1 524	1 527
重庆	4 721	34 964	39 685	7 446	64 021	71 467
四川	16 534	91 777	108 311	79 460	210 207	289 667
贵州	1 827	1 826	3 653	424	10 640	11 064
云南	390	7 213	7 603	17 655	17 113	34 768
陕西	9 750	134 141	143 891	23 199	146 917	170 116
甘肃	2 864	17 105	19 969	8 855	19 693	28 548
青海	32	45	77	1 942	969	2 911
宁夏	209	156	365	26	1 597	1 623
新疆	2 188	442	2 630	431	4 057	4 488
均值	18 723.60	57 628.70	76 352.30	21 786.43	100 459.60	122 246.03

资料来源:《中国科技统计年鉴》

总之,尽管这些年来,中国从各方面都做出了努力,并且也取得了一定的效果,但是在总体上仍然没有能从根本上实现先进制造业对产业升级的带动。主要原因可能有以下几个方面:其一,在经济发展总水平的限制下,虽然研发投入强度大,但是人均研发投入较低;其二,产学研合作仍然未取得实质性突破,科研成果转化率有待提高;其三,核心技术的形成需要时间积累。但这种情况也更加说明,技术创新是中国借助先进制造业实现产业升级、提升国际竞争力的必经之路。

3.4.3 品牌营造

通过先进制造业带动传统产业升级,品牌的营造和牵引通常是关键。只有当企业真正树立起品牌意识,才能不断向产业链高端方向前进,才有希望使其产业不断升级。从金融危机中众多沿海加工企业倒闭的教训和经验来看,"三来一补"[①]不能当成企业的解药,不打造出自己的品牌,低端加工企业将迟早面临淘汰。

国家已经意识到了品牌营造在先进制造业发展和传统产业升级中的重要作用。《中国制造 2025》中提出,提升质量控制技术,完善质量管理机制,夯实质量发展基础,优化质量发展环境,努力实现制造业质量大幅提升,鼓励企业追求卓越品质,形成具有自主知识产权的名牌产品,不断提升企业品牌价值和中国制造整体形象。之后,国家又相继出台了《促进装备制造业质量品牌提升专项行动指南》和《关于做好 2017 年工业质量品牌工作的通知》,这充分反映了国家对通过品牌营造实现先进制造业发展的重视。

表 3.6 列出了当前部分先进制造业的常见知名品牌,可以发现:首先,中国先进制造业中的很多品牌都不是本土自主品牌,而是起源于发达国家,如电工业中的 TCL-罗格朗品牌是广东 TCL 和法国罗格朗合作创立的,仪器仪表业的霍尼韦尔朗能是广东朗能电器与美国 Honeywell 公司合资创立的。另外,还有很多知名品牌其实是外国知名企业在中国设立的生产基地或者代理机构,如电工行业的 ABB 其实是瑞士品牌;计算机业中,苹果、戴尔是美国品牌;工业机器人业中,发那科是日本品牌,史陶比尔是瑞士品牌等。其次,先进制造业中缺乏全球顶级知名品牌。根据 2016 年《世界品牌 500 强》的排行榜,中国只有 36 个品牌上榜,而上榜的拥有自主知识产权的先进制造业品牌没有超过 10 个。这表明,虽然中国先进制造业中都有一些较知名的品牌,但是影响范围有限。可见,打造和营造中国先进制造业知名品牌任重而道远,技术创新、质量保障及文化环境都是先进品牌的产生、培养和发展所需的环境要素,只有打造先进制造业的知名品牌,才能进一步实现产业升级。

---

① 三来一补是"来料加工"、"来件装配"、"来样加工"和"补偿贸易"的简称。

表3.6 部分先进制造业常见知名品牌

编号	电工	仪器仪表	太阳能	计算机	家用电器	工业机器人
1	TCL-罗格朗	华立	格力	苹果	海尔	发那科
2	ABB	TCL-罗格朗	皇明	戴尔	美的	ABB
3	西蒙	三星电器	力诺瑞特	惠普	格力	库卡
4	西门子	西蒙	美的	宏碁	西门子	安川
5	松下	霍尼韦尔朗能	真心	华硕	海信	新松
6	霍尼韦尔朗能	奇胜	同方	联想	三星	史陶比尔
7	天基电气	正泰	欧特斯	神舟	松下	那智不二越
8	施耐德	日立	锦江	清华同方	创维	柯马
9	正泰	飞雕	米特拉	方正	TCL	埃夫特
10	飞雕	博世	同益	海尔	长虹	广州数控

编号	数控机床	无人机	生物制药	汽车	节能环保	工程机械
1	马扎克	大疆	同仁堂	上汽集团	金日	卡特彼勒
2	森精机	派诺特	云南白药	一汽集团	览讯	小松
3	沈阳机床	AEE	三九	东风汽车	菱电	三一重工
4	大连机床	零度智控	广州药业	北汽集团	良机	徐工
5	通快	中科遥感	哈药	长安汽车	BAC	中联重科
6	天田	极飞	修正	广汽集团	聚民	沃尔沃
7	大隈	易瓦特	太极	华晨汽车	国宁	广西柳工
8	济二机	艾特	九芝堂	长城汽车	台益	中国龙工
9	北一机	亿航	天士力	中国重汽	国佳	斗山
10	齐一	华科尔	扬子江	江淮汽车	方舟	山推

资料来源：参考中国品牌网相关资料整理

第 4 章　大数据发展背景下的产业升级

4.1　大数据的应用领域与发展现状

　　近年来，全球信息技术取得了迅猛发展，并逐渐渗透在经济、社会、生活多个领域。继以"机械化"为代表的第一次工业革命，"电气化"为代表的第二次工业革命，"信息化"为代表的第三次工业革命发展以来，工业 4.0 被广泛认为是第四次工业革命。本次工业革命的主要内涵是，在"智能工厂"使用"智能设备"，把"智能物料"生产为"智能产品"，全流程贯穿以"网络协同"，来达到生产效率的提升、生产周期的缩短和生产成本的降低。大批量定制是工业 4.0 的目标，智能制造是工业 4.0 的核心；物联网与云计算则是大规模定制与智能制造的基础，其核心是大数据与算法。大数据与算法将在制造业的研发、物流、生产、销售、服务五大环节持续重塑与变革，最终形成新的业态模式与新的制造型企业的价值创造体系。"十二五"以来，随着一系列政府激励政策的出台和国家大数据战略的加速落地，大数据行业将继续快速发展，在不远的将来，中国将成为全球数据中心，"大数据"时代已经到来。

　　制造业与新一代信息技术的深度融合带来了以数据为核心的第四次工业革命。真正的制造业智能化转型，要以数据为核心，将信息化和自动化整合，实现个性化、定制化、精细化的生产和服务。为此，国家也推出了一系列政策鼓励大数据发展，以推动传统制造业的转型升级。2016 年工业和信息化部发布的《大数据产业发展规划（2016—2020 年）》，进一步明确了促进中国大数据产业发展的重点任务和重大工程及保障措施。国家"十三五"规划强调网络强国战略、大数据战略、"互联网+"等，集中整合资源，推动科技创新与"大众创业、万众创新"的有机结合。"中国制造 2025"的推进，为深化改革开放和促进国家治理系统及治理能力的现代化提供了数字动力引擎。在企业产品的研发与创新过程中，由大数据驱动的企业与用户的交互成为企业推动新一代信息技术与实体经济深度融合的重要抓手。

4.1.1 大数据在传统制造业中的应用

本部分从大数据产业链和企业两个角度具体分析大数据如何驱动制造业转型。

1. 大数据产业链

整个大数据产业可细分为大数据服务、大数据技术和大数据应用三大方面。根据大数据企业形态可形成如图 4.1 所示的大数据产业链。

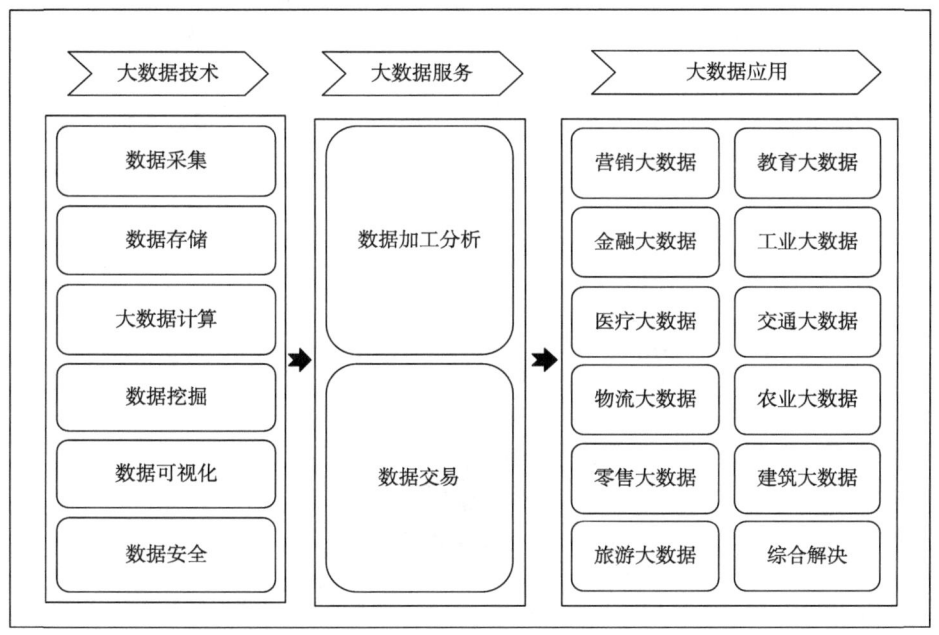

图 4.1 大数据产业链

其中第一类主要是大数据技术本身，形成了数据采集—数据存储—大数据计算—数据挖掘—数据可视化—数据安全的完整闭环；第二类是大数据服务，在获取数据后对数据进行加工分析、交易等；第三类是大数据应用，表现为大数据驱动传统产业管理模式和生产方式升级，使制造业向智能化、数字化和网络化发展，目前在多个行业已获广泛应用。总体而言，大数据技术是基础，在传统制造业转型过程中形成了大数据服务，从而作用于工业大数据。

2. 大数据企业分类

大数据企业众多，依据上节结论从数据采集—数据存储—大数据计算—数据挖掘—数据可视化—数据安全这条产业链梳理，可以将大数据企业市场分为如表 4.1 所示的三类。

表4.1 大数据企业市场分类

行业分类	说明
基础支撑企业（技术服务型）	以技术开发为主，提供与大数据处理相关的软硬件、解决方案及其他工具，代表企业如华为
数据服务企业（数据资源型）	指以大数据应用为主开展商业经营，基于自身大量高价值数据对外提供金融、生活、语音、旅游、健康和教育等多种服务，代表企业如腾讯
融合应用企业（应用服务型）	指在实际应用中产生大数据，并与行业资源相结合开展商业经营的企业，主要为客户提供云服务和数据服务，广泛对接各个行业，代表企业如北京明略昭辉科技有限公司

继计算机、互联网后，人类正在进入"大数据时代"。在现实中的诸多领域，大数据浪潮正在引致颠覆性创新，主要体现在以下几个行业，如图 4.2 所示。

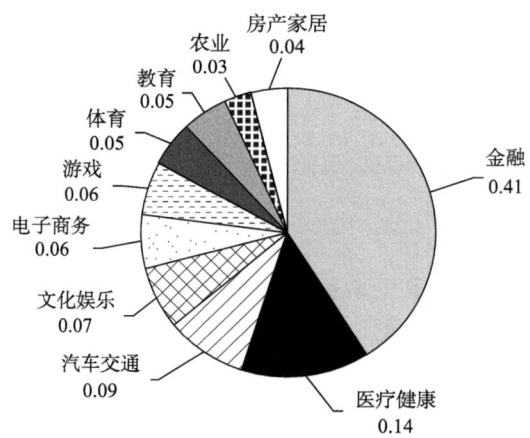

图 4.2 2017 年上半年行业投融资分布

资料来源：产业创新创投数据平台

综上所述，我们可以认为，以大数据技术为根本衍生的技术服务型企业是产业升级的基础，以大数据服务为根本衍生的数据资源型企业是产业升级的手段，而以大数据应用为根本衍生的应用服务型企业是产业升级具体的表现形式。大数据产业链对产业升级的过程影响是自内而外的链式效应，缺一不可。

4.1.2 大数据的国内发展现状与挑战

1. 大数据行业应用发展现状

2013 年以来,我国大数据产业保持迅猛发展趋势,技术创新连续取得阶段性突破,大数据产业体系初具雏形,主要表现在产业规模增长迅速、投融资势头迅猛方面。

1)产业规模增长迅速

如图 4.3 所示,2017 年我国包括大数据技术、大数据服务和大数据应用在内的市场份额超过 2600 亿元,增长了 49.05%。2016 年,工业和信息化部发布了《大数据产业发展规划(2016—2020 年)》,进一步明确了重点任务和重大工程及保障措施,促进了中国大数据产业的发展。中国的大数据产业从零起步,全国各地政府都高度重视。国家政策的不断出台,为推动大数据产业的快速发展提供了良好的外部环境。

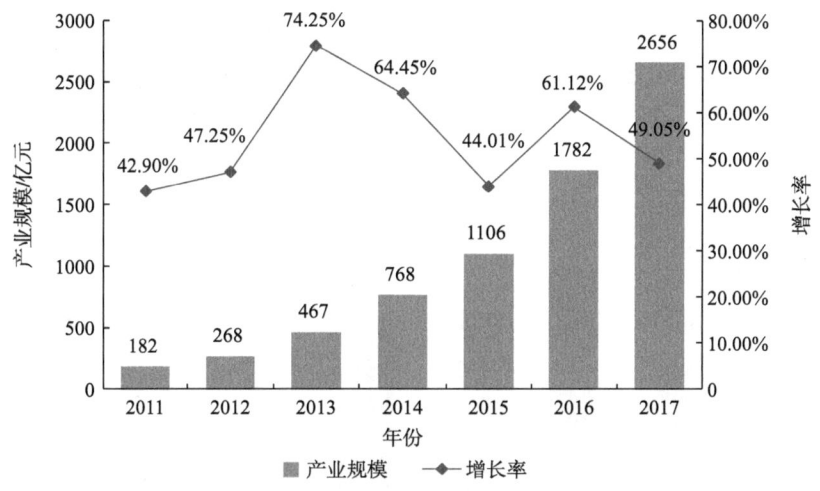

图 4.3 中国大数据 2011~2017 年产业市场规模
资料来源:产业创新创投数据平台

2)投融资势头迅猛

大数据创业的上升趋势刺激了国内大数据公司的"生产热情",也带来了国内资本市场对大数据的青睐。如图 4.4 所示,2012 年开始,大数据领域成功融资公司的数量逐年增加。2014 年进入快速增长期,增长率为 176.47%,自 2014 年以来一直在稳步增长。到 2016 年,接受融资的企业数量达到 221 家。据统计,截至

2017年8月初,大数据行业的183家公司获得融资,大数据行业继续受到资本市场的青睐。

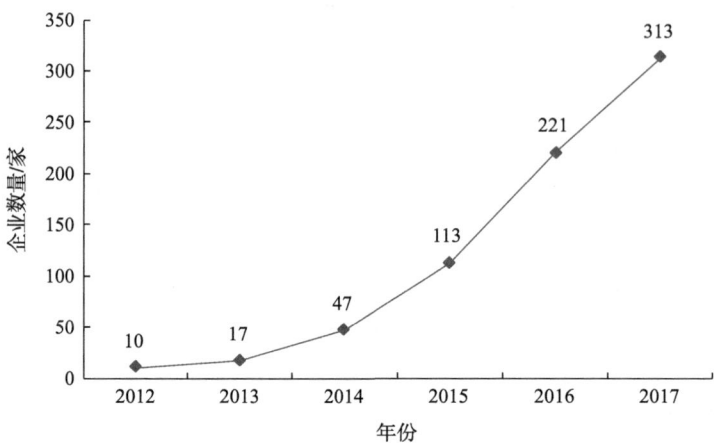

图 4.4　中国 2012~2017 年大数据投融资情况

资料来源:产业创新创投数据平台

2017年,全球范围内大数据创业公司频频发出融资消息,其中商业化服务支持初创公司 Confluent 获得 5000 万美元投资,数据管理公司 Collibra 的 C 轮融资额达 5000 万美元。图 4.5 为中国 2017 年上半年大数据投融资情况,投融资市场尤为活跃。

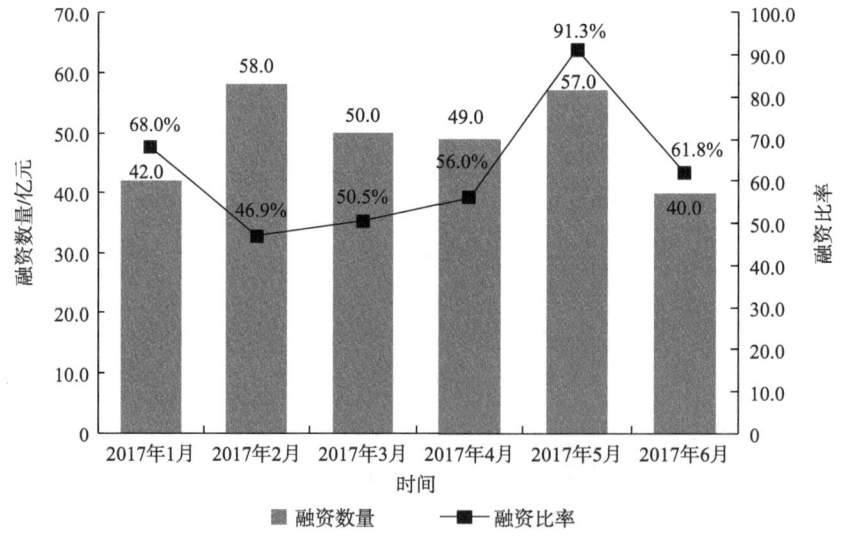

图 4.5　中国 2017 年上半年大数据投融资情况

资料来源:产业创新创投数据平台

另外，如图 4.6 所示，从专利申请数来看，2014 年以来中国大数据专利申请数量呈增长趋势。

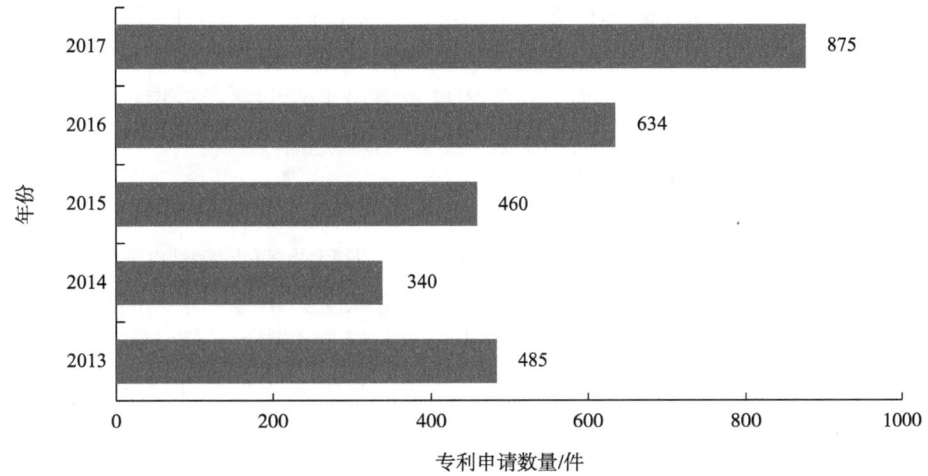

图 4.6　中国 2013~2017 年大数据专利申请数量

然而，大数据行业面临着人才缺乏问题，导致了大数据技术创新能力不足。相关数据显示，未来 3~5 年，中国需要约 180 万的数据人才，截至 2017 年 5 月中国大数据从业人员只有约 30 万人。此外，产品和解决方案还不成熟，这限制了大数据应用创新的有效性。如图 4.7 所示，目前中国大数据领域人才主要分布在移动互联网行业，而传统制造业领域的高端人才稀缺。

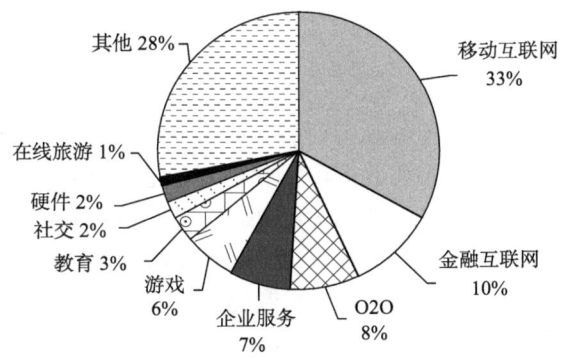

图 4.7　中国大数据领域人才分布

资料来源：华宇智能数据

2. 大数据产业的区域分布

北京、上海和广东等发达地区是我国大数据产业集群的主要分布地。这些发达地区存在着大量的互联网领导者、高端科技人才资源,以及有国家政策的支持,这一切为新一代信息技术产业发展奠定了良好的基础。此外,以贵州、重庆为核心的大数据产业覆盖圈逐步扩张。它们依靠政府对大数据产业发展的指导,积极引进核心人才和大数据企业,推动了区域经济的新发展。

3. 当今大数据行业所面临的挑战

虽然,现阶段中国的大数据产业快速发展,但目前行业发展良莠不齐,存在着数据开放程度较低、技术应用创新滞后、安全风险突出等一系列问题。

一方面,行业发展水平参差不齐,从本质上看,中国的大数据行业目前仍然刚刚起步,行业整体发展参差不齐;另一方面,我国大数据产业已经逐步与国际接轨,但还需要面对存在的不足,我国在市场上,由于国内大数据企业技术上的不足,用户更愿意选择 Google、IBM、Oracle、SAP 等国外的企业。

4.1.3 大数据的全球发展情况

近两年来,大数据发展浪潮席卷全球。随着整个社会的进步和信息技术的发展,信息系统在各个行业和领域迅速扩展。信息系统收集、处理和积累越来越多的数据,数据量的增长越来越快,因此"大规模""爆炸式增长"等词语无法再描述数据的增长速度。

1. 全球大数据市场规模

大数据以爆炸性的速度蔓延到各行各业。随着各国支持力度的继续加大,以及资本的支持和投入,全球的大数据市场保持了快速增长。

据统计,2011 年全球数据总量已达到 0.7 ZB(1 ZB 相当于 1 万亿 GB,0.7 ZB 相当于 7 亿个 1 TB 的移动硬盘),发展速度越来越快。2015 年,全球数据总量为 8.6 ZB。如图 4.8 所示,2013 年,全球大数据产业规模约为 145 亿美元,到 2017 年已达到 324 亿美元,年均增长率为 22.26%。数据显示,2014 年数据中心系统支出达到 1430 亿美元,比 2013 年增长 2.30%。2017 年,70%的大公司和 56%的中小企业已部署或计划部署与数据相关的大型项目和计划。

第 4 章 大数据发展背景下的产业升级

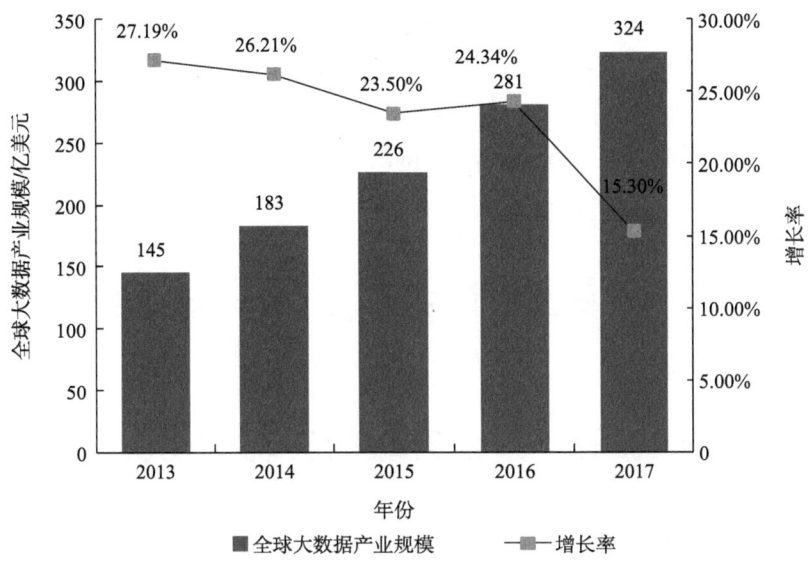

图 4.8 2013~2017 年全球大数据产业规模及其增长情况

2. 全球大数据市场结构及其应用领域

2017 年全球大数据市场总收入达 589 亿美元,相比于 2016 年,增加了 29.1%,2017 年全球大数据市场结构占比情况如图 4.9 所示。

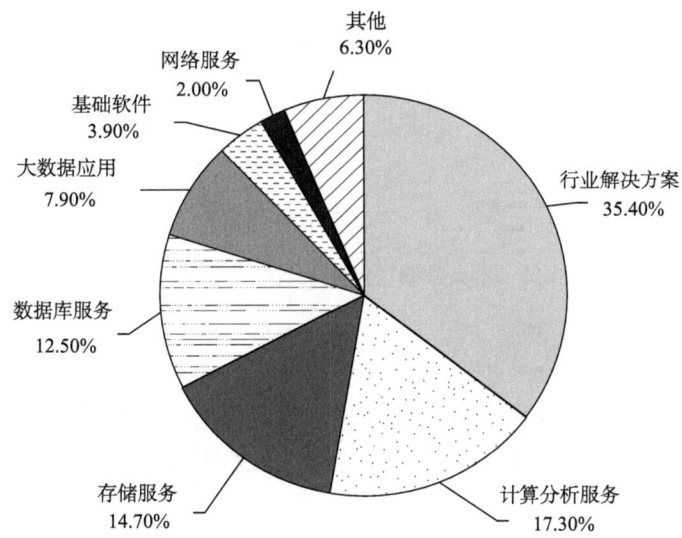

图 4.9 2017 年全球大数据市场结构占比情况

在当今的世界大数据市场中，市场份额排名最靠前的细分市场包括行业解决方案、计算分析服务、存储服务、数据库服务和大数据应用。

最近几年，受智能制造产业快速发展影响，大数据产业中软件得以快速发展，特别是企业生产管理、客户管理类软件得以爆发式增长。

4.2 大数据驱动产业升级的模式

4.2.1 大数据驱动产业升级的实现机理

1. "大数据"发展形成大数据产业链

大数据技术的应用使信息逐渐趋向产品化：平台可以广泛采集用户数据并进行使用，进而通过对大数据资源的分析和使用，形成大数据产业链。如图 4.10 所示，大数据产业横向推进产业结构拓展，纵向推动产业结构升级。

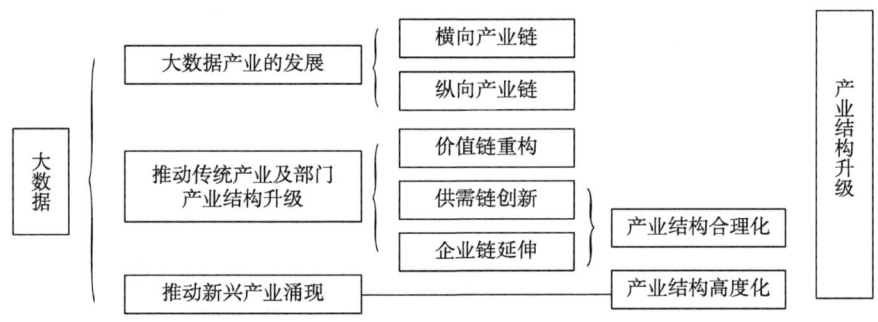

图 4.10 "大数据"促使大数据产业链的形成

1) 横向大数据产业链

横向大数据产业链对产业结构的影响路径为数据—信息—知识。其中，关键部分是数据的处理、分析和挖掘，核心部分是大数据的算法。目前一些企业和科研机构正在密切合作，围绕大数据技术进行一系列研发活动。

2) 纵向大数据产业链

海量数据的收集和存储是大数据的重要特征。物联网和移动互联网已经越来越成为硬件和系统层中的数据源。

2. 大数据带动传统产业转型，促进产业结构升级

1）推动传统产业的价值链重建

企业的价值是由每个活动环节的附加值创造的，信息传递是价值链中的关键一环。"大数据"能够以更低的成本和更高的效率传递，提高企业价值链的效率。

2）改变内部价值链模型。

新的商业模式为企业价值链带来了创新，改变了内部价值链模型。例如，百度将数据资源分离并集成到数据产品中将其打包出售。

这种内容价值链的改变一方面促进了传统行业的需求链创新。需求链的核心是获取客户服务需求信息。"大数据"的准确实时跟踪和实时分析处理功能使得需求链实现创新。通过分析和比较多个用户留下的数据，公司可以实时分析消费者的实际和潜在需求，并描绘准确的用户画像，以深入了解用户需求。另一方面带来了产业外部环境的改善。大数据技术的进步，改善和优化了外部环境，能够从根本上促进产业结构升级。

4.2.2 大数据驱动产业升级的实证分析

上文提到人工智能与大数据的融合效应，人工智能中大数据的应用使得制造业生产方式由传统的大规模标准化生产向定制化的 C2B 生产模式转变。大数据是 C2B 模式的核心，对人工智能产业升级有重要影响作用。本部分以人工智能产业为例，探究大数据如何作用于产业升级。

1. 数据来源与变量选择

本书选取了上海证券交易所和深圳证券交易所的人工智能概念股板块中 44 家上市公司，为保证所获取数据的完整性和可比性，选取的样本中剔除了 2011 年后首次公开发行的上市公司及各年份主要指标缺失的上市公司，最后依次筛选，选取人工智能概念股中 31 家上市公司 2010~2016 年非平衡面板数据作为样本，其中个别年份数据缺失或成长效率为负数的数据予以剔除。把选取的 31 家人工智能上市企业 2010~2016 年数据带入 C2R[①]模型，由 C2R 模型得到的效率值为综合效率值。

1）DEA（data envelopment analysis，数据包络分析）变量选择

在投入指标变量方面，一般包括研发经费、资产状况、人力投入等方面。其中，研发经费选取企业内部研发投入作为指标，所需原始数据来自上海证券交易

---

① C2R 即 Charnes、Cooper、Rhodes 三位运筹学家的名字首字母简写。

所和深圳证券交易所上市公司历年年报。资产状况上，为剔除企业规模影响，本书选取净资产作为反映企业规模大小的二级测度指标。本书所需原始数据来自上海证券交易所和深圳证券交易所上市公司历年年报。人力投入是指企业在指定统计年度内的企业技术人员数。

在产出变量方面，一般选取的指标包括创新产出效率和创新产出能力两方面。本书选用代表企业产出效率指标的营业利润和营业收入来衡量企业产出效率，所需原始数据来自上海证券交易所和深圳证券交易所上市公司历年年报。此外，专利数量上本书选取企业每年新增专利批准数，即新产出专利，数据来自"专利探索者"网站，由课题组整理而得。投入产出指标单位及符号见表4.2。

表4.2 投入产出指标表

变量	名称	单位	符号
投入指标	研发投入	万元	RD
	净资产	万元	NA
	企业技术人员数	人	SKILL
产出指标	营业收入	万元	OR
	营业利润	万元	OP
	新产出专利	个	NP

基于主成分分析选取的投入产出变量之间的相关系数见表4.3，投入产出变量两两之间在1%的水平上显著，说明投入能够直接明显地影响产出，综上，本书样本数符合DEA使用的经验要求。

表4.3 基于主成分分析选取的投入产出变量相关系数

投入指标	产出指标		
	营业收入（OR）	营业利润（OP）	新产出专利（NP）
研发投入（RD）	0.571***	0.759***	0.731***
净资产（NA）	0.595***	0.595***	0.791***
企业技术人员数（SKILL）	0.618***	0.555***	0.837***

***表示在1%水平上显著

2）Tobit变量选择

为了验证大数据对人工智能产业升级的影响，在信息技术投资对企业绩效的回归模型中加入股权集中度（CRI）、负债权益比率（DR）、人均产值（PCP）作为自变量。基于DEA效率测量模型，将每个企业的技术创新效率（TE）值用作因变量。在Husman测试之后，选择固定效应模型。ε是误差项，假设其预期值为零，没有序列相关性，但可能具有异方差性。建立回归模型如下：

$$TE = \mu_1 ITS + \mu_2 CRI^2 + \mu_3 CRI + \mu_4 DR + \mu_5 PCP + \varepsilon$$

具体指标选择及假设如下。

信息技术投资（ITS）：即大数据投入指标。根据前文理论分析，数据是影响人工智能企业管理服务质量的重要影响因素，而信息技术投资是企业获取数据的重要投入。因此，出于数据获取考虑，采用硬件投资作为信息化指标。为消除企业规模之间差别，选择企业电子设备年末投资额/企业资产总额作为衡量指标。所需原始数据来自上海证券交易所和深圳证券交易所上市公司历年年报"电子设备"子项，缺失电子设备的用"专用设备"子项代替。提出假设一：假定人工智能企业信息技术投资与企业绩效呈正相关关系。

股权集中度（CRI）：选取第一大股东持股比例反映股权集中度，所需原始数据来自上海证券交易所和深圳证券交易所上市公司历年年报中股东情况。

负债权益比率（DR）：选取负债权益率作为衡量企业自身融资能力的指标，所需原始数据来自上海证券交易所和深圳证券交易所上市公司历年年报中合并资产负债表。

人均产值（PCP）：选取营业总收入除以员工总人数的比值——人均产值作为指标，反映了企业投入的劳动力对产值的贡献程度，所需原始数据来自上海证券交易所和深圳证券交易所上市公司历年年报。

3）回归分析及结果

运用 MaxDEA 软件计算各企业效率并比较分析，求得企业综合效率。

2. Tobit 回归实证检验和结果分析

根据设定的 Tobit 模型和利用 DEA 测得的技术创新效率指数（TE）分别对 31 家人工智能上市企业 2010~2016 年的相关影响因素进行回归分析。运用 Stata 软件对上述 Tobit 模型进行回归，分析结果如表 4.4 所示。

表4.4　回归结果

被解释变量	指标	模型 1	模型 2	模型 3
信息技术投资	ITS	3.908 8*	5.154 8***	5.303 8***
股权集中度	CRI	−0.403 2	1.853 8*	1.915 7*
股权集中度^2	CRI^2		−3.524 2*	−3.605 1*
负债权益比率	DR	0.036 9	0.015 8	
人均产值	PCP	0.000 000 081***	0.000 000 079***	0.000 000 082***
常数项	constant	0.596 7***	0.298 5*	0.292 8**

***、**、*分别表示在 1%、5%、10%水平上显著

由此可知，大数据对人工智能产业升级具有显著正相关关系，说明企业对大数据的投资越高，相应获得的绩效也越高。企业信息技术投资的增加，有利于数据的实时采集、准确把握、深度挖掘、分析优化，可以提高企业绩效。由此可知，

信息技术投资对人工智能企业创新绩效有重要影响作用。人工智能企业应加大信息技术相关投资，应用好大数据技术，从而促进自己的创新能力升级。

4.3 大数据推进工业 4.0 发展的路径

4.3.1 基于大数据的价值体系升级路径

1. 制造业构建大数据价值体系的意义

随着数字技术的不断发展，传统制造业信息化应用水平不断提升，制造业大数据价值链体系也应运而生。构建制造业大数据价值链体系在引领数字技术发展、提高制造业国际竞争力、实现经济可持续发展方面具有重要意义。

1) 构建大数据价值链体系是实现经济可持续发展的需要

近年来，随着城市人口数量不断激增，传统资源驱动型发展模式导致的环境污染、资源短缺等问题日益突出。为了破解资源环境约束的发展困局，大数据价值链体系应运而生。大数据价值链体系综合了物联网技术、云计算技术等最新信息技术，能够有效降低传统发展模式的信息成本。

2) 构建大数据价值链体系是数字技术发展的需要

当前，全球数字技术正影响着中国经济的发展方向。大数据价值链体系能够实现对传统制造业全产业链条的精细化管理。

3) 构建大数据价值链体系是提高"中国制造"国际竞争力的战略选择

一方面，大数据价值链体系将极大地带动包括物联网、云计算在内的战略性新兴产业的发展；另一方面，大数据价值链体系对医疗、交通等领域的发展也具有明显的带动作用。因此，构建大数据价值链体系对中国制造业转型升级具有长远又重大的战略意义。

2. 工业 4.0 下的大数据价值体系

大数据是工业 4.0 的核心部分，它为工业 4.0 提供了必要的软件技术支持。工业 4.0 的终极目标是提高生产效率和生产的灵活性，但由于生产的复杂性和复杂生产带来的极其困难的管理，现代生产要求每一步都配有传感器，并通过标准协议相互通信。此时，企业生产必须依赖覆盖整个产品生命周期的新软件系统，协调海量数据流。图 4.11 展示了工业 4.0 下的大数据价值体系-CPS 的 5C[①]架构下的升级路径。

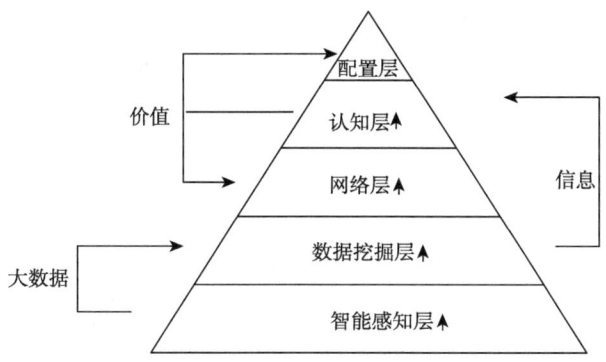

图 4.11 工业 4.0 下的大数据价值体系-CPS 的 5C 架构下的升级路径

1）智能感知层：将沉默的数据唤醒，即尽可能存储仪器设备整个生命周期及全球价值链的相关数据信息，或按信息分析需求和活动目标有选择性地、有侧重地进行数据采集；解决设备独立感知与信息孤岛的禁锢，建立协调的大数据环境。

2）数据挖掘层：从数据到信息的分析，即从对数据的横向挖掘，即采集、提取、分析、评估、预测到信息的可视化、内容化与智能化。

3）网络层：网络化数据管理，即对网络化数据的横向处理；实体虚拟模型即对实体数据的切片化管理、实体与信息的对称管理、集群分析与大数据挖掘。

4）认知层：对信息的识别和决策，即通过对人与价值活动进行信息识别与决策，提供多平台远程可视化信息管理、虚拟模型的智能仿真与推理及决策的协同化分析。

5）配置层：系统的弹性和重构，即基于外界变化与价值目标，系统根据状态偏差进行自我调节，具备自我配置的弹性系统以及对抗扰动的动态优化配置。

4.3.2 基于数字经济的升级路径

1. 数字经济的概念与内涵

1995 年数字经济学之父唐·泰普斯科特在《数据时代的经济学：对网络智能时代机遇和风险的再思考》一书中首次提出"数字经济"的概念。并且，泰普斯科特前瞻性地提出了数字经济时代下，各行业链条数字化升级路线，如开发设计数字化、实施流程数字化、营销手段数字化、售后服务数字化等产品全生命周期

---

① "5C"是总经理能力模型，包括变革（change）、骨干（cadreman）、客户（customer）、考核（check）、文化（culture），通过这五个方面来描述总经理的能力构成及所处的量级。

数字化过程。在此基础上,美国学者尼葛洛庞帝通过研究互联网与经济发展间的关系,提出"在数字经济时代,信息化、数字化技术造就了新的生存方式",数字化已经贯穿人类生活、生产制造的各个领域,全球正面临着数字化革命。图4.12展示了数字经济卫星账户的总体概念框架。

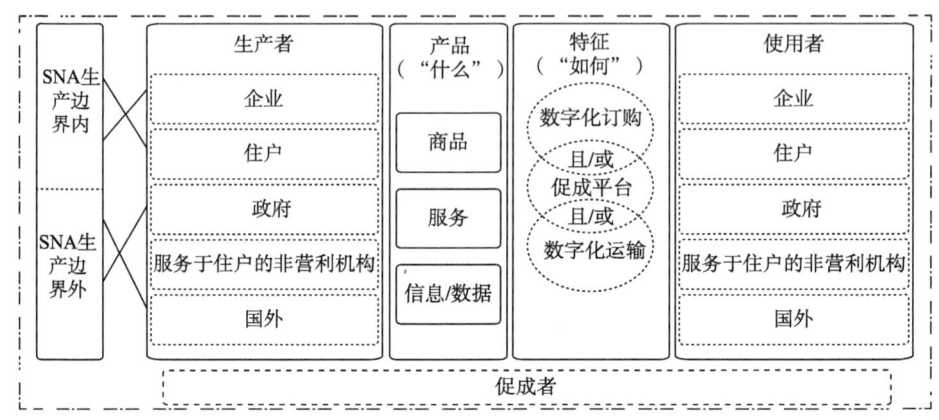

图 4.12　数字经济卫星账户的总体概念框架
资料来源:文献[97]
SNA 全称为 system of national accounts,中文含义为国民核算体系

近年来,随着互联网与智能手机的快速发展普及,数字经济发展也进入了快轨道,迎来了数字经济发展的黄金时代。全球范围内因大数据技术的快速渗透,大数据库、云计算等数据处理技术与经济社会发展越来越密切,由此催生了众多数字化新兴产业。2016 年在杭州举办了 G20 峰会,二十国集团领导人共同签署了《二十国集团数字经济发展与合作倡议》(以下简称《倡议》),《倡议》中将数字经济界定为"以使用数字化的知识和信息作为关键生产要素、以现代信息网络作为重要载体、以信息通信技术的有效使用作为效率提升和经济结构优化的重要推动力的一系列经济活动"。

诚然,日渐成熟的互联网技术极大地助力了数字经济,使其形成了新的经济形态,但数字经济又不局限于互联网技术范畴,其内涵更为丰富和全面。

第一,数字经济是继农业与工业经济之后的一种新经济社会发展形态,为中国实现经济高质量发展转变提供了重要动力引擎。马化腾等[98]认为数字经济将会对人类经济社会形成产生深远影响。

第二,数字经济不仅仅是工具和技术的表现,更是网络层面的基础设施。特别是,与城市交通运输、电力等基础设施一样,数字经济以数字化、网络化技术为基石,借助大数据技术全面搭建新经济时代的基础建设。

第三,数字经济塑造了新的"技术范式",作为一种全人类通用的新的技术经济,数字经济与电力技术一样将成为推动人类发展进程的重要生产投入要素,由此形成新的生产方式和商业模式。可见,中国产业数字化、企业数字化必然成为带动中国制造实现全球价值链攀升的重要驱动力。

2. 数字经济驱动中国制造业转型升级的实现路径

目前,中国制造业进入转型升级动力转换的关键时刻,数字经济作为新的经济发展形态、基础设施及技术范式,为传统制造业转型升级与"中国制造"提升国际竞争力提供有力支撑。结合现有研究,笔者认为数字经济带动传统制造业转型升级的实现路径分为三个阶段,分别为依靠大数据技术实现数字化;搭建数字化平台,处理大数据;共享数字信息,实现数字经济制造模式,如图4.13所示。

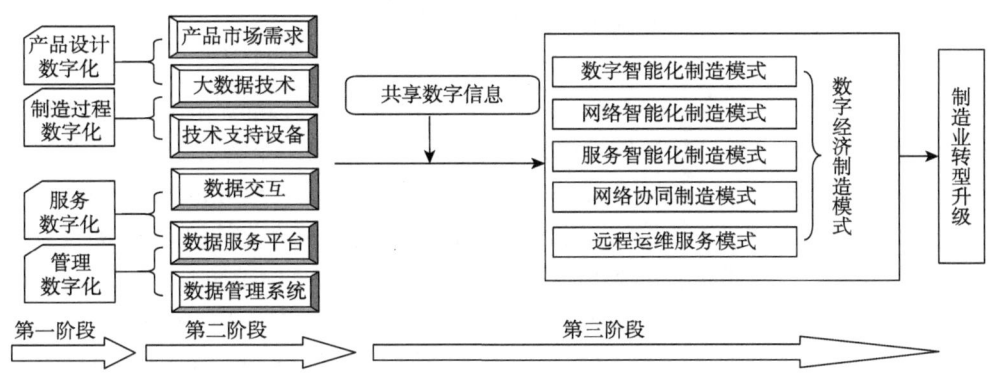

图4.13 数字经济内外环境信息共享驱动传统制造业转型升级作用机理

1)第一阶段:依靠大数据技术实现数字化

目前,大数据技术广泛应用于医疗、能源、通信、零售等各种行业,并取得了丰硕的成果。近几年来,国内大数据产业规模加速扩大,大数据投融资持续升温,大数据应用领域不断丰富。未来的大数据应用中,产业集聚将进一步向特色化发展,创新驱动将是产业发展主基调,这也将加速大数据融合应用进程,为做大做强数字竞技、带动传统产业的转型和升级起到巨大作用。

从行业的实践角度看,目前只有部分行业能运用大数据进行分析和利用分析结果做出决策。这些行业通过对大数据的广泛深入应用推动了行业的发展和进步。但是对于Hadoop、数据可视化工具或是非结构化数据库等门槛较高的技术,却只有少数企业能够进行深入的数据分析。图4.14列举了部分工业大数据技术的应用平台。

图 4.14　工业大数据技术举例

资料来源：文献[39]

（1）NET Core 技术。NET Core 是适用于 Windows、Linux 和 Mac OS 操作系统的免费、开源托管的计算机软件框架，是微软开发的第一个官方版本。其核心功能除了基本的类库之外，也包含采用 Ryu JIT 编译的运行平台 Core CLR、编译器平台——NET Compiler Platform、采用 AOT 编译技术运行最优化的包 Core RT（NET Core Runtime），以及跨平台的 MSIL 编译器 LLILC（LLVM-based MSIL Compiler）等项目。目前使用较多的版本为 2.0、2.1、2.2。其中，ASP.NET Core MVC 框架是轻量级、开元、高度可测试的演示框架，且已对 ASP.NET Core 进行了优化。ASP.NET MVC 提供了一种基于模式的方法，用于生成能够彻底分开管理事务的动态网站。

（2）Python。Python 集成了 C、C++等开发语言，并且拥有大量的 Web 框架，可以用于网站建设。另外，Python 是解释型语言，相较于编译型语言更加容易理解，可以通过简单的脚本处理海量的数据。作为一门高级语言，Python 有着大量的第三方库，通过利用这些库，Python 在进行大数据分析与挖掘上有明显的优势。Python 的数据分析模块如下：①Numpy 高效处理数据，提供数组支持，众多模块依赖它实现，如 Pandas、Scipy、Matplotlib，该模块是一系列数据处理软件的基础，因此必须先安装 Numpy；②Pandas 主要用于进行数据的采集与分析；③Scipy 主要进行数值计算，同时支持矩阵运算，并提供了很多高级数据处理功能，如微积分、微分方程等；④Matplotlib 作图模块，结合其他数据分析模块，解决可视化问题；⑤Gensim 主要用于文本挖掘。

此外,除上述数据分析技术外,还有一些专业性、个性化数据分析软件,Sklearn 用于机器学习，Keras 用于深度学习。

2）第二阶段：搭建数字化平台，处理大数据

制造企业平台化是数字经济驱动传统制造业转型升级的另一重要阶段。数字经济平台化主要以生产组织方式平台化为代表，数字化为制造业、生产性服务业及消

费者提供了面对面交流的平台,各方数字经济参与者都能够借助数字化平台提供服务或满足其需求[99]。中国企业搭建数字化平台已是大势所趋,一批大中型企业已率先通过"数据交互、数据服务、数据管理"的企业数字化平台推动变革了传统生产方式,为"中国制造"抢占先机,从而加快了我国制造业转型升级进程。图 4.15 展示了 Predix 平台的服务模式。

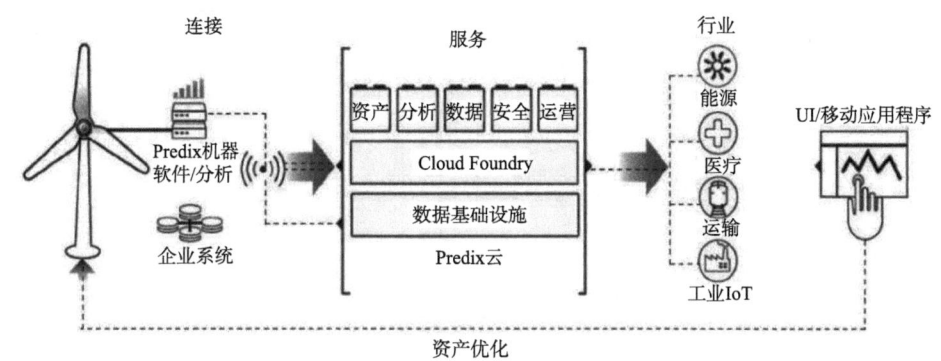

图 4.15　Predix 平台 MRO 5.0

资料来源:文献[100]

IoT 全称为 internet of things,中文含义是物联网;UI 全称为 user interface,中文含义是用户界面

3)第三阶段:共享数字信息,实现数字经济制造模式

近年来,数字经济逐渐迎来高速发展的黄金时期,传统的单打独斗的制造业模式在残酷的市场竞争中逐渐被淘汰,取而代之的是产业间、行业间、企业间数字信息共享的"共生式"互利共赢的生产模式。图 4.16 为数字经济下的产品制造示意图,从图中可以看出数字经济制造模式能够整合产品、工艺、项目、配置、生产、订单、材料及服务环节的相关数据,缔结形成"设计协同、制造协同及服务合作"的伙伴关系,借助大数据技术共享产品信息,实现生产制造过程智能化与协调化。特别是,对于生产规模相对较小的中小微制造企业而言,数字经济制造模式可以解决中小企业融资难、设备陈旧等问题,通过共享与利益分成等方式,大中型企业为中小企业提供大额投资及设备,不仅提高了设备利用率,更带动了中小企业的快速发展。

此外,数字经济制造模式与传统制造模式另一重要区别在于:大数据、智能制造、物联网等新兴技术与生产模式实现了多利益相关者的共同决策,取代了传统制造模式中心决策的组织结构。这种"去核化"的企业组织形式能够更加基于客户个性化需求进行产品制造与提供相关服务,如海尔提出的"人单合一",不但激活了企业内外部资源,也变革了传统制造低效率的管理模式,带动相关企业实现协同升级、互利共赢,进而促进全行业的转型升级。

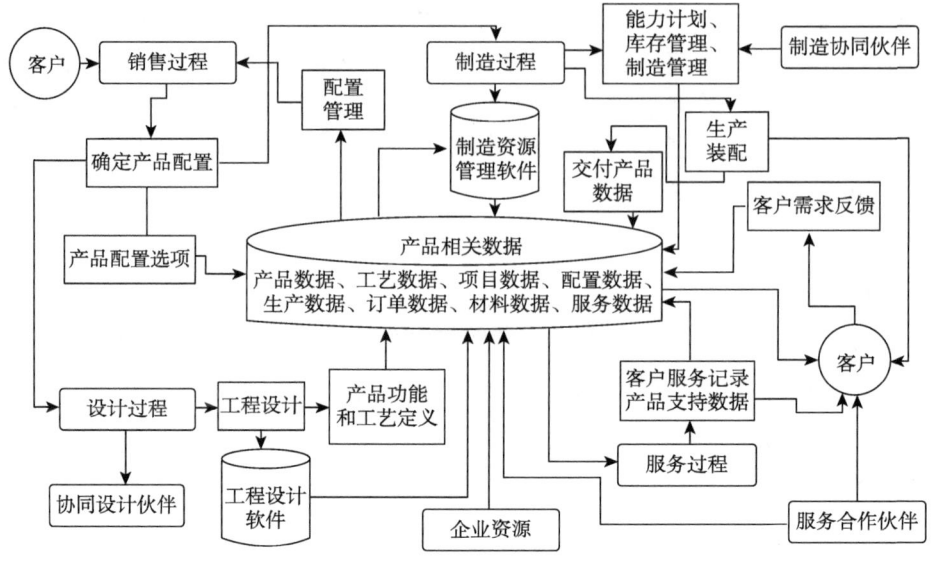

图 4.16 数字经济下的产品制造示意图

4.3.3 基于产业数字化转型的升级路径

近年来,大数据已经逐渐渗透至人类生活的各个方面,随着通信业、金融业、医疗业等陆续成为大数据时代重要的产业成员,传统制造业数字化转型升级也迫在眉睫。结合前文数字经济驱动传统制造业升级机理,能够进一步勾画出传统制造业数字化升级路径,具体可分为:数据驱动、能力构建及思维双元三种路径,如图 4.17 所示。

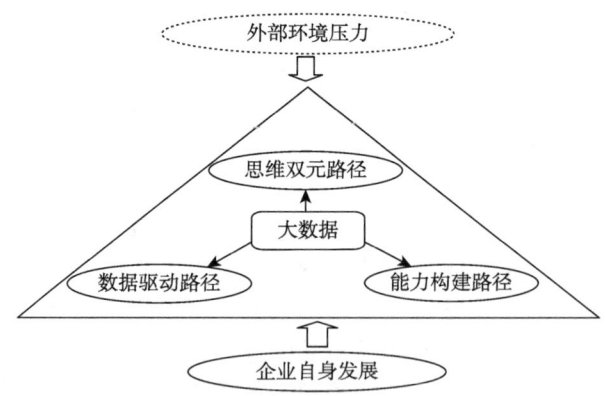

图 4.17 大数据驱动传统产业转型升级路径

资料来源:文献[101]

1. 数据驱动路径

目前，大数据科学及技术成为社会关注的热点，并在许多领域取得应用。随着工业 4.0 时代的到来，大数据在传统工业生产中的应用也得到越来越多的关注。基于数据的工业决策有利于提高工业生产效率。工业大数据除具有一般大数据所具有的"4 个 V"（volume 表示数据规模巨大、velocity 表示数据流转快速、variety 表示数据类型多样、value 表示价值密度低）的特点以外，还具有时序性、强关联性、准确性、闭环性等特征。正是由于工业大数据具有以上特征，因而工业大数据作为大数据的一个应用行业，在具有广阔应用前景的同时，也给传统的数据管理技术与数据分析技术带来了巨大的挑战。

鉴于前文所述，课题组认为数据驱动路径作用机理主要包括三个方面。

第一，大数据的出现使得数据价值得到了前所未有的重视，为各行各业的发展带来了巨大的机遇。通过大量数据的收集、整理和分析，创造巨大价值的信息和知识，并在此基础上发现新的知识，以此获取新的价值。例如，由大数据衍生的数据可视化技术的出现和发展，可以在图形的基础上帮助人们寻找数据之间的隐性关系和规律。

第二，大数据提供了与传统简单浅层的方法和模型相比更为复杂深层次的模型，这也意味着人类发明创造在互联网技术、智能技术等方面已取得巨大成功，也带动了网络制造、智能制造、服务型制造等先进制造模式的快速发展。

第三，大数据使消费者参与到产品制造环节，制造业数字化使基于市场需求的生产成为可能，也带动越来越多的生产性服务业与制造业深度融合，实现了产业间的信息共享。这些依靠数字化升级的新兴生产方式促使传统制造模式发生质的改变，企业组织内外的技术壁垒、知识壁垒被逐渐瓦解打破，最终实现传统制造业数字化升级。

2. 能力构建路径

依据动态能力理论，产业只有具备足够的变革旧的产业结构与生产方式的能力时，才能从本质上实现产业升级。当前，随着大数据技术的迅猛发展，中国制造若要凭借大数据获得国际竞争优势，就必须提高大数据应用能力。因此，以能力构建路径驱动传统产业升级的作用机制主要体现在以下两个方面。

一方面，大规模数据资源蕴含着巨大的社会和商业价值，对企业生产决策等产生巨大的影响。因而，对信息与知识的感知是关系传统产业升级的重要影响因素。感知获取作为企业探寻外界信息的首要环节，不仅关系到企业能否及时洞察外界市场环境的变化，更与企业内部信息分析处理密切相关。特别是，在传统制造业数字化升级过程中，企业获取到越来越多的信息资源，数字化建设逐渐完善，提升对数字信息的感知能力有利于企业适应不断变化的市场环境,加快传统制造业数字化进程。

另一方面,强大的数据分析能力可以促进传统制造业数字化升级。大数据体量巨大的特点对数据分析与计算能力的要求较高。以云计算为例:数字化企业在生产经营过程中需要处理与应用大量的数据,云计算技术能够为企业提供相应的存储空间和计算工具,从而在浩瀚的数据海洋中提取有价值的信息,而企业利用这些有效信息完成知识等管理系统的建立并维持其正常运行,图4.18展示了管理信息系统云化模式。各行业类型的企业差异巨大,云计算具有多种计算模式和庞大的计算资源,可有效为制造企业提供科学合理的处理方法。可见,传统制造企业只有不断提高其数据分析能力才能在数字经济时代开辟新市场、获得竞争优势。

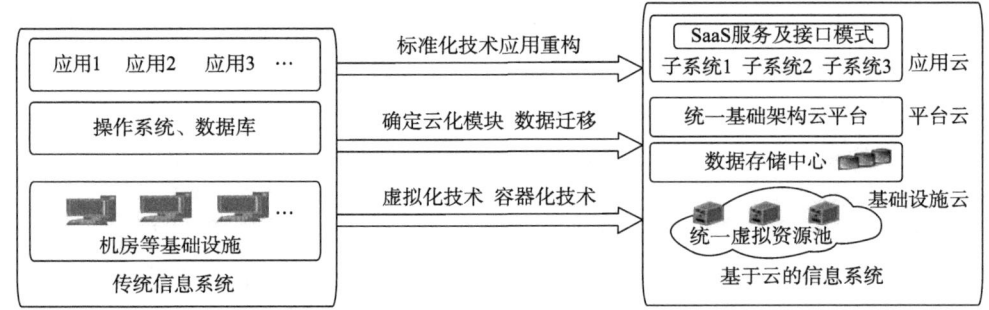

图4.18 管理信息系统云化模式

资料来源:文献[102]

SaaS 即 software as a service,中文含义为软件即服务

3. 思维双元路径

创新理论认为,两个彼此相互独立、互不影响的创新活动即为双元性创新。进一步地,企业挖掘新知识、新技术与利用这些知识和技术进行创新的行为,从某种程度上即为企业的双元路径创新。对于传统制造业数字化升级而言,在数字化转型过程中存在自身数据价值挖掘和外界数据探索开发两种大数据思维。

第一,自身数据价值挖掘。传统制造业自身数据价值挖掘主要是指,制造企业利用自身所在领域的知识与技术资源,采取平稳、低风险的创新活动以提高企业自身创新效率。从本质上来看,传统制造业进行创新活动最主要的动力源泉来自其对自身数据价值的挖掘利用。在大数据时代下,数字经济为传统制造业提供数字化、智能化、网络化信息交换平台,制造企业在生产经营过程中能够接触、利用大量的数据资源,日积月累下的庞大数据库能够促进企业不断提升自我数据价值,进而对于企业优化更新产品、降低生产成本、完善管理方式等起到巨大的促进作用,图4.19展示了医学数据挖掘的具体过程。

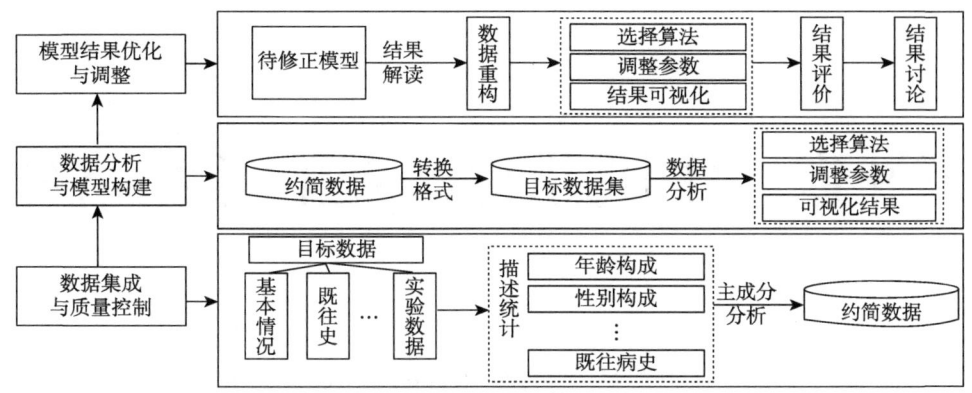

图 4.19 医学数据挖掘过程示意图

资料来源：文献[103]

第二，外界数据探索开发。传统制造业外界数据探索开发主要是指，制造企业按照自身所需有目标、有方向性地利用外部知识与技术资源改善、更新自身的数据信息，以实现提升企业自身创新能力的目的。这种数据开发方式能够为传统制造企业带来新的商机和盈利点，但同时企业也需要应对更大的挑战与风险。特别是，数字经济正进入发展的黄金期，国与国之间的竞争越来越激烈，行业间的挤压也趋于白热，如何更有效地开发外界数据资源并为己用就成为企业制胜的关键因素之一。因此，传统制造业必须紧跟数字经济的发展步伐，以探索性思维开发利用数据资源、搭建自身数据平台，加快其数字化转型进程。

综上，传统产业数字化转型升级过程中，不能仅靠自身数据价值挖掘或外界数据探索开发完成企业数字化、智能化升级，而是要两种创新思维结合并行，才能充分把握与应对大数据带来的商机与挑战。

第 5 章　中国芯片产业的升级路径

5.1　中国芯片产业的现状与问题

5.1.1　芯片产业发展历程

1. 全球芯片产业发展史

《2017—2022 年中国芯片行业市场需求与投资规划分析报告》数据显示，2016 年全球芯片销售额达到 3435 亿美元，较 2015 年的 3349 亿美元增长 2.6%。

对于芯片制造来说，当前全球市场的同质化竞争不断加剧，个性化需求不断增多，通用芯片的附加值越来越低，高端价值增值环节已经向产品研发设计和运营、维护等转移，向服务型企业转化已经成为全球芯片制造业发展的趋势。

回顾全球芯片产业的发展历史，可以分为以下四个阶段。

（1）第一阶段：晶体管和集成电路诞生。1946 年，世界上第一台电子计算机在美国诞生；1947 年，美国贝尔实验室诞生了世界上第一个晶体管；1952 年，IBM 研制出第一款具有存储功能的商用计算器。

（2）第二阶段：集成电路被广泛应用。1960 年，贝尔实验室发展出磊晶技术，使得半导体工业获得了可以批量生产的能力，开始快速成长。

（3）第三阶段：个人计算机出现。1971 年，英特尔公司制造出世界上第一个微处理器。之后，半导体制造技术出现了大爆发，随着技术的发展，越来越复杂的工艺纷纷应用到半导体制造领域，大规模集成电路得到了较好的发展，这也奠定了半导体从商用进入民用的基础。1976 年，苹果公司推出世界上第一台民用计算机，从此计算机正式进入了民用时代。

（4）第四阶段：个人计算机得到普及。1981 年，IBM 发布世界上第一台型号名为 PC 的个人桌上型计算机；1984 年，IBM 推出更优化的个人计算机并采取了技术开放的策略，使得个人计算机开始风靡全球。在这之后，半导体行业基本就是围绕个人计算机进行延伸和发展，其中最重要的两个半导体器件就是内存和微处理器，这两种器件的不断技术升级和发展造就了今天个人计算机功能的更新迭代。

2. 中国芯片产业发展历程

从中国芯片产业的发展整体来看，与发达国家相比，相差了五到三十年的发展时间。无论是从封测、设计还是制造方面，都处于落后的地位。中国芯片产业的发展，大体来看经历了五个阶段。

（1）第一阶段：1956~1964年，分立器件发展阶段。1956年，中共中央提出"向科学进军"的口号，制订了《1956—1967年科学技术发展远景规划》，重点发展半导体、计算机、自动化和电子学。这一年也因此成为中国科学技术发展史上的最为关键的一年。1957年，中国科学院半导体研究所成功研制出第一根锗单晶，1959年，李志坚指导学生研制成功国内最早的锗高频晶体管，促成了我国晶体管计算机和晶体管收音机的诞生。1963年，中国制造出国产硅平面型晶体管，奠定了硅集成电路研究的基础。

（2）第二阶段：1965~1977年，国产芯片发展的初级阶段。1965年是中国集成电路的元年，这一年，中国研制出第一块半导体集成电路，在面积为1平方厘米的硅片内，集有7个晶体管、1个二极管、7个电阻和6个电容，这也是中国初期的集成电路，标志着中国芯片产业的诞生。在这之后，国家开始集中力量筹建专门从事集成电路的专业化工厂，负责国内大部分元器件的供应。

（3）第三阶段：1978~1989年，芯片产业全面复苏阶段。1978年，中国全面实施改革开放，中国也正式开始芯片产业生产加工的历程。在这一阶段，中国大力引进外资，中外合资的企业犹如雨后春笋般开始涌现。虽然在技术方面，中国的芯片产业还处于落后的阶段，但是由于国外的技术经验和先进设备的引入，中国的芯片产业得到了全面的复苏。

（4）第四阶段：1990~1999年，"908工程"[①]和"909工程"[②]阶段。"908工程"的主体企业是无锡华晶微电子有限公司，"909工程"的主体企业是上海华虹微电子有限公司（现为上海华虹（集团）有限公司）。华晶电子集团于1989年成立，1990年8月正式启动"908工程"，总投资为20亿元，目标是建立一条月产1.2万片的6英寸[③]芯片生产线。这条生产线前后一共花费了7年时间才建成投产，但是由于经营不善的原因，1999年工厂和上海华虹微电子有限公司合并，转制成为公司。1997年7月，由上海华虹微电子有限公司与日本NEC公司合资

---

① "908工程"是我国在20世纪90年代"八五"期间实施的发展微电子产业的重点工程。
② 1996年3月，国家对建设大规模集成电路芯片生产线的项目正式批复立项，这就是业界俗称的"909工程"。
③ 1英寸=2.54厘米。

组建的上海华虹 NEC 电子有限公司成立,总投资为 12 亿元,主要承担"909 工程"超大规模集成电路芯片生产项目建设。在这两个工程的实施阶段,中国的芯片产业加速了与外资的合作,大力推动了晶圆厂的建设和发展。

(5)第五阶段:2000 年至今,芯片产业大发展阶段。2000 年 6 月 24 日,国务院发布了《鼓励软件产业和集成电路产业发展的若干政策》,掀起了中国芯片产业发展的又一个浪潮。2000 年以来,英特尔、海力士等厂商纷纷进入中国芯片市场,给中国芯片产业的发展带来了先进的技术、设备和管理经验,使得中国芯片产业的研发和设计得到了极大发展,在短短几年的时间之内,中国的集成电路设计公司就达数百家,中国芯片产业的发展也逐渐步入了正轨。

5.1.2 国内外芯片产业的发展现状

1. 国内发展现状

芯片产业是信息产业的核心,是所有整机设备的心脏,同时也是国家的"工业粮食"。随着芯片技术的不断发展,芯片已经渗透到几乎所有的工业部门,成为当今世界上发展最为迅速、竞争最为激烈的产业。自从国务院颁布《鼓励软件产业和集成电路产业发展的若干政策》以来,中国芯片产业得到了空前的发展。目前,中国芯片已经发展为一个完整的产业,整个产业结构包括芯片的设计、制造、封装和测试。同时中国芯片的发展与发达国家之间的差距在逐步缩小,生产的芯片按照使用用途可以区分为专用芯片和通用芯片两种(具体分类详见图 5.1)。在专用芯片的门类之下,中国目前可以生产消费类电子芯片、通用设备芯片、汽车电子芯片和工业电子芯片等;在通用芯片的门类之下,中国目前可以生产移动处理芯片、PC 处理器芯片、存储器芯片和 FPGA(field programmable gate array,现场可编程门阵列)芯片等。

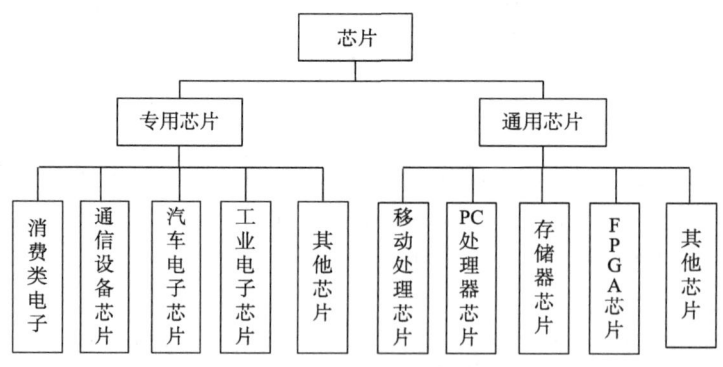

图 5.1 中国生产的芯片种类

从生产总值规模来看,近几年中国的芯片产业产值逐年递增,从 2014~2018 年,基本上每年能够保持两位数的增长率, 2018 年的中国芯片产业产值比 2014 年翻一番,中国 2014~2018 年芯片产业产值变化见表 5.1。

表5.1 中国2014~2018年芯片产业产值变化

年份	产值/亿元	同比增长
2014	2998	19.47%
2015	3610	20.41%
2016	4336	20.11%
2017	5176	19.37%
2018	6460	24.81%

资料来源:《中国芯片产业深度分析报告》

从产业结构构成来看(表 5.2),芯片产业主要由芯片的封测、制造和设计三个环节构成。中国的芯片制造、设计和封测三个环节中,制造占的比重相对较低,与世界范围内芯片发展水平的封测、制造和设计的比例(3:4:3)相比,颇失均衡。从近几年的数据对比来看,中国芯片设计在 2016 年所占的比重首次超过了芯片封测,封测比重逐年递减,设计环节比重逐年递增,表明中国芯片产业的自主设计能力正逐步增强。

表5.2 中国芯片产业结构变化

年份	封测	制造	设计
2014	41.33%	23.75%	34.92%
2015	38.34%	24.96%	36.70%
2016	36.08%	25.99%	37.93%
2017	34.39%	26.85%	38.76%
2018	32.72%	28.48%	38.80%

资料来源:《中国芯片产业深度分析报告》

从销售额角度来看(表 5.3),中国芯片产业的年销售额在逐年递增,全球市场的占有率也在随之不断增长,从统计数据显示的结果来看,中国芯片产业的销售额从 2010 年的 1280 亿美元,增长到 2017 年的 2130 亿美元。相信在 2025 年之前,中国芯片产业的销售额将会突破 3000 亿美元的大关。

表5.3 中国芯片产业年销售额

年份	年销售额/亿美元
2010	1280
2011	1320
2012	1360

续表

年份	年销售额/亿美元
2013	1450
2014	1610
2015	1770
2016	1940
2017	2130
2018	2200

资料来源:《中国芯片产业深度分析报告》

近年来,为了鼓励芯片产业的发展,政府也积极在芯片产业给予资金支持。根据表5.4中国地方政府芯片产业投资情况统计数据,2013年北京投入300亿元,用于投资集成电路设计、制造、封装、测试、核心设备等关键环节;2017年安徽省投入300亿元,重点投资集成电路晶圆制造、设计、封测、装备材料等全产业领域。其他各地方政府的投资情况统计如表5.4所示。在如此大规模的投资影响下,中国芯片产业发展的环境正逐步改善,从2000年到2018年,中国芯片的专利数量增长了23倍,跃居芯片专利申请第一大国。另外,国内的芯片龙头企业也建立起了中国高端芯片联盟,期待形成产业协同的效应。

表5.4 中国地方政府芯片产业投资情况统计

地区	时间	投资规模/元
北京	2013年12月	300亿
天津	2014年2月	每年2亿
安徽	2014年11月	2.5亿
深圳	2015年10月	200亿
上海	2016年1月	500亿
厦门	2016年3月	160亿
无锡	2017年1月	200亿
昆山	2017年2月	100亿
安徽	2017年5月	300亿

资料来源:课题组根据公开资料整理

2. 国外发展现状

目前全球芯片产业的发展非常有前景,根据世界贸易组织发布的数据,2017年全球半导体市场销售额为4122亿美元,同比增长21.6%。三星、英特尔和海力士位居芯片生产企业的前三名,美光、高通、博通、德州仪器、东芝、西部数据和欧洲恩智浦分别位列四至十位。除此之外,2017年共有18家企业在芯片领域的研发投入超过了10亿美元,英特尔、高通和博通是研发投入榜上前三位。

在市场规模方面,2016年美国的芯片市场销售额为655亿美元,同比减少了

4.7%；日本的芯片市场销售额为 323 亿美元，同比增加了 3.8%；欧洲的芯片市场销售额为 327 亿美元，同比减少了 4.5%；亚洲的芯片市场销售额为 2084 亿美元，同比增长了 3.6%。2017 年美国的芯片市场规模为 885 亿美元，占全球芯片市场规模的 21.5%；欧洲的芯片市场规模为 383 亿美元，占全球芯片市场规模的 9.3%；日本的芯片市场规模为 366 亿美元，占全球芯片市场规模的 8.9%；亚洲的芯片市场规模为 2488 亿美元，占全球芯片市场规模的 60.4%。纵观全球芯片生产链，包括了设计、制造、封装、测试等多个环节。

在设计软件领域，国际市场上，美国的铿腾电子科技、明导国际、新思科技，微捷码，澳大利亚的 Altium 公司，日本图研株式会社等几家公司几乎垄断了这一领域的芯片设计软件，其中美国的这四家公司软件市场销售份额占到了 70%，反观中国的芯片设计软件，市场占有率不足 10%。

在指令集体系领域，中国芯片的生产缺乏高效的指令集体系，没有高端的运行操作系统，然而在发达国家，英国 ARM 公司等却拥有简单指令集的技术，美国英特尔公司拥有复杂指令集的技术。除此之外，英特尔、ARM 公司等设计出来的指令集几乎在世界范围内的智能手机、电脑和一些其他服务器设备上得到了应用，中国在这一领域不占有一席之地。

在芯片设计领域，全球著名的芯片设计公司如高通、博通、三星、东芝等，其中三星和高通近几年的市场占有率呈直线上升的趋势，两家的市场销售额占据了全部市场销售额的 10%左右。而中国的芯片设计公司没有进入全球十强的行列，相比较国内其他芯片设计公司来讲市场销售额较好的是华为和展讯通信（上海）有限公司。

在制造设备领域，国际市场上的芯片领域的制造设备主要由美国应材、科林研发、科磊，荷兰 ASML 和日本迪恩仕等公司提供，一共供给了世界市场份额的 80%以上。中国的半导体制造厂商，如北京七星华创精密电子科技有限责任公司、中国电子科技集团有限公司生产的设备主要在中国市场上进行销售，主要应用在军工领域，始终无法打开国际市场。

在圆晶代工领域，三星、英特尔等可以集芯片设计、制造、封装和测试等环节于一身，可以依靠企业自己的力量实现整个芯片产业链生产，有的甚至拥有下游的整机环节。而中国的芯片生产企业目前还没有这样的能力，暂时只能负责整个芯片产业链的某些环节。

在封装测试领域，英特尔、AMD 等芯片厂商的内部具有封测部门和配套企业。另外，在封测领域，中国的企业正在积极地对国外企业进行并购，这种趋势表明中国在这一领域有望尽快赶超世界平均水平，截至 2015 年，中国企业在封测领域的占比已经超过了 20%。

5.1.3 中国芯片产业发展存在的问题

1. 自主能力薄弱

中国是世界上最大的电视机生产国,然而从电视机的组成芯片来看,中国国产芯片所占的比例不足3%,核心处理芯片都是从国外进口的,这样一来电视机销售之后所得的高额利润基本上都被这些进口芯片企业所获得,中国本土的制造企业只能分一小部分的羹,赚取小额的生产加工费。究其原因,就是中国芯片制造的核心技术不强,自主能力薄弱,缺乏自主知识产权,中国芯片发展受制于人。目前来看,中国在芯片领域内的核心技术水平与发达国家相比要落后十年到十五年的时间,尽管芯片的产业规模在不断扩大,但是实力提升幅度缓慢。中国的芯片自主能力提不上来,在芯片设计和芯片制造方面的竞争力就会大打折扣,从而无法提升芯片的附加值。所以,中国的芯片产业目前首先要提升的就是自主能力,掌握芯片核心技术,突破技术瓶颈。

2. 芯片自给率不足

虽然中国芯片产业的规模在不断扩大,但是与之对应的芯片自给率却不容乐观,尽管中国芯片产业每年的芯片自给率在逐年增长,但是增长幅度相对较小,虽然2016年自给率首次突破了10%,但是从2017年的统计结果来看,依旧也只是停留在11%的水平,整体来看,中国芯片的自给率水平低。数据显示,2012年中国年均手机生产量为11.8亿部,计算机产量为3.5亿台,这两项数据排名世界第一,因此中国也成为近几年全球最大的芯片需求国,每年在电子产品方面消耗的芯片总量占据着全球较高的比重,但是由于芯片自给率的严重不足,中国芯片产业的发展一直受制于发达国家,为此《中国制造2025》明确提出到2025年中国芯片自给率达到50%。2010~2019年中国芯片产业自给率如表5.5所示。

表5.5 中国芯片产业自给率

年份	自给率
2010	4.5%
2011	6.1%
2012	7.2%
2013	8.2%
2014	8.9%
2015	9.6%
2016	10.4%
2017	11.2%
2018	12.6%

资料来源:课题组根据公开资料整理

3. 光通信领域，高端芯片仍需突破

光模块从应用领域要分为接入网和数传网两大类，二者芯片方案不同，封装也大相径庭。光模块内主要采用的芯片有微控制单元、光电二极管、半导体激光器、激光器芯片、密集型光波复用芯片等。目前国内芯片企业生产的光通信芯片产品主要有分布反馈激光器、垂直腔面发射激光器、光电二极管等。南京美辰微电子有限公司及厦门优迅高速芯片有限公司则在 TIA（trans-impedance amplifier，跨阻放大器）、LA（limiting amplifier，限幅放大器）、LD（laser driver，激光驱动器）领域实现大规模量产。中国芯片企业在光通信领域内的国际竞争对手主要有商升特等。虽然国内的光通信芯片自给率尚可，但在一些高端领域，国产芯片方案仍待突破。

5.1.4　工业 4.0 与芯片产业升级

工业 4.0 的时代就意味着智能化时代的到来，具有三个方面的要素：智能工厂、智能产品和智能服务。智能工厂是三个要素中最为重要的，它体现了精益化的生产流程，包括自动化设计、车间在无人操控的条件下可以自动化工作等；智能产品意味着产品具有"智能"的特点，如它可以根据人的指令执行对应的操作；智能服务意味着客户与厂商之间沟通效率得到提高。工业 1.0 代表机械化、工业 2.0 代表电气化、工业 3.0 代表自动化、工业 4.0 代表智能化。从工业 1.0 到工业 4.0，生产效率得到了逐步提高。

为什么会有工业 4.0？工业 4.0 不是人类自己研究出来的，而是市场的发展和需求决定了必须要进行工业 4.0。在网络化、信息化的市场环境中，要想提高生产效率，就必须寻求一种方法来实现大规模定制，而工业 4.0 恰恰可以实现这种大规模的生产与销售，并且这种方式还极具个性化和灵活性。

随着 5G 技术的快速发展，芯片产业开始步入工业 4.0 的时代。对于芯片产业而言，工业 4.0 就意味着芯片设计复杂度的提升和设计形态的转变，制造者的角色也相应发生改变，由传统意义上的芯片提供商转变为"服务+智能"的系统供应商，生产目标由原来的芯片制造转变为提供更加智能的新一代芯片产品。工业 4.0 的发展不仅要求芯片生产技术提高，更重要的是要求芯片产业人才的专业技能提高，在工业 4.0 的发展潮流面前，中国芯片产业缺乏技术领域的人才，芯片的智能化发展也缺少针对人才培训的教育投入。

芯片产业的发展与工业 4.0 的理念相结合，将会呈现出如下的特点。

（1）对比工业 3.0 和工业 2.0，工业 4.0 的生产方式更有效率。例如，在工业

3.0 的生产条件下,各个生产环节的运作是相互独立的,当整个生产线出现问题时,管理者需要从初始环节一步一步进行问题的排查,找到问题点之后需要停止全部的生产流程,待问题解决之后,生产线才能够重新运转。相比之下,工业 4.0 就显得省时和省力,只需要通过一个终端输入数据,然后分析数据,就可以直接排查到问题出现在哪里,并且直接能够通过数据分析提供解决方案,大大提升了管理者的工作效率,甚至可以实现无管理化。

(2)工业 4.0 代表了机器学习,而机器的学习技术使得芯片的生产更加符合设计的需要,复杂环节的生产可以由机器智能进行处理,提高精密化程度。管理者能够通过机器学习识别出正确的生产方法,同时,在机器学习面前,芯片生产过程中的业务需求也能够一并解决,并且可以通过机器学习的方式进一步优化决策和生产工序,甚至可以模拟生产车间。

(3)工业 4.0 是一种融合大数据的生产模式,包括产品的投入数据、设备的管理数据、车间的生产数据、市场的销售数据、客户的服务数据等,这些数据都被储存在云计算平台。工业 4.0 能够实现不同设备之间的数据收集和分析,产品的设计更加灵活和富有柔性。另外,大数据的管理方式大大提高了网络安全性,防止了高精尖技术的泄露。

芯片产业融入工业 4.0 之后的预期效果:①生产力大大提高;②税收增长(工厂对设备的需求增加,市场上消费者对产品的需求增加);③智能化操作系统将会取代传统的重复性工作的工人,同时对技术领域人才的需求会加大,为实现生产过程的自动化和智能化,芯片领域的投资会加大。

实现智能制造和智能工厂是工业 4.0 的两大目标。中国芯片产业的发展需要紧跟工业 4.0 的发展潮流,努力践行中国版的"制造 2025",在技术层面上寻找弯道超越的机会,实现后发制人。

5.2 工业 4.0 视角下的中国芯片产业升级路径

5.2.1 工业 4.0 与数字化升级

当前阶段的中国已经进入了新的发展时期,发展的重点是实现科学发展,转变经济增长方式,要依靠科技的力量驱动创新发展战略。纵观世界的格局,发达国家纷纷推出"再工业化"战略,高端制造业呈现出回流的趋势,目的是抢占新一轮的产业竞争制高点和争夺产业发展的主动权。中国的制造业发展面临着后起国家的奋起直追和发达国家制造业回流的双重压力。美国有经济学家认为，互联网技术和制造业的结合，将引发新的工业革命，人工智能领域的飞速发展开创了"互联网+制造业"的模式，将会带动整个制造业的升级换代。芯片产业属于制造业领域的一个范畴，现阶段资源、环境、能源和市场条件等因素制约着中国制造业的发展，这些因素同样也约束着中国芯片产业的发展。与发达国家芯片的发展程度相比，中国芯片产业发展的突出问题有以下三个方面：一是自主创新能力不强，核心技术对外依存度较高；二是质量无法与发达国家生产出来的芯片相抗衡；三是有市场竞争力的芯片企业太少，缺乏市场占有率。尽管存在着以上三个大方面的问题，但是随着中国信息化与工业化的发展，中国会逐渐在制造业数字化方面掌握核心技术，会逐渐建立起强大的数字化技术基础，人才队伍建设的不断完善会源源不断地提供创新力量。

数字化之路可以带动芯片产业升级。对于很多传统产业来讲，"数字化转型"俨然成为当下大势所趋。然而数字化转型对于企业来讲并不容易，它需要企业重塑架构，改变传统的业务支撑模式，更需要人员技能满足转型之后的业务需要。对于中国的芯片生产企业而言，这种数字化转型的需求不单单表现在基础业务的稳定上，还表现在业务发展的IT需求和数字技术的融合上。数字经济展现出来的蓬勃活力，正在给中国芯片产业的发展带来机遇，大数据和人工智能的发展正逐步体现出云计算给客户服务带来的巨大价值，技术创新和行业需求的融合将带动整个芯片产业的数字化转型。

数字化变革是所有中国芯片企业需要面临的挑战。如何从大数据中分析出产品的研发方向、市场的需求及业务发展的部署，是企业进行数字化升级时需要考虑的重点。拿英特尔公司举例，英特尔公司在芯片的存储能力和计算能力方面具有强大的优势，而这两者正是大数据的本质特征和基础。英特尔公司利用这些优势在大数据落地方面不断拓展业务，在综合自身能力的基础上为客户提供应用层面的解决方案，也表明了英特尔公司在大数据领域的技术升级能力。除此之外，英特尔公司也为京东无人便利店提供了硬件和软件的服务支持，利用消费者的行为数据进行分析，为无人店内产品的更新迭代提供了有力的依据。可以说，英特尔公司是芯片领域内进行数字化变革的先驱，到目前为止，英特尔公司已经在人工智能、自动驾驶等领域进行了数字化转型，这种数字化转型的结果也使得英特尔现在不单单是芯片生产商，它更是大数据时代的转型服务提供商。大数据和云计算将是下一轮的产业转型爆发点，对于产业升级和实体经济的发展起着高效催化剂的作用，中国的芯片产业可以利用二者进行升级。

5.2.2 工业 4.0 与智能化升级

德国工业 4.0 被认为是制造业的信息智能化，是智能机器和设备之间的更高层次的通信，在工业 4.0 时代，机器将更加的智能化。从某种意义上来说，工业 4.0 时代就是智能制造的时代，机器与机器之间通过智能控制系统传达指令，进行运作，全程不需要人工参与。这种智能制造的想法开拓了制造业发展的新河，推动了制造业的智能化转型升级。

对比德国工业 4.0 的战略，中国制造业同样可以利用互联网来推动智能化发展。李克强指出："推进'互联网+'来拓展'智能+'，把它和医疗、教育、政务服务等结合起来，推动数字经济、共享经济向前发展，既快又健康。当然，对如何推动发展，既要符合发展规律，又尽量不要让传统思维限制了我们的想象力。"[①]这意味着现阶段"互联网+"已经升级成为"智能+"，为各产业的智能化升级提供了强有力的助推。目前中国已经在智能教育、人工智能、智能城市等方面进行了实践，在医疗、教育和城市管理等方面也都有涉足。在智能制造的领域，联想已经建立起完善的大数据和人工智能平台，用来优化产品设计、用户经营和业务决策，同时还将其广泛用于生产制造环节，将企业内部的价值链变得智能化，提升了运营效率。"发展智能产业，拓展智能生活"是政府关于智能制造方面提出的口号和执行的目标，要用"智能+"来大力改造和提升传统产业，要让"智能+"成为传统企业转型升级的有效途径。从实践的效果来看，人工智能和医疗行业的结合解决了挂号难、就医体验差等问题；人工智能和城市管理的结合提高了政府的服务效率；人工智能和教育行业的结合提升了学生的学习效率，可以通过人工智能迅速解决学习过程中遇到的难题与困惑。因此，我们有理由相信，在不远的将来，将芯片的设计、制造、封装、测试等环节实现智能化，将大大提升芯片从原型设计到产成品产出的效率，甚至有希望完全利用智能化机器实现芯片的定制，更加切合客户的需求，提升客户的服务体验。

从"互联网+"到"智能+"的转变，标志着消费升级到产业升级的转变，标志着从需求侧变革到供给侧变革的转变，中国的芯片企业如果能够大力实行智能化升级，那么中国的芯片产业在宏观上就会呈现出较大的产业影响力，继而会提升中国芯片的综合竞争力和促进产业升级。

---

① 《李克强总理会见采访两会的中外记者并回答提问》，http://www.gov.cn/guowuyuan/2018-03/21/content_5276056.htm#2[2021-09-22]。

5.2.3 工业 4.0 与网络化升级

网络化升级就意味着中国的芯片企业要通过信息技术网络加强国家间的交流与合作。如果没有国际交流与合作,单凭一己之力,中国的芯片企业很难走出国门,走向世界,且由于技术方面的劣势,生产出来的芯片产品也可能没有市场,容易造成产品积压和产能过剩,长此以往,这样的企业就会被市场所淘汰。而利用信息网络,积极地与国外先进芯片生产厂商进行人才交流和技术引进,则会大大增强芯片产品的技术和制造能力,取人所长补己之短,只有不断寻求产品技术和质量方面的进步,才会使得生产出来的芯片被市场认可。

除此之外,网络化升级还意味着企业可以通过信息网络实现芯片产品的生产分工,企业的生产方式可以由原来的一条线生产,分割为异地同时代工生产,这样一来可以大大提升生产效率,同时生产分工的专业化也能提升产品生产的熟练程度与专业程度。因此,网络化升级可以实现企业的资源优化配置。企业进行网络化升级还有一个好处就是数据安全的保密性得到了提高,将所有的生产数据存放到云平台中,然后设置安全密钥,可以增加数据的机密性和完整性,不易泄露。即使数据被窃取,也能利用云计算的特点及时地追踪回来。

网络化升级还将带来的一个好处是,通过网络平台可以将各个数据中心进行统一调度,形成强大的基础平台,然后通过网络化可以实现对各个数据中心的监控,在大数据分析的基础上,智能化地分析出各个中心的数据特点,据此分析出未来的业务发展方向。

然而现阶段来看,中国芯片企业的互联网平台建立最突出的问题就是技术基础薄弱。在信息网络技术方面,软硬件和知识产权依然需要从发达国家的企业购买获取,在云平台的建立水平上较为简单化,在功能方面也比较传统,缺少灵动性。除此之外,如果和德国工业 4.0 的进程相比,目前中国大部分芯片企业尚且处于工业 2.0 的阶段,很难依靠网络平台短时间内与国际接轨。另外还有一点,在信息技术领域,中国的芯片企业缺乏专业的技术人才,在大数据和云计算领域难以形成资源汇聚效应。

第 6 章　智能制造推动传统产业升级的路径

6.1　智能制造的内涵及现状

6.1.1　智能制造在制造业升级中的重要性

制造业发展是个不断升级的过程。工业 2.0 时期，大规模流水线作业生产方式盛行，20 世纪 70 年代开始的工业 3.0 持续对工厂流水线进行自动化改造和信息化的产业升级，将自动化技术和信息技术集成到大规模生产中，大大降低了大规模工业生产中可能出现的各种质量问题。此外，由于信息技术融入工业生产，成本可以得到精确控制。然而，在工业 3.0 时代处理了质量和成本这两个主要问题后，它催生了一个新问题——生产缺乏灵活性。由于完成生产的机械设备等硬件投资增加，只要市场需求和产品类型产生变化，需要更换硬件时成本就会十分高昂。"刚性自动化"难以适应越来越短的产品生命周期。因此，工业 4.0 时代，制造业厂商普遍面临着满足个性化需求的高效用（高成本）定制和大规模标准化生产低效用（低成本）之间的两难状态，以往的大规模流水线生产已经不再适应顾客不断提高的多样化的要求[104]。制造业升级中应用智能制造的初步目的是使所有状态信息都是实时响应的，所有决策都是适当和及时的，所有个性化要求都得到充分满足，所有产品都是高质量、都有高附加值，所有制造过程都高效安全，所有设备维护都具有前瞻性和预测性，所有业务运营都是高利润、低成本、绿色环保等[105]。

第6章 智能制造推动传统产业升级的路径

制造业是国家经济发展中的支柱产业，对经济的增长和转型有很大影响。改革开放以来，中国凭借丰富又廉价的劳动力资源优势，逐渐成为拥有"世界工厂"之称的制造业第一大国。但由于人口红利、成本优势、规模优势、制度优势的逐渐丧失和发达国家的核心技术垄断加强，制造业陷入了"低端锁定""大而不强"的尴尬局面。随着互联网、大数据、人工智能等技术的成熟，传统制造业呈现出明显的智能化趋势[106]。近年来中国经济的发展，整体呈现出两面性特征：一是代表数字经济的互联网快速发展，二是代表实体经济的制造业呈现出一定程度的疲态。在经济发展面临多重挑战的背景下，智能制造业的发展不仅是中国产业转型升级的突破口，也是重塑竞争优势的新引擎[107]。

经过改革开放以来的快速发展，中国的智能制造业已经发展到一定程度，并在大量核心技术上取得了突破。但是，与欧美发达国家的智能制造业相比，国内智能制造业在自主创新方面存在明显的不足。关键技术和核心组成部分依赖进口，外部依赖性很高，如数控机床和工业机器人。数控系统的进口率为90%，提高企业自主创新能力势在必行。但是，作为自主创新的主体，企业必须加强自主创新能力，否则将陷入"追赶"的怪圈。要全面提升智能制造业的自主创新能力，有必要了解国内企业当前的技术水平和技术创新效率，了解影响技术创新效率的关键影响因素，以设计有效的激励机制。

针对制造业升级面临的问题，智能制造是未来全球制造业变革的重要方向，已经成为发达国家产业升级的焦点，世界主要发达国家相继出台以先进制造业为核心的"再工业化"国家战略。智能制造也是中国将工业化与信息化深度融合，实施构建制造强国的战略举措。目前，中国的智能制造正处于发展的初级阶段[108]，经过几十年的快速发展，虽然在某些领域取得了核心技术的突破，但其中大部分仍处于起步阶段。面对世界制造业转型浪潮并结合我国现实情况，2015年国务院发布了《中国制造2025》，强调以"智能制造"为发展核心，实现产业优化升级，促使我国实现由制造大国向制造强国转型，2016年工业和信息化部、财政部联合发布了《智能制造发展规划（2016—2020年）》。传统制造向智能制造发展的过程中体现了信息感知、优化决策、执行控制等特征，必须多方面协同操作，同时也受到诸多因素的共同影响[109]。如图6.1所示，近年来第三产业比重大幅上升，并逐渐超过第二产业比重。因此，如何提高智能制造产业创新效率，构建一套科学且实用的技术创新绩效评价方法提高智能制造产业技术创新绩效对于更好地促进信息化与工业化的两化融合，推动传统制造业智能化转型升级具有重要意义，并成为目前研究的重点。

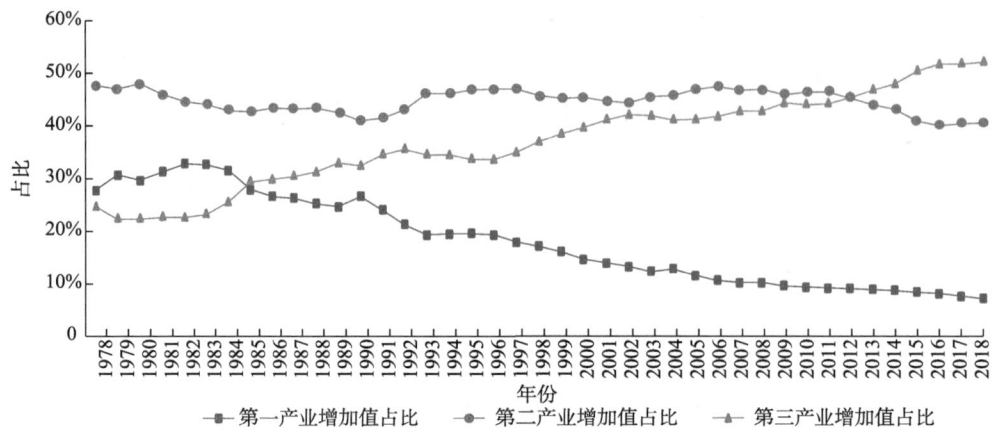

图 6.1　1978~2018 年三次产业结构变动情况
资料来源：国家统计局《中国统计年鉴》

6.1.2　传统制造业升级中智能制造的类型

1. 智能制造分立系统

智能制造是由贯穿企业内部的将数据的流动和复用最大化的以信息为中心的系统构成的。今日的制造型企业是由各个分立的部分构成的。这些分立系统在产品、生产及商业数据方面的交换、理解和开发方面的能力对于信息标准是很关键的，如图 6.2 所示。

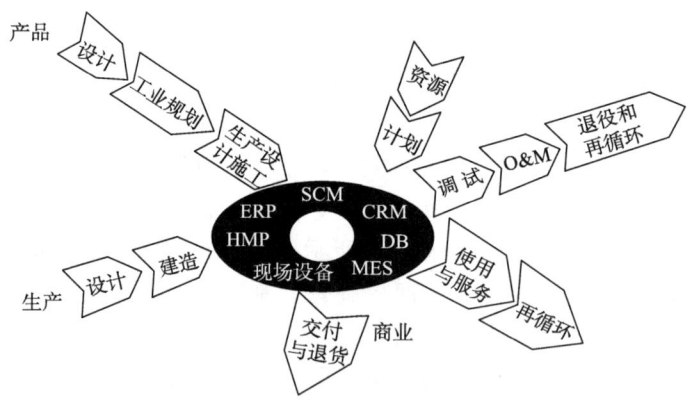

图 6.2　制造业升级中智能制造分立系统

DB 全称为 digital bionic，中文含义为数字仿生；SCM 全称为 supply chain management，中文含义为供应链管理；CRM 全称为 customer relationship management，中文含义为客户关系管理；O&M 全称为 operation and maintenance，中文含义为运行和维护；HMP 全称为 high management planning，中文含义为高速管理计划

从模块化角度考虑,智能制造总体分为四大板块,即智能设计、智能生产、智能管理、智能制造。

从生产流程角度出发,智能制造可以分为表6.1中所列的五个方面。

表6.1 智能制造按生产流程分类

序号	分类	内容
1	产品智能化	智能手机、无人驾驶
2	设备智能化	设备自动感知—分析—推理—决策—学习;达到生产过程高级自动化、精密化、绿色化
3	生产智能化	据产品特性、质量、成本、时间、物流等需求自动编制并实施计划调度生产执行,物流管理、质量控制等各环节优化
4	管理智能化	追求产品生命周期优化,企业对整个生命周期全部数据统一管理,建立从供应决策到企业内部各个部门再到用户之间的信息集成,从而有效提高企业市场反应速度和产品开发速度
5	服务智能化	针对有关行业的特点通过持续改进,建立高效安全的智能服务系统,实现服务和产品的实时有效智能化互动

2. 智能制造的组织形式

智能制造是一个系统工程,其中智能产品是主体,智能生产是主要路线,主题是以用户为中心的产业模式变革,智能制造基础设施建设是基础,CPS 和工业互联网是智能制造基础设施建设的核心,如图 6.3 所示。

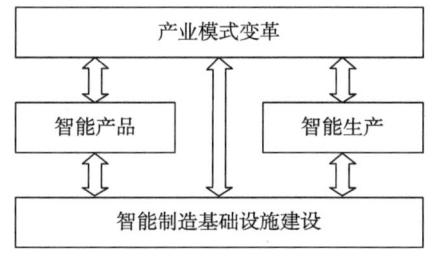

图 6.3 制造业升级中智能制造的组织形式

智能制造可划分为纵向渗透、横向渗透及相互渗透,如图 6.4 所示。

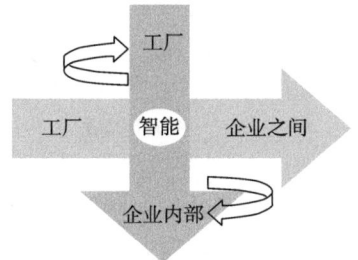

图 6.4 制造业升级横向渗透、纵向渗透

纵向渗透：工厂内共享数据。传统的制造业工厂使用越来越多的信息技术和生产管理软件来实现制造生产的计算机控制。智能制造渗透在生产过程的各个阶段，同时通过互相统筹来提升工厂效率。智能制造在各种制造流程中的"信息孤岛"之间架起沟通桥梁并进行整合，以便在整个工厂内共享数据。

横向渗透：不同工厂和企业之间。从原材料供应到客户需求再到产品发货，来自不同工厂和企业的数据互联到特定的工厂信息和供应链。它将允许更多产品进行定制，并模拟新产品和流程。它将使生产更安全、产品定义更精确，实现不同工厂和企业之间的互相联通。

相互渗透：组织形式和业务模型的转变。通过整个价值链数字化整合，实现价值链与不同企业的整合，最大限度地实现定制化，从根本上改变传统的组织形式，转变业务模型。

6.2 智能制造推动制造业产业升级的机理分析

6.2.1 智能制造推动制造业升级的理论分析

人工智能的应用是产业智能化升级的核心标志，以智能生产为主线、智能产品为主体、以用户为中心的服务模式的全面转变将推动我国制造业在全球价值链中地位的跃升[110]。如图 6.5 所示，产业链协同过程中的研发设计、生产制造和管理服务分别对应着智能生产、智能产品及以用户为中心的服务模式。随着人工智能引入全球价值链，传统生产方式将发生改变，并带动产业转型升级[111]。

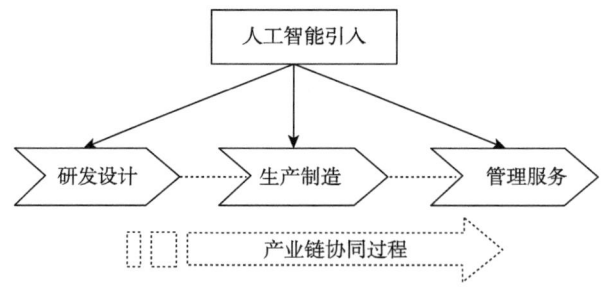

图 6.5 人工智能引入产业链协同过程图

首先，在全球价值链的研发设计环节：一方面，人工智能技术可应用于仿真、设计环节，提高研发效率，缩短研发周期，促进我国人工智能企业核心技术和关键零部件的突破;另一方面,可以提高产品的科技含量,促进产品向智能化、数字化、高端化、服务化转型,促进我国制造业向全球生产价值链上游转移。

其次,在全球价值链的生产制造环节,人工智能技术的应用既可以进一步提升生产设备的自动化水平,又可以加快生产过程的柔性化。人工智能中机器学习等技术进一步促进了生产自动化水平的提高,通过提高生产设备自动化普及率,可以替代技术工人,从而抵消"人口红利"缩减的影响。在工业 3.0 时代,人们把自动化和信息化技术融入大规模工业生产中,大大提高了生产效率,减少了质量问题,实现了成本精准可控。但由此引发的"刚性自动化"问题严重导致了企业生产的柔性不足。工业 4.0 最终要实现高度自动化条件下的柔性生产,未来市场需求"款多量少"的趋势会更加明显[112]。人工智能的应用会进一步提高制造系统的柔性化水平,使生产系统能够快速吸纳新观念,对产品生命周期快速反应,提高生产灵活性,从而减少制造过程中的消耗,提高企业盈利能力[113]。

最后,在全球价值链的管理服务环节,通过网络大数据实时监测制造系统中存在的设备故障、性能下降问题,并进行远程诊断和维护。数据驱动是人工智能改造生产方式的核心,企业通过对数据实时采集、准确把握,使消费者和生产者联系更紧密。通过对大数据的深度挖掘、分析优化可以了解问题产生的过程、造成的影响和解决的方式。数据的获取以问题为导向,通过数据建模,认识、解决和避免问题。

6.2.2 智能制造推动制造业升级的实证检验

1. 模型设定及指标说明

1)模型设定

为了探究智能制造对制造业产业升级的影响,本书定义信息技术投资和研发投入作为测度企业智能制造应用程度的指标,并基于 2010~2016 年人工智能概念股板块上市公司数据,通过实证检验智能制造对产业升级可能带来的影响,同时检验智能制造带来的产业升级是否会因输入方向的不同而呈现出非线性关系,检验信息技术投资和研发投入对智能制造产业升级的影响。在此基础上,分别介绍了信息技术投资的平方项、研发投入的平方项及信息技术投资与研发投入之间的相互作用项。同时,为了避免异方差性,自然对数模型用于模型中的所有变量。

具体模型构建如下:

$$\ln \text{growthefficiency} = \beta_0 + \beta_1 \ln \text{it} + \beta_2 \ln \text{rd} + \beta_3 \ln \text{edu} + \beta_4 \ln \text{skill} + \beta_5 \ln \text{der} \quad (6.1)$$

$$\ln \text{growthefficiency} = \beta_0 + \beta_{11} \ln \text{it} + \beta_{12} \ln^2 \text{it} + \beta_2 \ln \text{rd} + \beta_3 \ln \text{edu} + \beta_4 \ln \text{skill} \\ + \beta_5 \ln \text{der} \quad (6.2)$$

$$\ln \text{growthefficiency} = \beta_0 + \beta_1 \ln \text{it} + \beta_{21} \ln \text{rd} + \beta_{22} \ln^2 \text{rd} + \beta_3 \ln \text{edu} + \beta_4 \ln \text{skill} \\ + \beta_5 \ln \text{der} \quad (6.3)$$

$$\ln \text{growthefficiency} = \beta_0 + \beta_1 \ln \text{it} + \beta_2 \ln \text{rd} + \beta_3 \ln \text{edu} + \beta_4 \ln \text{skill} \\ + \beta_5 \ln \text{der} + \beta_6 \ln \text{it} \times \ln \text{rd} \quad (6.4)$$

2）指标说明及数据处理

本书选用上海证券交易所和深圳证券交易所的人工智能概念股板块中44家上市公司为样本，为保证所获取数据的完整性和可比性，选取的样本中剔除了2011年后首次公开发行的上市公司及各年份主要指标缺失的上市公司，最后依次筛选，选取人工智能概念股中32家上市公司2010~2016年非平衡面板数据作为样本。其中个别年份数据缺失或成长效率为负数的数据予以剔除。

A.产业升级

国内外大多数学者从宏观角度测度产业升级，本书选择上市公司企业微观数据，基于经济学理论的产业升级微观驱动因子角度分析认为，行业的产业升级是由每个企业的成长发展带动的。本书选用企业成长效率指标（营业利润/营业收入）作为衡量产业升级的测度数据。所需原始数据来自上海证券交易所和深圳证券交易所上市公司历年年报利润表中"营业收入""营业利润"子项。

B.智能制造

通过参考智能制造企业的共同评价指标，智能制造企业评价指标包括3个一级指标、11个二级指标和33个三级指标。本书根据数据可得性，针对制造关键业务智能化发展水平评价、企业生态环境评价、企业效益评价来综合衡量企业智能制造投入水平。

信息技术投资（it）。出于数据获取考虑，采用硬件投资作为信息化指标。参考同类研究方法，固定资产详细项目"电子设备"的末额是当年信息技术投资的数量，即it。it定义为信息技术投资计量指标，其中it是电子设备的年终投资，C是总资产。得到相对测度指标，所需原始数据来自上海证券交易所和深圳证券交易所上市公司历年年报"电子设备"子项，缺失电子设备的用"专用设备"子项代替。

技术创新衡量创新能力，主要来自创新投入和创新产出，使用变量研发投入（rd）来表示。其中，创新投入主要以企业的研发密度来衡量，创新产出主要取决于企业新产品的产值和专利数量。由于在公司年报中大多缺乏新产品产值和专利数量等产出数据，本书选用企业内部研发支出总额/主营业务收入来衡量研发投入强度，研发投入由资产项中开发支出、管理费用两项加总得出，其中管理费用分为费用化支出（管理费用、研发费）、资本化支出（无形资产、非外购资产）。所需原始数据来自上海证券交易所和深圳证券交易所上市公司历年年报中"研发投入"子项。

C.控制变量

企业资产销售额、利润、员工等的增加属于数量型成长,企业动态竞争优势的提升属于质量型成长,企业成长是量的成长和质的成长相结合的过程。因此,考虑到影响产业升级因素特征,在企业技术创新涉及的诸多要素中,结合最重要的技术、人才、资金、市场四大要素,我们最终采用企业高素质员工占比、技术人员占比、企业负债权益比率作为控制变量指标。

一是企业高素质员工占比(edu),智能制造业对高端人才的需求量很大,现有人才不能满足企业智能化的需求。根据德勤的调查报告,58%的公司认为培养高素质人才是智能制造业软环境改善的迫切需要。随着企业向价值链上游逐步延伸,产品附加值也逐步攀升,对高技能劳动力的需求还将不断增加。因此,本书选择企业高素质员工占比作为企业智能制造发展程度衡量指标之一,定义拥有本科以上学历的员工数为高素质员工。所需原始数据来自上海证券交易所和深圳证券交易所上市公司历年年报。

二是企业负债权益比率(der)。产业升级的过程涉及产业结构的调整、技术装备的升级和工人技能的提高,这些都需要足够的资金支持。企业负债权益比率反映了资产负债表中的资本结构,并显示了利用财务杠杆的程度。良好的资本禀赋有助于企业减少对融资的依赖,提高研发能力。本书用负债总额/所有者权益作为地区固定资产投资水平的衡量指标。所需原始数据来自上海证券交易所和深圳证券交易所上市公司历年年报。

三是技术人员占比(skill)。目前制造业升级面临的最大阻碍就是核心技术创新,而技术人才正是研发阶段引导企业技术创新的核心力量。因此,本书选择技术人员占比作为企业智能制造发展程度衡量指标之一,所需原始数据来自上海证券交易所和深圳证券交易所上市公司历年年报。

各变量描述性统计结果见表6.2。

表6.2 描述性统计结果

变量	样本数	平均数	标准差	最小值	最大值
growthefficiency	198	0.144	0.092	0.002	0.542
it	198	0.013	0.016	0.005	0.109
rd	192	0.082	0.088	0.001	0.449
edu	194	0.466	0.270	0.028	0.907
skill	195	0.336	0.200	0.033	0.774
der	198	0.580	0.579	0.008	2.910

2. 实证结果分析

根据上文构建的计量模型,课题组首先对模型(1)进行直接线性回归,其次为检验可能存在的非线性关系,模型(2)(3)分别引入平方项进行检验。最后为验证交互关系,模型(4)引入了交互项检验,结果如表6.3所示。

表6.3 实证结果

变量	模型(1)	模型(2)	模型(3)	模型(4)
lnit	−0.126** (−2.18)	0.007 (0.03)	−0.129** (−2.81)	0.361** (2.63)
lnrd	0.126* (1.97)	0.125* (1.96)	0.174 (0.940)	0.963*** (4.161)
lnedu	0.182 (1.558)	0.166 (1.388)	0.174 (0.644)	0.963*** (4.168)
lnskill	−0.139 (−0.950)	−0.119 (−0.798)	−0.153 (−0.999)	−0.116 (−0.828)
lnder	−0.314*** (−5.210)	−0.346*** (−5.240)	−0.334*** (−4.769)	−0.310*** (−4.677)
lnit^2		0.011 (0.610)		
lnrd^2			0.005 (0.280)	
lnit×lnrd				0.153*** (3.655)
_cons	−2.869*** (−8.855)	−2.508*** (−3.721)	−2.807*** (−7.144)	−0.312 (−0.420)
N	188	188	188	188

***、**、*分别表示在1%、5%和10%水平上变量显著
注:括号内为 t 值

由表6.3可知,模型(1)检验了智能制造与产业升级的线性关系。结果表明,短期内信息投资对企业成长呈现显著负向作用,信息技术投资每增加1%,企业成长效率降低0.126;而研发投入呈现显著的正向促进作用,影响系数为0.126,证明了研发投入在智能制造升级中的重要作用。同时,短期内信息技术投资和研发投入的作用几乎抵消。

模型(2)(3)分别引入了信息技术投资和研发投入的平方项,但回归结果未通过显著性检验。

模型(4)加入了信息技术投资和研发投入的交互项,二者交互项与产业升级呈现显著的正向关系,其作用系数为0.153。且模型(4)相对于模型(1)更加显著,这验证了信息技术投资和研发投入关联效应对产业升级的正向促进作用。

为了充分考虑测量结果的鲁棒性，研究团队首先选择混合效应模型和个体效应模型，然后对固定效应模型和随机效应模型进行 Hausman 检验，并选择相应的面板回归方法。根据测试结果，四种测量模型均通过 F 检验，表明测量模型的设置合理；同时，每个变量的面板数据回归结果基本符合预期。

6.2.3　智能制造推动制造业升级的案例：海尔互联工厂

海尔互联工厂是顺应全球新工业革命及互联网时代的潮流而建立的，是向大规模定制转型的典型企业，对基于物联网和互联网的智能、智慧工厂进行了深入探索。海尔从 2012 年开始探索互联工厂。在探索过程中，车间人数逐渐减少并最终实现整个工厂的自动化，成为互联工厂的示范，它是一个不断积累和再沉淀的过程。目前，海尔已在四大行业建立了工业 4.0 示范工厂，包括沈阳冰箱互联厂（全球家电行业第一家智能互联厂）、郑州空调互联厂（全球先进的互联厂之一）、青岛热水器互联厂等。除了这些示范工厂之外，海尔还将在全球供应链系统中进行部署和复制，以使用户能够随时通过移动终端定制产品，满足其需求。

海尔互联工厂的前端是一个名为"众创会"的定制交互平台。在这个平台上，海尔和用户可以零距离互相交谈。用户可以通过各种终端查看产品"诞生"的全过程，如定制内容、定制订单等，用户可以根据个人喜好，自由选择空调的颜色、款式、性能、结构等。用户提交订单后，订单信息实时传送到工厂，自动安排智能制造系统生产，并自动传输信息到各个生产线和所有模块制造商、物流公司，海尔生产线可以同时兼容不同的模块。通过收集终端，用户可以实时获得整个订单的生产状态，并且产品的生产过程处于用户的"掌握"状态。

同时，用户可以直接评估或对产品提出意见。工厂可视化将推动用户评估系统的发展，该系统贯穿生产的整个流程。此外，海尔还可以使用 3D 打印来支持独家定制。用户可以提供一些个性化的需求和图片，通过 3D 打印制作出来，最后通过模具注塑技术进行整合，使产品质量更加精细。

第7章 基于"互联网+"的产业升级路径

7.1 基于"互联网+"的制造业升级模式分析

7.1.1 基于"互联网+"的制造业升级模式特点

1. 升级过程深入到企业层面

与已有的制造业升级模式进行对比后发现,不同模式下的制造业的升级对一国外部政治、经济环境的依赖性非常高,随着经济、技术等条件的变化,不同模式对于制造业本身的改造亦深入到不同的层次。具体来讲,利用国际产业转移的升级模式事实上是将制造业作为一个整体进行迁移与升级,而这并未触碰到制造业内部,属于产业层面的整体升级;将制造业服务化的升级模式是通过有意识地采取引导制造业向服务化转变、着力发展生产性服务业等措施引发制造业内部发生变化,属于产业层面的内部升级;而基于"互联网+"的制造业升级模式则是对制造业内部的各个环节进行数据化与信息化改造,这个过程的起点是制造企业的具体部门,对企业自身的发展规划与发展方式提出要求,因此该升级模式属于企业层面的具体升级。

目前,我国制造企业互联网化过程主要是利用大数据进行生产与市场两方面的改造:一方面借助大数据优化生产设计流程,提高产品的个性化和满足用户定制化需求;另一方面,通过收集、整理相关消费数据,洞悉市场需求,继而扩大定制化生产的规模。大数据对制造绩效的作用主要体现在以下方面：更好地预测产品需求并调整产能、跨多重指标理解工厂绩效、更快地为消费者提供服务与支持（图7.1）。

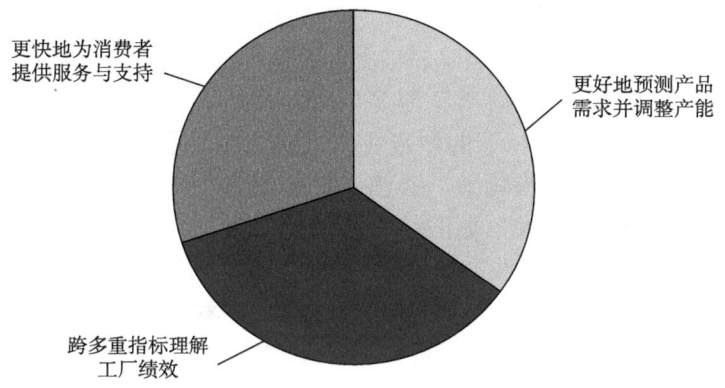

图7.1 大数据帮助提高制造绩效的三个主要方面

2. 升级过程始终保持快速迭代

1）产品快速迭代

随着信息化和互联网经济的高速发展，制造业的产品与服务也面临创造需求与满足需求的双重压力，亦即制造企业生存的基本前提是产品要实现快速迭代，不断利用数据与信息技术根据用户需求缩短产品的生产周期。相对于需求大而多的产品而言，产品的快速迭代更加适合创新型的产品，产品的快速迭代对于大部分传统制造业如机械制造、金属制造、化学产品制造等都比较困难，因为其迭代成本较高且产品需求比较固定。而目前比较适应产品快速迭代这一特点的制造业集中在电子产品、硬件与软件的开发及快速消费品等领域。各大智能手机厂商通过不停地推出新品、快速功能迭代来吸引用户买单。事实上，智能手机的快速迭代与其行业发展周期和发展阶段密切相关。全球智能手机市场在经历前几年的高速增长期后，增速正逐步放缓，行业普遍面临增长瓶颈。正是在此形势下，各个手机制造商希望借助新产品抢占市场，所以快速更迭模式被厂商广泛运用。智能手机的快速迭代可以从手机CPU（central processing unit，中央处理器）、芯片制造、晶体管等几个方面来看，在一定程度上带动了相应的制造业快速发展。智能手机的硬件系统在快速改进，智能硬件在快速更新，但其发展与智能手机的快速迭代并不成比例。这一现象说明制造业产品的快速迭代建立在更加快速的消费品的快速迭代的基础上，而互联网经济则是消费品快速迭代的前提和基础。

2）数据快速迭代

"互联网+"是制造业改造与提升的前提，是对大数据的广泛收集与充分应用。工业大数据的应用将在产品创新、产品故障诊断与预测、工业物联网生产线、工业产业链优化、产品精准营销、生产计划等方面对制造业的各个环节进行优化。国务院《促进大数据发展行动纲要》将大数据定位为"新一代信息技术和服务业态"，赋予其"重塑国家竞争优势"等多个功能，是国家发展的基础性资源战略。

实际上，基于"互联网+"的制造业升级模式中，数据的快速迭代更加强调数据的快速更新与实时跟踪能力。当前，以数据源为中心并不断扩容的大数据生态正在成型。互联网与大数据的结合趋势使数量和计算成指数型爆发，因此大数据公司的作用和地位日益重要，这类公司实现了各领域数据和资源的整合，实现了软件和硬件的有效匹配，需求数据的预处理和可视化，使数据在流通中实现增值。

3）商业模式快速迭代

互联网经济下企业的传统发展模式将被打破，而且因为快速变化，模式创新的周期也将大大缩短，首要表现是企业生命周期大幅缩短。传统意义上的企业生命周期要经历幼稚期、成长期、成熟期和衰退期几个阶段，但是互联网经济发展模式下的新兴企业往往成长速度惊人，跨越式发展或断崖式衰退屡见不鲜。另一表现是商业模式迭代加速。互联网时代，网络全球通达，云服务日益发达，资金和人才可以众筹，创业的成本日益降低；行业、企业、商业模式的发展速度越来越快；移动互联网时代则速度更快、迭代更快，互联网发展的结果是产业发展越快，商业模式损耗越快，商业模式的创新层出不穷且被快速迭代。以电子商务为例，自网上购物兴起以来，电商的商业模式也经历了从 B2C 到 O2O 的升级。B2C 即企业对顾客电子商务模式，意为把定制产品搬到互联网上，通过在线平台实行产品配置销售。实际上，即使是 B2C 这一种商业模式，其范围也在不断调整，概念也在不断扩大，随着电子商务的发展，它已经超越了购物的内涵，涉及了物流等相关服务。B2C 代表是淘宝网，此外有京东商城和亚马逊平台等。以京东商城为例，京东商城先向各厂商进货，然后在自己的商城上销售，消费者可以在这里一站式采购。随着 B2C 模式的不断发展，逐渐延伸出 O2O 的商业模式，O2O 是综合运用线下和线上互动来实现销售，消费者可在线上选择商品，在线上比价、预订、付费后，在线下门店取货。O2O 模式的发展是基于区域性本地化的电子商务服务平台的发展逐步推广的。O2O 能够实现线上与线下的有效结合，如在网上订购手机，在实体店取机等。在享受线上优惠时，也能体验线下的良好售后服务，O2O 还可使各厂商联合进行生产销售。

7.1.2 基于"互联网+"的制造业升级国际经验

1. 美国：制造业与互联网共同升级的模式

美国的升级模式倾向于制造业与互联网的共同发展，这一点可以从美国"工业互联网"的发展背景看出来。自 2010 年开始，美国陆续成立了一些制造业创新中心，主要从事技术孵化和产业发展等与制造业未来发展相联系的科技活动。2014年 10 月，美国发布《振兴美国先进制造业》，建议制定一个确保美国新兴制造技术领域优势的国家战略，明确要求各政府机构之间、企业之间及政府机构与企业之间开展跨界合作，并建议成立一个先进制造业咨询委员会，负责协调高科技企业投入国家先进制造技术的研究和开发中。

美国采取制造业与互联网共同升级的模式主要原因在于其互联网经济相对来说更加发达，因此其更侧重于在"软"服务方面推动新一轮工业革命，希望借助网络和数据的力量提升整个工业的价值创造能力。使美国的"工业互联网"快速发展的三大技术包括人工智能、机器人及电子制造业，这三大技术本身是在制造业与互联网快速且共同发展的基础之上才能发展壮大起来的。

基于理论与实践的视角，工业互联网可实现制造业与互联网的双向升级。工业互联网的目标是实现不同制造厂商间的各类数据共享，涉及数据储存和网络安全协议等技术服务。工业互联网依托和起始于互联网技术，实现了数据流和软件与硬件等的智能化交互融合。因此，制造业与互联网的融合目标与理想状态是，借助智能终端与设备对大数据进行挖掘、可视化分析，由此进行智能决策，为接下来的生产、销售和研发提供判断依据，进而指导生产，优化制造过程和工艺。基于上述分析，美国建立工业互联网联盟，共同制定互联网标准，充分利用互联网，推动实体经济与信息世界的相互融合。

2. 德国：制造业主导的升级模式

德国采取由制造业主导的工业 4.0 升级模式，基于德国强大的制造业基础，德国将其称为第四次工业革命，从工业 4.0 的命名上可以看出这一次的工业革命其实是以制造业为主要对象，将互联网作为一种技术手段对其进行技术上的改造而达到大幅提高效率等目的。工业 4.0 的主要构想包括价值网络的水平整合、全价值链工程端到数字端整合和垂直整合的联网制造系统。

德国政府在实施工业 4.0 的过程当中将德国具有代表性的制造企业纳入规划中，参与工业 4.0 规划的整个过程，这一点从规划的制订到规划的具体落地实施都具有十分重要的意义。全球最大的汽车零件供应商之一博世成立于 1886 年，是德国"工业4.0"工作小组的主要成员，博世近来推出的"博世物联网套装"，可以看作博世物联网应用战略的基石。针对制造业的转型升级，博世提出"慧连制造"解决方案，将制造-物流软件平台作为本地和云端的软件基础，对整个生产流程进行云化和再造。

事实上，制造业主导的升级模式不只在德国实施，工业基础雄厚的发达国家基本上都以制造业为主导，利用互联网进行产业升级。例如，日本的三菱电机是全球领先的工业自动化成套设备供应商之一，该企业提出了对制造业整体升级的优化方案，即 e-F@ctory。该方案类似于"三明治"结构：由底向上分别为硬件、人机交互界面和软件。其中硬件分为动力输送系统和生产设备相关系统；中间层由通信信息产品群构成；顶层是企业级别的信息系统、MES 等。

在这个方案中，互联网贯穿整个"三明治"结构：在生产场地，设备和配电系统通过 IQ 平台接入以太网，将设备运行状态实时反映在中间层的可视化人机交互界面上，同时数据实时反馈到上层的企业级信息系统，方便决策层及时调整企业内部的生产布局和企业外部的供应链管理。

3. 以互联网企业为主导的升级模式

以互联网企业为主导的制造业升级模式常见于以提供互联网服务为主的企业，这些企业的主要目的是帮助传统制造业更好地适应互联网、使用互联网。这种模式的通用性较强，在云端可供选择的选项很多，价格的计算大都采用"用多少服务给多少钱"的方式。同时，这一模式降低了制造企业使用互联网服务的门槛，不论是亚马逊、谷歌还是微软，它们的物联网套装用户中都有大量的中小微企业。

事实上，有能力提供整套互联网服务的企业需要互联网经济十分发达，这些企业大多集中在美国，具有代表性的是谷歌、亚马逊、微软等。由谷歌研发的 Google for work（GFW）是基于云的一揽子集成服务平台，基本涵盖了传统工作场景中所需的所有服务。在此基础上，谷歌还为传统行业企业打造了全套服务体系，传统产业行业可以依托谷歌打造的生态平台，将企业的生产和管理工作借由云储存、云计算等服务快速融入物联网，打造企业的数字双胞胎。该类方案可以实现成本的节约、运行效率的有效提升等。西门子等均为谷歌这套服务的一个或多个服务套装的客户。针对制造业，谷歌提出了"做联网的制造者"的口号，利用自己的产品，帮助制造业者建立快速多层次沟通网络。亚马逊的 Amazon Web Services[①]（以下简称 AWS）于 2006 年推出，面向企业提供云

---

① Amazon Web Services 即亚马逊 Web 服务（AWS）是由 Amazon.com 提供的全面的、不断发展的云计算平台。Web 服务有时也被称为云服务或远程计算服务。

计算等IT基础设施服务。AWS一揽子方案包括亚马逊弹性计算网云、亚马逊简单储存服务、亚马逊简单数据库、亚马逊简单队列服务等。微软为制造企业提供互联网服务始于1999年，之后，在不断发展的基础上，微软将自己的office系列企业级办公软件与远端的云存储、云计算结合在一起，创造出独特的企业级应用生态。在制造业的场景中，企业可以将自己的生产机器的软件控制系统直接建立在Azure和Windows 10物联网版之上，实现以Windows为软件控制基础的智能化生产。

7.1.3 基于"互联网+"的中国制造业升级模式

参考王岚和李宏艳[114]对特定行业融入全球价值链的路径及演进模式的分析，本书对制造业升级模式进行了梳理归纳，如图7.2所示。

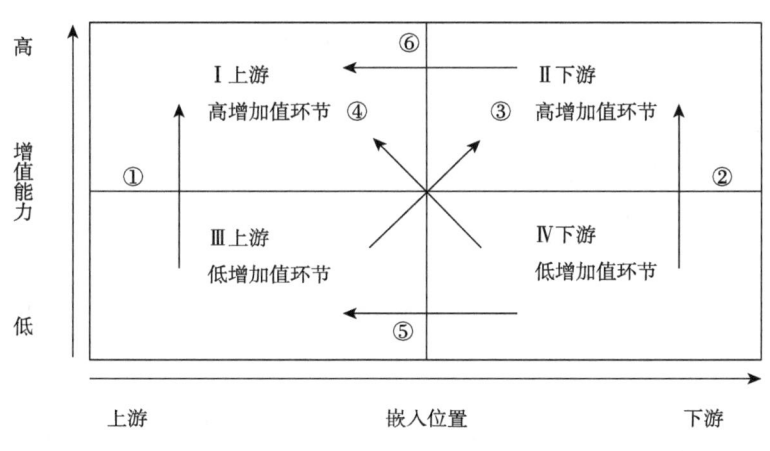

图7.2 制造业升级模式

图7.2根据增值能力和嵌入位置两个维度将图中部分划分为四个象限。第Ⅰ象限的特点是该象限中的行业处于价值链上游且具备较强的增值能力，如从事设计、研发等的行业；第Ⅱ象限中的行业处于价值链下游且具备较强的增值能力，如从事品牌、营销等的行业；第Ⅲ象限中的行业处于价值链上游而不具备较强的增值能力，如资源类行业；第Ⅳ象限行业处于价值链下游而增值能力较弱，如从事加工、组装等的行业。

制造业升级包含嵌入位置的改善和增值能力的提升，由此将制造业不同的升级路径在图7.2中显示（路径①~⑥），进行整理和归纳后得到制造业的升级模式。

模式一：稳定嵌入位置，提升增值能力（路径①、②），代表制造企业在现有的生产环节通过升级要素禀赋结构等措施进入更复杂的生产线,制造业整体实现产品升级。

模式二:提升增值能力,嵌入位置向下游移动(路径③),代表制造业向下游增值能力更高的环节转化,如从 OEM 到 OBM(own branding&manufacturing,自有品牌生产)的升级,制造业整体实现功能升级。

模式三:提升增值能力,嵌入位置向上游移动(路径④),代表通过对制造企业整个流程的优化,重新组合企业内各项经济活动,使其盈利能力、生产方式等实现整体性跃升,制造业整体实现功能升级。

模式四:稳定增值能力,嵌入位置向上游移动(路径⑤、⑥),代表通过技术创新等开发先进产品,优化生产流程,使其在全球价值链上的嵌入位置向研发设计等环节移动,制造业整体实现产品升级或者功能升级。

在"互联网+"背景下,制造业的升级模式更具操作性。与上述模式相对应,对基于"互联网+"的制造业升级模式进行整理归纳(表7.1)。

表7.1 基于"互联网+"的制造业升级模式

升级模式选择	内容	目的	适用类型
模式一	培养工人数字化技能,提升产业高技能劳动力比例,改善整体劳动力素质;建设企业内数字化组织框架,改善要素禀赋结构	实现产品升级	稳定嵌入位置 提升增值能力
模式二	利用互联网进行品牌建设和营销体系建设,建立自有品牌,开辟自身营销网络,实现企业由加工组装向经营自有品牌的升级	实现功能升级	提升增值能力 嵌入位置向下游移动
模式三	通过互联网对整个生产流程进行云化和再造,如研发层面的协同创新平台、生产端的设备时时监控、服务端的远程服务管理等	实现功能升级	提升增值能力 嵌入位置向上游移动
模式四	建立企业间技术协同创新平台和创新网络推进企业技术创新,使用企业平台网站建立生产端与需求端的直接联系,促进大众协作创新	实现产品升级或功能升级	稳定增值能力 嵌入位置向上游移动

模式一:培养工人数字化技能,提升产业高技能劳动力比例,改善整体劳动力素质;建设企业内数字化组织框架,改善要素禀赋结构,实现产品升级。

模式二:利用互联网进行品牌建设和营销体系建设,建立自有品牌,开辟自身营销网络,实现企业由加工组装向经营自有品牌的升级,实现功能升级。

模式三:通过互联网对整个生产流程进行云化和再造,如研发层面的协同创新平台、生产端的设备时时监控、服务端的远程服务管理等,使制造业整体实现功能升级。

模式四:建立企业间技术协同创新平台和创新网络推进企业技术创新,使用企业平台网站建立生产端与需求端的直接联系,促进大众协作创新。通过"互联网+"推进制造企业实现技术跃升,在研发设计环节更具竞争力,实现产品升级或者功能升级。

不同制造业的互联网化过程会对其在全球价值链上的嵌入位置或者增值能力产生不同的影响。按照细分制造业的互联网化过程对嵌入位置或者增值能力的影响情况,可以进一步对细分行业在"互联网+"背景下的适宜升级模式进行选择,表 7.2 对此进行了归纳。从表 7.2 中可以看出,大部分传统制造业在"互联网+"背景下,适合采用模式三和模式四进行升级,如食品、饮料和烟草制造业,纺织和纺织产品制造业等适合采用模式三,通过互联网对整个生产流程进行云化和再造实现功能升级;木材、木制品及软木制品制造业和纸浆、纸制品及印刷出版业等适合采用模式四,通过建立企业间技术协同创新平台和创新网络推进企业技术创新,实现产品升级或者功能升级。

表7.2 不同行业基于"互联网+"的升级模式选择

升级模式选择	细分行业
模式一	皮革和鞋类制造业;其他制造业及可再生品及可再生品制造业
模式二	皮革和鞋类制造业;其他制造业及可再生品及可再生品制造业
模式三	食品、饮料和烟草制造业;纺织和纺织产品制造业;橡胶及塑料制品业和非金属矿物制品业;电子及光学设备制造业
模式四	木材、木制品及软木制品制造业;纸浆、纸制品及印刷出版业;炼焦、石油及核燃料加工业;化学原料及化学制品业;金属制品业;运输设备制造业

7.1.4 "互联网+"与工业 4.0

1. 工业 4.0 是"互联网+"的重要部分

工业 4.0 在德国被认为是第四次工业革命,其实质是德国凭借制造业根基,借助互联网升级制造业。互联网具有数字化、信息化、传播范围广等特征,将互联网与制造业融合,是互联网功能在制造业中充分开发与应用的体现,德国工业 4.0 框架如图 7.3 所示。可以利用网络技术打造新的制造业生产模式,促进生产资源的优化配置,进而提高制造业的生产效率,以加快制造业转型升级的步伐,即制造业的互联网化正是工业 4.0 要实现的目标。

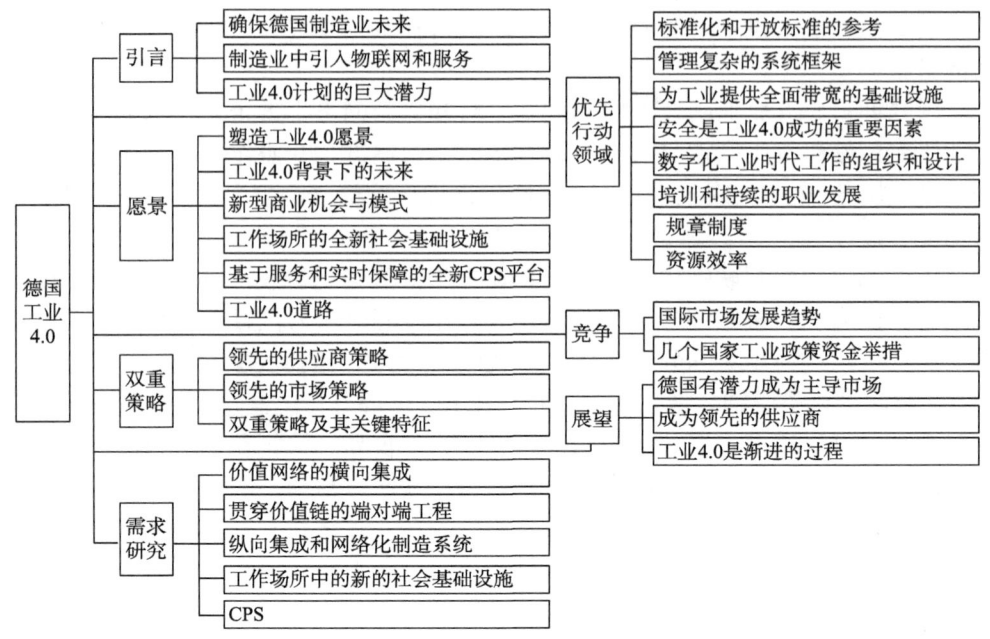

图 7.3 德国工业 4.0 框架图

资料来源：课题组根据论文[115]整理

根据图 7.3 绘制的德国工业 4.0 的框架图，工业 4.0 与互联网联系紧密，是"互联网+制造业"的智能生产，孕育出大量的新型商业模式，互联网技术的充分利用弥补了生产与销售之间信息不对称的弊端，加强了两部门之间的供需交流与问题反馈机制。德国制造业的发展在全球范围内处于领先水平，尤其是机械与装备制造业的自动化水平远远高于其他国家，其在制造强国的背景下展开工业 4.0 计划，目标是保住制造强国的领先地位，引领全球制造业的发展。

2. 物联网是工业 4.0 和"互联网+"的支撑

物联网作为互联网与制造业融合的切入点，是"互联网+制造业"的具有操作性的解决方案与实施路径。根据 BI Intelligence 发布的《2016 年全球物联网发展研究报告》，2016 年全球物联网支出为 7370 亿美元，同比增长 29%。2015 年新增加的物联网设备接入量为 16.91 亿台。

《2016 年全球物联网发展研究报告》中显示，在所有行业当中，制造业在物联网方面的投资回报最高。这一结果建立在两个基础上。一是物联网技术的发展成熟与广泛应用。分析公司 Machina Research 于 2016 年 3 月到 4 月进行了一项委托调查，调查涵盖了美国公司年收入至少为 1000 万美元的 200 家公司的业务决策者，主要代表行业为制造业。该调查确认了企业对物联网的广泛兴趣，近一半的公司（48%）已经积极使用物联网技术，另外还有 43%的公司计划或预计在两年内部署。物联网的核心和基础是互联网，即在互联网的基础上延伸与扩展，在物品与物品之间进行信息交换，以红外感应器、激光扫描器等信息传感设备为媒介，履行协议内容，将产品与互联网连接起来，实现信息交换，以完成产品的智能化识别、定位、追踪、监控和管理服务等。二是工业数据的广泛搜集与合理应用。美国工业互联网与德国工业 4.0 均是在工业大数据的基础上发展的。我国应积极创建工业大数据平台，打造积极健康的数字信息环境，为制造业发展营造新格局、规划新路径、创造新机遇。

3. 工业 4.0 对基于"互联网+"的制造业升级的借鉴

过去几十年，工业 4.0 的概念被不断改进和拓展，它能从多个角度和方面把握未来信息技术与工业、信息化与工业化的融合发展。从不同的视角出发，对工业 4.0 会有不同理解，但总而言之，工业 4.0 是在现代信息技术发展到一定程度后探索出来的全新的工业发展模式，其本质目的是帮助企业、产业提升核心竞争力。参照德国工业 4.0 计划，中国也构建了本国工业发展的蓝图，我国发布了《中国制造 2025》。其中，"智能制造"处于核心地位，是未来的主攻方向，其重要的一步是将工业与现有的互联网技术实现深度融合，以帮助企业实现智能化生产。目前中国互联网的应用已经取得巨大的成就，各大企业积极引入互联网，这也是国家不断推动"互联网+"的结果，但是工业与互联网的深度融合并不是那么简单，智能制造并不是简单使用互联网去协助生产。互联网在工业中的运用不单是通过获取大数据进行定制化服务，还要将工业生产的各个流程进行整合、监控，形成一条完整、智能的生产线。在新一轮全球制造革新风暴中，中国必须抓紧机遇，不断吸取他国的发展经验，如德国工业 4.0 的发展经验，从本国国情出发，深入推动制造企业的改革，重点研发全新的工业技术，尤其是智能制造、高端航空航天设备、机器人、高档数控机床等制造技术。

工业 4.0 发展战略和"互联网+制造业"的实现可以通过智能化改造得到增强，智能化升级主要包含以下五个途径。一是产品智能化。产品智能化是实现智能生产的前提。因为只有当产品准确地被自动化生产线识别、定位及追溯时，才能让生产流水线上的智能机器人根据不同的产品需求进行定制化生产。言外之意，产品本身就必须拥有储存数据、感知指令和通信控制中心的功能。而要实现这些功能需要在加工之前的产品中安置处理器、智能传感器、信息存储器、无线通信器等智能设备技术。二是设备智能化。智能制造的本质首先要求工业设备、生产过程本身是可视化、智能化的。与传统意义上仅在某一环节中采用智能机械手、智能传感器或智能机床不同，智能制造必须在此基础上涵盖智能生产线、智能工厂，只有在智能设备的支撑下，智能制造的实现才具有可能，因此人工智能技术的突破是未来的重要方向。实现了生产设备智能化从狭义上来说也就基本实现了智能制造。制造业设备智能化在任何领域的应用都能为其带来强大的竞争优势。三是生产智能化。生产的智能化主要包括个性化生产与服务型制造两部分。工业 4.0 发展战略要求智能工厂可以通过生产定制化产品来满足消费者个性化需求。新的产业价值链将得以形成，在这条产业链上，企业中的组织、消费者及业务伙伴都将成为一个系统。生产过程中所涉及的资金流、信息流、产品流等的运行方式也最终会得以改变。四是管理智能化。在大数据的支持下，制造企业可以实现纵向、横向、端对端集成，以便及时获取关于用户、消费者的相关数据，并且数据拥有较高的准确性与完整性。在大数据的帮助下，企业与相关利益既得者共同打造物联网，实现对企业的科学有效管理。五是服务智能化。智能制造包含了智能服务，在工业 4.0 时代，用户可以参与产品的整个生命周期，包括研发、加工、包装、物流配送等各个环节。由于技术的允许，智能制造企业可以在产品的整个生命周期中为消费者提供人性化的服务。

另外，我国是传统的制造大国，在互联网经济下提升制造业尤其是传统制造业的产业竞争力，即是一个由大变强的过程。以汽车制造为例，"互联网+"背景下传统汽车制造业的改造可以从两个方面进行。从硬件上看，中国必须加大对基础设施的建设力度，推进产业园区项目发展，推动产业园区的建设成果落地；将创新型智能装备研发、制造和应用作为制造业下一步攻坚的重点。从软件上看，必须应用大数据、云计算等信息技术。具体而言，在新能源汽车领域，智能化生产必须依赖 GPS（global positioning system，全球定位系统）和云计算等应用，将人、生产对象、环境形成一个系统。此外，大数据分析平台、云应用服务体系的建设也是必要的。

7.2 "互联网+"背景下的服务业升级

7.2.1 "互联网+"服务业的构成与特点

1. 互联网的发展历程

中国的互联网发展起始于 1994 年与互联网的全功能接入，伴随着邮箱、新闻资讯等的应用及新浪、网易、搜狐三大网站在美国纳斯达克上市，中国互联网的发展经历了两次快速增长期。2003 年之后，电子商务、网络游戏、视频网站、社交娱乐等全面发展，2008 年中国网民数量超过美国，成为世界上网民人数最多的国家。如图 7.4 所示，截至 2018 年，中国网民数量已达到 82 851 万人，2008~2018 年十年间年均增长率达到 10.77%，2018 年互联网普及率达到了 59.6%。

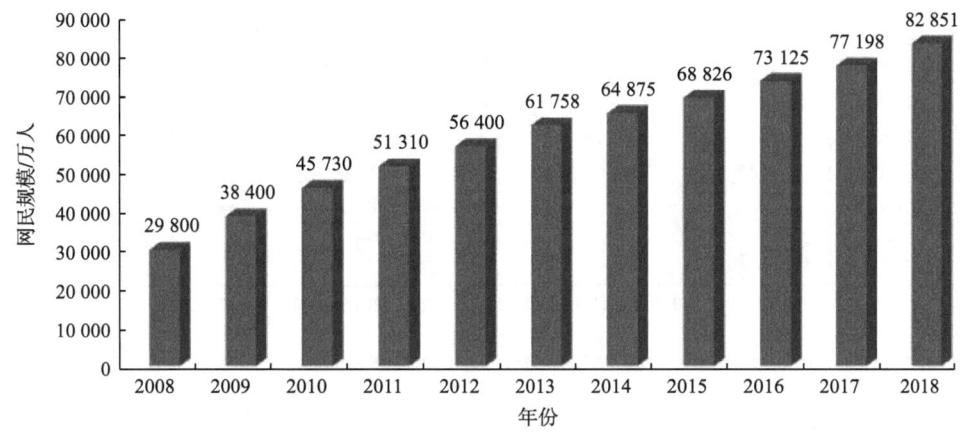

图 7.4　2008~2018 年中国网民规模

资料来源：课题组根据《中国互联网络发展状况统计报告》相关资料[116]绘制

如图 7.5 和图 7.6 所示，截至 2018 年，手机网民占整体网民的比例也从 2008 年的 39.5%快速增长到 2018 年的 98.6%，手机上网已成为中国网民不可或缺的活动。互联网对经济的发展具有重要的推动作用，推动了传统产业转型升级，促进了传统经济向新型发展模式转变。移动互联网相继推出融社交、信息、金融、交通等应用一体化的服务平台，同时借助大数据挖掘更多可以创造价值的空间，为实体经济和数字经济的发展及融合发挥更大的作用。互联网对工业产业转型升级的推动作用包括通过信息技术和网络的发展改变生产、管理和销售方式，提高企业的研发和制造能力；互联网对于服务业的促进主要体现在物流、旅游、流通、金融行业的应用平台促进传统服务业向现代服务业的转型方面。

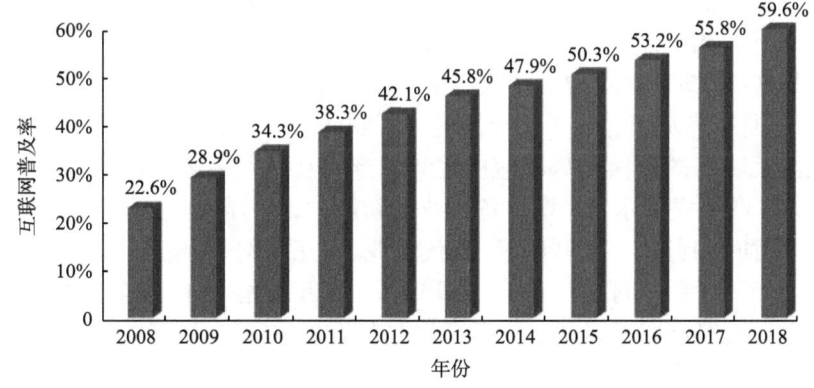

图 7.5　2008~2018 年中国互联网普及率

资料来源：课题组根究《中国互联网络发展状况统计报告》相关资料绘制

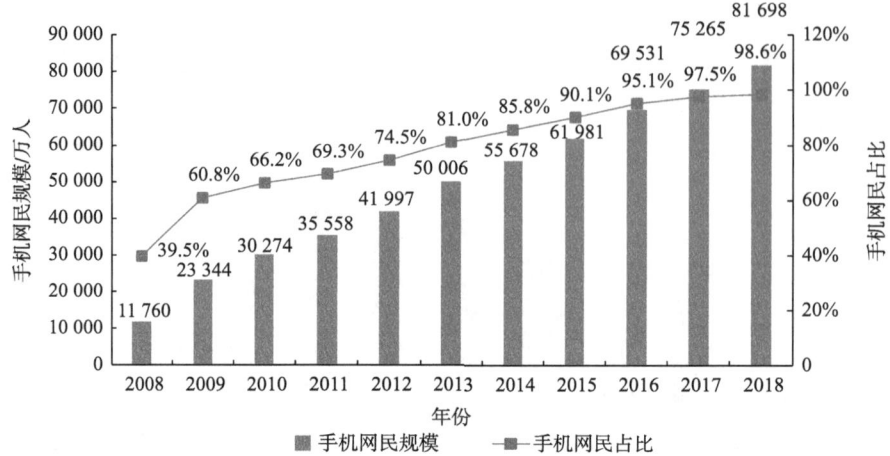

图 7.6　2008~2018 年中国手机网民规模及手机网民占整体网民的比例
资料来源：课题组根据《中国互联网络发展状况统计报告》相关资料绘制

2. "互联网+"服务业

通过将互联网及其信息平台的应用与传统产业进行关联，发挥互联网的信息集成与传播优势，传统产业在互联网经济时代迸发新的发展活力，"互联网+"为传统行业形成新的发展模式和生态环境提供新的土壤，并将互联网与各传统产业深度融合，提高传统产业的创新能力和竞争力，为传统产业的发展带来全新的思路和模式。此外，依托于"互联网+"的数字经济的发展也为传统行业的工作模式带来了转变。2014 年，中国分行业企业使用计算机办公的比例就达到了最低86.5%，最高 97.8%的水平，其中，生产性服务业如信息传输、计算机服务和软件业，租赁和商务服务业，交通运输及仓储业，邮政业都超过平均值，且租赁和商务服务业为最高值，居民服务和其他服务业、制造业的计算机办公使用率较低，为平均值以下。数字经济的快速发展，为国家经济增长提供了新的驱动力。

李克强在 2015 年的政府工作报告中首次提出"制定'互联网+'行动计划"[①]，2015 年 7 月国务院发布《关于积极推进"互联网+"行动的指导意见》，提出要充分发挥我国互联网的规模优势和应用优势，推动互联网由消费领域向生产领域拓展，加速提升产业发展水平，增强各行业创新能力，并提出"互联网+"创业创新、"互联网+"协同制造、"互联网+"现代农业、"互联网+"电子商务、"互联网+"便捷交通、"互联网+"绿色生态、"互联网+"人工智能等 11 项重点行动。其后，政府部门发布互联网相关政策，涵盖范围包括金融、制造业、物流业、医疗健康、政务、电子商务等多部门，部分政策见表 7.3。

---

① 《政府工作报告（全文）》，http://www.gov.cn/guowuyuan/2015-03/16/content_2835101.htm[2021-07-01]。

表7.3　互联网相关政策

政策名称（发文号）	发布时间	政策分类
《国务院关于积极推进"互联网+"行动的指导意见》（国发〔2015〕40号）	2015年7月4日	战略布局
《国务院办公厅关于印发互联网金融风险专项整治工作实施方案的通知》（国办发〔2016〕21号）	2016年10月13日	金融
《国务院办公厅关于深入实施"互联网+流通"行动计划的意见》（国办发〔2016〕24号）	2016年4月21日	"互联网+流通"
《国务院办公厅关于转发国家发展改革委等部门推进"互联网+政务服务"开展信息惠民试点实施方案的通知》（国办发〔2016〕23号）	2016年4月26日	"互联网+政务服务"
《国务院关于深化制造业与互联网融合发展的指导意见》（国发〔2016〕28号）	2016年5月20日	制造业
《国务院关于进一步扩大和升级信息消费持续释放内需潜力的指导意见》（国发〔2017〕40号）	2017年8月24日	信息产业
《国务院关于深化"互联网+先进制造业"发展工业互联网的指导意见》	2017年11月27日	制造业
《国务院办公厅关于推进电子商务与快递物流协同发展的意见》（国办发〔2018〕1号）	2018年1月23日	电子商务、物流
《国务院办公厅关于促进"互联网+医疗健康"发展的意见》（国办发〔2018〕26号）	2018年4月28日	"互联网+医疗健康"

"互联网+"并非将互联网视为企业信息系统的扩展，其实质是实体经济与互联网虚拟经济相融合的"跨界经营"[117]。"互联网+"服务业意味着互联网与服务业的融合，改变服务业的服务体系，用互联网的思维发挥创新的力量，寻找更多创新方式，改变服务业的发展模式。两者的发展一般有三个阶段：第一阶段，信息网络与工业、制造业和服务业的关联较少，主要通过门户网站和搜索引擎及即时通信进行信息的单向传播及互动；第二阶段，传统服务业利用互联网为顾客提供更高质量和更高效率的服务，此时，互联网提高的是服务业的效率而非产品；第三阶段，越来越多的互联网企业以互联网平台为基础创造出新产品、新业务和新模式，这个阶段强调的是互联网连接一切、跨界融合、协同创新、多角度、全方位为经济增长提供动力[118]。

7.2.2　基于互联网的服务业转型升级

1. 基于互联网的传统服务业转型升级

"互联网+"与服务业的跨界融合为服务业的发展带来巨大影响。我国应用互联网深度整合服务业的原有产品形态、销售模式、服务方式等多方面内容，优化价值链、提高效率并进行产业的升级从而升级优化产业结构。例如，淘宝、京东、饿了么、美团等各大互联网企业凭借灵活机制、互联网思维下的商业模式快速发展，既对传统服务业产生巨大冲击，也为传统服务业带来创新活力，推动了传统服务业的改革创新。万物互联思维下中国的各项生产资源已经开始进行资源的优化配置，传统产业布局开始改变[119]。

《中国互联网+指数报告(2018)》中"互联网+"指数省级排名见表7.4，数字经济省级排名见表7.5，对比可见，"互联网+"指数与数字经济的排名大致是一致的，前四位都是广东、江苏、浙江和北京，东部地区更多在前，经济越发达的地区，企业及用户对"互联网+"的应用越多，推动经济发展的新的驱动力也越强。

表7.4 2018年中国"互联网+"指数省级排名

省区市	排名	省区市	排名	省区市	排名
广东	1	河北	12	贵州	23
江苏	2	广西	13	吉林	24
浙江	3	陕西	14	天津	25
北京	4	重庆	15	新疆	26
山东	5	辽宁	16	甘肃	27
四川	6	安徽	17	海南	28
福建	7	江西	18	宁夏	29
河南	8	山西	19	青海	30
湖南	9	云南	20	西藏	31
上海	10	内蒙古	21		
湖北	11	黑龙江	22		

资料来源：课题组根据《中国互联网+指数报告(2018)》相关资料整理

表7.5 2018年数字经济省级排名

省区市	排名	省区市	排名	省区市	排名
广东	1	河北	12	天津	23
江苏	2	广西	13	吉林	24
浙江	3	陕西	14	贵州	25
北京	4	辽宁	15	新疆	26
福建	5	重庆	16	甘肃	27
四川	6	安徽	17	海南	28
山东	7	江西	18	宁夏	29
上海	8	云南	19	青海	30
湖北	9	山西	20	西藏	31
河南	10	内蒙古	21		
湖南	11	黑龙江	22		

资料来源：课题组根据《中国互联网+指数报告(2018)》相关资料整理

借助互联网平台和互联网思维促进传统服务业转型升级的路径如下：①通过

供给与需求的动态匹配的方式，借助互联网对供给和需求的关系进行重新分配和管理，如酒店住宿在旺季提供网上预约服务，在淡季提供打折优惠信息网上公布服务，既减少了资源的浪费，也提高了服务的效率；②原本由企业内部完成的工作通过互联网转交给企业外部的群体来完成，也就是众包模式，这种工作的转让不仅让愿意完成这份工作的群体获得报酬，也减少了企业内部的成本；③服务企业通过互联网为顾客提供差异化服务，促进传统服务业的升级，这种模式利用大数据分析及手机软件等方式为顾客提供差异化产品，从顾客需求到所提供的服务再到服务提供商的模式满足了顾客的差异化、个性化需求；④应用互联网创新业务流程模式，如医疗行业提供网上预约挂号服务减少了排队时间；⑤传统服务行业与互联网的融合带动开创全新的商业模式，如餐饮行业中，饿了么、美团外卖带来餐饮行业的变革，也带来了外送业务的快速发展。

  云计算、大数据、移动互联与传统产业融合发展，带动数字经济的快速发展，腾讯研究院发布的《中国互联网+指数报告(2018)》显示：2017年，中国数字经济分指数达到了202.65点，比2016年增长了70.05点。表7.6报告了数字产业十大细分行业城市排名前十，不难发现北京、上海等特大城市数字产业排名依然位于前列。根据《中国互联网+指数报告(2018)》，数字产业的发展呈现出中心城市如深圳、广州、上海、北京向周边城市扩散的趋势，服务业的产业集聚能够明显提高企业市场竞争力，产生规模经济效应，互联网也为服务业提供了产业转型升级的驱动力，有利于创新传统产业的结构模式，寻找新的创新生产模式，为经济的发展做出更为重要的贡献。

表7.6　数字产业十大细分行业城市排名前十

排名	数字零售	数字金融	数字交通物流	数字医疗	数字教育	数字文化娱乐	数字餐饮住宿	数字旅游	数字商业服务	数字生活服务
1	北京	北京	深圳	广州	北京	北京	上海	北京	北京	上海
2	上海	深圳	广州	深圳	广州	深圳	北京	上海	深圳	北京
3	深圳	上海	北京	北京	上海	上海	深圳	深圳	上海	广州
4	广州	广州	成都	成都	深圳	广州	广州	广州	广州	深圳
5	成都	成都	上海	东莞	杭州	成都	成都	成都	成都	成都
6	重庆	东莞	东莞	佛山	重庆	重庆	杭州	武汉	重庆	杭州
7	苏州	郑州	重庆	上海	郑州	东莞	南京	杭州	杭州	天津
8	东莞	重庆	苏州	长沙	武汉	苏州	天津	南京	东莞	南京
9	杭州	西安	杭州	重庆	成都	杭州	重庆	重庆	南京	苏州
10	武汉	苏州	天津	郑州	东莞	武汉	苏州	天津	苏州	重庆

资料来源：课题组根据《中国互联网+指数报告(2018)》相关资料整理

2. 基于互联网的生产性服务业转型升级

生产性服务业具有知识密集、资本密集的特点，社会分工的优势独立于制造业存在，经济发展、科技发展尤其是信息技术的发展使得生产性服务业得以高速发展。生产性服务业不仅是国民经济的重要组成部分，对作为体现国家竞争力的制造业产业也具有十分重要的推动作用。其发展与互联网的相关技术应用联系密切，以云计算和大数据为代表的相关信息技术的应用，能为企业带来生产效率和产品与服务质量的提升。各种创新服务的出现不仅促进了生产性服务业的升级，也推动了制造业的转型升级。

互联网对生产性服务业升级的影响不仅体现在前文中提到的改革商业模式，通过差异化服务为顾客提供差异化、个性化产品，优化服务业的资源配置上，而且体现在促进生产性服务业与制造业的融合上：①生产性服务业通过互联网改造服务模式，为制造企业提供更为高效、获益更大的服务，如市场营销服务通过互联网为制造业产品创造更多需求从而获得更多利润。②制造企业在互联网思维的影响下，为提高企业竞争力需要更多的生产者服务，同时在应用互联网平台的时候，也需要与此相应的生产者服务，更多新的生产者服务衍生出相应的生产性服务业。③生产性服务业与制造业融合提供"产品+服务"的模式，也就是"服务型制造"的模式，见图7.7。

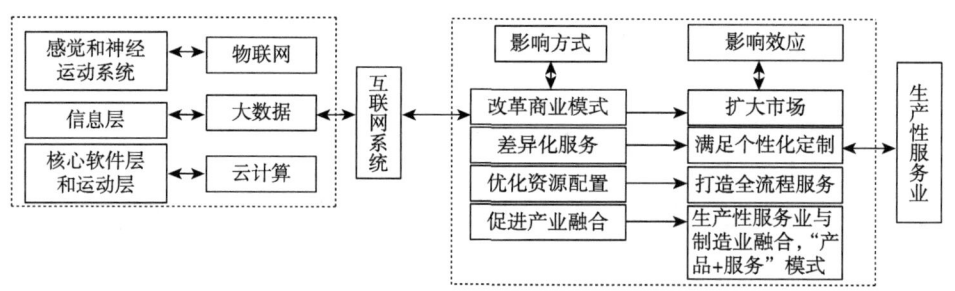

图 7.7 互联网对生产性服务业的影响

"互联网+"促进生产性服务业升级从而推动制造业与生产性服务业的深度融合，信息技术快速发展，物联网、智能技术、大数据、云计算、移动互联网等技术应用到生产性服务业中，给生产性服务业的商业模式带来全新的变化[120]。

1995年电子商务公司亚马逊成立，亚马逊是第一家以线上销售图书为主营业务的公司，eBay随后成立。中国的淘宝、京东等平台的建立带来电子商务发展的浪潮，这种全新的商务模式借助互联网平台及相应的技术实现用户在网上买卖物品，传统商务模式交易过程的电子化、网络化，彻底改变了消费者的消费方式和制造企业的生产经营方式。图 7.8 中数据显示，2017 年，中国电子商务交易额达到 29.16 万亿元，网上零售额达到 7.18 万亿元，同比增长分别为 11.7%和 39.1%。电子商务的蓬勃发展及产业创新未来将以人工智能技术、虚拟现实技术、云储存、云计算、大数据等信息技术为主要依托。零售业在与互联网融合中向智能化、多场景化发展，打造数字零售的新形态。电子商务的产生和发展带动制造业的生产模式创新、销售模式创新、管理模式创新。例如，借助互联网平台，制造企业进行线上的柔性协同化生产方式创新，逐渐形成 B2B 的交易模式。如图 7.9 所示，2017 年中小企业 B2B 运营商平台服务营业收入规模为 291.1 亿元，大规模企业 B2B 交易平台营业收入规模为 338.3 亿元，由此探索出供应链金融、大数据信息费等新的获利方式。

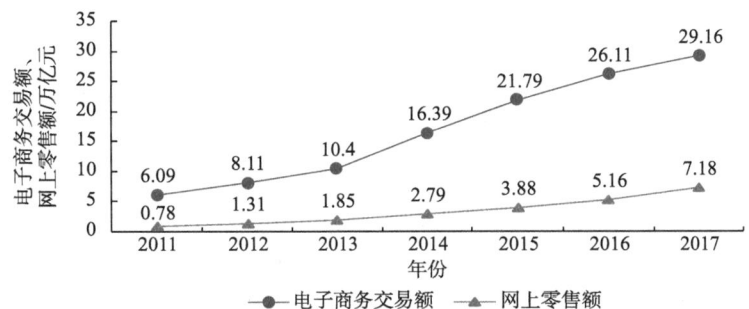

图 7.8 2011~2017 年中国电子商务交易额及网上零售交易规模

资料来源：课题组根据《中国电子商务报告》相关资料[120]绘制

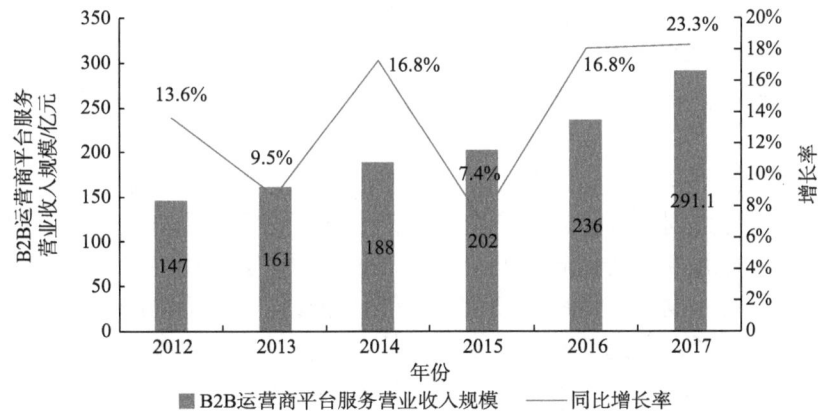

图 7.9 2012~2017 年中国中小企业 B2B 运营商平台服务营业收入规模

资料来源：课题组根据艾瑞咨询的相关资料绘制

随着互联网的普及，金融领域也出现了利用互联网平台进行的融资理财活动。得益于互联网平台的聚集和资源配置优化的功能，通过对用户零散的、多样的、个性化的投资理财及消费的需求的满足,支付结算、众筹融资、网络理财和金融征信等迅速发展[121]。互联网金融透明度高、参与人群广泛、成本低、便捷迅速、信息处理效率高等特点为互联网金融的发展奠定了基础。例如,互联网理财中,阿里巴巴率先推出余额宝,以其收益高、灵活性强等优点大获成功,其后百度、腾讯、京东等互联网公司也分别推出"百发""微信理财通""京东 8.8",除互联网公司外的网上工具外,银行也分别推出"如意宝""活期宝""添金宝"等金融工具[122]。

互联网金融市场的蓬勃发展促进了制造业转型升级,一方面,制造企业可以有更多融资渠道,尤其是中小企业,另一方面,互联网金融的发展刺激了消费者的需求,需求带动制造业的产品产量扩大和产品种类增多及产品功能提升,推动了制造业的升级。

7.2.3 服务创新及其网络体系

1. 服务创新的含义

蔺雷和吴贵生[123]提出的服务创新的四个维度包括新服务概念、新顾客界面、新服务传递系统和技术,主要关联市场营销、组织开发和销售。服务创新过程是价值创造的过程,多主体共同完成的价值创造过程也就是服务创新的价值创造。随着服务业的发展,为顾客提供服务的过程需要多主体共同参与,是包括顾客、员工、竞争者、互补者、第三方力量的服务网络,服务网络包括了很多的节点和链接,不同节点和不同链接之间的相关关系是服务创新网络的关键特征,节点的变化可能会导致整体服务创新网络的变化,因此网络的动态性是其非常重要的一个特点。

与技术创新不同的是,服务创新参与者的范畴更大,由于服务的特性,服务创新的成本较低且创新频率较高,由于其无形性,可能无法直接发觉。服务创新的特点是产品与服务创新的同时性,注重与顾客的交互作用,发生服务创新的可能是企业的员工,也可能是顾客和供应商等其他参与者,不同的参与方对服务的反应和感受也不同,在此基础上,参与个体可能会对其提出不同的改善意见。正是由于参与者所处的地位不同,因此其意见的实现不能直接完成,需要各参与主体进行交流。通过综合处理不同参与主体的认知和意见,最终形成较为完善的认知网络。认知网络与参与者之间的关系是双向的,反映了不同的参与主体行为与服务创新的认知网络之间的相互作用关系。

2. 服务创新网络

在服务创新网络中,参与主体通过参与网络的交互学习过程,带动整个网络的活跃程度,网络内参与者通过交互作用,获取外界知识,扩大网络内的知识储存量,为参与者的服务创新提供源泉。与制造业创新网络不同的是服务创新网络的构建呈现出人际关系网络的特征,影响服务创新网络的渐进性创新和根本性创新的重要因素是社会资本[124],在社会资本的支撑下参与主体通过交流能完成服务创新和产品、过程的创新。另外,影响服务创新网络的是市场竞争,服务产业为了增加竞争优势,扩大需求,通过更多参与者寻找并设计新服务,产生更多的创新服务,此时服务创新网络中的参与者还包括竞争者、内部合作者和外部合作者。

制造业是生产性服务业的终端客户,而生产性服务业所提供的中间产品的服务创新是为制造业的最终产品服务,因此生产性服务业作为服务创新网络和重要的网络参与者需动态调整服务创新网络。由于生产性服务业为制造业提供中间产品,而制造业的最终产品是提供给消费者,所以生产性服务业与最终消费者之间的交互作用是创新网络的重要一环。生产性服务业作为现代服务业具有高技术、高资本和高知识的特征,服务创新网络中还包括供应商和产学研研发等机构。

制造业的服务创新网络中包括消费者、制造业内部员工、研发设计人员、供应商及生产性服务业,更广义来说包括市场竞争者(同类产品竞争压力和替代品竞争压力)、政府政策和产学研研发机构等。

3. 服务创新网络的运行

制造业员工或管理者与消费者在产品销售行为和产品售后行为的过程中共同形成服务创新网络,顾客、企业员工或管理者都有可能在价值链下游进行服务创新、个体创新,并且在具有良好反馈机制的创新网络中更易产生更多创新,服务创新的领导者在这个创新网络中有关键作用,员工提出的服务创新在服务创新领导者的合理采用和合理的激励机制下更易激发员工的积极性,鼓励员工寻找更多的服务创新解决更多的问题,也可能使其在与顾客交流中得到更多的想法。服务创新领导者也需看到更远的图景,通过理解参与者的独特作用来发现更多服务创新出现的可能性,与网络中其他参与者通力协作,支持创新,使得服务创新参与者能够主动创新并通过组织的社会网络扩散已形成的内部的服务创新网络。其中,制造业服务创新网络如图 7.10 所示。

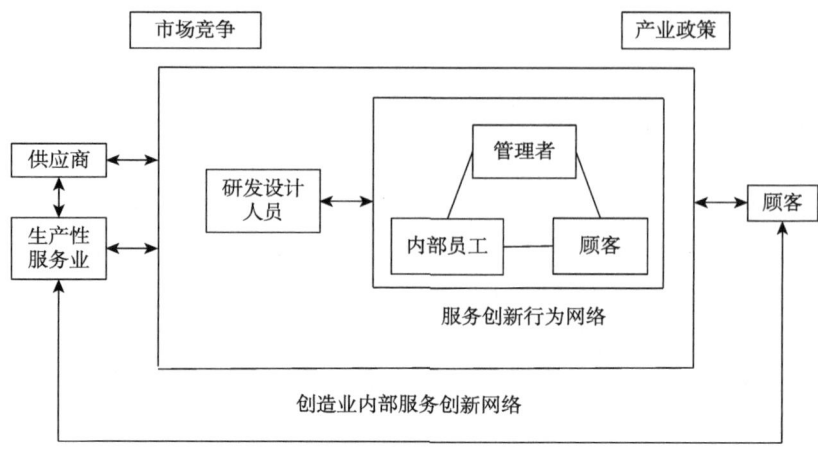

图 7.10 制造业服务创新网络

研发设计人员在制造业服务创新网络中有重要作用，在产品研发阶段通过市场调研了解顾客需求并了解行业竞争情况，研发设计产品的服务创新功能并生产新产品，扩大产品的市场份额获得更多利润。企业的发展战略也需要研发人员对产品进行相应的产品创新。在价值链上游或下游的制造业需要通过服务创新来提高产品附加值，获得潜在利润。

产业供应链中的供应商与生产性服务业为制造业提供服务创新。供应商为减小成本或开拓新的利润来源渠道，通过技术溢出效应来实现不同程度的企业服务创新，内容包括生产过程的原材料购买、生产过程的优化等。生产性服务业作为企业中间产品的提供者，在生产性服务业规模化、专业化过程中，企业会选择将价值链某些环节的业务外包给生产性服务业，以降低成本、优化产业结构。商务服务产业、市场调研产业等与消费者直接接触的产业为制造业带来更多的服务创新想法。

更广义的服务创新网络中包括市场竞争者、同类产品竞争和替代品产品竞争，这样的服务创新网络能够让顾客和网络中的参与者在更高效的环境中创造出更高价值的创新，提高自身竞争力。政府的产业政策也会影响制造业的战略规划和服务创新行为，制造业可能会对政府政策产生的影响产生心理预期，并依此对产品进行相应的服务创新。

7.2.4 基于服务创新网络的制造业升级机理

传统制造业出于减小成本、提高企业绩效的考虑，将生产性服务业从生产过程中剥离出去外包，企业价值链中的环节由生产性服务业完成，包括物流、咨询、研发、营销活动、销售和售后活动等，以及为价值链上的环节提供支持服务的人力资源管理、金融租赁等服务，制造企业在生产性服务业提供专业化、规模化的中间产品后大大降低成本，可以将更多的资源投入企业研发或销售售后环节等对企业发展更加重要的环节。而随着经济和技术的发展，生产性服务业的分工越来越细化，专业化程度越来越高，规模化效应也越来越显著，为制造企业提供的服务也越来越专业化和多样化。

制造企业为获得更多利润和市场份额，需要通过创新对生产技术、产品和服务进行升级。生产性服务业基于其营销能力、咨询顾问等方面的行业优势，为制造业精准了解和匹配消费者需求，并据此研发设计出更适合消费者需求的服务创新产品创造了良好条件。提供研发设计类的中间产品的产业重新嵌入到制造业上游的研发设计环节，促进制造业的服务创新，通过生产性服务业的中介作用，搜索信息更方便快捷且成本更低。制造业价值链的生产环节中生产性服务业更紧密地参与到生产过程的服务创新中，由于生产性服务业的高知识密集和高资本密集特征，制造业在与生产性服务业的合作过程中可以更好地吸收组织管理上的经验和生产工艺等的经验并进行生产过程上的流程优化，此时生产性服务业嵌入到价值链中游的生产环节。在制造业价值链的下游，生产性服务业为制造业提供市场营销、品牌建设、市场销售、售后服务等环节的中间产品，生产性服务业的服务创新就是表现在制造业价值链上的服务创新，且制造业通过参与生产性服务业和消费者之间的互动，激发制造业员工、服务创新领导者、顾客之间的服务创新行为，从而构建更大范围的服务创新网络。

生产性服务业嵌入到制造业价值链上游、中游和下游的环节的过程中，通过服务创新提高制造业价值链的各环节的附加值，促进制造业的产业升级。为基本生产过程的价值链提供支持服务，能够让制造业对组织管理进行服务创新、对战略规划进行创新，因此生产性服务业的服务创新促进了制造业的产业升级。嵌入到制造业价值链的服务创新降低了成本，提高了各环节的附加值，并更好地使顾客、消费者、员工、供应商等服务创新网络参与者发挥了服务创新的作用，推动了制造业的升级发展。

本书通过 DEA 方法计算装备制造业的全要素生产率，衡量制造业产业升级情况。由于指标的变化和数据的可获得性，使用 2004~2011 年的装备制造业七个产业的数据，全部资料来源于《中国统计年鉴》，具体描述如图 7.11 与表 7.7 所示。

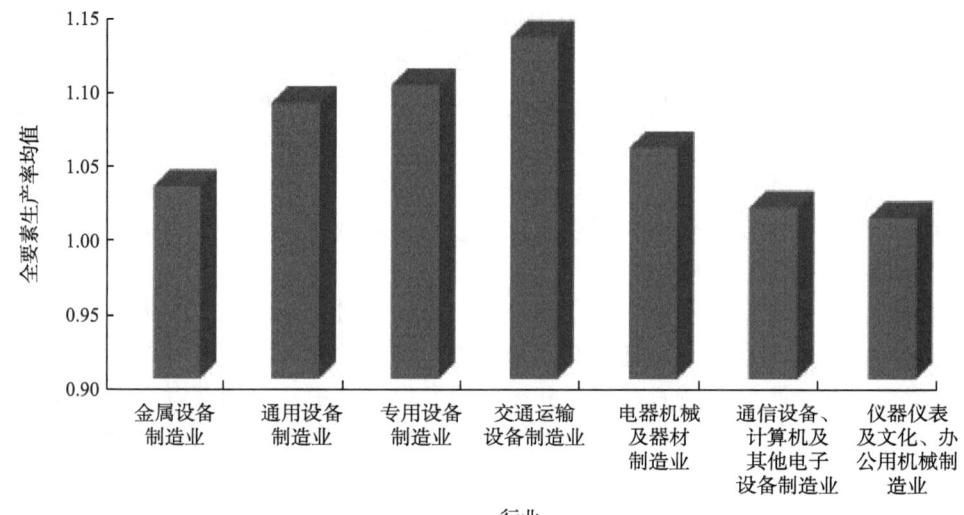

图 7.11 2004~2011 年装备制造业全要素生产率的平均值

表7.7 装备制造业全要素生产率

年份	金属设备制造业	通用设备制造业	专用设备制造业	交通运输设备制造业	电器机械及器材制造业	通信设备、计算机及其他电子设备制造业	仪器仪表及文化、办公用机械制造业
2005	1.071	1.115	1.116	1.049	1.062	0.996	1.042
2006	1.053	1.103	1.085	1.217	1.105	1.078	1.061
2007	1.049	1.055	1.023	1.213	1.060	1.003	1.028
2008	1.024	1.021	1.085	1.060	1.001	0.982	0.949
2009	0.933	1.042	1.119	1.147	1.000	0.978	0.859
2010	1.055	1.099	1.115	1.133	1.065	1.015	1.127
2011	1.022	1.171	1.143	1.096	1.094	1.056	1.011
均值	1.030	1.087	1.098	1.131	1.055	1.015	1.011

从表 7.7 看出，除少数年份全要素生产率小于 1 外，大部分大于 1，且全要素生产率的平均值皆大于 1。

基于过去对生产性服务业与制造业之间的关系的研究，普遍认为生产性服务业是依附于制造业的产业，因此生产性服务业的发展毫无疑问是要依托于制造业的发展。制造业随着经济的发展会增加对服务的需求，从而影响生产性服务业的发展，即"需求遵从论"。制造业的需求影响生产性服务业的发展主要方面是制造业需求规模的增加和制造业需求种类的扩大。

制造业需求规模的增加为生产性服务业带来的变化是生产性服务业的规模化

及专业化程度的加深。生产性服务业的发展也需要前期投入成本，包括科研服务、金融服务、运输服务等，制造业逐渐扩大的需求使得生产性服务业的整体规模扩大。随着需求的不断扩大，前期成本不断降低，由于学习效应的存在，平均成本进一步降低；由于生产性服务业大部分是人力资源占主导地位的特性，且存在知识密集型的特征，成本进一步降低。这些原因使得生产性服务业获得规模经济效应，生产性服务业的专业化水平提高。随着制造业规模的进一步扩大、生产过程的进一步深化和产品与服务类型的不断细分，制造业对生产性服务业的要求也在不断提高。为满足制造业的要求，生产性服务业在扩大需求规模的情况下进一步分工细化，使得其多元化和专业化水平不断提高。产业的需求规模越大，则市场可以容纳的分工就越细致，分工的水平也就越高。

制造业随着经济和科技的发展开始产生新的服务需求，如制造企业在互联网开始普及后，网络营销也成为很多制造业提高价值链下游的附加值的重要一环。随着制造业中间服务种类的增加，对生产性服务业提供的服务有了更多样的需求，进一步促使了生产性服务业的多领域、多元化发展。此外，得益于产业之间的协同发展与反馈机制，生产性服务业产业规模扩大，制造业利润增加，如物流业在信息技术发展后快速发展。

制造业产业结构转型升级带动的不仅仅是产业自身附加值的提高，也带动了生产性服务业的发展。这种发展伴随着制造业附加值提高过程中技术水平和管理水平的提高，这种技术及管理上的发展也对技术密集、资本密集的生产性服务业产生更多的需求，即附加值提高的制造业在产业本身发展需求扩大的同时，带动生产性服务业的规模扩大及附加值的提高。制造业的转型升级促进了生产性服务业的规模化、专业化，战略性新兴产业的出现为生产性服务业带来更加繁荣的发展前景。由表7.8可见，生产性服务业在GDP中占比保持在15%左右。

表7.8 生产性服务业增加值与GDP之比

项目	2005年	2007年	2009年	2011年
交通运输及仓储和邮政业	10 835.7	14 601.0	16 727.1	22 432.8
信息传输、计算机服务和软件业	4 768.0	6 705.6	8 163.8	9 780.3
金融保险业	6 307.2	12 337.5	17 767.5	24 958.3
租赁和商务服务业	2 912.4	4 694.9	6 191.4	9 407.1
科学研究和技术服务业	2 050.6	3 441.3	4 721.7	6 965.8
生产性服务业	26 873.9	41 780.3	53 571.5	73 544.3

续表

项目	2005 年	2007 年	2009 年	2011 年
GDP	187 318.9	241 195.8	289 329.9	487 940.2
生产性服务业增加值/GDP	14.3%	17.3%	18.5%	15.5%

资料来源：根据历年《中国统计年鉴》相关资料整理得到。
注：表 7.8 中为方便比较将部分行业加总，与前文所列行业不一致。

实际上，随着信息技术的发展，生产性服务业与制造业两者的发展不仅仅是一方的发展带动了另一方的发展，而是共同发展，两者出现融合的趋势，边界也越来越模糊。制造业与生产性服务业之间存在着强大的协同发展机制，两种产业之间的发展相互促进、相互带动，两者随着经济的发展，彼此依赖程度加深，互补程度也逐渐提高。

7.3 基于工业 4.0 云服务平台的制造业升级发展

7.3.1 工业物联网平台的特征

传统制造业的转型升级在信息技术飞跃式发展的今天与数字系统融合，从而转变设计、生产、服务、售后等环节的模式以达到提高产品质量、提高生产效率、降低成本、获得更多利润的目的。物联网作为促进物理层次和数字层次融合的作用平台，对传统制造业的发展具有前瞻性和战略性的作用。

对于物联网的理解可以参考 IBM 提出"智慧地球"概念时对物联网的定义，即把传感器嵌入到基础设施里，通过计算机达到智能控制基础设施的目的。工业物联网参考上述定义，将传感器嵌入到工业设备中，从而实现工业设备的微型化、智能化、信息化和网络化。传感器技术的发展也经历了传统传感器、数字传感器、智能传感器到嵌入式 Web 传感器的阶段。同时传感器借助网络，以生产自动化为基础，实现信息化，并延伸到互联网，实现基于互联网的广域自动化。

工业物联网作为新兴战略产业的信息技术产业的重要组成部分，第一个特征是其在经济上强大的带动性。工业物联网的产业链包括从基础技术的开发到芯片的开发等环节。工业物联网可以应用到公共基础设施，制造企业的智能化生产过程、煤矿、石油工业的一系列流程中，物联网的应用可为中国经济的发展带来非常大的市场发展空间。

工业物联网的第二个特征是其可以应用到公共基础设施上改变现代人的生活方式，如智能交通可以使生活更便捷、更安全。工业物联网在制造企业的应用使得制造企业在产品设计、生产、销售、售后等环节更加智能化，不仅使产品创新，也减少了整个生产环节、营销环节、售后环节的成本，提高了企业的整体效率，从而提高了企业的竞争力。

工业物联网的第三个特征是促进产业融合和产业升级。工业物联网将电子信息技术产业与工业产业相结合，促进工业的智能化、信息化。信息技术与制造业生产通过工业物联网将两者的发展结合到一起，两者形成技术上和经济上的共同发展关系。除此之外，与工业物联网与互联网链接的制造业不仅可以促进产品的升级、带动产品的市场份额和销售收入增长，也通过产品加服务的模式提供负载于产品的服务，进而获得更大的利润。

大型装备制造产品通常具有监控设备，监控设备加上服务的模式是工业企业借助工业物联网的新的发展方向和生产模式。服务业通过工业物联网为工业企业提供更加智能化、更具有效率的服务，尤其是生产性服务业提供的研发服务、物流服务、仓储服务、信息服务等。制造企业改变生产模式为其带来更大的附加价值，传统服务业借此向附加值更高的方向进行产业的转型升级。

7.3.2 中国工业云平台的发展现状及建设思路

1. 中国工业云平台的发展现状

在德国工业4.0和"中国制造2025"的背景下，云计算逐渐应用到各行各业中，云平台也随之产生，在信息技术应用到工业的趋势下，各大工业产业开始打造分别应用到各自行业的特色化工业云平台。云平台即提供云服务支持的平台，工业云平台就是为工业提供云服务的平台，它是制造企业与物联网相联结的成果。依托于工业云平台，制造企业将更加便捷地将互联网信息技术融入企业的未来发展中，为企业提供更加优化的生产和发展路径，促进制造业与生产性服务业的互动发展及融合深化，两者之间的边界开始模糊。

我国工业物联网云平台的发展中具有标志性的事件是阿里巴巴对云平台的研究，这推动云平台与众多领域内的产业进行合作，为包括城市基础设施的公共交通、制造业和能源业提供服务。阿里巴巴在2009年研究云平台后，腾讯在2010年开始对外提供云服务。2011年，华为发布云平台，将其应用到制造业、政府和服务业等，华为的研发实力使云平台的技术发展上了新的台阶。其后，鉴于云平台对企业竞争力的提升和基于战略布局的考虑，制造业也开始积极主动开发工业物联网云平台，三一重工开发 WitSight 工业大数据云平台，"智慧风场"和"易维迅系统"是其两个主要应用，主要借助云平台对海量信息进行实时处理，管理分析风力发电机和挖掘机等设备，对云平台进行由内而外的推广。徐工集团工程机械有限公司（以下简称徐工集团）携手阿里巴巴打造"互联网+云技术+制造"的工业经济模式的云平台，融合生产生命周期进程，加上强大的终端接入与集成整合能力，截至 2017 年 7 月，接入设备超 40 万台，采集 5000 余种工种，每天汇集 5 亿多条数据。徐工集团工业云平台的建设的不断完善将为产业链各环节提供更加完善的服务，同时也为更多企业和机构提供云服务。

组织结构和技术结构方面，中国的工业云平台主要包含二维、三维、工程分析和计算服务、数控编程、制造资源协同、数控设备联网和运维监控、协同营销、存储资源、产品模型、3D 打印等服务。中国的工业云平台的技术水平和组织结构已经取得较大发展及有了比较清晰的架构，但工业云平台的发展仍然落后于德国、美国等工业强国，且还需要继续完善，如一些关键技术的开发和应用。

目前中国工业云平台的发展主要面临的问题有以下几个方面，首先，云平台的发展和研发主要集中在几个企业，尤其是研发工业云平台的制造业主要是以企业自身的应用为云平台核心，不能大范围推广到更多的制造业，无法发挥云平台融合服务业与制造业的功能，不能创造更多的效益。政府在宏观上对工业云平台的发展规划也不足。其次，工业云平台提供服务的整体应用没有一个统一的标准，这可能导致应用推广出现问题。政府应该充分了解工业云平台的应用并在战略上促进工业云平台的研发和应用，建立安全信任体系并确定统一的标准，为工业云平台的推广创造条件。

2. 中国工业云平台的建设思路

工业云平台的应用发展促进制造业和信息技术产业的融合，将服务负载于产品上，不仅提高了制造业的生产效率，也促进了制造业和信息技术产业的深度融合和产业升级，更为重要的是将服务与制造产品结合，通过"产品+服务"的方式拓展制造企业市场潜能和获利方式，因此将工业云平台应用到工业企业尤其是各中小制造企业尤为重要。但目前中国的工业云平台的研发和应用主要集中在大型工业企业，且多用于企业内的生产，政府对工业云平台的应用主要是试点、示范的形式，大范围的普及仍需要各界的共同努力。

工业云平台作为面向工业和中小制造企业的服务平台，主要提供的服务包括云设计、云制造、云协同、云资源、云社区，涵盖了企业生产流程的设计环节、生产环节、营销环节等服务。而目前中国工业云平台市场对所面对的问题缺乏统一的标准、传统生产改造成智能化生产困难较大、云计算安全防御等关键技术受到限制，因此在假设工业云平台的时候需要将目前所面对的问题逐一解决。

对于中国云平台的建设可以参考如下建议思路。

第一，政府应充分重视工业云平台的作用，其在产业层面上的对产业进行转型升级的作用及在国家层面上对经济的拉动作用都是非常具有潜力的且具有变革性作用的，因此充分了解工业云平台的各方面建设及现有的发展基础并基于此在宏观战略上给予更大的重视和更为完整的发展规划是十分重要的。战略层次上应该制定合适的发展规划纲要、指导意见或行动指南等，明确工业发展方向。行动上应建设研发中心，促进平台服务，建设统一标准，通过货币政策、财政政策带动更多研发中心、制造业、云数据转移到工业云平台等。

第二，工业云平台的开发到应用的过程是一项非常复杂的活动，涉及许多需要解决的技术难题，因此应有针对性地通过整合研究所、大学实验室、企业的研发机构，做好用户的需求分析以更有效率地做好工业云平台的设计研发工作。

第三，除国家层面上的措施外，省级、市级按城市资源禀赋特点和工业企业及中小制造企业特点，帮助企业向工业云平台迁移，主要包括企业所需云平台服务内容、基础设施的改造问题、企业数据的安全性等问题，符合实际情况的统一标准的建立，可以帮助更多企业通过云平台服务提高企业自身竞争力。

第四，大力宣传工业云平台的应用，通过政府优惠政策和示范等促进云平台服务的推广普及。完善工业云安全信任体系，建立完善的规章制度，保障工业云平台安全稳定高质地应用，以及准备好数据备份措施。做好工业云平台的测评和后续追踪调查，定期开展工业云平台在安全性、可用性、功能性上的评价分析，追踪企业应用工业云平台的情况，发布评价分析和企业的经济效益及发展情况于政府公共平台上，不仅时刻关注企业应用状况也关注工业云平台的发展状况。

7.3.3 基于云平台的传统制造业升级

1. 融入互联网资源的传统制造业升级

随着社会的发展和信息技术的不断创新，互联网不仅包括线上应用平台，广义上的互联网也包括物联网、移动互联网及云计算和大数据等，互联网能够实现产业的资源重新配置、融合互动、商业模式的转变，也可以改变消费者的消费模式，促进产业思维的转变及经济发展的变革。对于体现国家竞争力的制造业，融入互联网也转变着制造业的生产方式、销售方式及组织方式，推动着制造业向前推进。传统制造产业面临的高投入、低附加值的问题如何在互联网的基础上向低投入、高附加值转变是值得深思的问题。

首先，互联网逐渐改变了传统制造业的产品的原材料和零部件等，原有的产品大多由机械和电子部件组成，现在由于信息技术的发展，智能部件及互联部件也被应用到产品中，并借由传感器、数据储存装置、微处理器和软件提供更多智能功能及通过接口、天线和连接协议使产品实现制造商和用户之间的交互功能，传统制造产品实现了产品本质上的更新和升级，为顾客及制造厂商提供了更多价值。

其次，融入互联网也改变了制造业业务流程，产品的研发、生产、销售流程中互联网的应用，改变着传统制造业产品的整个流程。研发过程中应用大数据和新的创新技术，对传统制造业产品进行创新设计。互联网思维影响产品的设计创新过程，互联网的互联作用极大地提高了研发设计的效率。生产过程中应用互联网提高原材料、能源、人力资源及设备的生产效率，融合物联网、大数据、云计算等信息技术的制造业生产过程实现了信息企业生产过程流的自动化、制造业链条的可视化，通过大数据分析的数据提供给相应的人员以达到优化生产流程的目标。销售售后环节由于互联网的融入，改变了销售和售后的模式。销售环节中市场营销从线下广告发展为视频网站广告、自媒体营销等多种营销方式，销售渠道也从零售超市转变为线上网络零售等多种模式。售后模式借助定位系统、即时通信、互联网平台等技术实现线上问题解答、产品实时跟踪等多种服务。

最后，互联网的便捷通信和全球网络化改变了制造业的组织模式，制造企业与供应商销售商建立企业间与企业内的信息化网络，制造业全球网络化改变了制造业的组织管理模式、产品制造价值链，使得企业的管理更加简洁高效，企业内信息流通速度快，在经济全球化的浪潮中更快发现市场需求、制造资源等并迅速做出反应。通过互联网资源的融入，价值链优化也更具有网络化的特征。例如，美的通过"供应商管理库存"和管理经销商库存实现零库存，提高了存货周转率、降低了资金占用、提高了资金使用率，大幅度降低了成本，从而提高了企业的竞争力。

2. 互联网环境下传统制造业升级的技术应用

传统制造企业通过借助互联网环境下的信息技术，能够在研发、生产、管理等多个工作程序实现高效应用，以提高企业的信息化管理水平、提高生产效率、减少管理成本和生产成本，优化企业供应链。了解信息产业的关键技术及这些技术在互联网的应用对制造业的转型升级有重要作用。

云计算是一种为用户提供可配置的、共享基础资源的商业计算模型，云计算供应商能够把大量的节点和网络数据连接在一起，构建数据中心，数据中心可以是一个也可以是几个。企业可基于这些数据向用户提供服务，这些服务包括基础设施如交通服务、存储服务等。云计算应用到制造业中主要是在产品设计、研发生产和销售环节。在产品设计环节运用云计算获得客户对产品的需求情况并根据需求信息设计研发方案。在研发生产阶段，运用云计算获得及时的供应链信息和合适的生产模式。在销售环节，通过云计算发布产品供应和产品使用说明的最新信息。

大数据是指从海量数据中快速获得有用信息的技术，大数据的特征是类型多、体量大、价值密度低和处理速度快。大数据的应用能够提高企业整体的效率、促进组织创新、为企业带来更多利润、促进企业创新及寻找更多利润增长点。大数据在制造业的应用，有智慧生产、智能工厂、大规模定制化生产等。从海量数据中发现价值，有助于企业提高竞争力并指出产业的转型升级的指导性方向。

虚拟制造技术以计算机仿真技术为基础，通过对制造业产品生产环节进行统一建模，形成虚拟产品。应用虚拟技术可以在产品生产前全面模拟生产流程，发现产品的偏误和可以实现的改进空间。这种技术极大地减少了生产成本并保证了产品质量使得制造企业具有较强的市场竞争力。工业 4.0 背景下，虚拟制造技术展现出极好的市场前景。中国的虚拟现实技术还处在理论研究阶段，如引进国外软件，结合国内生产环境进行本土化研究。此外，这项技术主要应用在飞机、汽车、轮船等产品的模拟训练上，如外形和布局、运动仿真、装修检查、性能评测等方面。

除了云计算、大数据、虚拟现实技术，还有其他的信息技术在信息技术与制造业的融合以促进制造业的转型升级中发挥着重要作用。

第 8 章　中国传统产业的绿色升级路径

8.1　中国经济发展中的资源和生态环境约束

8.1.1　资源与生态环境的约束

1. 环境保护中资源的含义

根据环境保护领域的定义，环境指人类赖以生存的各种非人工改造的自然因素及人工加工改造后的自然因素的总称，具体包括水、大气、土地、海洋、矿藏、森林、生物、自然保护区等。联合国环境规划署认为，自然资源，是指在一定时间条件下，能够在目前及未来提升社会福利、创造经济价值的自然因素的总体[125]。社会广泛接受的资源的概念即为自然资源的总体。

较为常见的对自然资源的分类是根据研究对象进行分类，如图 8.1 所示。

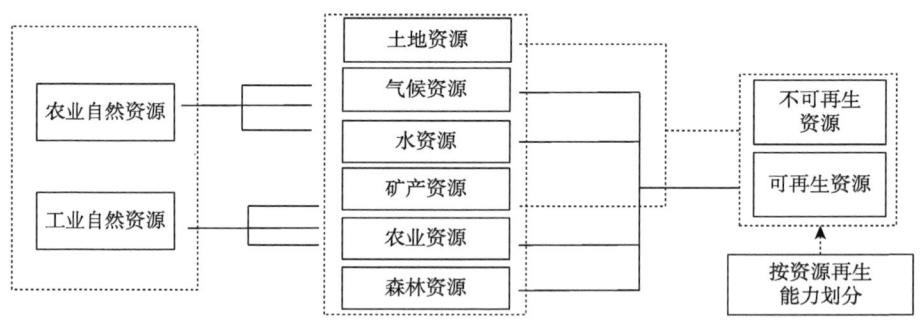

图 8.1　自然资源划分示意图

资料来源：根据文献[126]研究成果绘制

联合国环境规划署关于自然资源的概念界定具有权威性与代表性。一方面,在环境保护领域,无论是自然资源还是环境资源,均与人类生存发展休戚相关;另一方面,从定义的角度来看,自然资源既是不可再生的生命之源,也可以为经济社会创造巨大价值。

西方经济学中自然资源的概念界定经历了漫长的演变过程,目前普遍认同的定义为,在生产经营过程中,自然资源被当作生产要素投入到企业生产过程中去,因而在很多情况下自然资源是生产要素的同义词。19 世纪中后期,新古典经济学最先研究资源配置的问题。1932 年英国经济学家罗宾斯在其代表作《经济科学的性质和意义》[127]一书中首次把资源"稀缺"问题作为经济学研究对象,并认为资源"稀缺"将成为约束人类生产活动的主要制约因素。

根据萨伊提出的"生产三要素"理论[128],他认为生产要素(用于投入生产的资源)包括土地、劳动和资本三种。此后,在经济学视角下研究企业生产行为时,各国学者均以萨伊的"生产三要素"为理论基础,明确揭示阐述了资源在生产制造中的内涵与外延,促使学术界在剖析资源的含义时更加科学、清晰。

2. 中国的自然资源约束

我国在积极参与全球价值分工中取得了巨大经济收益,但同时也对环境发起了严峻的挑战。20 世纪 90 年代,高能源消耗的发展模式,导致我国自然资源出现问题,如过度开采矿藏、日益耗竭的天然气与石油资源、价格飞涨的煤炭资源等。急剧增加的人口数量与飞速发展的工业生产,不断增加对稀缺资源需求量,因而,导致供求间的矛盾进一步激化,自然资源成为制约我国经济发展的重要影响因素。

相对稀缺指数(INDEX)被用来衡量一国资源稀缺性程度,具体包括资源禀赋与消耗两个方面,具体计算公式如下:

$$\text{INDEX} = (ZZ \div SZ)/(ZX \div SX) \qquad (8.1)$$

其中,ZZ 表示我国资源拥有量指标;SZ 表示世界资源拥有量指标;ZX 表示我国资源消耗量指标;SX 表示世界资源消耗量指标。

传统资源分类方法将自然资源分为可再生与不可再生两类。不可再生资源又可细分为两类:一类为不可回收资源,如天然气、石油等消耗资源;另一类为不可再生但可回收利用的资源,如矿产资源等。可再生资源是指,不因人类利用而耗竭的资源,如太阳能、风能等。此外,某些可再生资源的消耗超过可再生的临界点,就会转为不可再生资源。

1)不可再生资源

此类自然资源因其具有不可再生性,故其相对稀缺系数为资源消耗量与资源拥有量之比。本书以我国主要能源物质的相对消耗系数为例,分析我国不可再生资源状况，如表 8.1 所示。

表8.1　2015~2016年我国不可再生资源相对消耗系数

指标	煤炭		石油		天然气	
	2015 年	2016 年	2015 年	2016 年	2015 年	2016 年
消耗量/万吨标准煤	273 873.68	270 231.05	78 824.14	80 623.66	24 532.00	27 144.65
探明储量/万吨标准煤	15 663.10	16 003.60	342.92	381.02	12.37	13.74
工业终端消费量/万吨标准煤	48 510.50	53 900.56	21 280.74	23 645.27	5 992.86	6 658.73
相对稀缺系数	0.36	0.31	0.09	0.10	0.49	0.42

资料来源：根据《中国能源统计年鉴》整理得到

从表 8.1 我国不可再生资源情况可知，我国三大能源中石油和天然气的消耗量保持递增趋势，工业终端消费量增长幅度较大，表明我国资源消耗量大、人均资源紧缺。通过表 8.1 中显示的三大能源相对稀缺系数可知，2015~2016 年我国三大能源的相对稀缺系数均小于 1，石油资源最为紧缺，煤炭次之，表明相对于世界平均水平，我国人均能源是缺乏的，并且形势较为严峻。与此同时，根据图 8.2，我国人均能源消耗总量中煤炭等不可再生资源仍占较大比重，因此能源的匮乏可能会约束我国经济发展速度。

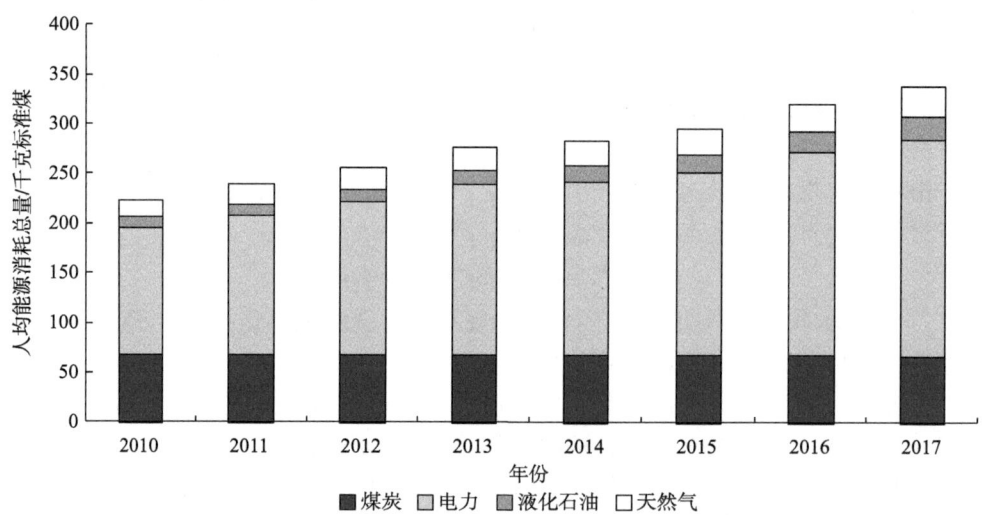

图 8.2　2010~2017 年中国人均能源消耗总量
资料来源：项目组根据《中国能源统计年鉴》数据绘制

此外，我国铁、铝土矿、铜等可回收不可再生资源人均拥有量也不容乐观。虽然我国锡矿资源 2017 年总量占世界总储量的 1/4，但人均量却位于世界排名后半部。伴随我国大力推进供给侧结构性改革,锡冶炼产能与政府力求实现的产能利用率超过 80%存在较大差距。如何降低成本、提高资源利用率成为我国产业结构优化升级的重要影响因素。另外,值得关注的是,我国铝土矿总储量仅为世界总量的 3.1%,镍矿仅为 4.47%,这些资源在我国处于严重的稀缺状态。

2)可再生资源

可再生资源是指能够通过自然力以某一增长率保持或增加蕴藏量的自然资源,但过度开发、无节制地利用,也会打破生态平衡,导致需求大于资源供给,对环境产生不可逆的影响。可再生资源不同于不可再生资源,其相对稀缺程度的计算因消耗量与再生量难以准确估计,通常的方法是,假设各国人均消耗量相等,人口数据是影响消耗量的关键因素。具体计算方法如下:

$$\text{INDEX} = (\text{ZR} \div \text{SR})/(\text{ZX} \div \text{SX}) \qquad (8.2)$$

其中,ZR 表示一国人口数量;SR 表示世界人口数量;ZX 表示一国人均资源拥有量;SX 表示世界人均资源拥有量。

水资源作为可再生资源,随着我国人口数量的激增,对水资源的需求量也在不断攀升。截至 2016 年,我国水资源总量为 32 466.4 亿立方米,总量位居世界第 6 位,但人均水资源仅为世界平均量的 1/4,人均量世界排名 110 位,图 8.3 绘制了 2017 年世界主要国家水资源总量和人均量比较。不难看出,中国水资源总量和人均量之间存在巨大的反差,折射出我国缺水的严重程度,我国已然成为全世界人均水资源最贫乏的国家之一。通过对水资源相对稀缺系数的计算,2015~2017 年我国水资源相对稀缺系数分别为 0.29、0.31、0.32,反映出水资源是影响我国人口与经济发展至关重要的因素。

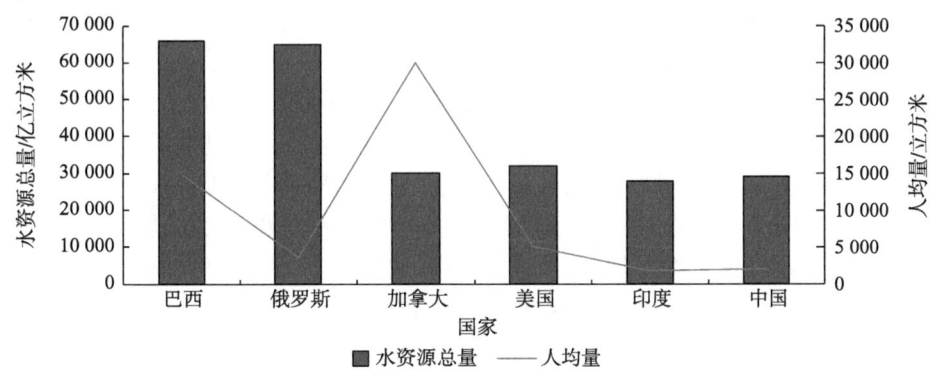

图 8.3 2017 年世界主要国家水资源总量和人均量

资料来源:联合国粮食及农业组织统计数据库

3. 生态环境约束

自然资源与经人工改造后的环境共同构成了一个生态系统,系统中各种元素形成一个自然稳态，缺少任何一部分都会打破生态平衡。资源的稀缺性决定了人类必须合理开发利用生态环境，否则将导致不可挽回的恶果。资源如何开发利用、怎样确定利用限度，决定这些问题的主导因素是生态环境容量。一个生态系统的环境容量越大，其自我清洁与承载能力越强，生态稳定性越强。例如，原始森林的物种越多样，其系统稳定性越强，但一旦遭遇破坏，其恢复性也越差。因此，当工业废物排放到生态系统中去，一旦污染物排放量超过环境系统可承载的上限，那将对环境造成不可逆的破坏，环境容量也相应缩小[129]。环境容量决定经济发展必然受限于生态环境约束，目前有三种生态环境约束理论。

1）有限增长理论

环境保护运动先驱组织罗马俱乐部于1972年发表名为《增长的极限》的研究报告，该报告首次对传统发展模式提出质疑与警告，引起世界对环境问题的关注。《增长的极限》研究发现，人口数量、工业产值等因素不完全是决定经济增长的关键因素，环境承载能力与资源稀缺性才是约束经济发展的重要因素。有限增长理论强调：人口数量的增加引起食物需求量增加，食物需求量增加必然导致资源消耗速率加快、污染物排放量增加，一旦环境损耗率超过环境再生速率，在未来必然出现增长的极限。对于受生态环境约束而导致的增长极限，报告中提出三种规避方法：①控制人口数量，限制投资规模；②降低投入产出率，减缓折旧率；③加快技术创新，实现资本与人口间的平衡，充分发挥技术进步带来的社会价值。不难看出，有限增长理论的中心思想是只有生态环境稳定才能实现可持续的经济增长。

2）分化增长理论

《增长的极限》报告的发表引起了社会各界人士的关注，在此背景下，1974年罗马俱乐部推出了第二份报告，名为《人类处于转折点》。该报告对《增长的极限》中的不足与错误进行了修正改进，将全球不再笼统一概而论，而是根据经济发展、资源禀赋、文化差异等将全球分为十个经济地区。通过搜集这些经济地区的数据，进行较为科学的统计分析，发现截止到21世纪中后期，某些区域或某些国家将会因过度消耗、资源枯竭而发生经济崩溃。《人类处于转折点》报告最后倡导全世界人民共同为解决环境问题做出贡献，抵制人类为获得经济发展而导致的环境恶化，力求将增长模式变为可持续的环保方式。

3）无意外发展理论

未来学派的先驱美国数学家、物理学家赫尔曼·卡恩并不认同《增长的极限》报告中提出的零增长最优的观点，他认为经济与社会不是一成不变的，对于经济发展引起的环境问题持乐观态度，提出了无意外发展理论。无意外发展理论假设一国处于贫困状态，国家的中长期贫困必然激起人民的不满情绪，此时社会将陷于动荡边缘。若引发战争，不但不能解决资源环境问题，反而造成全社会经济与文明的倒退。因此，为了避免悲剧的发生，无意外发展理论提倡对发展必然趋势的认识和接受，对未来保持积极的乐观态度，相信人类能够凭借技术创新、合理规制解决生态环境问题。世界各国只需遵循那些先达到较高等级的社会的发展规律，就会实现无意外增长，资源约束问题也会因科学技术的高速发展而解决。

综上，无论是哪一种理论其争论的核心都围绕着如何解决经济发展与资源稀缺性问题展开，均重点强调环境质量对人类发展的重要性。《寂静的春天》等脍炙人口的作品一再警示世人在有限的生态环境容量下，实现经济与环境的可持续发展是全人类需要共同努力解决的问题。

生态环境是我国经济发展的奠基石，不但约束工业发展速度，也与产业结构是否合理密切相关。近年来，我国经济高速发展，也带来了资源消耗的剧增与污染物排放量的不断增加，环境问题导致我国经济发展的非期望产出进一步制约了全社会福利水平的提高。伴随着我国经济高速发展，出现的生态问题主要包括以下几方面。

（1）水土大量流失。近年来我国洪涝频繁，泥石流等灾害造成水土资源流失面积巨大。中国第二次水土流失遥感调查结果显示，截止到2016年底我国水土流失面积达356万平方千米，其中水力侵蚀面积达165万平方千米、风力侵蚀面积191万平方千米，总体呈现分布广、侵蚀重的特征。

从图8.4可以看出，我国水资源储量整体呈下降趋势，并且由前文分析可知，中国人均水资源拥有量一直低于世界平均水平。水资源的缺乏严重制约着我国经济发展速度。可见，目前我国对水资源的保护利用仍与世界其他国家存在较大差距，特别是在工业发展过程中，存在轻保护、重发展的现象。

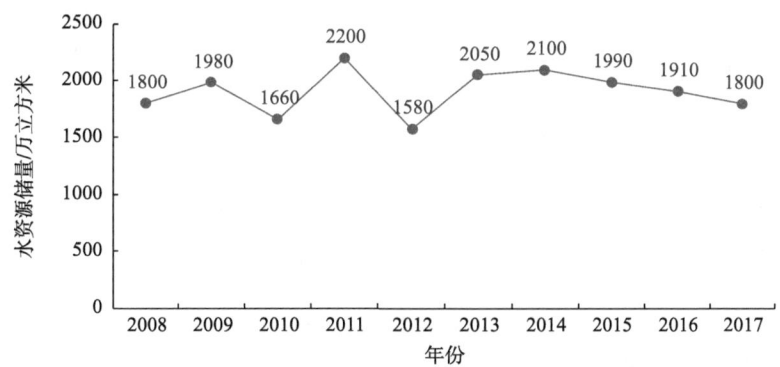

图 8.4　2008~2017 年中国已探明水资源储量

资料来源：项目组根据《中国统计年鉴》数据绘制

（2）土地沙漠化形势严峻。处于内陆地区的西部省区市常年雨水量低于全国平均水平，加之多地风力等气候因素，造成土地沙漠化问题频现于我国西部地区。

另外，引起土地沙漠化形势更加严峻的关键因素是工业大发展，在追求经济快速发展的同时，也出现了过度开垦、乱砍滥伐等不合理利用土地的行为，加剧了土地资源承载能力，以至土地退化。此外，过度放牧使得土地无法得到休养生息，使得土地沙漠化面积不断扩大。2015年我国第五次全国荒漠化和沙化土地检测结果显示，全国荒漠化土地面积为261.16万平方公里，沙化土地面积为172.12万平方公里。土地沙漠化问题对环境与经济构成了巨大威胁，迫切需要行之有效的解决办法。

（3）大气污染严重。从图8.5可以看出，我国工业废气排放总量总体呈增长趋势。截止到2015年，我国工业二氧化硫排放量为1556.7万吨，氮氧化物工业排放量为1180.9万吨，排放量均居于世界前列。工业作为我国经济发展的重要支柱性产业，其引发的环境问题使我国规模报酬下降，大气污染问题也受到越来越多的关注。

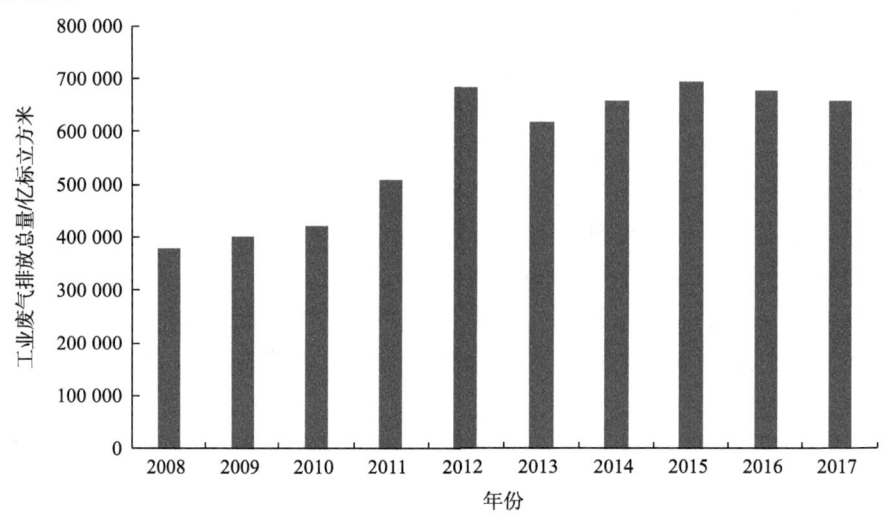

图8.5 2008~2017年中国工业废气排放总量变化趋势

资料来源：项目组根据《中国环境统计年鉴》数据绘制

4. 资源、生态约束难题及其形成机理

资源与生态环境是密切联系的有机整体。不同的资源开发利用方式，将会对经济发展产生不同的影响。粗放式的开发方式，虽然在经济发展初期，给经济提供了巨大动力支持，但伴随着资源的快速消耗，环境问题日益严峻。结合目前中国经济与资源现状，图8.6绘制了资源、生态环境难题形成机理示意图。

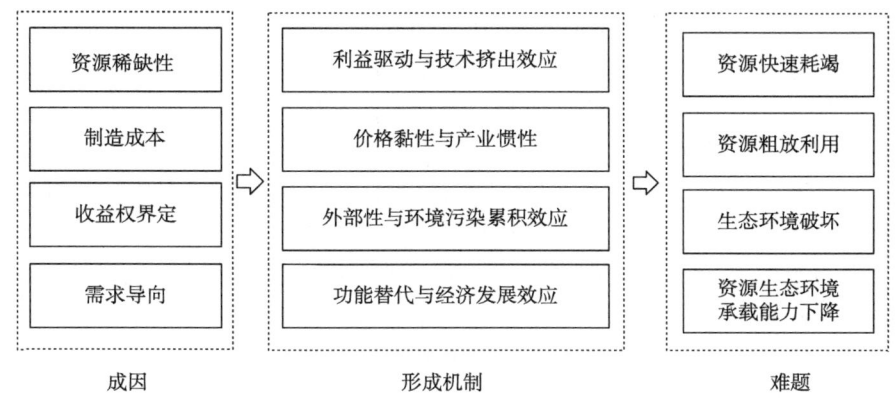

图 8.6 资源、生态环境难题形成机理示意图

（1）利益驱动与技术挤出效应——资源快速耗竭。从世界各国发展历史来看，对于如何开发利用，尚未形成一个合理、成熟的分配制度。资源的收益分配方式，因国家体制的不同而存在差异。生态环境作为资源的载体，在利益驱动下，不可避免地会出现过度开发利用的现象，从而导致对生态环境的破坏。例如，矿产资源价格升高，大量企业和生产要素流向矿产行业，产业规模的扩大难免出现粗放式开发资源的行为，不但导致资源加速耗竭，也会对生态环境产生不可逆的破坏。此外，对于全球大多数国家来说，能源行业技术门槛较低，尤其是矿产等行业资源耗竭速率远超预期。一方面，较高的收益性，促使行业规模不断扩大；另一方面，能源行业也具有收益分配不合理的问题，开采企业往往将资金更多用于扩大资源开采，以至于技术投资不足，资源行业也因此技术创新能力较低，重开采、轻技术的发展趋势，最终导致技术行业不断被挤出资源市场。

（2）价格黏性与产业惯性——资源粗放利用。对资源与生态环境的开采、利用方式，也是影响经济可持续性与环境质量的重要因素。根据 Roberts[130]提出的"物质平衡原理"：来自环境的资源—投入经济活动—留存（如污染排放物）于经济活动中。作为生产要素和经济能源的自然资源，开发利用程度取决于生产技术和产品价格。一方面，能源产品价格可能由于政府干预或行业属性，而遭受不完全定价，导致价格低于市场均衡价格。较低的资源使用成本，意味着生产企业资源利用率和重视程度降低，最终导致资源没有达到最优配置；另一方面，资源行业的"技术挤出"效应，也不利于技术水平的提高，创新动力不足也阻碍资源效率的提升。

（3）外部性与环境污染累积效应——生态环境破坏。环境的负外部性，还可能来自资源的开采阶段：一方面，在资源的开采阶段，可能引起地表土壤破坏、地下水污染、生物多样性的减少；另一方面，资源投入生产制造后，产生大量的污染物与工业废弃物,将会对环境造成二次破坏。这些对环境质量的破坏,可以被归结为生态功能方面破坏与物理实体方面破坏,其中生态功能方面破坏最难被度量,且对区域生态环境的影响最大。同时,资源型区域的大部分生态环境问题基本上都与能源物质等自然资源开发与利用的负外部性及生态污染破坏的累积效应有关。环境污染累积效应往往因环境污染与环境破坏主体不明确,难以有效惩治污染责任主体,从而进一步加剧了生态环境难题。

(4)功能替代与经济发展效应——资源生态环境承载能力下降。在经济发展的过程中,资源、生态环境主要表现为两种功能:一是用作经济发展的投入,即发展功能;二是作为空间和环境载体,满足人类生存和发展需求。资源、生态环境具有自我修复、更新的能力,为人类提供了生存资源与发展空间。但生态修复能力是有限度的,一旦资源、生态破坏突破环境承载极限,人类生存及经济发展的可持续性将难以为继。一方面,资源的过度开采,导致生态系统稳定性与多样性急剧降低,严峻挑战生态系统承载极限;另一方面,超负荷的资源消耗,必然引起资源型产业的衰竭,国家经济发展易受到冲击。

8.1.2 资源、生态环境约束对中国产业发展的影响

1. 生态环境与资源:产业发展的动力源泉

近几十年来,中国经济高速增长的主要动力来源是中国制造业的持续发展,由于传统技术创新和粗放的发展模式,我国制造业在持续发展的同时也带来了一些环境问题。

据统计,2016 年我国一次能源消费总量约为 43.6 亿吨标准煤,其中制造业一次能源消费总量达 28 亿吨标准煤,约占全国能源总量的 64%。我国工业用水量也常年居高不下,2008 年至 2015 年我国工业用水量维持在 1400 亿米^3/年左右,大量的工业用水加剧了我国水资源紧缺的困境。

根据表 8.2 报告结果,按照《国民经济行业分类》(GB/T 4754-2017)标准执行分类统计,在调查统计的工业行业里,2015 年废水排放量位于前几位的依次是化学原料和化学制品制造业、造纸和纸制品业、纺织业、煤炭开采和洗选业,分别占行业废水排放总量的 14.1%、13.1%、10.1% 和 8.2%,四个行业的废水总排放量为 82.5 亿吨,比 2014 年减少 6.4%。虽然我国工业废水排放量得到了一定的控制,但目前工业污水的排放量依然很大。只有从源头上有效控制才能缓解日益严重的环境污染问题,这就要求制造企业实施绿色技术创新来促进企业改革传统的低产出、高污染技术。

表8.2 重点行业废水排放情况（单位：亿吨）

年份	合计	化学原料和化学制品制造业	造纸和纸制品业	纺织业	煤炭开采和洗选业
2011	105.4	28.8	38.2	24.1	14.3
2012	99.6	27.4	34.3	23.7	14.2
2013	90.9	26.6	28.5	21.5	14.3
2014	88.1	26.4	27.6	19.6	14.5
2015	82.5	25.6	23.7	18.4	14.8

资料来源：项目组根据《中国环境统计年报》整理

资源约束要求我国产业进行绿色升级。在全球价值链倡导低碳、节能的背景下，我国经济活动在参与全球价值链分工的过程中，也迫切需要摆脱高能耗、高排放的传统生产方式，力求向高附加值的价值链两端攀升。改革开放以来，高速发展的经济也带来严重的环境污染、资源耗竭问题，产业结构亟须调整到与环境和谐发展。因此，《中华人民共和国国民经济和社会发展第十三个五年规划纲要》提出要加快改善生态环境，推进资源节约集约利用，发展绿色环保产业。《中国制造2025》指出，截至2025年，重点行业单位工业增加值能耗、物耗及污染物排放达到世界先进水平，并提出"创新驱动、绿色发展"的基本方针。大力发展绿色创新技术是我国未来发展方向与关键升级路径，而发展绿色产业的必要性，主要体现在以下三个方面。一是传统制造业以资源消耗为发展基础，依靠资源的大规模投入推动国家工业发展，我国存在着资源总量较高但人均资源拥有量较低的问题。二是一些关键能源物质（如煤炭、天然气等）耗竭速率远超预期，无法满足可持续发展的需求。三是环境承载能力也面临巨大污染物排放量的严峻挑战，食品安全受到大气污染、水污染的严重威胁。显然，资源、生态环境与传统制造业矛盾正日益激化，我国传统制造业转型升级迫在眉睫。

信息技术高速发展要求我国传统制造业进行绿色升级。近年来，随着电子科学技术的迅猛发展，网络化与知识化经济已成为全球经济发展的重要方向。

如图8.7所示，以高新技术产业群为代表的新兴产业群，借助互联网与信息技术，将绿色制造、服务制造、智能制造等先进制造模式推广到全产业链。同时，信息技术的快速发展，也改变了全球制造业生产方式，促使传统制造业向新型制造业转变。此外，网络技术还能够促使制造企业优化资源配置，提升企业智能化水平，降低企业信息获取成本。可见，信息网络化为传统制造业创造了良好的发展机遇。

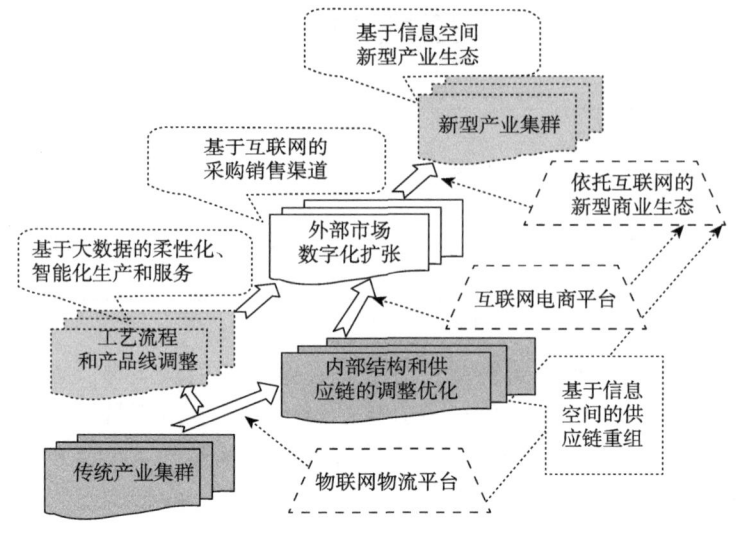

图 8.7 "互联网+"与产业集群升级路径

资料来源：文献[131]

发达国家的"先发优势"要求我国传统制造业进行绿色升级。长久以来，西方发达国家凭借在高新技术产业的绝对优势，制约着我国传统制造业的发展。"先发优势"促使发达国家长期占据全球价值链的高端附加值端，如高端芯片制造、精密仪器加工等高端技术都为发达国家所掌控。在参与全球价值链分工过程中，我国传统制造业因资源消耗型、劳动密集型生产方式，产品技术含量相对较低，位于低附加值的生产制造环节。随着我国劳动力成本的不断上涨，以劳动密集型为主导的传统制造业利润空间被逐渐压缩，传统制造业只有提升技术创新能力、提高能耗利用率，才能从根本上摆脱全球价值链"低端锁定"的困境。

2. 资源、生态环境约束对产业结构的影响

1）资源、生态约束与产业布局

经济若要可持续发展，与合理的产业布局密不可分。曹颖[132]认为产业布局为产业空间组织寻求最佳布局规律，且合理的产业布局能够将不同地区与产业间的资源环境有效配置，以实现生态、经济效益最大化的目标。此外，产业布局的合理性还体现在生态效益与经济效应的互惠互利、和谐共处上[133]。

根据经济学原理，在资源配置过程中，要素往往流向富有竞争力的行业，有利于该行业的技术创新，从而实现整个产业的优化升级。以水资源为例，其对产业布局的影响主要体现在两方面：水资源影响产业布局和水环境影响产业布局。水资源影响产业布局，指在我国水生态目标下，产业发展规模、开发强度受到水资源承载

能力的限制[134-135]。水环境影响产业布局，指在有关水质、水量等一定的目标下，水体资源纳污能力与自清洁能力对产业区域布局排污的限制性影响[136]。关于水资源对产业布局的影响相关案例如下。

（1）案例一：铁岭市水资源约束下产业布局。

铁岭市地处辽宁省北部，对辽河流域的经济发展起到重要的作用。但随着近年来经济快速发展，水资源对铁岭市产业优化的约束日益严峻。根据《铁岭统计年鉴》《铁岭市水资源公报》等相关数据，以及邬娜等[137]的研究可分别将铁岭市水资源与水环境约束情况通过聚类分析划分为高、中、低三个等级，具体水资源和水环境约束分区指标体系如表8.3所示。

表8.3 水资源和水环境约束分区指标体系

目标层	准则层	子准则层	指标层	权重
水生态约束	水环境约束	水环境容量	COD容量	0.122
			氨氮容量	0.119
		水环境压力	建设用地比例	0.073
			单位GDP的废水排放量	0.111
			单位GDP的COD排放量	0.102
			单位GDP的氨氮排放量	0.100
	水资源约束	水资源供给压力	水资源可利用量	0.109
		水资源压力	万元GDP用水量	0.101
			水资源利用强度	0.094
			工业用水重复利用率	0.078

资料来源：文献[137]

注：COD英文全称为chemical oxygen demand，中文含义为化学需氧量

结果显示，铁岭市东北部地区产业布局显著受到水环境约束，而中西部地区产业布局则显著受到水资源约束。在水环境约束下，显然，东北部地区不适宜发展造纸业等耗水量大、污染密集型制造行业，应鼓励发展生态旅游业、服务业等环保低碳行业；在水资源约束下，中西部地区应改造与限制冶金等传统污染型制造行业的发展，鼓励发展生物制药、特色农产品加工业等绿色行业。以新兴性产业为发展重点，着力平衡各区域间资源、环境、经济的发展速度，有针对性地调整产业布局，实现产业合理优化升级。

（2）案例二：江苏省太湖流域水环境约束下产业优化调整。

太湖流域主要位于江苏省境内，在对江苏省经济发展起到巨大支撑作用的同时，也因连年的污染排放，使得水生态环境遭到破坏。根据表8.4中杨清可

等[138]针对太湖流域制定的水环境评价体系,可计算出太湖流域水容量与水环境约束情况。

表8.4 水环境约束分区指标体系

目标层	系统层	指标层	作用方向	权重
水环境约束分区	水环境容量	水质目标	-	0.1554
		清水通道	-	0.1125
		集中式饮用水源地	-	0.2102
		地貌特征	+/-	0.2423
		水体通达性	+	0.2796
	水环境压力	建设用地比重	+	0.1758
		常住人口密度	+	0.1852
		地均 GDP	+	0.1473
		工业 COD 排放	+	0.1537
		废水排放强度	+	0.1885
		农业污染强度	+	0.1495

资料来源:课题组根据文献[137]整理

注:"+"表示该指标会增加水环境约束,"-"表示该指标会减少水环境约束

结果显示:水容量大的城市如苏州常熟、太仓等地,水体富有通达性,纳污能力较强。不同于高水容量的江苏东北部地区,西南部地区因多丘陵,水资源承载能力较弱;而在水环境压力方面,太湖流域中常州等城市中心区域水环境压力最大,这也说明人口数量大、建设用地比例高的地区,工业污染物排放量大,生态环境易受到污染。

鉴于江苏省水资源现状,江苏省政府提出针对性经济发展方案:对于环境承载能力较强、水容量较充沛的地区,在污染排放达标前提下,允许少部分污染密集型行业进入;对于环境承载能力较低、水量相对缺乏的地区,大力推动技术密集型、低污染物排放的生态友好产业的发展。

通过上述两个关于资源约束对产业布局影响的案例可以看出,只有依据地区资源禀赋有针对性地调整资源结构、实施合理环境规制政策,才能达到调整优化产业结构的目的。结合上述案例研究,本书认为资源、生态约束对产业布局的影响主要体现在三个方面。

第一,从资源、生态环境对产业布局的重要性来看,资源与生态是产业布局形成与产业快速发展的基础,图 8.8 描绘了生态承载力与产业布局之间的关系。一方面,合理的产业布局与丰富的资源密不可分,随着产业区域内经济发展水平

的提升与资源的消耗，资源、生态环境对产业结构、产业布局的约束作用也越来越明显，迫于资源约束的压力进而实现产业结构优化升级，最终脱离资源约束；另一方面，对于资源匮乏、生态环境相对脆弱的地区，产业布局不仅依赖于资源储量，还受到当地科技发展水平、市场结构等因素的影响[139]。

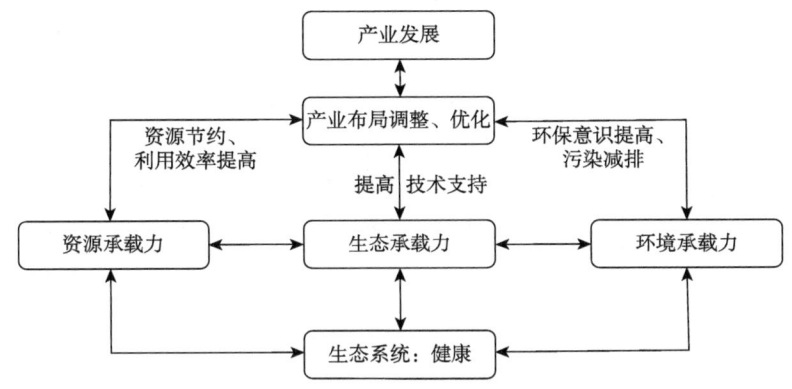

图 8.8　生态承载力与产业布局之间的关系

资料来源：根据文献[138]绘制

第二，从资源配置方面来看，资源配置的质量与规模是影响产业布局最重要的因素之一。生产部门间的资源配置差异，往往决定了该行业是否具有市场价格竞争优势。稀缺性越严重的生产要素，原材料市场价格也越高昂，越不利于该行业获得竞争优势。但同时，也促进了产业通过改进生产工艺、寻求技术创新等，提高全要素生产率，降低能源消耗，最终达到产业优化升级的目的。

第三，从资源禀赋状况来看，产业布局通常与该地区资源禀赋状况相匹配。在产业布局形成的初期阶段，生产投入多以不可再生、耗竭型资源为主，可回收利用的再生资源所占比重较小；在产业布局形成的中期阶段，地区内产业能源利用种类与数量趋于稳定，资源的开发与利用促进产业规模进一步扩大；在产业布局形成的终期阶段，资源对产业发展的约束已经十分明显，产业发展速率提高进入瓶颈期，资源倒逼产业转型升级，产业布局也步入新格局。

2）资源、生态约束与产业转移

产业转移指区域发展不同阶段所引起的产业空间分布变化的过程[140]。产业空间分布变化又分为空间地理位置分布的变化与产业规模变化引起的空间分布变化[141]。在工业快速发展的背景下，某些资源性产业，对资源的需要往往需要通过市场交易进行购买，但随着资源稀缺性进一步加剧，资源价格高涨。此时，资源性产业通常依据资源分布特点，进行有目的的、以资源分布为导向的产业转移。具体地，资源、生态约束影响产业转移路径如图 8.9 所示。

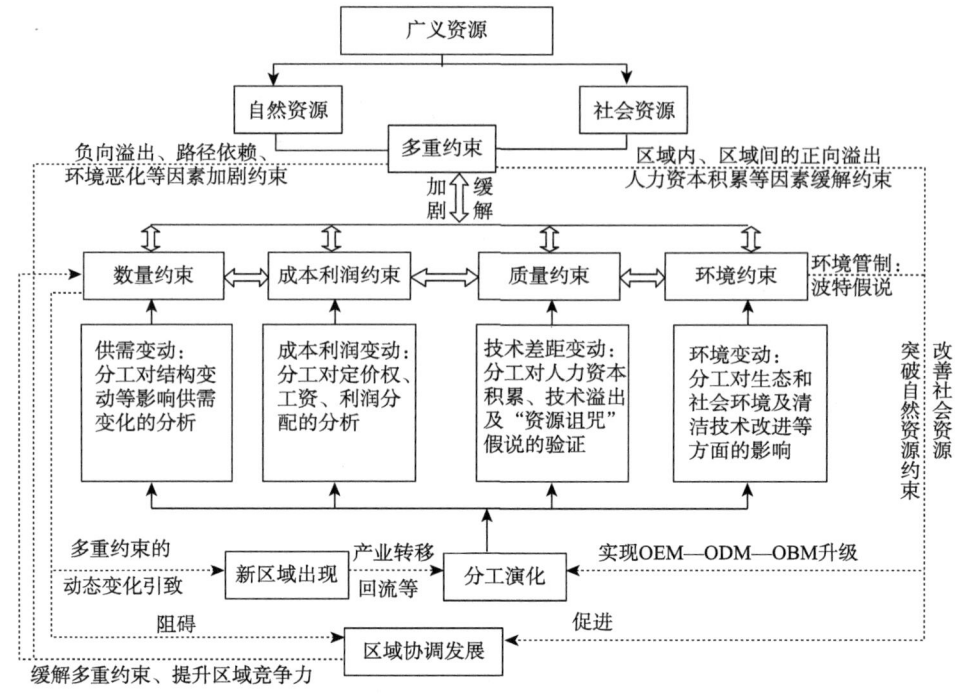

图 8.9 资源、生态约束影响产业转移路径

资料来源：文献[142]

ODM 全称为 original design manufacturer，中文含义为原始设计制造商

一般地，产业转移可分为两类：一是集聚性产业转移，二是扩散性产业转移[141]。集聚性产业转移强调在特定区域与时间内，某区域因资源禀赋和地理优势，促使该区域内产业规模报酬递增，从而吸引更多的产业集聚于该区域。与集聚性产业转移不同，扩散性产业转移主要由于资源供给变化或产品需要改变，引起产业从资源供给或产品需求水平较高地区向水平较低地区转移。基于上述分析，不难看出，资源、生态约束下的产业转移显然更符合扩散性产业转移的特征。

本书根据最新发布的《国民经济行业分类》（GB/T 4754-2017），借鉴覃成林和熊雪如[140]的方法计算专业化指数，选取金属制品业、非金属矿物制品业、黑色金属冶炼和压延加工业、有色金属冶炼和压延加工业作为资源密集型制造行业代表，借鉴《中国工业统计年鉴》相关数据，将全国区域划分为东部地区、中部地区、西部地区，以研究我国资源、生态约束下，产业转移的现状与趋势（图 8.10）。

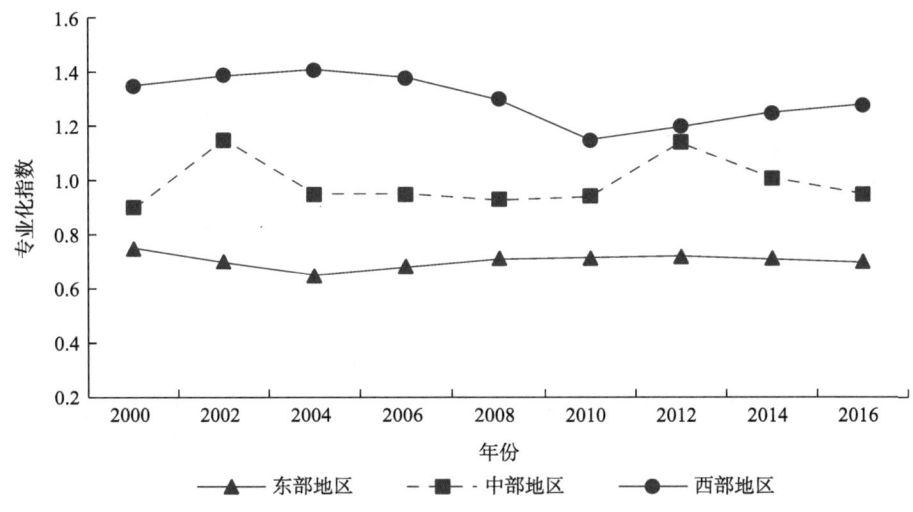

图 8.10　2000~2016 年中国资源密集型制造业专业化指数变化
资料来源：项目组绘制

从图 8.10 可以看出，东部地区专业化指数最低（均低于 0.8），西部地区专业化指数最高（平均值高于 1.25），中部地区在两者之间。资源密集型制造业主要分布于中西部地区，这也与中西部地区资源禀赋情况相匹配。三大区域专业化指数各自变化趋势可以反映出：东部地区 2002 年出现明显的下降趋势，中部地区 2002 年显著上升、2012 年显著上升，西部地区 2000~2008 年专业化指数相对平稳，2008 年出现下降，2012 年又稳步回升。通过东部、中部、西部地区专业化指数分析，可以证明中部地区、西部地区确实出现了资源约束下的扩散性产业转移，并且呈现转入、转出的双向动态变化过程。此外，东部地区产业因我国发展政策及其资源禀赋状况，也表现出扩散性。产业扩散对我国制造业产业转移的重要作用已经体现，如何调整产业结构，促进产业升级成为解决我国资源短缺的当务之急。

生态环境作为产业转移的空间介质，与产业转移带来的经济、环境质量变化密不可分。因此，产业转移造成的环境问题越来越成为全球经济发展关注的焦点。Walter 和 Ugelow[143]认为，严格的环境规制促使污染密集型制造行业未来降低治污成本，选择向规制水平较低的欠发达地区转移，该理论后来被称为"污染避难所假说"（hypothesis of pollution haven）。除了环境规制力度，资源禀赋、能源利用效率、区位条件等也是驱动产业转移的关键因素，污染产业的转移对于环境质量的影响最大[144]。

何龙斌[145]对污染型产业实证研究发现，污染密集型产业表现出东部地区转出，西部地区转入，东部、中部地区双向转移的动态变化。马丽梅和张晓[146]研究发现，经济发展与环境污染的空间联动性因产业转移而加剧，"绿色调整"未能借由产业转移在欠发达地区实现,反而产生一定的"黑色调整",使欠发达地区的环境质量进一步恶化。刘友金等[147]认为我国污染密集型产业正从东部发达地区向中西部欠发达地区扩散转移,因产业转移带来的污染转移不利于当地环境质量的改善,并且污染型制造行业对环境污染还表现出行业异质性。

综上,从现有研究成果来看,学者对生态、环境约束下产业转移带来的环境污染问题已经普遍达成共识。产业转移带来的环境污染问题,在我国具体表现在三个方面。

第一,跨国企业将高污染、高耗能初级产品转移至我国生产,引起严重的环境问题。发达国家通过跨国公司将污染密集型企业转移到发展中国家,承接国成为新的"污染避难所"。例如,2016年美国、日本及欧盟等,从我国进口稀土总量高达4.7万吨。稀土生产属于重度污染型行业,其在我国生产制造必然不利于我国构建清洁低碳的产业结构,对我国环境质量造成严重破坏。

第二,重污染性生产工艺及设备转移至欠发达地区,造成该地区环境污染严重。发达地区通过生产合作的形式,将已经过时的生产设备转移至欠发达地区。过时的生产工艺或生产设备排污量大、能耗高,因此造成生态环境污染与能源的浪费。因此,我国先后出台环境政策,限制重污染设备、危害生态环境的生产工艺的进口。

第三,能源消耗型、劳动密集型产业转移,引发资源耗竭、生态失衡。资源、生态约束还促使某些国家或地区,出于保护本国或本地区资源的目的,通过寻租获得资源丰富地区的生产许可或凭借其技术优势,以合资的方式在资源储量丰富地区进行大量资源消耗性生产,从而导致资源被过度开发利用。

3)资源、生态约束与产业结构

我国产业结构现阶段面临两个主要问题:一是我国第二产业产能过剩;二是第三产业比重偏低。根据2017年《中国统计年鉴》数据,截止到2016年底,我国第二产业占GDP比重为39.8%,第三产业为51.6%。第三产业总产值虽超过GDP的一半,但与美国、日本等发达国家第三产业增加值占GDP比重仍存在较大差距。我国与发达国家第三产业增加值比重对比如表8.5所示。

表8.5 世界主要国家产业比重

指标	美国		日本		中国	
	2000年	2016年	2000年	2016年	2000年	2016年
第一产业增加值比重	1.2%	1.1%	1.5%	1.1%	14.7%	8.6%
第二产业增加值比重	23.2%	20.0%	30.0%	28.9%	45.5%	39.8%
第三产业增加值比重	75.6%	78.9%	68.5%	70.0%	39.8%	51.6%
人均GDP/美元	36 450	57 467	38 532	38 894	959	8 123

资料来源:项目组根据《中国统计年鉴》、OECD(Organisation for Economic Cooperation and Development,经济合作与发展组织)数据库数据整理

从表 8.5 中数据可以看出，我国产业结构与世界先进国家相比，结构还很不合理，尤其是第二产业、第三产业的比重失衡仍是我国当前迫切需要解决的问题。目前，我国经济进入新常态，推进产业结构的优化升级的同时，也对资源环境产生了双重影响，本书认为资源生态环境与产业活动间呈倒"U"形曲线关系：当达到资源生态环境的"门槛值"之前，科学合理利用生态资源将有利于企业技术创新，有利于优化产业结构，实现产业绿色升级；一旦超过资源生态环境可承受的"门槛值"，生态环境的自我恢复稳态被打破，生产资料将趋于耗竭，资源的稀缺将抑制产业的发展。

资源、生态约束倒逼传统制造业优化产业结构。资源、生态环境对传统制造业产业结构的影响，主要体现在资源配置程度、资本投入、技术水平及劳动力的配比关系等方面。尤其是，资源配置程度通过影响传统制造业供给侧对其产业结构产生重大影响。在经济发展的任何阶段，资源丰富度都是制造业发展的基础，一旦资源耗竭，绝大多数传统制造业将不复存在，产业发展也将无从谈起。

从世界制造业发展历程来看，自然资源相对富足的时期，产业结构演进速率较慢。随着资源被大量消耗，地域间资源丰富度差异也逐渐显现。资源富足的地区因资源投入成本低，通常第二产业比重较高。而资源相对匮乏的地区，资源投入成本较高，促使制造企业寻求新的经济增长点。图 8.11 产业结构优化过程明示了资源、生态约束下产业结构优化升级的过程：传统制造业可以通过技术创新突破产业结构优化过程中的资源、生态约束。该产业结构优化过程还表明，传统制造业需要提高绿色技术创新能力，借助"资源—产品—再生资源"的低碳循环利用生产方式，提高能源利用效率。

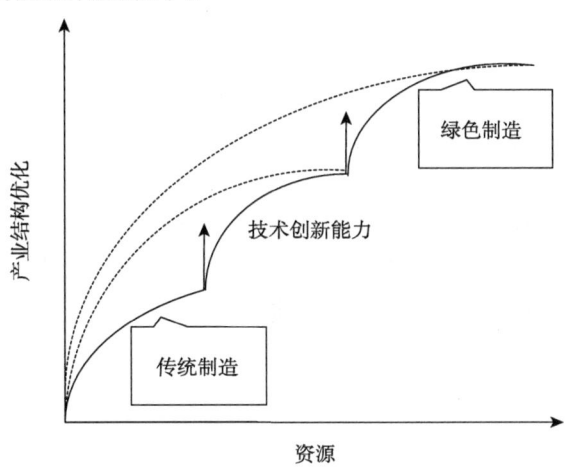

图 8.11 资源、生态约束倒逼传统制造业升级示意图

值得注意的是，资源约束对产业结构的影响在完全竞争的市场条件下是可行的，但这一变化过程中往往会出现竞争和政府干预。政府的补贴行为，实际上让更多企业放弃搜寻产业升级的创新路径，而安于享受政府补贴所带来的成本优势。因此，适度、合理的政府补贴政策也是确保传统制造业产业结构优化升级的关键影响因素之一。

3. 资源、生态约束下产业升级面临的挑战

长期以来，我国制造业以劳动密集型、能源消耗型为主，粗放式的经济发展模式导致我国能源消耗速度快、大气污染等环境问题严峻。制造业在给人类制造财富的同时，也产生了很多的废弃物，破坏了人类赖以生存的环境，是当前环境污染的主要污染源头。如何合理进行制造业升级来减少污染物排放，改善生态环境成为当期的重要课题，目前采用的治理方式是选择在产品过程末端治理，但是这种方式成本很高，而且跨部门、边际成本高，导致经济效益下降，无法从根本上解决当前问题。想要根治环境问题，必须从宏观、微观和中观的角度切入：在宏观上遵循热力从高到低传播的热力学第二定律；在微观上使用绿色原料、采用绿色工艺；在中观上推广工业制造生态化的科学原理。近年来，学者一直在探寻解决制造业环境污染的更好路径，20世纪末期曾取得了巨大突破，产业结构发生了全球性的变化，人们对环境治理和环境保护的关注度越来越高，一股绿色洪潮在全球范围内兴起。越来越多的企业开始理性地从环保角度去设计自身的产品，不仅仅拘泥于形式上的突破，更着眼于理论上的创新，从深层次探索自然环境和工业生产之间的可持续发展关系，希望在人、社会和自然之间建立和谐发展的关系，这是人类工业设计史上的一次重大变革，绿色制造慢慢成为当前制造业发展的趋势之一。

传统的工业制造模式是一个单向经济过程，将资源制造成产品，排放生产过程中的废物废气，实现了一时的利益，却忽略了资源能源消耗和污染等问题，目前我国的制造业大都是采用这种制造模式，这种直接从大自然获取原料，然后在将资源处理成工业材料的过程中，产生了大量废料、废气、废水等污染物，排放到大自然中，污染了环境，破坏了生态平衡。但是制造就是如此，不仅设计需要投入大量的资源，调度资源也需要消耗大量的人力物力，过程中难免产生一些环境污染的问题，资源的浪费更是没办法避免。尤其是很多设备完全损耗之后就只能沦为废弃物，造成了极大的浪费，而且很多有害物质无法回收和处理，对大自然也造成了危害。

4. 绿色制造的发展对我国制造业的影响

（1）绿色材料选择模式。制造业升级必将伴随着生产原材料的升级，如何选

择材料及选择怎样的材料成了重中之重。在过去，企业在材料选择方面一直聚焦于材料的功能和性能，从而导致很多材料虽能给企业带来高额利润，但对社会回收及环境治理造成了严重的困扰。因此，材料的选择在绿色制造过程中尤为重要，绿色材料不仅能避免材料的浪费，提高材料的回收利用率，还能减少材料对环境带来的威胁。

（2）绿色的设计模式。过去，产品设计更关注产品性能和功能。目的性很单一，为了制造和实现产品功能而设计，很少有人将自然环境这一重要因素纳入设计考虑范畴内。同时，也忽视了产品在设计及制造中对环境的影响。绿色设计模式的核心是在产品设计、制造和服务全流程中，在保证产品实用性的前提下，兼顾产品的环境效益。实现绿色设计模式的具体措施主要包括以下几个方面。

第一是简化产品。在产品的设计阶段充分考虑零部件及原材料的选择，尽量选择多功能的部件和材料，避免使用无实用价值的冗余部件，减少资源和能源损耗，减少废弃物等污染物排放。

第二是工艺方法。在产品生产时尽量选择绿色轻污染、小能耗的生产工艺，避免使用有有害污染排放的生产工艺；产品也要考虑组件化，尽量将部件设计成可拆卸的部件，组装简易化，部件可更换，这样有利于产品维修，使产品能够多次利用并且有利于产品零部件的回收。

第三是回收再利用。传统制造业中，生产的产品一旦损坏就会成为废品，很难再从中获取到有用材料，从而被直接遗弃，这样不仅使得企业的生产成本升高，而且环保性能极差。在新兴的绿色制造业模式中，在产品的设计中，应充分地考虑产品的可回收性，将产品损坏或报废后如何进行回收利用的环节设计在内，设计出性价比最高的方案，使资源能源效率最大化，实现产品设计绿色化。

（3）绿色制造工艺模式。现在很多企业依然采用牺牲资源来弥补技术缺陷的生产模式，这种生产模式中资源有效率不高，技术含量相对较低，消耗大量的资源，但无法保证产品的质量，从而导致生产失败率增加，资源无法有效利用导致环境破坏，而且很多情况下这种破坏是不可逆的，无法治理。为了解决这一系列的环境问题，绿色制造工艺模式尤为重要，该模式不仅能解决环境问题，还能够提高生产效率，且具有很高的社会经济效益。

（4）绿色管理模式。在企业的发展过程中，管理起着至关重要的作用，制造业当然也不例外。近年来，很多企业为了提高生产效率，提升自身的市场竞争力，开始使用绿色管理模式。为了解决企业的环境污染问题，我国也着手通过法律手段强制环境污染企业使用绿色管理模式，提高企业绿色环保意识，主张预防为主，重在防治，结合企业自身实际情况，因地制宜地制订契合企业自身的绿色保护方案。

8.1.3 产业升级的生态环境保护目标

1. 我国生态环境污染状况

中国经济腾飞发展的背后是自然资源的消耗与生态环境的破坏。随着中国经济发展势头的不断增强,人们不再盲目追求物质需求,而是转向生存需求,对生活环境的质量要求越来越高。这便引发人们对经济活动所产生的环境污染问题的深思。人们逐渐意识到,粗放式的生产活动所造成的破坏不仅使得当代人饱尝恶果,而且如不加以约束治理,也会使子孙后代深受其害。我国在改革开放初期,引进了一些外资,成为外国代加工厂,造成了环境的污染。现如今,我国经济取得骄人成绩,对于经济增长的积累方式应该做出深刻反思,转变传统的经济发展方式,为使子孙后代能够生活在一片蓝天下而打响经济、环保双赢的保卫战。

在"十二五"期间,根据国家统计局公布的数据,我国环境污染治理投资总额从 2011 年的 6026.2 亿元增长到 2014 年的 9757.5 亿元,且其占 GDP 的比重从 2011 年的 1.24%增长到 2014 年的 1.52%。这说明我国政府高度关注生态环保问题,并积极寻求对策治理环境污染问题。我国环境污染状况在政府倡导治理下虽有所好转,但环境污染局势仍然严峻。从图 8.12 中可以看出,我国三废(废水、废气、一般工业固体废弃物)排放总量在总体上虽有所下降但数值依然很大,这表明我国的环境污染治理道路依然任重而道远,需要政府不断引导才能改善。

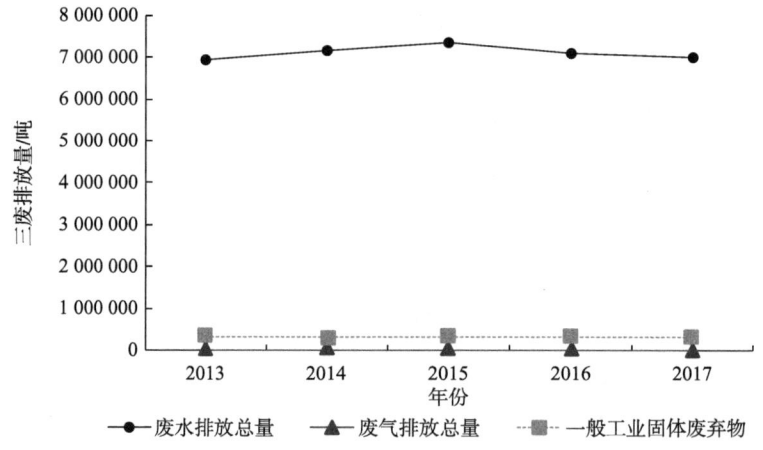

图 8.12　2013~2017 年我国三废排放情况

资料来源:项目组依据《中国统计年鉴》《中国环境统计年报》数据整理并绘制

从图 8.13 可知,工业行业所产生的废水排放量在全国废水排放总量中的占比虽呈降低趋势，但仍可见其比重之高，因此应视为环境治理的主要领域。

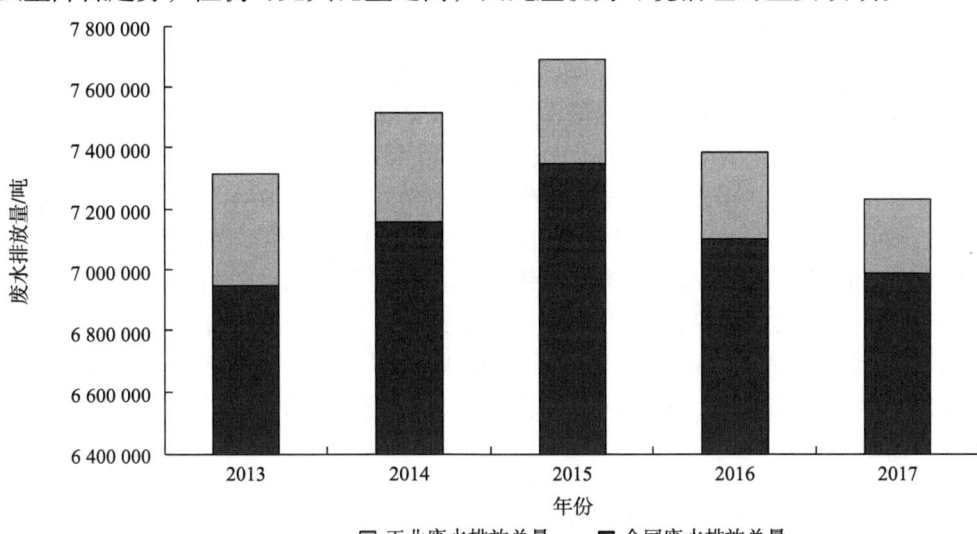

图 8.13　2013~2017 年中国废水排放量趋势

资料来源：项目组依据《中国统计年鉴》《中国环境统计年报》数据整理并绘制

从图 8.14 可知，工业废气（此处以工业二氧化硫排放总量替代）排放量在全国二氧化硫排放总量中的占比，不难看出工业行业的废气排放量总量依然庞大，需要进行着重治理。工业行业虽然是拉动经济增长的支柱行业，但同时也是污染排放物数量较多的行业。关注工业行业，对于我们解决经济增长和环境保护之间的矛盾具有重要意义。

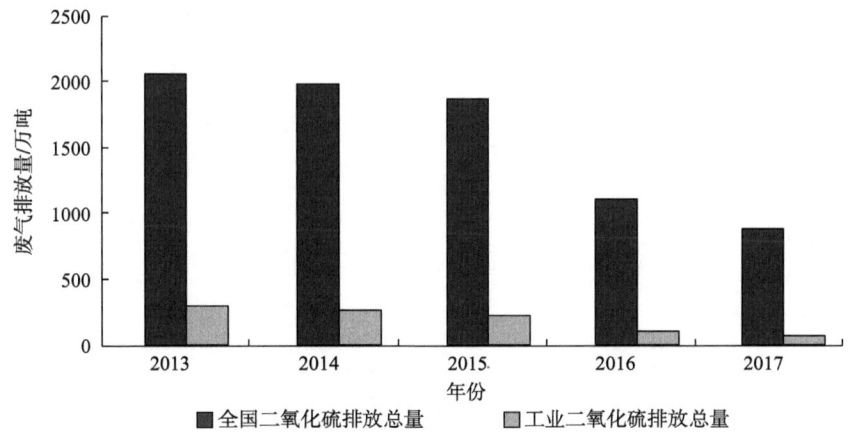

图 8.14　2013~2017 年中国废气排放量趋势

资料来源：项目组依据《中国统计年鉴》《中国环境统计年报》数据整理并绘制

目前我国的能源使用率虽有所提高，但与发达国家相比仍然较低，能源的消耗强度仍然偏高。2014年我国公布的《国际统计年鉴》显示，我国2011年每生产10 000美元的GDP要消耗6.5吨标准油，分别是日本、德国和英国的6.5倍、6.37倍和8.23倍，由此可见我国能源消耗强度较发达国家而言仍然很高。图8.15绘制了中国、日本、德国、英国及美国能源使用量，中国能源消耗位居前列，能源需求量依然巨大。根据世界银行公布的统计数据可知，2014年我国的能源消耗强度达到每1000美元175.31千克标准油，分别是日本、德国和英国的1.88倍、2.02倍、2.41倍。自加入世界贸易组织以来，我国的二氧化碳排放总量就一直呈快速增长态势。根据世界银行公布的统计数字可知，我国2014年的碳排放总量是2002年碳排放总量的2.67倍，且从图8.16中可以看出，我国人均二氧化碳排放量虽低于世界平均水平，但下降速度缓慢，这说明了我国当前的环境污染状况之严峻、治理之迫切。

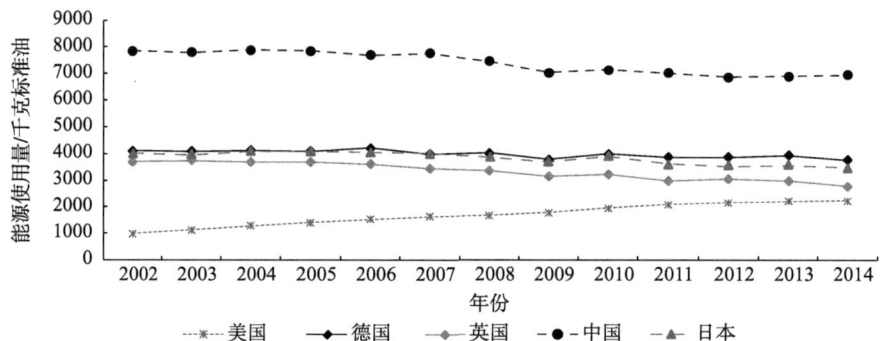

图8.15 中国、日本、德国、美国、英国能源使用量比较

资料来源：项目组依据2003~2015年世界银行数据库数据整理并绘制

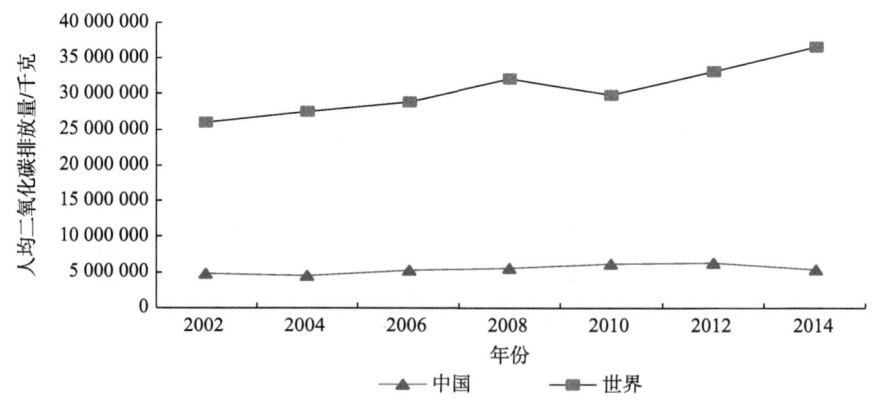

图8.16 中国人均二氧化碳排放量与世界人均二氧化碳排放量比较

资料来源：项目组依据世界银行数据库数据整理并绘制

2. 推动产业升级的生态环境保护目标

面对我国环境污染的现状,党中央高度重视并积极部署。生态文明建设一经提出便获得了极大拥护,党的十八大明确将其纳入我国建设的五位一体总体布局中,在党的十八届三中全会中提出要加快建立系统完整的生态文明制度体系,并在"十三五"规划中明确提出生态文明建设取得新进展。这一切都表明我国高度重视生态保护并已将生态文明建设上升到国家战略的高度。环境污染的严峻现状催促我国加快转变经济发展方式,调整产业结构,进行产业升级,淘汰高消耗、重污染、高排量的重化工业部门,实现产业清洁化生产。产业绿色升级的过程动态地包含上述目标,是将生态环保理念嵌入经济发展过程中的高级选择。其在结构调整过程中内在地包含如下目标。

(1)低耗能。传统的粗放式生产方式能够促进经济增长,是建立在我国资源丰富的基础上的,而这种生产方式的投入产出比率很大,生产过程中产生的能源浪费现象严重,所带来的生态代价也极大。在粗放式生产方式拉动经济增长期间,因技术水平低而只能单靠投入拉动产出的生产模式使得我国的自然资源遭到大面积开采,因生产而开采资源所造成的生态破坏带来的后果也较为严重[148]。我国工业部门的生产活动所依赖的能源大多为一次不可再生能源,这些能源的数量看似庞大其实有限,粗放式的开采与使用使得这些资源濒临枯竭。实证研究表明,提高能源的使用效率能够有效改善现行的生态环境质量[149]。因此,产业绿色升级的环保目标之一,就是要降低资源的消耗率。政府通过环境规制促进高耗能、高污染的企业摒弃落后的生产方式,运用外部约束力迫使企业进行绿色技术创新,促进企业提高资源运用率或刺激企业寻求可替代的清洁能源进行生产,从而减少生态资源的浪费,保护日益减少的生态资源,寻求可持续发展。

(2)低排放。根据国家统计局公布的数据可知,我国目前的废水、废气、固体废弃物排放总量虽较以前有所下降,但数值依然庞大。我国各区域的污染状况虽有其特性,但技术水平和能源利用率的提高对于区域污染的治理能够起到显著作用[150]。近年来,在可持续发展的理念下,我国环保事业逐渐发展,环保治理投资总额逐年增加,环境污染治理投资在 GDP 中的占比也越来越高。这在一方面说明了我国对于生态环境保护的重视度逐渐提高,另一方面也说明了我国的三废排放总量仍属于超高水平,需要投入大量的资金进行治理。三废排放不仅增加了生态环境的负荷量,而且对其的治理也加重了国家财政支出负担。近十几年来,我国因能源消费而产生的二氧化碳排放量中,工业部门的排放占比一直高居首位,降低生产部门的能源使用量是实现节能减排的关键所在[151]。因此,推动产业绿色升级的环保目标之一,就是通过促进企业进行绿色技术创新,提高资源的利用率,从源头上降低有害物的排放数量,给生态环境减负。

（3）低污染。粗放式经济发展所引发的不仅是资源的浪费，更是人类赖以生存的空气的污染。实证研究表明，中国各省区市的环境污染状况显著不同，雾霾污染与经济增长间的关系呈"U"形，位于东部的大部分地区的污染现状处于"U"形的递增阶段[152]。经济的不断发展在提高人们收入水平的同时也使得人们的需求不再仅停留在物质水平，而是更多转向对生存环境的需求。随着国际上环境保护理念与节能减排观念的提倡与盛行，我国对于生态环境保护也越来越重视，环保意识也越发深入国民人心，政府与公众对环保的关注度也越来越高，这就逐渐引起了人们对产生污染的经济活动的强烈反思。提出绿色产业升级，就是要促进企业对现有的技术水平进行革新，提高企业自身的创新能力，使企业在生产的过程中降低污染，并对生产时产生的污染物进行技术处理以达到循环利用的标准，从而实现环境保护的目标。

8.1.4 生态环境约束下产业升级面临的挑战

1. 绿色技术创新动力不足

在绿色技术创新的过程中遇到问题在所难免，其中外部经济性问题最为严峻。从企业层面上看，企业技术薄弱、管理制度落后、资金和人才的匮乏是导致企业实施绿色技术创新动力不足的主要原因；从国家政策层面看，政策支持是保障企业绿色技术创新积极性的强大后盾，不合理、不完善的激励制度必然不利于绿色技术创新的实施与推广；从公众角度看，绿色创新、绿色消费理念也没有深入人心；从法律角度看，现阶段我国对于绿色技术创新保障体系还不完善。

（1）绿色技术创新的外部经济性问题。绿色技术创新很容易产生"搭便车"的行为，从而导致市场失灵的状况。当一项新技术创新进行应用性推广时，部分或所有的创新知识会变成公共知识，公共知识推动新一轮创新，并且可能带来新技术的模仿、复制，使得其他企业获益，这会导致该技术创新企业所创造的市场价值被该企业与其他企业共同占有，不利于市场良性发展。此外，传统制造企业往往不考虑对环境的影响，通常将技术创新视为增加企业收益的手段，这与绿色技术创新兼顾经济效益与环境保护的目标相矛盾。如果不存在政策干预或知识产权保护，企业将不会采用或引进新的绿色技术。

（2）企业技术、资金、人才匮乏。企业绿色化、发展可持续化必然要推行绿色技术创新，但是大部分企业却不愿意在公司研发和绿色技术上增加投入。资金的缺乏是其中的主要原因之一，另一个原因是高水平人才的缺乏和管理制度的落后导致企业技术薄弱。尤其是我国中小企业，维持自身发展都较为艰难，更无精力研究绿色技术创新。

（3）与绿色技术创新相关的政策制度还不够完善。健全、合理的绿色技术创新制度会对制造企业提升绿色技术创新能力产生极大的推动作用，但目前，我国缺少这种激励机制。绿色技术研发过程周期长、投资多、风险大，具有不确定性，绝大多数的企业都不愿意在创新上投入太多。

（4）绿色技术创新意识薄弱。绿色技术创新意识，包括环保意识、可持续发展意识等，这种意识的培养是一个持久且缓慢的过程。社会公众的绿色技术创新意识淡薄将在一定程度上影响绿色技术的研发和绿色产品的推广，对未来可持续发展造成阻碍。

（5）绿色技术创新相关法律制度不够完善。近些年来，虽然我国出台了一些绿色技术创新方面的法律，但是仍然还有很多不完善的地方。法律制度上，出台了一些国家层面的法律法规和地方层面的规定，但一些相关部门的执法监管地位不明确、执法权力和执法力度也明显不足，大大削弱了法律的有效力，同时也使企业难以将环境问题与企业经济相挂钩，绿色技术创新动力不足。

2. 环境政策制定分歧大

中国生态发展与经济发展不协调，《中华人民共和国环境保护法》针对水、空气、土壤等领域的相关污染做出了相关约束和惩罚措施，但是由于环境保护行为与经济增长的复杂矛盾，其效果并不显著。我国应通过完善和创新环境政策，寻求环境保护与经济增长协调发展的有效机制，然而，环境政策创新涉及多个层面的不同利益群体，面临着复杂的境况和巨大的挑战。

诚然，世界先进国家在绿色创新实践方面取得了一定成果，但经济发展处于不同阶段、存在利益纷争，而导致环境政策无法保障绿色经济可持续发展。特别是，在绿色环保话语权争夺战中，南北之争尤为突出。对于已完成工业化进程的发达国家来说，希望通过绿色经济破解金融危机带来的高失业、经济低迷等问题。然而，发展中国家尚未完成工业化进程，未来一段时期以温饱问题、物质需求问题为先。发达国家与发展中国家诉求的矛盾性，最终导致国际环境规制的制定无法满足世界各国的需求。

3. 资源约束引发环境风险

近年来，随着能源物质等稀缺资源的耗竭，资源稀缺性对人类文明的制约作用也越来越严重。特别是，"发展中国家的环境污染""水资源加速枯竭"等环境议题已成为全球关注的热点。全球人口总数以每年8000万新增人口的速率膨胀，对资源的消耗需求与日俱增。人口数量的激增，引发人均耕地面积急剧减少、淡水资源问题严峻等环境挑战。《2015年全球议程展望》指出，在今后较长一段时期内,全球各国将面临环境保护与环境治理的巨大挑战[153]。

目前,中国经济已步入新常态,亟须转变工业发展方式,解决资源约束难题。当下制造企业环境污染问题时有发生,企业尚未意识到资源约束的严重性。在全球环境形势日益严峻的形势下,如何应对资源约束引发的环境风险,成为全社会关注的焦点。

8.2 产业绿色升级的相关理论

8.2.1 产业升级与产业绿色升级

1. 产业升级的含义

日本等国的经济增长模式依托产业转型、升级得到显著改变并成功促进经济增长的事实,使得"产业升级"逐渐成为我国学界关注、研究的重点。虽然国内学者对于产业升级的概念与升级方式做了诸多探讨,但并没有对其内涵形成统一观点。当前,对于"产业升级"的内涵探讨大部分从宏观、微观视角进行阐述:从宏观角度看,主要是从产业间的演进和产业内的调整、升级来研究产业升级的内涵;从微观角度看,以企业是最重要的微观经济主体的基础出发,主要研究如何通过价格等机制促进资源的合理流动,以外部约束或内在力量促进企业提高技术水平,以期通过企业技术水平的提高来实现产业升级。

从宏观角度出发研究的产业升级聚焦在结构调整上,其主要论证产业结构合理化与高度化的演变进程。在 17 世纪,威廉·配第通过观察英国当时的经济状况并分析各个产业间的收入,发现了各产业间收入具有差异性的规律,并在其代表作《政治算术》中指出:制造业比农业进而商业比制造业能够得到更多的收益。这说明在经济发展的驱使下,产业重心将会由物质性生产转向服务性生产,从而实现经济的转型增长[154]。随着学者对于产业理论研究的不断深化,相继也出现了诸多典型观点,如魁奈对社会阶级结构的划分[155]、亚当·斯密对产业层级的划分、阿·费希尔对于三次产业的划分[156]、霍夫曼定理、库兹涅茨提出的产业结构理论[157]和钱纳里对于工业化进程中产业结构演变规律的研究等[158]。1931 年,霍夫曼在其代表作中阐述了霍夫曼定理。他在将工业产业划分为三大类的基础上,根据历史经验观察发现,尽管各国国情不同,但在工业化发展中工业部门的结构变动趋势大致相同。随着各国工业化程度的不断加深,其消费品部门与资本品部门的净产值则呈不断下降的态势。他将这个比值定义为霍夫曼系数,并用事实数据证实了在工业化水平不断提高的过程中该比值不断下降的结论。基于费希尔的三次产业理论,英国经济学家科林·克拉克在其代表作《经济进步的条件》中明确将产业划分为第一产业、第二产业、第三产业[159]。克拉克对于产业部门的划分标准为今后产业结构的深入探讨夯实了基础。20 世纪 70 年代,在克拉克研究成果之上,库兹涅茨又搜集了世界范围内诸多国家的有关数据,通过实证方法进一步对经济中的结构性变化做出验证,得出了以农业、工业、服务业划分产业层级的结论。此外,他还发现产值与劳动力的比重随着工业化水平的不断提高而在各个部门出现不一样的发展态势。在农业部门中,这一比值呈不断降低态势,而在工业部门中这一数值大小则先上升而后渐渐变小,在服务业部门中此数值则以先缓慢增长而后快速增长的方式发展。钱纳里与塞尔昆通过对 101 个国家 1950~1970 年的统计资料进行分析构造出了多国模型,并基于此整理出关于经济结构发展的相关模型。他们认为在经济发展的每一阶段都应有不同的经济结构与之相对,否则,可以认为该国经济结构偏离正常状态[160]。

从微观角度探讨的产业升级则聚集在生产要素上,即企业可以通过要素禀赋的改变改革生产方式进而推动产业升级。Porter[161]依据生产要素对产业竞争作用的不同将生产要素分为两种:一种是初等生产要素,另一种是高等生产要素。初等生产要素主要分为生态要素、社会要素、资本要素等;而高等生产要素则主要包括具有信息化特征的基础设施、高级人力资本、高等研究机构等。他认为,产业的发展是一个从低级到高级不断攀升的过程。在初级阶段,基础生产要素对产业发展的贡献较大,带来的经济收益较多,而随着竞争的加剧,基础生产要素对于产业升级的推动作用则不断衰弱,必须要靠高级生产要素才能有力推动产业的发展。Bair[162]也认为,产业升级会推动企业或其他经济主体重新审视自己的发展模式,促使其从劳动密集型向资本、知识密集型转变。Poon[163]通过对制造企业展开研究,得出了产业升级是制造企业由劳动密集型向技术密集型模式转变的最佳途径的结论。因此,微观视角所探讨的产业升级的实质是遵循生产要素主线,建议企业等微观经济主体通过实现要素升级进而实现生产方式的转变并最终推动自身向资本、技术密集型转变。

综上可知,无论从宏观还是微观层面看,传统意义上的产业升级主要包括两个方面:一是产业结构的改善,二是产业效率的提高。前者主要是指各产业在宏观经济中所占比例的配置变化;后者主要是指促进产业部门由生产效率低的生产方式向生产效率高的生产方式转变和发展,而不管生产方式变化所付出的代价。在我国经济发展初期,有赖于资源的丰富、人力资本的充足和低端技术的引进与学习,我国经济发展经历了从低速到高速的增长过程,经济的发展支柱也从此由第一产业向第二产业转移,第二产业一跃成为支撑我国经济发展的重要支柱。工业产业的强劲势头成就了我国经济的繁荣,却也导致了自然资源和生态环境的严重破坏。经济发展初期的粗放式发展严重地破坏了我国的生态结构,使得我国的资源和环境面临着双重红线。为此,在可持续发展理念的基础上,我们提出了低碳经济的发展目标。人们在满足物质需求后转而追求生存需求,使得我们亟须对产业升级的内涵做出更深层次的思考。

2. 产业绿色升级的内涵

从第一次工业革命到第二次工业革命,西方各国为取得经济的快速发展,加快工业化和城市化进程,不惜消耗自然资源与破坏生态环境。如伦敦在工业化进程中因广泛使用煤炭而出现了严重的大气污染事件,一万多英国民众因这场污染而丧失生命。英国为追求经济的快速发展付出了昂贵的代价。随着发达国家对环境保护重要性认识的提高,欧美国家逐渐利用发展中国家发展经济的需求将污染工厂开设到发展中国家,进行污染转移。中国经济发展初期,因技术水平落后、自然资源丰富而成为发达国家的目标地。而自改革开放以来,一方面,中国经济迅速崛起,综合国力不断壮大,我国已不满足于做西方国家的代加工厂,使用落后的生产技术,牺牲本国的自然资源与生态环境来填补经济发展的空缺;另一方面,随着全球气候变暖,环境质量的日益恶化,世界各国接连出台环境保护政策,实施环境保护措施。中国作为有责任意识的大国,自觉有义务维护地球生态平衡,共同创造人类美好的生存环境。所以,我国一改追求速度的经济发展方式,对经济发展提出了更高的要求。

产业升级是中国转变经济发展方式的必经之路,而在资源与环境双趋紧的情况下,将"绿色"概念纳入产业升级的内涵中则是必经之举。绿色概念的产业升级相较传统的产业升级而言,最突出的特点便是将生态环境保护目标纳入经济范畴内。随着中国经济进入新常态,对于经济结构中出现的许多亟待解决的问题,要以可持续发展理念为依据,以低碳经济、循环发展为导向,最终实现经济繁荣与生态保护共赢的目标。

绿色概念的产业升级主要包括两个方面,一是价值链升级,二是结构升级。前者是指驱动处于全球产业价值链低端的附加值低的产业向处于价值链高端的附加值高的层次迈进,即企业通过技术创新,改进生产方式,提高产品附加值,最终实现价值链升级;后者是指摒弃传统的生产方式,淘汰高消耗、重排放、低生产技能、低附加值的落后产能,通过在各产业间的资源重新配置,实现生产资源由利用率低、污染高的部门流向利用率高、污染低的部门,从而实现产业间结构的调整与升级。处于价值链低端的产业一般多为消耗高、污染重的部门,这些生产部门多采用粗放式的生产方式,因此推动产业的价值链升级是一个推动高耗能、重污染的落后产能淘汰的过程。在此过程中产业中各部门通过技术升级,革除落后的生产技术，创新先进的环保技术，实现生产资源在产业间的重新配置，使生产资源从利用率低、耗能高的部门流向利用率高、耗能低的部门，实现生产资源的合理配置，继而达到产业结构优化调整、清洁化升级的目标，并最终实现产业升级。

3. 产业绿色升级特点

1）清洁化

产业绿色升级清洁化，一方面是指在技术水平未改变的条件下，通过税收补贴政策提高清洁能源的使用率，或通过价格机制优化生产资源配置，促进生产资源从利用率低、成本高、技术落后的企业流向利用率高、成本低、技术先进的企业，进而调整各产业间的合理结构，推动宏观经济效益不断提高。正如姚昕等[164]运用 CGE（computable general equilibrium，可计算一般均衡）模型所证明的，当补贴政策从化石能源转向对清洁能源进行价格补给时，不仅会获得经济效益的显著正向增长，而且会达到保护生态环境的目标。另一方面是指以企业为主体，通过环境规制迫使企业革除落后技术，研学先进的绿色技术，以提高资源使用率，提高生产效率，减少污染物排放量，形成清洁生产体系，降低高耗能、高污染的能源密集型产业比重，提高低耗能、低污染、绿色生产的清洁产业比重。由此可见，产业绿色升级高效化是由两个过程构成的：一是实现资源的高效配置，即提高清洁能源对一次能源的替代率或提高生产资源的利用率；二是促进企业进行绿色技术创新，通过革新技术来实现产业结构的绿色升级，进而实现环境保护的目标。

2）高度化

产业绿色升级高度化，是指在绿色技术创新的推动下，产业结构体系由低端污染耗能模式向高端清洁高效模式演进并最终实现经济绿色发展的过程。从区域角度看，我国幅员辽阔、地域广袤，各地区间的生产经营活动依据历史积累而各具特性，各地区的产业发展程度不尽相同，因而污染治理标准也不能一概而论。何慧爽[165]运用中国各省区市十年间的面板数据，具体研究了我国东、中、西部的污染状况，得出了环境污染具有区域性特点的结论，并建议实施多样化、差异化的环境政策以契合各地区的实际情况。从产业层面看，我国各细分行业的技术水平、资源消耗水平不同，所造成的污染程度不同，因此治污标准不能运用一刀切原则。王寿兵等[166]对"十五"期间的 41 个重点工业行业的综合污染度进行了研究，发现所研究的各行业显示出的污染程度不尽相同，变化趋势不一。综上可知，无论是从区域角度还是产业角度，我国都应该秉承绿色发展原则，针对不同行业、不同地区做出细致规制，通过产业结构的绿色升级，实现经济绿色发展，达到保护生态环境的目标。

3）合理化

产业绿色升级合理化，主要是指对产业间比例关系的调整，通过产业结构的数量优化以达到产业规模适度、增长速度均衡和产业联系协调的目标。在调节经济增长与环境污染互斥关系的过程中，产业结构的合理化发挥着至关重要的作用，它既能改变经济增长的方式，又能决定经济活动作用于生态环境的模式[167]。其内在地包含如下内容：产业结构具有相对完整性和独立性，以满足国家、社会、外交的发展需求，从供给侧进行改革，使本国经济能够摆脱对外国先进技术的依赖，促进内需的发展壮大；产业之间的发展速度具有相对均衡性，通过技术外溢和扩散效应实现产业内的更迭，推动产业升级发展，以满足产业之间的供给和要求；产业结构具有协调性，即产业之间要有较强的相互转换能力和互补关系，实现产业间的同向发展。

4. 产业绿色升级标准

1）技术标准

技术是推动产业绿色升级的根本动力，其依据产品所处的环节不同而主要分为三类，即生产环节、流通环节和消费环节。生产环节的技术标准主要是指技术水平的提高能够显著降低资源浪费率和污染物的排放率，并能提高污染物的再利用率；在流通环节的技术标准主要是指产品作为生产要素进行再次加工时，不会产生二次污染；在消费环节的技术标准主要是针对消费者而言的，即向消费者提供的产品与服务是环保健康的。通过制定绿色技术标准，运用环境规制政策降低企业在生产过程中的污染物排放水平，提高企业的清洁生产和污染治理能力，并通过消费者需求的反向作用，实现产业结构绿色升级。

2）产品标准

绿色产品符合环境保护和改善要求，能够降低资源的浪费率，缩小污染物的废弃率，有利于生态环境保护。绿色产品的使用主要体现在如下过程中：在生产过程中，企业选用清洁的原材料和环保技术进行生产；在流通过程中，生产者购买中间产品进行再加工时不会产生二次污染物或产生的污染物能够通过污染治理技术进行处理；在消费过程中，消费者在购买最终产品并使用的过程中，不会对环境产生任何污染或者基本无污染；在回收处理过程中，产品在寿命终结后可以进行再利用或对残余物的处理过程是基本清洁的。绿色产品不仅能在其整个生命周期中达到低污染低能耗高循环使用，还能在其回收阶段做到清洁无害化处理。

3）服务标准

改革开放以来，我国服务业迅速发展，其对国民经济发展的贡献更是逐年递增，是我国寻求经济转型的目标产业。随着消费者需求结构的转变，绿色服务需求量的不断增长也在催促服务业进行转型升级。由此可见，制定并实施完善的绿色服务标准,对于企业发展、产业升级和完善消费结构都起到至关重要的作用。

4)环境标准

产业绿色升级相较传统产业升级而言,最显著的不同便是遵循了可持续发展路线,把环境保护目标纳入产业升级体系中来,将环境与经济放在同一个系统中进行考量,不再割裂经济发展与环境保护之间的天然联系。张晏和汪劲指出我国目前的环境制度还存在许多弊端,环境标准自身的体系性欠缺,无法达到控制并有效治理环境污染的理想目标。因此,完善环境保护的相关制度,明确环境治理的具体准则,对于我国可持续发展战略的开展具有重要意义[168]。

8.2.2 产业绿色升级的理论解释

1. 绿色理念的提出

18世纪60年代英国打响工业革命的枪声,大机器生产取代手工作坊的浪潮席卷了世界各国,西方国家纷纷踏上工业革命的列车,力求在国际竞争中谋得一席之地。历经第一次工业革命和第二次工业革命后,人们为机器生产所带来的经济效益欢呼,为工业化时代赢得的国际地位而喝彩。工业革命是改变人类历史的一把巨斧,但同时也是刺伤人类赖以生存的自然环境的一柄利剑。1962年,《寂静的春天》走入公众的视野,书中描绘的万籁俱寂、寸草难生的景象唤醒了人们沉浸在工业革命飞速发展所带来的物质丰盈的美梦,将环境污染问题、环境保护的重要性直接呈现在西方各国眼前。1972年6月,在斯德哥尔摩,联合国人类环境会议全体会议通过《联合国人类环境会议宣言》,旨在鼓舞世界各国的人民团结起来保护并改善我们赖以生存的自然环境。同年,罗马俱乐部公布的《增长的极限》再次敲响人类经济发展模式的警钟,其表明人类经济和人口的增长在现有的资源使用强度和人口增长速度下只需百年或更短时间便将到达极限。《增长的极限》的公布催促着世界各国改变现有的发展方式,重新思考经济效益和生态效益之间的关系。

在工业化后期,世界各国的污染事件频现,环境负荷逐年累加,生态容量每况愈下。以"死亡之谷"著称的库巴唐是巴西圣保罗以南的一座城市,其地处山谷之中,于1960年开始重化工业的生产,不仅吸引了许多企业纷纷来此设厂经营,而且也带来了当地的人口激增。然而经济的一度繁荣矗立在生态过度消耗之上,一些缺乏社会责任感的企业直接将废弃物不加处理便排放的做法使得该地生态遭到严重破坏,人畜受害,湖树受损。日本水俣镇上开设的一家氮肥公司的排污行为所造成的恶果一度成为日本人的恐慌之源。该氮肥公司将含有汞的废水直接排入海中的做法,造成了海内生态环境与海中生存的鱼类受到严重污染,而这又造成了人类食用含汞的鱼类而中毒的严重后果。

在工业化的进程中,环境污染伴随着经济的发展而加重,各国发生的环境污染致人伤亡的事件频频跃入公众视野,由此加快经济发展方式的转变,寻求经济与环境共生逐渐成为世界各国的共识,绿色发展理念也逐渐在各国兴起。在我国,绿色发展理念的盛行要归功于 2002 年联合国开发计划署委托瑞典斯德哥尔摩国际环境研究院完成的《中国人类发展报告 2002——绿色发展 必选之路》。我国站在经济发展的十字路口,对于经济发展方式转变与生态环境保护之间的关系做出了深刻思考。自十六大以来,走可持续发展路线,建设资源节约型、环境友好型社会就一直是我国谋发展的重要战略。

2. "绿色经济"理论

生态环境作为容纳生物与自然的复合体,其能实现物质与能量间的相互转换和流通。生态环境赋予了经济发展的基本条件,良好的生态环境是获取经济效益的必然前提。一国自然资源禀赋的构成对于经济发展方式和经济发展速度都起到了至关重要的影响作用。因此,在调整产业结构的背景下,我们不得不考虑生态所给予我们的先天物质财富,并要充分衡量生态所能容纳的废物排放量,因为一旦生态超过了其能承担的负荷,必将引起其对我们的惩罚。

2008 年国际金融风波引起了联合国环境规划署对"绿色经济"的探讨,并定义其为"一种能够提高人类福祉和社会公平性,同时能够显著降低环境风险和生态稀缺性的经济发展模式"[169]。根据定义可知,绿色经济突出生态环境保护目标,旨在提高人们的生存环境质量,是对高耗能、高污染行业进行根本性改变的一场革命,其目的是通过低耗能、低污染、清洁型行业的兴起来带动经济的绿色发展,从而扭转现行困境。

在我国,工业行业作为国民经济发展的重要支柱,同时也是生产和排放污染物最多的行业。依据前文统计数据可知,在全国的废气排放总量中,如果按行业进行分析,可以发现工业行业的占比高达 80%。因此,我国转变经济发展方式,实现经济绿色发展的关键在于转变工业行业的生产模式。绿色经济有其丰富的内涵,并具有自身明显的特征。从资源使用效率角度看,绿色经济能够使工业行业的能源利用从粗放式迈向集约式;从环境保护角度看,绿色经济能够使工业行业降低污染物排放水平,改善环境质量;从发展方式上看,绿色经济是遵循可持续发展路线,追求环境代际公平的生存模式。工业行业的绿色转型是生产链上的每一环节脱下"黑色"外衣,穿上"绿色"新装的动态过程[170]。从其特征来看,绿色经济不仅涵盖产业的各部门,而且还包括社会领域的各个环节,此种经济发展模式力图通过社会流通领域的各个环节将能耗降低到最小、污染降低到最少,从而实现从源头降低、从中间环节控制、从末端治理;绿色经济是一个综合运行的有机整体,既包括人类、物质、生态系统,又包括经济运行的各个系统,还包括社会发展的各个方面,是人与自然、经济与社会整个系统中的有机组成部分;绿色经济通过生态资源优势向发展优势转化,在不同区域具有不同的特性,因此需要依据各区域的禀赋制定不同的经营方式,从而实现区域间的均衡发展,带动产业间的互动模式的调整。

3. 绿色技术创新

科学是技术之源,技术是产业之源。对于一个产业来说,科技创新主要指的是产品创新和技术创新。技术创新在现代发展中有着十分重要的价值,只有依靠技术创新的现代企业,才能长期并持续生存与发展。1912年就已出现了技术创新的相关理论,经过半个多世纪的发展,国外学者开始重视这个问题,关于技术创新的研究也越来越多。

在20世纪50年代,工业企业迅速发展,科学技术也变得越来越重要,国外掀起了一场技术革命,人们的生活水平和生活方式随之发生了翻天覆地的变化。人们开始意识到知识力量和技术创新的重要性,这对于社会长远发展和经济持续增长起到了巨大的推动作用。学者开始对技术创新展开深入的研究。1957年,索洛发表《技术进步与总生产函数》。这是技术因素首次被纳入索洛的经济增长模型,说明了技术创新对企业乃至国家的经济增长有着积极的影响[171]。

20世纪60年代,研究专家开始收集各种数据和资料,重新定义技术创新。在这十年来,不仅技术创新得到了经济学家的广泛关注,其他学者也开始重视这个新名词带给人们的变化。到了21世纪,研究成果越来越多,研究内容也越来越深入,学者逐步形成了一系列系统的理论。表8.6归纳了国内外学者对于技术创新的概念的界定。

表8.6 技术创新概念界定及内容

概念界定	内容
Freeman	生产技术、生产工艺与商业共同组成技术创新的全过程,由其所产生的新产品实现装备的商业性转化
Friar	生产企业的技术可再现性能力,该能力有利于生产工艺及产品的改进
Schon	技术创新是人类改进生产工艺的能力
美国国家科学基金会	将新技术或经过改进的生产工艺、所生产的产品或服务投入市场
OECD	生产过程中使用的新工艺,或者是市场商业化服务中的新产品
傅家骥[172]	生产厂商以增加经济效益为目的,通过综合科学技术、金融活动及商业组织,采用新的生产技术,降低生产成本、获得市场竞争优势的行为
吴贵生[173]	将经过技术研发与技术改进的新生产技术,应用到企业实际生产,并取得社会与经济效益的商业化行为

资料来源:项目组整理

18世纪以来,随着科学技术的迅猛发展,人们以牺牲环境为代价来换取经济的发展,生态资源被疯狂掠夺,生态平衡也遭到了严重破坏。在此背景下,绿色技术创新的概念被学者提出。目前,学术界尚未达成关于绿色技术创新的统一定义。本书对绿色技术创新概念界定的代表性观点整理归纳,如表8.7所示。

表8.7 绿色技术创新概念界定及内容

概念界定	内容
Braun 和 Wield	生产者利用新技术,生产的产品排放污染物较少,有益于保护生态环境
Berry 和 Rondinelli	企业在满足环境标准条件下,利用低碳生产技术得到"先发优势"
Huang	绿色制造中相关的软件或者设备创新,既能够达到环境标准又能够获得经济效益
Klassem 和 Whybank	一种对于传统技术的新革命,将社会生态与自然生态有机结合,改善环境与促进经济增长
Hopfenbeck	企业从环境质量视角下,对现有业务流程的创新改造
赵细康	将经过技术研发与技术改进的新生产技术,应用到企业实际生产,并取得社会与经济效益的商业化行为

资料来源:项目组整理

此外,还有一些学者从生态学视角、经济学视角、产品全生命周期视角等,界定了绿色技术创新的内涵及外延。结合现有的文献与理论,本书认为绿色技术创新是以降低制造企业能耗、减少污染排放为前提,综合降低产品内外部成本的,一种兼顾环境保护与经济可持续发展的创新生产技术。并且,该技术将"绿色制造"理念深入产品制造的全生命周期。

8.2.3 产业升级转变为产业绿色升级的条件和路径

1. 产业升级转变为绿色升级的条件

传统的产业升级主要关注三次产业间的变化,以产业生产总值在GDP上的占比为标准,衡量产业对经济的贡献度及重要性,判断国内经济的发展趋势及国家所处的国际地位。这种评估方式使得我国在经济发展初期更重速度,从而造成了自然资源的过度开采与生态环境的破坏。随着世界各国生态问题频现,全球气候变暖的危害引起人们的广泛关注,经济发展背后的生态代价渐入公众视野并引起政府的反思,绿色发展、可持续发展理念的提出也由此使得各国达成环保共识[174]。王金南等[175]认为绿色发展作为一种崇尚天人合一的先进理念,反对经济发展与生态保护间的互斥关系。在如今的全球化竞争中,环境作为一种生产要素对于各个国家提高竞争力和价值链地位具有重要意义。

关于制造业产业升级的内涵,学者分别从宏观和微观两个方面进行了定义。

从微观角度来看，产业升级是指企业中产品的附加价值提高，如企业技术升级、企业结构改变、产品生产效率提高及产业链升级等方式均能够提高产品的附加价值。从宏观角度来看，产业升级不仅指旧的产业升级，也指新的产业的产生。旧的产业升级主要指产业间结构层次的变化，产业结构的改善和升级，即调整第一产业、第二产业、第三产业在国民经济中的比例及各产业内部资源配置，使得企业的获利空间更大。新的产业升级是指随着新的科研成果或新兴技术的发明和应用而出现的新兴行业，如互联网行业。产业升级主要在产业结构调整理论的基础上进行研究，国内外相关文献不少，但国外主要从产业视角来进行研究，并没有将产业细分到制造业行业。因此，本书对制造业升级的文献与研究成果总结主要来源于国内外学者对于制造业升级问题的相关研究，其主要分为以下两个方面。

一是以地域或者行业作为划分，探讨不同地区、不同行业进行制造企业升级的路径。王福君和宋玉祥[176]针对辽宁装备制造业技术创新的现状，提出了技术创新推动装备制造业升级的路径——技术创新。Macher和Mowery[177]研究发现，新生产技术的引进，一方面，有利于制造企业自身技术创新能力的提升；另一方面，有助于制造行业内，新知识、新技术的扩散，从而促使全行业实现技术进步。

二是通过比较不同国家和地区之间的差别，研究制造业升级现状和前景。高光锐和王莹[178]通过在美国、日本、韩国、德国、印度和中国六个制造业大国选取四个人均指标并进行处理来预测各国制造业未来的发展走向。汪德华等[179]通过利用全国及地方省区市中的北京、上海、江苏、浙江投入产出表计算比较，研究发现技术上的服务创新，有利于提升企业全要素生产率。王玉等[180]研究发现，我国制造业竞争力存在地域性差异，技术创新能力越强的地区，越表现出强的产业增长能力。秦惠敏和徐卓顺[181]通过分析东北三省制造业产业的集聚程度，提出东北三省制造企业应有针对性地进行产业优化配置，从而加快产业转型升级。

基于以上文献与研究成果，本书认为产业升级转变为绿色升级的条件主要有以下三个方面。

（1）技术。王旭等[182]认为绿色技术创新是包含环境理念的一种创新模式，其通过在研发技术的各个环节中考虑生态保护目标，将以往的技术革新模式引向具有生态理念、有益环境的模式。此种技术提升方式能够使经济效益与生态效益融入创新的过程中，把天、人、利融洽地合为一体，实现我国生态文明建设目标。何小钢[183]则通过研究表明，绿色技术是推动经济增长的重要动力和源泉，它能够显著地提高行业全要素生产率并降低行业污染排放水平。绿色技术创新的推广不仅有益于经济的增长而且会达到治理环境污染的目标。由此可见，在我国现行的转型期内，推行绿色技术创新对于我国的经济发展和生态环境保护具有举足轻重的意义。

（2）资本。人力资本作为我国经济发展的一项重要资源，在经济生产活动中同样具有不可忽视的重要作用。一方面，人力资本作为一种生产要素对于我国经济的初期增长起到了重要作用；另一方面，人力资本的外部性特征能够有效提高企业在产业链中的竞争力。对于发展中国家而言，人力层次的不断提高能够使得国家遵循比较优势向产业链的更高端攀升[184]。自改革开放以来，我国人力资本及其构成不断改进，人力资本的区域性特征越来越明显，这也是我国经济增长和产业结构具有区域性差异的主要原因。张国强等[185]基于改革开放20年的省区市数据，通过研究人力资本及其构成对于产业结构转型的影响，发现东部相较中西部而言效应更加显著。这说明我国人力资本对于产业结构具有较为明显的影响，各地区应审时度势制定有利于自身发展的人才培育政策，以完善现存的人力资本结构，从人力要素出发促进产业结构转型与经济增长。

（3）政策。环境政策是以政府为主导采取的一种行政手段，其目的在于通过实施外部规制来约束企业的污染行为。环境规制的主导者是政府，约束者是各类企业和行政事业单位，内容则是针对排放污染物的经济活动。"波特假说"认为，环境规制如果设定合理且执行恰当，不仅不会增加企业的运行成本反而会激励企业进行技术创新从而降低生产成本获得额外利润并提高企业的竞争力[186-187]。王娟茹和张渝[188]以计划行为理论为基础，通过调查问卷方式获得代表高端制造业的数据，并运用层级回归分析方法进行实证，发现企业的创新意愿可以在环境规制工具与创新行为之间架起一条桥梁，使其在命令控制型工具与创新行为间起到完全中介作用。这说明政府通过合理运用命令控制型工具，通过施加外部约束力能够激发企业的创新意愿，推动企业进行绿色技术创新，促进产业绿色升级。而市场激励型工具的运用则可以唤起企业自主创新的内在动力，实现绿色技术创新，推动产业绿色升级。

2. 推动产业绿色技术创新的动力

实施绿色技术创新势在必行，然而我国企业的创新现状并不乐观。为此，我们从内、外两方面来研究如何推动绿色技术创新及技术扩散，如图8.17所示。

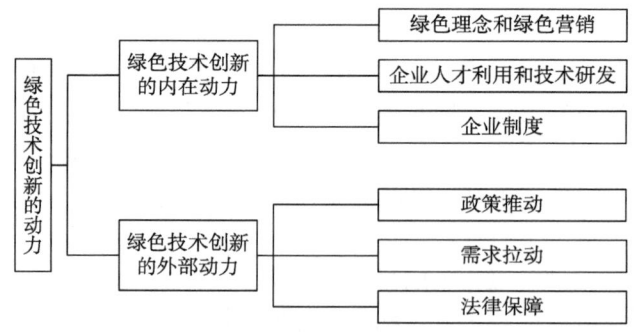

图8.17 绿色技术创新的动力分解

资料来源：项目组依据理论整理绘制

1）驱动绿色技术创新内在动力

首先，宣传绿色理念和绿色营销。绿色理念和绿色意识对于企业的绿色技术创新具有很大帮助，能更进一步推动企业进行绿色营销，进而引导消费者转变自己的消费模式，向更绿色、健康的消费模式发展。正如肯毕提所指出的，绿色营销作为能够满足社会需求且能够合理预期的一种手段，是可以给经济带来持久利润的一种管理模式。本质上，企业绿色营销作为企业的价值理念指导思想层面的内容，对于引导企业坚持可持续发展模式，注重技术创新意义重大。绿色营销引导企业从绿色的消费行为出发，将绿色文化作为核心，在符合绿色消费理念的前提下，通过绿色无污染的消费方式实现企业的产品营销。从深层次来看，它对传统市场营销观念创新有极大的促进作用，是传统市场营销的扩展和延伸，意义深远，更具时代性。

其次，加强企业人才利用和技术研发。绿色技术创新的主体是企业，随着人们受教育程度逐渐提高，社会公众的绿色意识也逐渐增强，保护环境的愿望也随之强烈，对绿色产品和服务的需求也越来越大。在这种时代背景下，企业只有通过积极参加绿色技术创新活动，抢占绿色市场，积极推动绿色技术创新及其创新成果扩散，才能强化企业的技术内核，为企业在市场中的竞争赢得优势与先机，对企业的可持续发展也有重要意义。在企业可持续发展过程中，加强企业技术升级，吸引高技术人才是最核心的战略。

最后，完善企业制度。一家前景光明的企业一定会有规范系统的制度，这是企业良好发展的助推器，能够调动员工的创造性和积极性。企业制度主要指企业内部存在的有利于企业创新的规定、规程和行动准则，包括企业文化、激励机制、管理制度等。一个企业具有完善的制度，有利于企业研发人员更努力地投入工作，全体员工也会更具有创新意识，企业内部交流也会更加频繁，很多新思想能够产生碰撞，从而使人力资本创造更多利润。

2）驱动绿色技术创新的外部动力

首先，从政策推动。政府出台的各类政策是促进企业绿色技术创新的强大推动力。国际上，关于绿色技术创新的相关政策层出不穷，大致分为法律政策、财政税收政策、绿色采购政策等。我国绿色技术创新的总体水平较低，相应的政策也不够完善，还有很大的发展空间。推动绿色技术创新的主要手段是制定相应的绿色税收政策，这在很多发达国家已经开始实施。

其次，靠需求拉动。随着人类技术不断进步，生活水平不断提高，人们在丰衣足食之后心理需求不断增加，如外出旅游、欣赏美景，从而导致人们对绿色消费需求也不断增加。近年来，绿色消费的曝光度越来越高，越来越被社会大众接受，社会公众都愿意购买资源节约型和循环利用型产品。另外，政府也十分支持绿色产品市场，尤其是大力扶持社会公益类技术，这对维护社会稳定，缓解人口、资源压力，促进社会可持续发展具有重大意义。

最后，完善法律保障制度。美国的创新意识和能力很突出，而且具有保护创新技术的相对完善的法律体系。早在 1980 年，美国就出台了第一部技术创新法，后改称为《1986 年美国联邦技术转让法》，这部法律对美国在未来几十年内的创新保护起到了重要作用。目前，通过法律手段强制保护环境已经成为世界各国保护环境的主要手段。

3. 产业升级转变为绿色升级的路径

改革开放以来，中国经济的发展速度较快，与此同时生态环境问题也十分严峻，产业升级必须将改善生态环境质量作为主要目标之一[189]。党的十八大提出"实施创新驱动发展战略"①。大量学者从理论和实证视角下，探讨了绿色创新对制造业转型升级的影响，为我国制造业升级提供了参考。

近年来，关于技术创新影响制造业转型升级的机制与路径逐渐成为学术界关注的焦点。王玉婧和刘辉煌[190]从绿色贸易壁垒的角度展开研究，发现绿色技术创新是导致绿色贸易壁垒的根本原因，并指出我国制造企业环保意识缺失，需要进行合理的制度安排及转变生产模式来提高企业绿色技术创新的能力。此外，我国学者还重点研究了包括绿色技术创新在内的技术创新与产业结构之间的关系。朱永跃等[191]利用苏州制造企业的数据，对绿色生产技术提升企业效率的有效性进行了分析。涂颖清[192]从技术创新和制度创新入手，选取相应的指标来分析两者对制造企业升级的影响。

通过以上文献综述发现，现有文献中融合技术创新与制造企业升级的文献较少，关于绿色技术创新推动制造企业升级的文献更是寥寥无几。国内外学者主要从区域和行业入手，通过比较不同国家和地区之间的制造业现状从而提出相应的建议。

1）基于比较优势的升级路径

改革开放至今，我国为振兴经济发展做出了诸多努力，也取得了辉煌成就。自 1994 年实行市场经济体制改革以来，我国就坚定不移地走对外开放道路，积极地参加到全球生产制造的链条中，成为全球工厂的一分子。在经济发展初期，我国运用劳动力比较优势，成为发达国家的代加工厂，嵌入全球价值链条中，并带动了经济的初步发展。然而，我国的谋发展方式使得自己长期处于全球价值链条的低端，传统的劳动资源优势又随着我国经济的腾飞而不断减弱。我国正处于从劳动密集型产业向资本、技术密集型产业转型升级的时期，因而传统的比较优势理论不再能作用于我国目前所追求的经济高质量发展的目标。我国当前经济形势

---

① 《胡锦涛在中国共产党第十八次全国代表大会上的报告（2012 年 11 月 8 日）》，http://cpc.people.com.cn/n/2012/1118/c64094-19612151-4.html[2021-08-26]。

复杂,粗放式的经济发展带来的问题仍然存在,区域间经济发展仍不平衡,就业形势仍不乐观,在国际竞争中仍处于弱势。在新一轮的经济全球化背景下,为保证国内经济的可持续发展和国际地位的提高,我国必须对产业结构做出调整,基于我国的比较优势寻求升级路径。

对于发达国家而言,长期的资本及技术积累已然使得它们的产业处于全球价值链的前端,企业、政府对于产业的进一步发展各执己见,难以在社会层面达成共识。而对于发展中国家而言,发达国家的产业发展模式是它们学习与发展的方向。它们会根据发达国家产业的发展状况做出判断并进行投资,因此很容易发生"潮涌现象",进而造成产能过剩、资源浪费[193]。产生"潮涌现象"的原因在于我们国家的产业度相比发达国家而言较小,产业升级的路径相较而言也比较窄。随着传统比较优势理论的衰落,张其仔认为比较优势理论随着经济的发展会出现演化,且在演化的过程中也会出现分岔。这种分岔说明产业升级并不一定是线性的,会出现产业内升级与产业间升级交叉进行的状况。而判断一国究竟是遵循产业内升级还是产业间升级则取决于技术距离的比较[194]。

综上可知,我们基于比较优势理论进行产业升级的过程中,技术仍然是我们应该关注的关键因素与先驱动力。我国应通过环境规制倒逼企业进行技术革新,创新绿色技术,促进企业利用自身拥有的要素禀赋升级发展,并通过技术的扩散与外溢效应,实现产业内与产业间的升级发展,最终实现我国产业升级发展的目标。

2)基于全球价值链路径

全球价值链主要分为三个梯度:首端是技术,主要涵盖产品的研发、工艺设计、技能学习等;中端是生产,主要涵盖零部件生产、模块零部件生产、组装等;尾端是营销,包括商品的售卖、销售渠道的拓宽、产品的售后服务等。随着经济全球化不断深化,增加值依据各端的生产特性呈现出"U"形(图8.18)[195]。

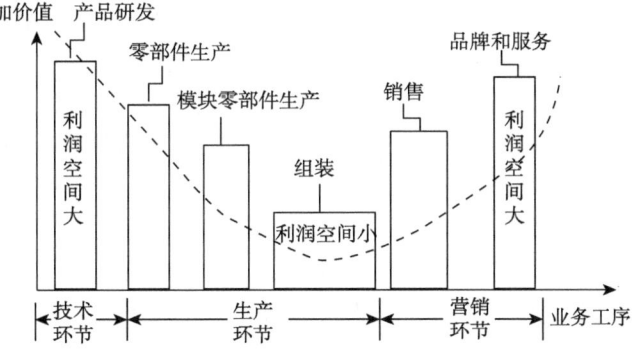

图 8.18　微笑曲线示意图

资料来源:文献[195]

从图 8.18 中可以看出，位于两端的产品研发与品牌和服务的利润空间较大，也是我国传统产业向中高端升级的核心环节。在全球产业分工体系中的末端环节往往也是高污染排放的环节。我国传统产业普遍处于全球产业价值链低端是导致我国污染严重的重要原因。因此，推动传统产业绿色升级转变就要通过技术创新、政策创新推动企业从尾端向首端不断跨越迈进。

在我国向全球价值链高端攀升的过程中，企业作为最重要的微观经济主体，既是技术研发的骨干力量，又是支撑产业升级的强劲动力，因此要充分激发企业的创新活力。环境规制作为企业面临的一种外部约束力，在改变企业面临的需求结构、供给结构和制度结构的同时，又能将企业的外部成本内部化，加大企业间的竞争力度，刺激企业在竞争中求生存的意识，推动企业进行工艺革新、产品革新和服务更新，从而实现由价值链低端向高端的升级。

8.2.4　产业绿色升级的国际成功实践

1. 经济发达国家的绿色产业升级

美国是世界经济的领先者，其经济发达程度高、国际化水平强，且自二战以来就在世界经济体系中长期占据重要席位。纵观美国经济发展历程可以发现，产业转型和对外开放程度都对美国工业化进程的完善、经济的成功崛起发挥着至关重要的作用。美国的高国际化程度离不开它在科技创新领域的大力投入及对于科学技术水平的高度重视。同多数国家一样，美国在经济发展初期是以农业为主导的生产模式，生产技术落后，且种植业几乎涵盖了所有的就业人口。第一次工业革命的开展打破了美国原有的经济结构，为它的发展带来了机遇。美国自第一次工业革命以来，生产方式得到改善，经济效益也得到了显著的提高。随后的工业进程虽缓慢，但《美国专利权法》的颁布保障了工业发明者的利益，对于工业技术的培育打下了坚实的基础，这在一方面加速了工业进程的发展；另一方面美国利用外资引进先进技术，通过对先进技术的学习推动了美国工业的发展，并最终实现产业模式由农业为主导转向工业为主导。二战后，美国积极加大对外开放力度，依靠大量的资本输出成就其国际地位，成为资本主义霸主。在两次世界大战中，美国对于科学技术都表现出高度的重视，这也奠定了美国科技大国的基础。到 20 世纪 70 年代，美国率先实现科技革命，产业发展也由此进入新的高度。时至今日，美国仍在科技领域内引领世界潮流。

英国发起工业革命的浪潮后，经济发展程度随着工业化进程而不断飞跃，并迅速成为工业革命的利益既得者。工业革命的开展不仅使英国掀起了巨浪，引发了社会的深刻变革，而且对世界经济也产生了重大影响。从产业角度看，英国产业转型具有渐进式特点。英国历经第一次工业革命和第二次工业革命后，主导产业也从以手工业作坊为代表的纺织工业部门转变到以蒸汽机、电力为主导的机械工业部门，生产动力的转换为经济的变革提供了有利条件。英国作为工业革命的起源地，受工业革命的影响程度深，因此产业转型经历的时间较其他国家而言也相对较长。英国作为工业革命的开创者，在整个工业期发展内，不同于其他国家，其在生产技术或组织上，都是摸索前进的，并没有学习的范例，这一方面延缓了英国的工业化进程，但另一方面也使得英国在技术创新方面拥有诸多经验与收获，并在后续的发展中创造出了许多对后代世人有价值的科学技术。然而19世纪后期，英国的世界领先地位先后被美国、德国、日本等国家所取代。二战后英国逐渐意识到，只靠传统工业的发展并不能维持经济的长久兴盛，战略性新兴产业是扭转经济增长颓势的关键因素，因此英国的经济发展领域也逐渐从以传统工业为主导过渡到以高新技术为主导。

德国工业化进程相较其他国家而言起点低、起步晚，在英国即将完成第一次工业革命进程时，它才开始本国的第一次工业革命。在德国统一初始，整个国家经济低迷，百废待兴，这使得德国的工业化进程一度受到其历史条件的制约。但在二战后，德国在战后重建的过程中迎来了经济发展的高潮，这一阶段也是德国工业化发展最快的时期。德国是在第一次工业革命与第二次工业革命相互交织的背景下发展起来的，并且德国善于利用其"后发优势"，在工业化初期通过进口英国先进的设备和技术，提高自身的发展起点，加快自身的生产效率，依托别国的先进经验开启了高技术起点的产业布局。德国在从农业时代进入工业时代后，采取了轻、重工业齐头并进的发展策略，并将重心向重工业倾斜。德国从以交通运输业为主导发展到以重化工业为主导，随后又凭借强大的技术学习与创新能力成为世界电气行业的领先者。在工业化进程中，德国也曾遇到过诸多问题，在产业转型中也面临许多困境。在国际竞争中，德国也曾一度落后于他国。在美国、日本率先进入电子领域并取得显著成果后，德国为赶超美国、日本投入了巨额的资本，不仅重视先进技术的研发而且将竞争的核心定位于人才的培养，这也成就了德国后来的信息化发展。德国在进入21世纪后，制定了以环保、科技、制造为主导的产业发展策略，将技术创新一直视为国家发展之重，并致力于开拓环保和技术相结合的发展方式，将人类的生存环境纳入经济发展的内核中，为促进经济的绿色发展做出了不懈努力。

在世界经济发展史上，日本是属于后来者居上的经济大国。在日本明治维新开始时，日本的人均GDP很低，与同期的美国相较，只有其1/3，与英国相较，只有其1/4。在世界终结二战后，日本作为战败国更是经济萧条、百废待兴，制造业生产能力也急剧下降。但到20世纪80年代末，日本经济迅速增长，成为世界经济强国。日本经济之所以能够迅速跳跃、由衰转盛成为世界经济强国，最重要的原因在于其对技术水平的高度重视。日本从利用"后发优势"引进美国先进技术进行粗制生产到开展"逆向工程"积极进行技术创新，在这一过程中，日本不吝高薪引进外国技术人才，并且积极改革本国的教育制度，加大对教育体系建设的投入，重点培养高技术人才，从被动模仿到主动学习。日本在经济发展方式上积极寻求技术支撑，并积极参与国际竞争的方式是其在如今的世界经济中屹立不倒的重要原因。

自中华人民共和国成立以来，如何谋求经济发展一直是中国改革之路的课题。我国的产业结构受到历史环境的影响而呈现出与别国不同的前进方式。在中华人民共和国成立初期，我国因长期受战争影响，并没有系统性、成体系的工业和服务业，农业产值在整个国家的经济总值中占据很高比例，且农业行业几乎吸纳了所有的劳动力。在"大跃进"时期，以发展重工业为目标使得我国第二产业产值急剧上升，国民经济也一度激增。然而这一产值占GDP的比例虚高，且其背后也存在着诸多问题。在改革开放之前，我国经济低迷，产业百废待兴。在改革开放之后，我国为促进经济增长而大兴工业。随着政府对工业产业的扶持力度的增加，工业生产总值不断增加，第二产业也一跃成为我国的支柱产业。然而粗放式的经济发展模式也导致了一些问题出现，我国的自然资源和生态环境受到了破坏，人民的生存状态受到威胁。近年来，我国第三产业迅猛发展，超过第二产业成为对经济贡献最大的产业。我国产业结构虽有许多历史特性，但基本遵循从第一产业到第二产业再到第三产业的演进过程。

从上述概况可知，发达国家在产业转型的过程中更加注重科学技术的引进与创新。在三次革命浪潮后，各国均将科学技术作为支撑国家经济命脉的核心，并将科学技术与重点行业相结合，实现生产工艺的改进，同时第三产业的发展壮大也具有普遍性。我国现行推动的产业升级，也更多将关注度放在如何通过科学技术的创新和技术水平的提高来促进传统产业的转型升级上。淘汰落后的资源密集型行业，促进资本密集型和知识密集型行业的兴起和发展，可以让我国经济更加协调、可持续地发展下去。

调整产业间及产业内的结构。从农业到工业再到服务业的递增发展方式是各国普遍遵循的规则。上述四国在经历产业升级的过程中也面临过许多困境，但各国得以成功转型并促进经济增长的重要原因在于它们善于发现自身产业结构不协调的原因，并积极寻求对策加以解决。我国经济发展有其特殊的历史性，产业结构也随之刻画上了一定的历史烙印。从经济发展初期第一产业独占鳌头到开展重化工业带动第二产业繁荣兴旺再到如今的第三产业发展势头强劲，无一不诠释了我国经济发展过程中产业配置的动态变化。然而，我国产业间的比例分布却呈现出不合理的特性，产业间的结构缺乏均衡性，具体表现为第二产业、第三产业在GDP中占比较高，而第一产业占比较低。从产业内部来看，产业内两极分化较为严重，技术水平相差较大。在制造业内，拥有先进技术的企业获得的利润较多，代加工制造的企业获得的利润较小。除此之外，产业内的技术模仿度高，整个产业的发展大多靠龙头企业带动，行业内的整体技术创新度较低，产业升级速度缓慢。与西方等发达国家相比较，我国制造业所拥有的技术水平仍然较低，在全球产业链上的地位也比较靠后，仍有很多需要改进与完善的地方。我国应重视产业内部的结构调整，并增强产业间的支撑作用。在今后的发展中，我国应通过政策鼓励激发产业内部各企业的创新意愿，为企业营造竞争有序的创新氛围。如今，第二产业和第三产业的关联越来越紧密，服务业对于制造业的反向作用越来越大。这说明，我国可以充分发挥制造业与生产性服务业之间的关联关系，以制造业的升级推动生产性服务业的发展，以生产性服务业的完善来反向推动制造业的结构改变，以实现制造业与生产性服务业之间的相辅相成。

重视核心技术的自主研发。纵观上述国家的产业发展道路，可以发现发达国家在经济发展的过程中都十分重视技术的引进与学习。在经济发展初期，各个国家都是通过引进先进技术来创造经济效益的。在经过一段时间的发展后，每个国家都对自主研发先进技术进行了大量的投入，这也可以从上文的各国研发人员数量和研发费用支出占GDP的比重中看出。与发达国家相比，我国目前的研发人员数量较少，研发费用支出对于技术创新的支撑力度稍弱，具体表现为我国生产制造的核心技术研发水平比较低，在较多领域，我国使用的核心技术仍需从发达国家购买，并受到一定限制。虽然我国对于制造业的高新技术投入比重在不断加大，且其所占比重也一直处于增长态势，但我国的高端制造业在整个产业中所占比重并不大，高新技术研发转化成的产品收入在国家间的横向比较中仍偏低。随着我国经济的发展，我国以往的劳动力生产要素带动经济发展的优势逐渐减弱，我国的自然资源总量也在不断减少，这就需要我们重视对于绿色技术的研发与投入。我国要驱动经济增长模式从要素优势转化成技术优势，就要以技术为核心，提高资源的利用效率，削减人力成本，通过技术水平的提高带动新产业的兴起，创造新的经济增长点，发挥技术对于产业结构变革的重要作用。

重视人才培养和技术保护。先进的生产技术是推动产业升级的重要保障，然而人才作为先进技术的重要开拓者，是实现技术变革的根本所在。美国、英国、德国、日本四国都高度重视教育体制的建设，并对教育支出给予有力的财政支持。因此加大对人才的培育与投入，是我国未来转变经济发展方式，实现全球价值链环节攀升的关键所在。目前，我国对于人才培育的费用支出多数集中在高等学校和专门的科研机构，而对于企业研发人员的投入则相对较少，主要依靠企业对其进行补贴和奖励。项目组认为,企业是与市场最密切的机构,是最能感知市场动态,了解市场需求的载体,也是最能对市场做出直接反映的组织。加大对于企业研究人员费用的投入和补贴,能够激发企业人员的创新斗志,激励企业人员基于自身利益进行自主研发,从而推动企业的创新成果的涌现,推动行业内技术创新热潮的出现,并形成创新热的局面。企业作为推动经济发展、实现产业升级转型最重要的经济体,是最能体现创新成就的晴雨表,因此国家应重视对于企业人员创新意识的激发。研发成果的保护是激发人们创新意识的另一种手段。在发达国家,先进技术的研究与使用都受到严格的专利保护。这不仅有助于刺激研发人员的研究动力,也有助于在行业内激发企业间的竞争意识,从而推动产业的升级发展。

重视对外开放与国际竞争。第一次工业革命期间,面对自身技术落后、生产效率低下的状况,美国、德国和日本并没有自我封闭,而是通过积极引入先进的科学技术,边使用边研学,在提高自身经济发展水平的同时为本国的科技创新打下基础。自改革开放以来,我国就秉承着对外开放这一坚定的立场。自2002年加入世界贸易组织正式嵌入全球价值链以来,我国更加积极地参与到国际分工与全球竞争中。然而我国在国际竞争中,因技术水平落后而一直处于劣势状态,在全球产业链中,我国的制造行业也一直处于末端环节。国际贸易的深化使得我国在国际地位上越来越不占有优势,发达国家对于我国的技术封锁也让我国在产业升级方面遭受壁垒。因此,在全球化竞争加剧的今天,我们与发达国家的贸易往来也应该多以先进技术为交换条件,充分发挥我国的资源优势,以资源优势换取技术优势,通过引进先进技术进行研习,加强我国的自主研发能力,提升我国的科技创新水平,进而提高我国在国际竞争中的优势与地位。

2. 基于全球价值链的对比

价值链概念最早由美国经济学家波特提出,而后格里菲等依据波特的价值链理论建立了全球价值链的观念,开始从产业链视角研究企业升级,并将价值链分为生产驱动型和消费驱动型两种形式。从前文阐述可知,在全球价值链的三大环节组成的微笑曲线中,曲线两端即产品研发、品牌和服务环节是价值链上增值部分最多的环节,也是发达国家占比最高的部位。自我国嵌入全球产业链以来,就一直处于"U"形曲线的底部,位于价值链的低端环节,而这也正是造成我国污染严重的重要原因。因此,从全球价值链视角看,我国应通过技术创新、政策创新激励企业正视其自身,积极参与技术创新与研发,实现自身从价值链末端环节向高端环节的转变。

中国自2002年加入世界贸易组织以来,正式嵌入全球产业链,成为世界制造业的一分子。因此,项目组采取2002年以后的数据进行国际间的横向比较。通过比较我国与发达国家的科技创新情况可知，我国目前在创新投入及创新人员的培育上仍有很多不足。从图 8.19 中我们可以看出，在 2002~2015 年，美国、英国、德国、日本工业就业人数占总就业人数的比重总体呈下降态势，中国工业就业人数占总就业人数的比重呈现出先上升后下降的态势。英国和美国的工业就业人数在总就业人数中的占比不足 1/4，德国和日本的工业就业人数在总就业人数中所占的比重不足 1/3。

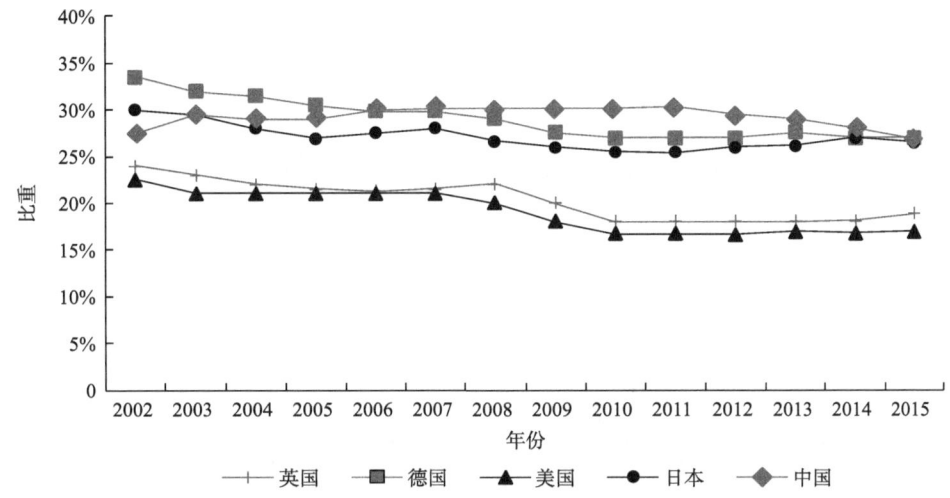

图 8.19　中国与英国、德国、美国、日本的工业就业人数比重对比

资料来源：项目组依据世界银行公布的数据绘制

技术创新水平的提高离不开高技术人才的支持。项目组依据制造业发展程度的不同，选择美国、英国、德国、日本四国作为参照国家，并通过国际间的横向比较发现，我国每百万人从事研究工作的人数远远低于英国、德国、美国和日本，且与各参照国家相差较大。从图 8.20 中可以看出，日本的研发费用支出占 GDP 比重远高于中国、英国、德国和美国，处于领先地位。德国呈上升趋势，并在 2010 年超过美国，与日本之间的差距也在不断缩小。从图 8.20 中也可以看出，我国自 2002 年起，研发费用支出占 GDP 比重也在不断攀升。我国对于研发的重视程度随着经济的不断发展而逐渐提高，但我国目前从事研发工作的人员相较发达国家而言仍显不足，先进行业的核心技术也仍未全部掌握。综上可知，我国应在研发投入和高等人才培育上给予更多支持，有针对性地提高我国研发费用支出，联合高校和企业积极培育创新型人才，重视科学技术的自主创新，从而掌握国家经济发展命脉，加快我国从全球价值链低端向高端迈进的步伐。

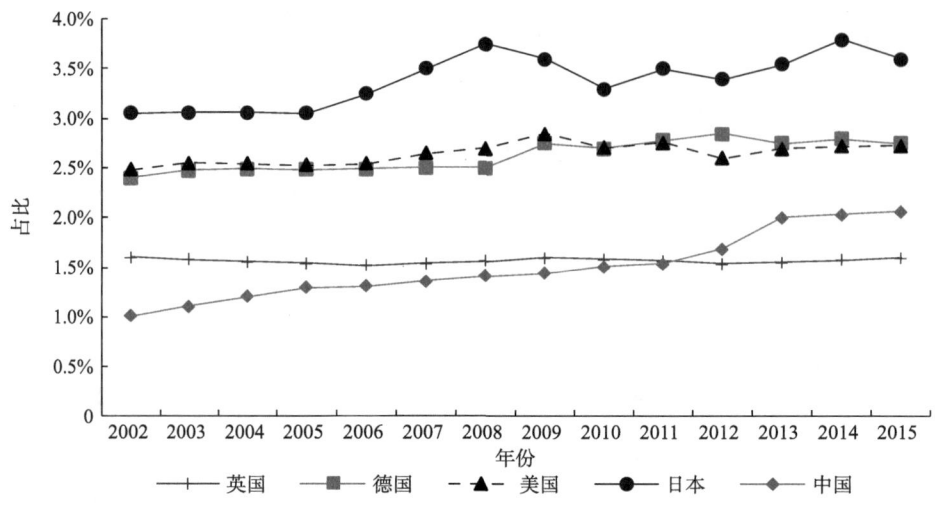

图 8.20　中国与英国、德国、美国、日本的研发费用支出占 GDP 比重对比
资料来源：项目组依据世界银行公布的数据绘制

纵观发达国家经济发展历程，我们可以发现各国基本遵循三次产业转移发展模式，即从第一产业为主导到第二产业为主导再到第三产业为主导的顺序模式。在三次产业转移发展的过程中，各产业对经济增长的贡献度顺次递增，各产业所能提供的就业岗位、带动的就业量也随之递增。从图 8.21 中我们可以看出，在 2002~2015 年，美国、英国、德国、日本每百万人中研究人员的数目同中国一样，呈现波动上升的态势。日本的每百万人中研究人员的数目较多。

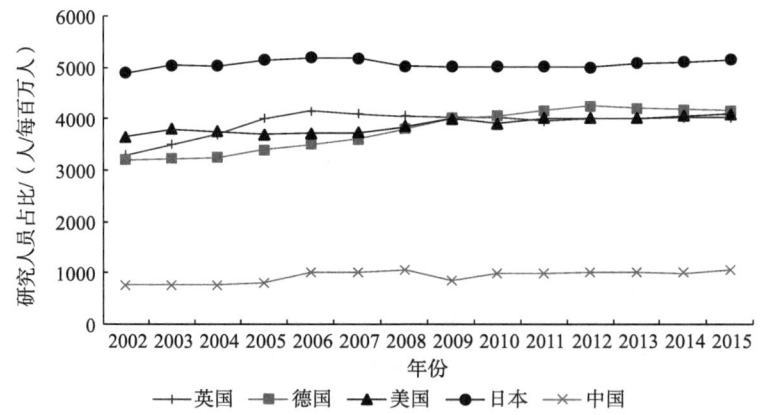

图 8.21　中国与英国、德国、美国、日本的研究人员数目对比
资料来源：项目组依据世界银行公布的数据绘制

通过上述国际研发情况与国际各国产业吸纳就业人数能力的比较可知，发达国家无论在研发能力还是产业结构优化方面都具有极大优势，在全球价值链分布

上,发达国家依靠强大的技术创新能力位于微笑曲线的两端,而我国则处于微笑曲线的中部,如图 8.22 所示。因此,为推动我国在全球价值链上的攀登,实现从制造大国向创造大国的转变,我国应深入研究发达国家产业转型过程中的成功与失败之处,借鉴其成功经验,分析其失败原因,并结合我国的具体情况,挖掘有益于我国产业升级的成功经验,规避可能造成失败的调控措施,充分发挥政府在经济转型中的调控功能,以市场经济为主体,寻找适合我国产业转型的正确道路。

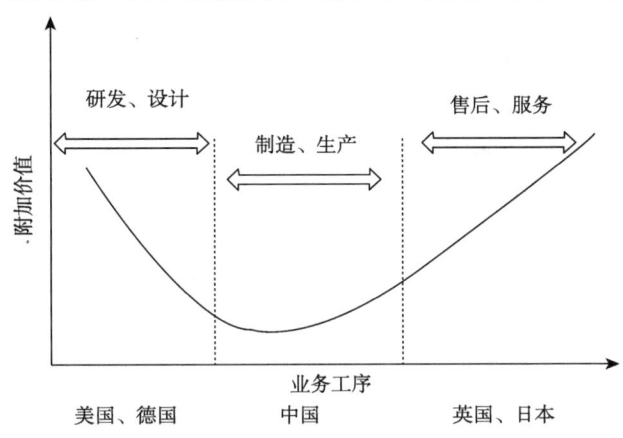

图 8.22　中国与主要发达国家在全球价值链上的分布图

资料来源:项目组依据理论分析绘制

3. 德国产业绿色升级的成功实践

自英国开启工业革命序幕以来,工业化发展席卷世界各国,追求更高层次的工业化发展层级成为发达国家和发展中国家的重点目标。从第一次工业革命到第二次工业革命,无一不显示了经济的变革源于生产动力的升级。根据表 8.8 中世界角度的四次工业革命,从蒸汽时代以水蒸气作为生产动力,再到电力时代以煤为原材料作为生产动力,人们积极地探寻生产效率更高、运转动力更快的生产方式,以期创造更高的经济效益。然而,两次工业革命所带来的经济增长高度依赖物质资源的过量消耗和生态环境的过度负荷。当物质生产受到自然资源和生态环境的双重制约时,人们被自然敲响的警钟所惊醒。为了修护严重破损的生态环境,维护人类共同生存的地球家园,寻求经济的持续发展,各国转而寻求能够以低消耗、低污染的生产方式支撑经济持续发展的核心产业。由此,信息技术的产生与发展为世界带来了新一轮的工业革命,提前完成工业化的发达国家运用科学技术改进生产方式,实现了经济的转型增长。随着科学技术水平的进一步提高,人类的需求更加多元化、个性化,因而开展数字化、智能化的生产方式正逐渐成为西方发达国家制造业的升级目标。

表8.8 世界角度的四次工业革命

工业革命	开始时间	标志	代表性工具
第一次工业革命	18世纪60年代	随着蒸汽驱动的机械制造而出现	1764年：珍妮纺纱机
第二次工业革命	19世纪70年代	随着基于劳动分工的、电力驱动的大规模生产而出现	1870年：第一条生产线（美国辛辛那屠宰场）
第三次工业革命	20世纪40年代到70年代	运用电子和互联网技术实现制造流程的进一步自动化	1969年：第一台可编程逻辑控制器
第四次工业革命	21世纪	德国发起的基于CPS的革命	

资料来源：项目组根据论文[196]整理

德国作为西方主要的发达国家之一，是如今引领新一轮工业革命的创始者。然而纵观如表8.9所示的德国工业化发展历程我们可以看出，德国在早期的世界工业化进程中并不是发展最快、占据世界经济发展前列的主要成员。与工业革命的发源地英国相较，德国工业化进程是在英国完成第一次工业革命后才开始的。因受到本国当时历史环境的制约，德国在经济发展初期是以农业为主导的资本主义国家，农业就业人数几乎等同于当时整个德国的全部人口。随着19世纪70年代德意志帝国的建立，在战后经济重建的过程中，德国才正式开启工业化道路，并在发展初期依靠充沛的劳动力资源打开了工业化高速发展的大门。德国的第二次工业革命是与第一次工业革命交叉进行的，因而德国在发展的过程中不断受到外国先进技术带来的冲击，德国因此高度重视科学技术，并在随后的工业化进程中不断加大先进技术的创新力度，通过引进发达国家的先进技术和自主创新两种方式实现了本国经济的腾飞发展。德国长期居于世界发达国家之列、持有先进制造业之国的名号是源于其在发展的过程中，不甘于现状、持续探寻创新之路并永葆精益求精态度，力求通过不断改进生产方式以向社会提供更好的产品与服务。

表8.9 德国的四次工业革命

阶段	起始时间	发展特点	主要发展产业
工业1.0	19世纪30年代	从纺织业的兴起到以铁路建设为中心的重工业	交通运输、装备制造等工业行业
工业2.0	19世纪70年代	与第一次工业革命交叉进行，快速引进其他国家先进技术	钢铁、电气、化学等工业行业
工业3.0	20世纪90年代	以科学技术为发展中心，实现赶超英国、美国计划	信息技术等高科技行业
工业4.0	2011年至今	基于CPS的智能化发展	制造业的智能发展

资料来源：项目组根据资料整理

从表8.9可知，德国工业化进程到目前为止主要分为四个阶段，相应地将其工业体系也分为四个级别。从时间跨度上我们可以看出，德国工业化进程仅用了不到一百年的时间。虽然历经的时间较其他发达国家而言比较短，但发展的速度却很快，德国在工业 2.0 中便积极引进先进国家的生产技术，并明确核心产业的发展方向与目标，最终以较短的时间完成了其工业化进程。在 2011 年德国率先提出了工业 4.0，明确了工业 4.0 的方向和目标。德国不断追求科技创新、坚定技术立国的信念促成了其在世界范围内绝对领先的大国地位。以下主要介绍德国在各阶段的主要发展领域、运用的生产技术及在工业层级提升过程中的产业转型目标。

第一阶段主要从 19 世纪 30 年代开始，纺织工业的发展启动了德国工业革命的步伐，纺织厂的大规模兴建使得德国的初级工业有所发展，这在一定程度上促进了德国经济的发展并推动了工业化的先期发展。然而到了 19 世纪中期，英国等国工业革命的再次兴起与工业化水平的不断提高使得德国以廉价劳动力发展经济的生产方式受到强烈冲击，德国纺织工业的生产总量不断减少，利润大幅下降，失业工人逐渐增加，社会上的闲置劳动力也加重了德国政府的财政负担，德国自此便开始思考产业转型。德国在战后经济恢复时期十分重视基础设施建设，因此继纺织工业受到严重冲击后，德国转而以铁路建设为中心大力发展交通运输业，并以交通运输的兴建带动其他工业的发展，以摆脱德国陷入的经济困境，实现经济的再度增长。运输业的大力发展使得原材料、产成品和人力资本这些生产资源能够自由流动，这对德国工业化进程的发展起到了不可磨灭的作用。

第二阶段主要从 19 世纪 70 年代后期开始。在此阶段，世界范围内大多数国家早已完成第一次工业革命并已借助电力的应用开始第二次工业革命。德国因受历史原因制约，第一次工业革命开展的时间较晚，故德国此时处于第一次工业革命和第二次工业革命交叉发展的阶段。德国在发展的过程中清醒地认识到自身的发展速度与发展规模，在考虑自身发展的特性后，采取充分利用第一次工业革命的发展成果和第二次工业革命的生产技术的战略措施，通过学习其他国家的先进技术，不断抓住发展机遇，使得本国的工业化在此阶段得到飞快发展。德国在工业 2.0 阶段，不仅将轻、重工业同步发展，而且大规模推动钢铁、煤炭、机器制造等重工业的发展。在工业 2.0 阶段，德国充分运用电力动能，使得已经得到充分发展的电气行业又再创佳绩，迎来了制造业生产技术的不断创新，启发了德国自身的科技创新意识，为德国后来的制造业大国地位奠定了深厚基础。德国在此阶段完成了其他发达国家用一个世纪所完成的工业化道路进程，并实现了重点行业在世界范围内领先的目标。

第三阶段主要从 20 世纪 90 年代开始。在此阶段，世界范围内大多数国家早已完成第二次工业革命，美国和日本的制造业在第二次工业革命浪潮中也得到大力发展，并在微电子技术、集成电路技术和信息技术等领域占据领先地位，而反观此时的德国仍困于依赖传统工业发展促进经济增长的阶段。德国在不断衰退的国际地位中逐渐意识到了世界经济的发展趋势及自身经济增速乏力的问题，为了努力缩小与美国、日本等国家在信息技术等领域的庞大差距，实现赶超目标，在20世纪90年代初，德国政府通过对经济、科技、邮电三大技术领域加大投资力度，大幅增加财政支出对信息技术研发的支持力度。这不仅有效地激发了本国科研人员的研发热情，而且为德国在世界范围内位列科技创新大国奠定了雄厚的基础。到21世纪初，德国的电子科技领域取得显著成就，互联网用户大幅增加，德国在电子商务领域也领先世界众国，并一举成为欧盟高科技领域的领头羊。

第四阶段主要从2011年开始至今。随着工业化进程的不断发展，互联网的出现与应用为世界工业化进程的发展明确了特定的方向，如今世界各国的发展都建筑在互联网的应用上。德国工业化程度虽高，但因受到本国自然资源和生态环境的制约，以及美国"再工业化"计划、新兴国家制造业大力发展所带来的压迫，在内忧外患的状况下提出了发展工业4.0，开创智能智造新时代。工业4.0是德国应对经济发展僵局、开创制造业发展新纪元的先发对策，且一经提出便受到世界各国的广泛关注。德国在2013年正式将"工业4.0"项目列为《高技术战略2020》的十大未来项目之一，并计划投入2亿欧元资金用于科学技术的研发与创新。德国智能智造以人的需求为核心，通过数据、信息、机器的融合，为个性化需求提供智能服务。

从德国四次工业革命进程中我们可以看出，虽然德国较其他发达国家的工业化进程起步晚，但它能够清楚认知自己的发展劣势，并善于利用后发优势，积极引进先进国家的科学技术作为自身发展的基础，以技术为杠杆撬动本国的工业化进程，并在发展的过程中不断推进科学技术的研发与应用，不断改善制造业的生产工艺，促进生产技术水平的提高，并最终成为世界先进制造业的领头者。

4. 德国、中国两国工业化发展进程的比较

德国于2011年在世界范围内率先提出工业4.0概念，这一概念的提出对于各发达国家与发展中国家而言，具有鲜明的指导意义。纵观上述德国发展历程，我们可以发现，德国在崛起的过程中，对于自身定位具有清晰的认知。与其他发达国家相比，德国虽受历史条件制约使得工业化进程起点低、起步晚，但在国际竞争的过程中，德国能够充分利用他国的发展成果并运用到自身的制造业生产过程中，通过技术的学习与创新发展适合本国的核心产业，并最终在世界竞争中拔得头筹。德国在探索经济发展的过程中，同众多国家的经济发展历程一样，在产业升级与经济增速方面都面临过诸多困境。但德国并没有因此而停下脚步，而是积极寻求突破困境的解决方法，在一次又一次的产业转型中成功探索，将技术创新作为支撑国家经济发展的有力杠杆，并最终成为智能智造的开创者。

在工业2.0阶段，德国采取轻重工业并续发展的方式来提升本国在国际市场上的竞争力，并根据世界发展态势将产业重心向钢铁、电气、化学等工业行业

倾斜。德国工业 2.0 体系是在第一次工业革命与第二次工业革命的交叉中发展起来的。这一时期的德国充分运用第一次工业革命的成果和第二次工业革命中产生的电力技术，重点对电气领域的技术进行再创新，推动电气行业优先发展，使得本国的电气装备在世界范围内拔得头筹，遥遥领先于其他国家，并在世界制造业领域内站稳脚跟。德国也是在这一阶段充分认识到生产技术对于产业发展的重要性，并由此加大了对于技术创新的投入力度，开始变革教育体制，促进本国技术的不断发展。中国在这一阶段的工业体系中，优先发展的仍是重工业，但重点领域有所改变，能源、装备制造业等核心产业逐渐蓬勃兴起并发展壮大，国家对于大型制造业的投入力度也不断加大。然而与德国发展方式不同的是，此时的中国主要依靠引进外来先进技术应用于本国的生产发展，各产业的核心技术并不出自本国，中国的制造业发展是建立在发达国家的技术创新水平上的，这就使得我国的经济发展存在极大隐患。改革开放后，我国的经济总量呈指数发展态势。然而，我国经济结构存在较大问题，制造业技术也没有在世界范围内占据领先地位，对比同体系时期的德国，我国并不具备技术优势。由表 8.10 可以看出，两国在工业 2.0 体系的发展中所产生的污染物对于本国的生态环境都产生了影响。由此可见，工业 2.0 体系对于开展工业化进程的国家而言是难以逾越的重污染阶段。

表8.10 德国与中国的四次工业革命对比

工业体系		德国	中国
1.0	起始时间	19 世纪 30 年代	20 世纪 50 年代
	代表产业	交通运输、装备制造业	以钢铁产业为主的重工业
	技术水平	运用第一次工业革命中的蒸汽动力	低端生产技术
	发展方式	从纺织业的兴起到以铁路建设为中心的重工业	重点发展重工业以尽快实现社会主义现代化
	污染排放	对环境影响较轻	对自然环境影响较轻
2.0	起始时间	19 世纪 70 年代	21 世纪初
	代表产业	钢铁、电气、化学等	能源、装备制造等工业产业
	技术水平	运用第一次工业革命成果及第二次工业革命中的电力生产技术	较初期有所进步，但绝大部分为引进的外国先进技术
	发展方式	轻重工业并重发展，重点发展重工业	优先发展重工业等产业带动国民经济发展
	污染排放	对自然环境破坏严重	对自然资源、生态环境破坏严重
3.0	起始时间	20 世纪 90 年代	2010 年至今
	代表产业	电子信息技术等	航空航天、化学医药等高科技产业
	技术水平	互联网技术	互联网技术
	发展方式	依托互联网技术的发展与应用大力发展信息产业	将互联网技术应用到制造业重点行业，实行"互联网+"

续表

工业体系		德国	中国
3.0	污染排放	对环境影响较轻	各行业发展不均衡，总体仍对生态环境有影响
4.0	起始时间	2011年至今	
	代表产业	汽车等制造业	
	技术水平	基于CPS的智能化发展	
	发展方式	运用数字化、智能化生产方式提高生产技术、生产效率	
	污染排放	对环境影响轻	

资料来源：项目组根据资料整理

在工业体系3.0中，德国在互联网等信息技术兴起的背景下大力发展电子产业，通过对本国生产技术研发的大力投入，促进本国电子产业的蓬勃发展。在德国发展工业3.0的初期，英国、美国等发达国家早已完成工业化进程，率先向电子信息领域突破。德国作为后发国家，虽在较短的时间内完成了工业化进程，但因受自身资源条件的制约，依托原有技术的重工业化发展道路不再能够带来强劲的增长动力。德国因此审时度势，跟随英国、美国等发达国家的步伐向电子信息领域进军。德国在工业化发展过程中高度注重技术的战略使得其在信息化发展中技术水平得到飞速提升。德国加大政府支持力度，扩大财政支出在信息领域的投入，培养高技术人才的战略使得其在21世纪初便在电子商务领域领先世界众国，并一举成为欧盟高科技领域的领头羊。与德国相较，我国的经济发展具有不平衡的特征。中国总体上处于由2.0向3.0过渡的阶段，但某些行业在发展水平上已进入工业3.0水平。我国并没有完全实现工业化，在发展战略上，我国选择优先发展战略性新兴产业，并促进航天航空、化学医药等高科技产业的发展，力争在世界竞争中谋得一席之地。我国面临着工业化与信息化同步发展的问题，针对这一问题，我国提出以工业化促进信息化，信息化带动工业化发展的战略方针，通过将其作为长期战略指导，以期促进工业化和信息化发展的完美对接的实现。德国在此阶段主要发展信息产业，在完成工业化后，生态环境得到恢复，污染排放水平大幅下降；而中国因尚未完成工业化，且技术水平落后，一些地区仍存在污染问题。

工业4.0是由德国率先发起的，是各个国家尚未进入的一个崭新的工业体系。德国认为此阶段属于第四次工业革命，是为解决本国内外交困的生产现状、谋求突破而提出的一项发展战略。德国旨在在数字化、信息化基础上，开创智能生产时代，并以人的需求为核心，倡导产品生产要以满足人们的真切需要为目标。工业4.0是德国应对经济发展僵局、开创制造业发展新纪元的先发对策，也是各国未来发展态势的一个指向标。在世界范围内，工业4.0对于各发展中国家的技术水平提供了明确的界定标准，尤其对于我国这种正处于工业化水平不断攀升、生产技术水平急需创新、环境污染问题亟待解决的制造大国而言，工业 4.0 的提出为我国提供了更加清晰的产业升级方向与目标。

自 2008 年金融危机后，世界各国尤其发达国家在受到强烈冲击后，清醒地认识到支撑经济发展的有力杠杆不在金融业而在实体业，于是各发达国家纷纷做出回归制造业的举措，将"再塑工业化"作为本国走出金融危机的战略，如美国依据自身情况提出了"再工业化"的战略，该战略不仅是对传统产业的升级改造，更是对高端制造业的创新发展。

2008 年在美国爆发的金融危机不仅给自身带来了极大伤害，也给世界各国造成了深远影响。自 2009 年以来，美国政府为降低金融危机带来的恶劣后果，决定将制造业作为撬动国家经济增速的杠杆，大力促进制造业的发展，并于同年颁布了《重振美国制造业框架》这一规划。2011 年，美国揭开"先进制造伙伴关系计划"的序章，旨在抢夺世界范围内先进制造业的头筹地位。2012 年，美国进一步推出《先进制造业国家战略计划》，出台各项激励政策，鼓励制造企业回归本国进行生产。该计划主要包括两条主线，一是涵盖了对传统制造业的升级改造，此改造不仅包含结构性变革还囊括竞争力的提升；二是培育高新技术产业，提出将数字化技术应用于产品设计、生产等环节。"工业互联网"概念最先由美国通用电气公司提出，为将这一理念发展壮大，通用电气公司随后与美国五家行业龙头企业联合成立了工业互联网联盟。工业互联网联盟实施成员开放制，并通过构建一幅"通用蓝图"，使得联盟内的各企业可以通过蓝图实现信息化共享。通用公司倡导成立工业互联网联盟的宗旨在于通过制定行业标准，冲破行业间的技术壁垒，运用互联网手段推动传统工业的升级发展，加强工业生产和数字信息的结合，以促进制造业的产业升级和结构转变。美国政府于 2013 年出台的《国家制造业创新网络：一个初步设计》更加彰显了美国回归制造业并推动互联网对工业发展服务的决心。该项设计不仅获得了政府政策上的支持，而且还获得了政府 10 亿美元的投资，意在创建一批先进制造企业以领跑全世界。由此可见，美国"再工业化"理念的践行是依托"工业互联网"思维而蓬勃兴起的，其目标是通过"再工业化"实现产业结构的调整、发展方式的转变及先进制造业的发展。

日本继美国提出"工业互联网"、德国倡导工业 4.0 后，也提出了大力发展制造业，使制造业回归本土的口号。日本政府对于制造业的高度重视体现在其大规模编制技术战略图，以期在核心领域谋求突破的强烈决心上。2015 年，日本公布了《2015 年版制造业白皮书》，报告中日本政府对于美国、德国的再工业化进展表现出了强烈的危机感，引发了日本对于本国制造业在国际市场上未来竞争力的深思。因此，日本政府提出制造业要积极发挥互联网技术的作用，将制造业与大数据相结合，转型为利用大数据的"下一代"制造业。日本政府为此加大对高端技术的财政投入，积极扶持重点行业重点企业的技术创新，提高技术更新换代的速度，提高产品的制造竞争力。

工业4.0概念于2011年在德国汉诺威工业博览会上提出，这一概念一经提出便引发世界各国的关注，众发达国家和发展中国家也纷纷效仿，依据自身发展状况提出本国的制造业升级举措。德国在二战后善于利用本国资源的比较优势并依托良好的发展策略，以较短的时间完成工业化并成功位列世界发达国家战队，成为制造端高品质的代言人。然而，随着世界经济的不断发展，全球经济一体化使得各国分工有所不同。德国因受自身资源匮乏的制约加之面临发展中国家依靠劳动力优势成为制造大工厂的现状，德国制造业出口受到打击，出口份额不断下滑，经济总量也受到影响。此外，德国自身的创新能力在近年来并不如以往的势头强劲，产业结构也面临转型、升级的困境。因此，德国在内外交困的背景下，为提高本国竞争力，稳固在世界范围内的地位，促进本国经济速度的不断提高，将工业4.0上升为国家战略，并大力倡导互联网及制造业巨头企业的加入，为推动制造业生产技术的不断创新而努力[197]。

德国提出的工业4.0概念主要指以智能化和数字化为核心，通过CPS搭建智能化工厂，达成智能制造的目标。德国虽在近年受到经济下滑的冲击，但制造业基础仍在，生产质量在世界范围内仍享有盛名，其培育高技术人才的教育体制及较高的科学技术研究能力都对智能制造的构建形成了强有力的支撑，且德国历史上在短时间内完成产业转型的经验也为工业4.0的实施奠定了坚实基础。德国工业4.0是在面临一系列挑战的背景下提出的，其正视自身发展状况，勇于迎接挑战，不断追求创新与突破的精神值得我国学习。

我国自20世纪50年代便十分重视制造业的生产发展，改革开放后更是将发展重心放在重化工业领域。2015年，我国为实现制造强国目标、提升本国在国际上的竞争力，发布了《中国制造2025》，并将其定为我国实施制造强国战略第一个十年的行动纲领。我国目前正处于从工业2.0向工业3.0过渡的阶段，对于制造业发展的方向与目标的思考都是建立在发达国家的工业化发展道路探索经验之上的，因此对德国工业体系发展经验和理念的学习有助于我国成功探索适合我国国情的工业发展道路。

《中国制造2025》的发布，是政府站在全局角度思考我国工业化道路系统性升级发展的表现，是我国着眼于长远、谋求长期发展的体现。《中国制造2025》是我国政府基于对制造业核心能力的分析、基于对我国产业比较优势的考虑及对于我国产业转型升级和产业结构变更目标的综合评估而制定的[198]。然而，纵观《中国制造2025》的发展规划，并将其与德国工业4.0对比，我们发现无论是在技术水平还是在发展模式上，两国之间都存在极大不同，为此，项目组将两国对比分析如表8.11所示。

表8.11 "中国制造2025"与德国工业4.0的对比

项目	中国制造2025	德国工业4.0
倡导者	工业和信息化部牵头，中国工程院起草	联邦教研部与联邦经济技术部资助。德国国家工程院、弗劳恩霍夫协会、西门子公司等建议
战略定位	国家工业中长期发展战略	国家工业升级战略，第四次工业革命
特点	信息化和工业化的深度融合	制造业和信息化的结合
战略目标	增强国家工业竞争力，在2025年成为制造强国，2035年赶上德国、日本等先进制造国家	增强国家制造业竞争力
不同之处	四个基础的增强：基础零部件（元器件）、先进基础工艺、关键基础材料和产业技术基础	强调智能工厂和生产智能化，制造业不做信息产业的附庸
风险	强调数控系统应用，但只提出目标，没有列出具体实施途径，对信息技术的定位模糊，可能导致实施偏差	已经在汽车生产商发展了某些应用，强调标准制定和服务型制造业；有部分具体途径目标定位高，实施难度大，有赖于信息技术朝着有利于自己的方向发展

资料来源：项目组依据政策文件整理

"中国制造 2025"是我国基于自身产业发展追求所设定的赶超西方发达国家的一项伟大计划，而德国工业 4.0 则是德国为了实现再一次的产业革命，引领世界发展趋势而推出的一项计划。通过梳理两国在制造业领域所设定的目标与计划，如表 8.11 所示，我们可以看出我国工业发展与德国工业发展的差异之处。从表 8.11 中可以看出，我国将工业目标定位于赶超德国、日本等先进制造业国家，表明我国目前的制造业发展水平仍较低，与发达国家相比仍存在一定差距。我国在发展制造业的过程中主要是加强工业化和信息化的结合，推动工业化与信息化相互促进；而德国则提出制造业不做信息产业的附庸，这说明我国在发展战略上较德国仍有所不同，产业发展方式也较德国有所不同。

纵观两国的实施过程，我国是在尚未应用智能技术之时便提出了"中国制造 2025"，而德国则是先在汽车行业发展了某些应用而提出的德国工业 4.0 计划。两国的计划提出基准不同，实施程度更加不同。尚未将技术应用于任何领域对于我国的发展而言是一个挑战，而反观今日中国制造业的发展趋势，智能机器人、智能制造的研发进程飞速，这说明我国在加快信息业和工业相结合的脚步，用技术改造工业踏出了实质性的步伐，这对于我国产业升级而言具有重要意义。

5. 国际经验的借鉴

从上述美国、英国、德国、日本四国产业结构升级的简要介绍中，我们可以看出，各国的发展历史都表明传统工业的发展不足以支撑经济的持续增长，且四国在经济疲软难以再创新高的情况下均走上科技兴国的道路，各国的发展事实也证明了技术是推动经济持续增长的最终动力，是实现各国在国际竞争中脱颖而出的重要手段。

资金支持是实现技术创新的最大动力。企业作为科技创新的重要社会主体，一方面是科学技术的受益方,另一方面也是技术创新的出资方。而政府作为调控经济的有力助手,是弥补市场缺陷、推动经济持续健康发展的守卫者。政府作为社会秩序的维护者,为了修护破损的自然环境质量,保护濒临耗尽的生态资源,对于传统的资源损耗型经济增长方式发出了停牌,转而号召、鼓励企业进行技术革新,摒弃落后的重污染生产方式,积极研发环保型生产技术,在促进自身经济效益提高的同时维护人类共同居住的生态家园。

纵观各国的科学技术创新资金来源,可以发现政府和企业是推动科技创新最主要的动力。政府的财政支出一方面用于高校补给,鼓励科研学者进行先进技术的研发,实现科学技术的创新;另一方面用于对企业的税收减免,对于有研发机构的企业准许其在税收方面享有优惠,以此鼓励企业进行自主研发,转变自身的生产方式,促进企业的转型升级。然而,通过观察发达国家和我国研发资金支出在政府和企业间的配置比例,可以发现我国的资金结构具有一定的缺陷。与发达国家相比,我国主要依靠政府财政支出开展技术研发活动,且占研发资金总支出的比例极高,而作为技术创新主体的企业却不是资金的主要供给者。我国研发资金来源单一,融资资金比例在总研发资金中占比不高。

从图 8.23 中可以看出,日本的企业部门研发资金支出占国内的总研发资金支出比例极高,在 2000~2016 年,其均值达 74%左右。德国企业部门研发资金支出占比呈波动性态势,且均值在 65%以上。美国企业在 2008 年金融危机后,研发持续低迷,企业部门研发支出直线下降,直到 2009 年以后才有所攀升;英国企业部门研发资金支出占比相对较低,2008 年后其走势与美国相似。我国企业部门的研发支出占比则呈上升态势,这在一方面说明我国企业对于技术创新带来经济效益的意识逐渐提高,另一方面也说明我国政府对于企业研发支出的支持力度虽有提高,但投入力度比企业小。因此,我国应调节研发资金的比例结构,合理配置政府与企业间的资金投入,以高效的结构推动技术的创新。

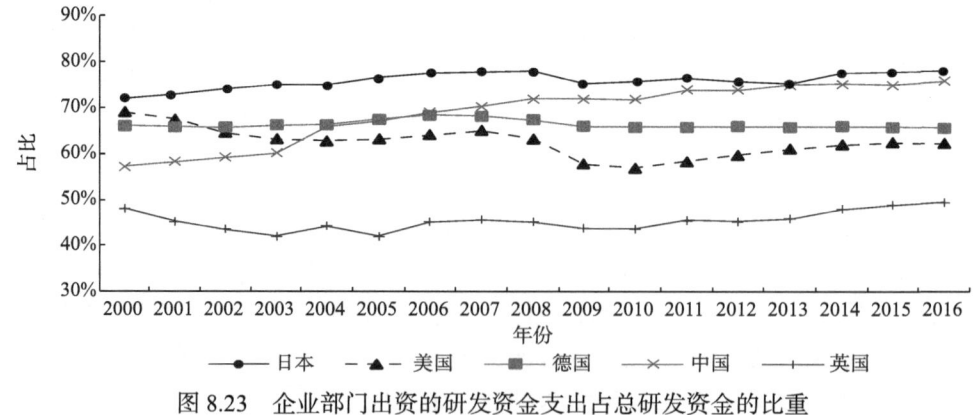

图 8.23 企业部门出资的研发资金支出占总研发资金的比重

资料来源:项目组依据 OECD 公布的数据绘制

从图 8.24 中我们可以看出，2004~2016 年我国政府出资的研发资金占 GDP 的比重在五国中排名最低。个别发达国家政府支出的研发资金虽占总研发资金支出的比重低于我国，但在 GDP 上的占比却高于我国。因此，我国应充分注重研发资金来源与配置的合理性，通过优化资金的来源实现以创新活动的最优配置。

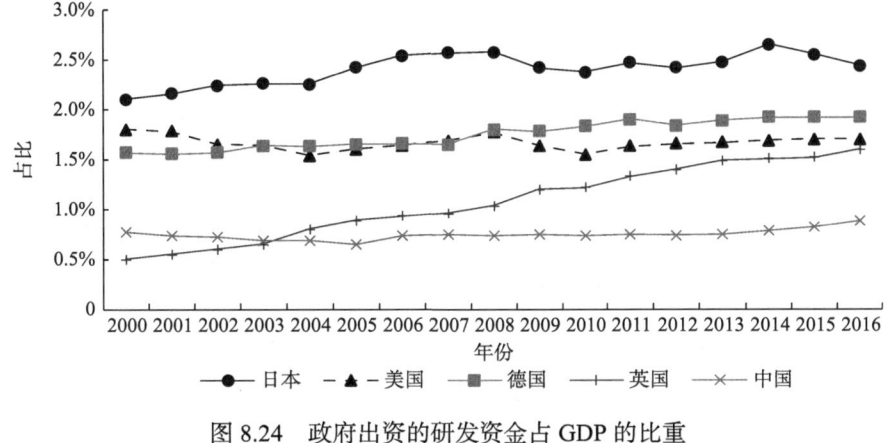

图 8.24　政府出资的研发资金占 GDP 的比重

资料来源：项目组依据 OECD 公布的数据绘制

推动我国经济持续繁荣的第一生产力是科学技术。近十几年来，政府越来越意识到科学技术对于生产活动的重要性，因此制定了诸多鼓励科技创新的优惠政策。政府不仅致力于通过行政政策为企业营造宽松的创新环境，而且也通过税收等财政手段为企业减少研发负担，鼓励企业进行科学研发活动，摈弃落后、污染的生产技术，自主地进行技术革新，改变自身的生产方式，转变企业的经营模式，改善企业的产品供给结构，通过技术改造，将高污染高能耗低技术的产品转化成绿色产品、高技术产品，从而推动产业的绿色转型升级，最终实现产业的可持续发展目标。

企业技术创新活动的资金不仅来源于财政补贴，也来源于企业自身的投入。然而财政支出并不能长久成为企业资金的主要供给，企业要想在行业竞争中屹立不倒，获得更大的市场份额，就必须遵循市场趋势，加大对先进技术的研究与创新，充分考虑消费者随着收入而升级的绿色需求，转变自身的产品特性，以获得消费者的最终青睐。

技术创新活动主要由企业、高等学校等研究机构及政府开展。其中，企业作为直接面向社会需求的产品供给者，是进行创新活动的核心主体。从图 8.25 中可以看出，2003~2016 年我国企业执行研发活动的资金数额占总研发资金的比重呈增长趋势，且增长势头不减，2013 年，我国企业部门执行的研发资金比重超过日本，在 2014 年经历短暂下降后，其发展趋势继续增长。美国、英国、德国、日本四国企业部门执行的研发资金占各国总研发资金的比重总体呈现曲折性上涨态势，且日本企业的执行力度一直处于较高位列。

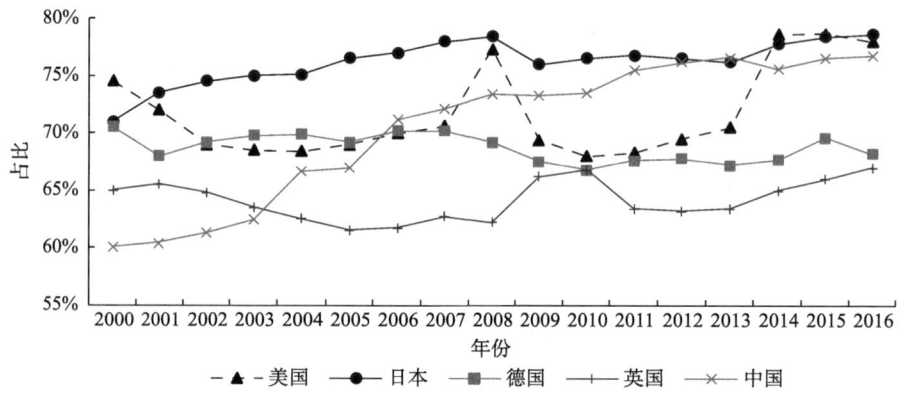

图 8.25　由企业部门执行的研发资金占总研发资金的比重
资料来源：项目组依据 OECD 公布的数据绘制

高等教育部门是推动我国生产工艺改进，加快产业转型升级的坚强后盾。由图 8.26 中可以看出，我国高等教育部门执行的研发资金占总研发资金比重排名五国末尾，且 2003~2016 年呈下降趋势。英国由高等教育部门执行的研发资金占比位居五国之首，且遥遥领先于美国、德国、日本。英国高等教育部门执行的研发资金占比约是我国高等教育部门执行的研发资金占比的 3 倍左右。德国的高等教育部门执行的研发资金占比也较高，约是我国的 2 倍。日本和美国在近十几年来由高等教育部门执行的研发资金占比相似。总体来看，英国是五国中最重视高等教育部门研发的国家。

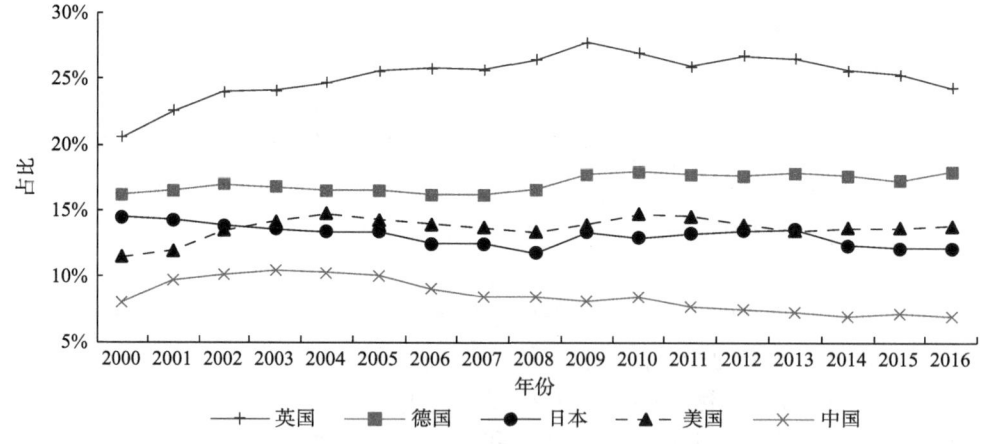

图 8.26　由高等教育部门执行的研发资金占总研发资金的比重
资料来源：项目组依据 OECD 公布的数据绘制

综上可知，发达国家的研发资金主要用于企业和高等教育部门，其中企业是最重要的研发主体，而政府作为创新活动的辅助者，在研发过程中并不发挥核心作用。我国自进入 21 世纪以来，积极倡导以市场经济为主体的发展模式，积极探寻促进经济增长的创新方式。自加入世界贸易组织以来，我国努力与国际接轨，在科学技术领域积极向他国学习，借鉴他国的成功经验，转变自身的发展模式，从以政府为主导过渡到以企业为主导，发挥企业的市场主体作用，促进科学技术的蓬勃发展。

科教兴国、人才强国一直是我国谋发展的重要战略。科技的创新离不开人才的有力支持。我国自改革开放以后就十分重视教育体制的规划与发展，对于教育事业的财政投入也逐年增加。近几十年来，我国高等院校的本科生和研究生毕业人数增幅较大，从事研究工作的总人数也连年增长，这对于我国的科技创新工作来说形成了强有力的支撑。从上述英国、美国、日本、德国四国的产业发展过程来看，各发达国家都十分重视对于人才的大力培养，都将教育视为一项有长期回报的投资项目，即使在经济匮乏、产业低迷的时期也不吝对教育行业的投入与发展，通过采用高薪聘用外来学者进行教学等手段，提高本国的教育起点，积极向发达国家看齐，促进本国教育事业的繁荣发展。

8.3 绿色技术创新与制造业绿色升级：产业层面的研究

8.3.1 中国制造业发展历程及现状

1. 中国制造业发展历程

自中华人民共和国成立以来，我国在不断探索、总结经验的基础上，实现了向制造业大国的发展转变。一方面，"中国制造"逐渐成为世界经济布局的重点与利润争夺的焦点；另一方面，制造业作为我国经济支柱，也因高污染、高排放的发展模式带来了严重的环境问题，并且中国长期以来陷于全球价值链"低端锁定"困境[199]。可见，大力发展绿色制造推动制造业转型升级，是解决经济发展与环境污染矛盾的唯一有效途径。中华人民共和国成立后制造业发展历程，可归纳为三个阶段。

1）第一阶段（1949年至1978年）：全面计划、夯实基础

经历了炮火纷飞的战争，中国迫切需要实业振兴。在此背景下，第一阶段的发展战略目标是初步建立国防工业体系，带动其余产业的发展。因此，中华人民共和国成立之初中国工业经济的主体是国有企业与民营企业，以国有企业为主、民营企业为辅加快工业建设。1953年，中国实行了第一个五年计划。第一个中国自主汽车品牌也在此阶段被生产制造，使中国制造业发展有了良好的开端。截止到1978年，中国工业体系建设已经基本完备，总体上为后来高速腾飞的中国制造业夯实了基础。

2）第二阶段（1979年至2000年）：改革开放、迅猛发展

1978年，党的十一届三中全会召开，确立了把党和国家的工作重心转移到经济建设上来的方针。伴随着经济体制改革，大量三资企业①涌入，民营企业规模发展壮大，逐渐形成了以公有制为主体，其他所有制并存的经济格局。

1984年10月中共十二届三中全会召开，再次重申改革的迫切性，提出发展社会主义商品经济。1987年于北京召开的中国共产党第十三次全国代表大会，确定了"国家调节市场、市场引导企业"的机制。1992年召开的中国共产党第十四次全国代表大会明确指出"调整和优化产业结构，高度重视农业，加快发展基础工业、基础设施和第三产业""加速科技进步"②。在一系列政策方针指导下，中国逐步认识到政府与市场间的关系，建立起以市场机制为主要资源配置方式的经济体制。

中国制造业在此期间蓬勃发展，其强大推动力主要来源于两个方面：一是得益于中国基础性建设的不断完善，国民需求量逐渐释放；二是在经济特区的示范带动作用下，不断深化对外开放程度，为中国制造融入全球价值链打下了坚实基础。截止到中国加入世界贸易组织前夕，以钢材、集装箱、水泥等产品为代表的中国产品已经成为世界制造业价值链条上的举足轻重的力量。

3）第三阶段（2001年至今）：世界工厂、独领风骚

2001年12月11日中国正式加入世界贸易组织，标志着中国正式迈向全球化阶段。伴随着中国不可逆转地融入全球贸易体系，改革开放也进入了制造业全球化的新阶段。

从表8.12与表8.13中可以看出，自中国加入世界贸易组织以来，"中国制造"在出口贸易、对外直接投资等方面均取得了巨大突破，在世界贸易体系中

---

① 三资企业即在中国境内设立的中外合资经营企业、中外合作经营企业、外商独资经营企业三类外商投资企业。

② 《加快改革开放和现代化建设步伐，夺取有中国特色社会主义事业的更大胜利》，http://www.gov.cn/test/2007-08/29/content_730511.htm[2021-07-06]。

占据了重要地位。中国制造业的崛起主要源于两方面：一方面，中国制造业在参与全球价值链分工中，制造业标准化、模块化程度得到极大提高，加快了制造业从本土走向国际化的步伐；另一方面，大型跨国公司在中国开设分公司，带来了先进的生产技术，促进本土制造业生产效率大幅提升，中国制造业成为举世瞩目的"世界工厂"。

表8.12　1995~2004年中国制成品出口优势指数

项目	1995年	1996年	1997年	1998年	1999年	2000年	2001年	2002年	2003年	2004年
中国比例	83.90%	84.30%	85.30%	87.20%	88.30%	88.20%	88.60%	89.90%	90.60%	91.40%
世界比例	75.20%	73.70%	75.30%	76.70%	76.50%	75.80%	74.80%	75.80%	75.30%	73.80%
相对出口优势指数	1.12	1.14	1.13	1.14	1.15	1.16	1.18	1.19	1.20	1.24

资料来源：文献[200]

表8.13　2003~2010年中国对外直接投资行业分布变化情况（单位：亿美元）

	产业	2003年	2004年	2005年	2006年	2007年	2008年	2009年	2010年	年底存量
第一产业	农林牧渔	3.0	5.3		0.9	1.0	0.3	0.6	0.8	0.8
第二产业	采矿业	48.0	32.7	13.7	40.4	15.3	10.4	23.6	8.3	14.1
	制造业	21.0	13.8	18.6	4.3	8.0	3.2	4.0	6.8	5.6
	小计	69.0	46.5	32.3	44.7	23.3	13.6	27.6	15.1	19.7
第三产业	租赁与商务服务	10.0	13.6	40.3	21.4	21.2	38.8	36.2	44.0	30.7
	批发零售业	13.0	14.5	18.4	5.2	24.9	11.7	10.8	9.8	13.2
	交通运输、仓储业	3.0	15.1	4.7	6.5	15.4	4.8	3.7	8.2	7.3
	建筑与房地产业	1.0			1.8	4.6	1.9	2.2	4.7	4.2
	金融业				16.7	6.3	25.1	15.5	12.5	17.4
	其他服务业	1.0	5.0	4.3	2.8	3.3	3.8	3.4	4.9	6.7
	小计	28.0	48.2	67.7	54.4	75.7	86.1	71.8	84.1	79.5

资料来源：课题组根据文献[201]整理

近年来，国家在政策方面对制造业的发展给予积极的鼓励支持：国务院出台《关于深化制造业与互联网融合发展的指导意见》，指出了制造业与互联网发展的各个阶段的主要目标；2017年11月，国家发展和改革委员会发布《增强制造业核心竞争力三年行动计划（2018—2020年）》，力求从支撑体系、激励政策、金融政策、国际合作四个方面，推动我国制造业优化升级。

伴随着国家政策的调整，中国沿海与内陆地区吸引了大量外商投资，先进的生产技术与现代化管理系统的引进，极大促进了本土制造企业技术创新能力与企业管理能力的提升，制造业的国际竞争能力也不断提升。此外，与制造业密切相关的生产性服务业也在参与全球价值链分工的过程中得到了快速发展，特别是，生产性服务行业提供的外包等服务不但降低了制造业生产成本，也有利于提高企业产品附加值。在制造业规模不断扩大的过程中，也有一些企业没有审时度势，无法适应经济发展的转变，湮灭在制造业转型发展的浪潮之中。

值得关注的是，"中国制造"在世界贸易体系闪耀夺目的同时，也存在不容忽视的问题：一方面，随着我国经济快速发展，劳动力低成本竞争优势逐渐减弱；另一方面，传统制造业高污染、高排放的发展方式，对我国生态环境与社会福利发起严峻挑战，资源环境对制造业的发展约束越来越明显。《中国制造2025》明确中国制造业向"提高国家制造业创新能力、全面推行绿色制造"的发展方向转变，力求通过服务型制造、智能制造等先进制造模型带动制造业绿色升级，最终实现制造业又快、又好、绿色发展。

2. 中国制造业发展现状

经过几十年的改革开放，在一系列政策方针指导下，我国经济发展步入了新常态。促进经济增长因素转换、产业结构优化升级、经济增长速率由快转稳等经济新常态特征在我国已初步显现。本部分从经济增长的动力、产业结构的优化和经济增长率三个方面分析阐述我国制造业发展现状。

（1）经济增长的动力。以高能耗、高污染排放的制造业发展模式已经无法适应我国当前阶段发展要求，《中国制造2025》明确提出创新驱动、绿色发展的基本方针。一方面，不断攀升的劳动力、资源等要素价格，压缩了我国低成本制造利润空间，低成本红利对经济增长的驱动难以为继；另一方面，近年来资源的消耗，使得我国资源耗竭速率远快于预期，资源与生态环境对经济增长的约束越来越明显，寻求绿色技术突破的渴求越来越迫切。此外，近年来地产开发投资的过度投入，导致资产价格急剧攀升，企业生产成本不断提高，经济发展活力受到抑制。可见，在经济发展的新常态下，只有加大绿色生产技术的创新力度、优化生产工艺，才能实现可持续的经济增长。

（2）产业结构的优化。如图8.27制造业产业结构优化升级示意图所示，我国制造业在参与全球价值链分工的过程中，长期以来处于产品附加值低端，资源消耗型、劳动密集型发展模式无法有效促进我国从制造大国向制造强国的转变。同时，在全球价值链服务化的趋势下，生产性服务业带来的高产品附加值也促使我国制造业加大服务投入，不断向高附加值的价值链中高端攀升。因此，中国制造业若要突破发展困境、扩大利润空间，就要依靠技术创新，只有这样才能在全球市场竞争中处于优势地位。

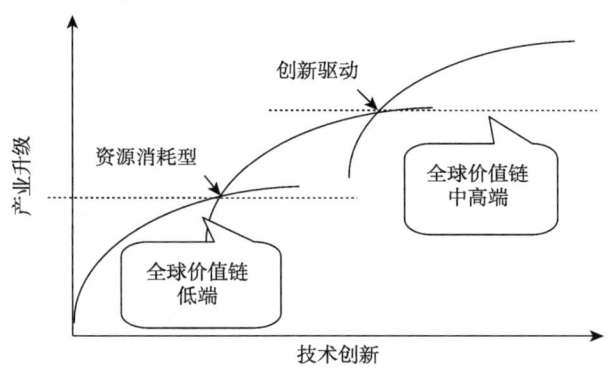

图 8.27 制造业产业结构优化升级示意图

（3）经济增长率。我国在经历了经济高速增长的阶段后，资源约束或社会环境变化引起经济增长内部矛盾，导致经济增长速率由快向慢递减。例如，20 世纪 50 年代至 70 年代，日本经济一直保持着 10%以上的高增长率，20 世纪 80 年代大幅度跌落，20 世纪 90 年代经济增长率甚至不足 1%。同样地，改革开放以后较长一段时期内，我国保持了中高速经济增长，制造业对经济增长发挥了巨大的支撑作用。截止到 2016 年，中国制造业总产值为 20.97 万亿元，占 GDP 比重在 1/3 左右，成为世界制造大国。但我国人口数量巨大，人均产值低于世界平均水平，制造业发展水平仍落后于世界先进国家。

从图 8.28 可以看出，1978~2018 年，我国人均 GDP 呈持续增长趋势。近年来，我国经济增长明显放缓，制造业总产值占 GDP 的比例也在逐年降低。值得关注的是，在国家政策不断支持与鼓励下，第三产业总值占比逐年增高，产业结构调整趋势已初步显现。但同比于世界发达国家，我国资源消耗与污染排放量仍然位居世界前列，资源与生态环境对经济发展的制约日益突出。按照《中国制造 2025》的阶段性目标的发展要求，我国若要实现向世界制造强国的转变，应加大力度在绿色生产技术方面进行创新，只有加快制造业绿色升级，才能实现经济又好又快、可持续发展。

3. 国外制造业发展现状

自 2008 年全球金融危机之后，世界经济发展相对低迷。据统计，2009 年全球人均 GDP 增长速率跌至 1.1%，2015 年再创新低。国际收支恶化、失业率增加等问题的频出，导致世界经济增长萎靡不振。加之，传统制造业对经济增长的拉动作用减弱，世界各国都在寻找新的经济增长点，绿色制造、服务型制造、智能

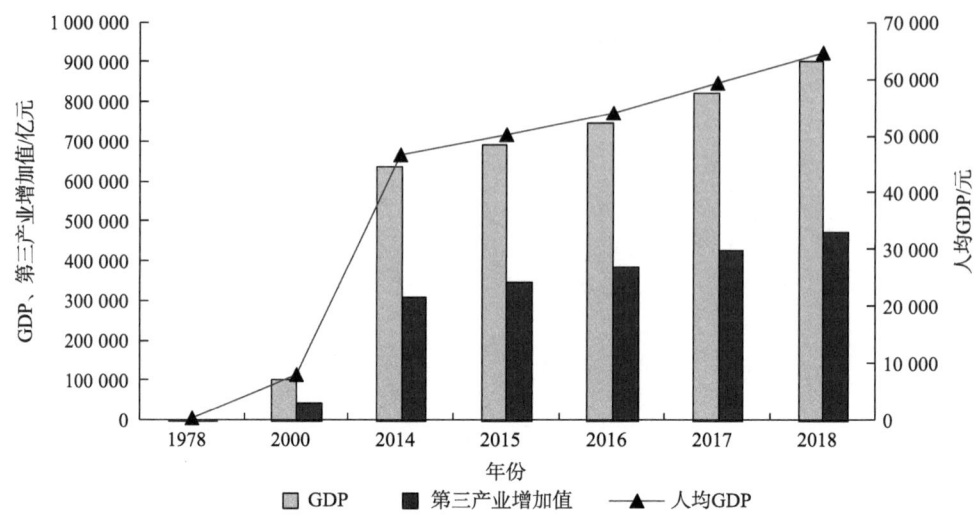

图 8.28　1978~2018 年中国 GDP、第三产业增加值及人均 GDP 发展状况
资料来源：项目组根据《中国统计年鉴》相关数据绘制

制造等新型制造模式日益成为全球各国关注的焦点与战略部署的热点。本部分对世界发达国家制造业发展现状概述如下。

（1）美国。美国在全球工业排名中位次一直靠前。美国拥有着世界上顶尖的学府，全球大部分的诺贝尔奖获得者均来自美国的顶尖大学。在全球排名前 20 的大学排行榜中，美国学校占比最多，美国大学培养出了许多全球顶尖的科学家和工程师。除此之外，美国还有一些互联网公司出售芯片到世界各国，微软公司和甲骨文公司在全球的软件行业也是佼佼者。

（2）英国。英国也是一个制造业强国，诺贝尔奖获得人数在全球排名第二。在全球大学排行榜中，英国所占比例也不少。虽然英国是工业革命最早开始的国家，但近几十年来工业规模有所衰退。即使如此，英国依然在钢铁、制药、环境科学、机械电子等方面有着优秀的人才和一流的技术。

（3）日本。日本也是制造业强国之一，目前专利申请总量仅次于我国和美国，这也是日本技术创新能力的体现。以世界科技贡献率衡量，日本的大学排名位次也较高。同样地，日本也拥有很多大型企业，如三菱集团、东芝等。日本公司不仅注重科研实力，还重视消费者在使用产品过程中的细节，从而给用户带来良好的体验。

（4）德国。德国在世界制造业发展中起着重要的推动作用。德国制造因先进的生产技术和较高的科技含量，使其长期处于全球价值链的中高端。德国制造竞争优势主要来源于三个方面：一是德国政府十分注重科技创新，德国在科技上的高投入使得其拥有较大的科技优势，特别是，德国是世界上最早提出绿色设计的国家,其绿色技术水平居世界领先地位;二是德国率先完成了以传统制造业为发展中心向高端制造为发展中心的转移,制造业专业化日渐显著;三是德国较早意识到传统产业升级的必要性与紧迫性,知识与技术密集型产业投资比重不断增加,劳动密集型产业投资比重逐渐降低,技术创新带来的竞争优势使德国制造长期是"领跑者"。

8.3.2 制造业绿色升级的机理

传统制造业创新动力不足是不争的事实,传统制造业对传统企业发展模式与传统经济增长方式过度依赖,导致传统制造企业缺乏创新活力,严重阻碍制造业绿色升级。本部分将从以下几个方面,对传统制造业创新动力缺失进行分析评述,传统制造业利润空间示意图如图 8.29 所示。

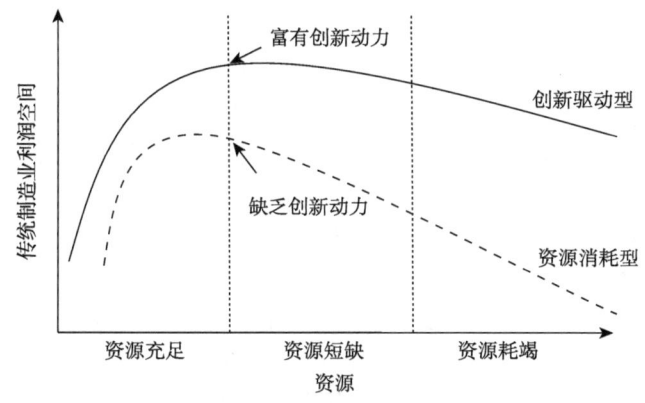

图 8.29 传统制造业利润空间示意图

(1)资源消耗型经济增长方式抑制传统企业创新需求。从企业创新的一般规律看,国家的经济发展方式对传统制造业的创新激励程度有决定性影响。制造业发展较为先进的创新型国家的发展规律可归纳为:在制造业发展的初级阶段,生产要素与投资主导企业生产行为,充足的资源与良好的生态环境使制造企业获得生产要素相对容易,企业资源成本相对较低,因而创新活动不活跃。在制造业发展的中级阶段,资源被大量消耗使用,且生态环境往往因污染物过度排放而遭受破坏。资源的短缺导致生产要素价格上涨,环境压力导致企业治污成本上升,传统制造业利润空间被进一步压缩。在制造业发展的高级阶段,在资源和生态环境双重约束下,传统制造企业必须通过技术创新降低治污成本与提高利润空间,否则将被淘汰。

中国现阶段已经不再处于资源充足时期，但目前的传统制造业仍然以劳动密集型与资源消耗型发展方式促进经济增长，各地方传统制造企业仍然能够以相对低廉的价格获得生产投入要素。资源的供求关系无法通过生产要素的价格被真实反映，从而削弱了传统制造企业的降低生产成本的动力，无法有效激励企业进行技术创新。此外，传统制造业高污染、高排放并不能实现经济可持续发展的目标，反而导致产生生产要素供求失衡与产业结构不合理的双重风险。

（2）传统制造企业创新投入与收益失衡导致企业缺乏创新动力。在经济学视角下，企业的创新行为实质上是一种高投入、高风险的投资活动，创新的最终目标是企业以此获得高额利润。因此，当制造企业自主创新的收益大于投入时，企业技术创新的内在动力便被激活。

对于传统制造企业而言，相比于高新技术行业，其创新预期收益伴随着更多不确定性影响因素。首先，传统制造企业自主创新能力往往较弱，对于技术创新是否能够扩大企业利润空间常常持悲观态度。其次，在竞争激烈的市场环境下，传统制造企业通常为技术的跟随者，缺乏行业话语权，导致其技术创新风险较高，一旦创新失败很可能面临被市场吞噬的厄运。再次，我国对于新知识、新技术的产权监管尚未完善，导致某些知识抄袭或技术模仿企业的侵权成本较低。在巨大利益的驱使下，个别制造企业"私有的"技术创新成果被其他抄袭企业"共有化"，从而导致技术创新企业无法得到应有的创新回报。最后，传统制造业的创新扶持政策实施情况的不确定、政府补贴的扶持力度不明确等，都可能减弱传统制造业技术创新的积极性。

（3）内部经验不足与外部服务缺失导致传统制造业创新无助。目前，中国绝大多数传统制造企业都在模仿或跟随国内外先进制造企业的生产技术和管理模式，在技术创新方面欠缺深入认识和实际经验，导致了部分传统制造企业对相关概念混淆、认识混乱、无处下手。对这些企业而言，怎样通过技术创新摆脱资源束缚，仍然是一个无解的难题。

在影响传统制造业技术创新的外部环境方面，主要包括两方面的力量：一是以大学和科研院所为依托，通过将技术创新成果的上下游对接，从而为传统制造企业提供新知识与新技术；二是技术创新服务体系，如创新成果转化的中介服务组织，能够直接或间接为传统制造企业提供各种成果转化、科技评估、人才培训等专项服务，最终实现传统制造企业的技术升级。但是现阶段，我国传统制造业的技术创新服务机构发展还不十分成熟，并且科技成果转化的规模还普遍较小。此外，我国针对创新服务的法律、法规还亟待完善，技术创新缺乏保障，以至技术创新服务体系市场化和社会化程度较低。

（4）市场不规范与竞争不正当阻碍传统制造业技术创新。传统制造业组织管理方式普遍落后、产业技术层次较低，且伴随着产能过剩等突出问题，导致传统制造业中普遍存在着过度竞争等问题。特别是，处于价值链低端的传统制造企业存在恶性竞争等问题。

市场不规范和竞争不正当主要包括三个方面的原因：第一，技术创新的搭便车现象。虽然搭便车现象源于技术创新与知识扩散的外部性，难以避免。但是，行业政策、专利法规、商业文化都能够有效遏制及约束企业搭便车行为。第二，低端竞争手段，降低传统制造业市场竞争力。资源消耗战、血拼式价格战对于产能过剩的传统制造业来说无疑是雪上加霜。一方面，传统制造业面临着产能过剩的问题，这种触底价格的竞争，造成大批传统制造企业的亏损倒闭，甚至导致全行业的亏损；另一方面，某些制造企业为了避免低价格带来的亏损，选择减少生产投入，导致产品品质难以保障，从长期来看，这种"不保质、却保量"的发展方式必然使企业丧失信誉，最终被挤出市场。第三，技术门槛过低，助长不正当竞争欲望。个别传统制造企业尚未建立产品品质标准和技术准入标准，同时不少传统制造行业现有的生产技术标准过于陈旧，缺乏针对低产品质量、低技术水平企业的强制性要求。那些以资源消耗型、污染密集型为主的传统制造企业没有被有效规制，导致创新能力强、生产技术水平高的先进制造业发展受到严重影响，阻碍了产业结构的优化升级。

8.3.3 制造业的绿色技术扩散

1.绿色制造的竞争优势

绿色制造是一种现代制造模型，在综合考虑资源消耗与环境影响的条件下，以提高资源利用率、降低环境负面影响为目标，最终实现经济可持续发展与获得经济收益[202]。绿色制造强调在制造企业的全生命周期内，实现企业管理、生产技术、人力资本的协调统一，将低碳生产贯穿整个生命周期。其中，由"绿色制造"主导的企业绿色价值链构成如图 8.30 所示。

绿色制造不同于传统制造业模式，其优势表现在以下几个方面。

（1）系统性。传统制造模式相对单一，污染物排放量大、对环境影响严重，而绿色制造模式在制造系统方面更完备，大大降低了对环境质量的负面影响，无论在能源利用率方面还是污染物排放量方面，都更具优越性。

（2）预防性。传统制造模式通常针对污染进行末端治理，而绿色制造模式将污染物排放对环境的影响进行事先统筹考虑，并采取综合预防措施，将污染排放对环境质量的危害降至最低程度。

（3）适度性。绿色制造模式开发强度合理、有节制地开发利用资源，不同于

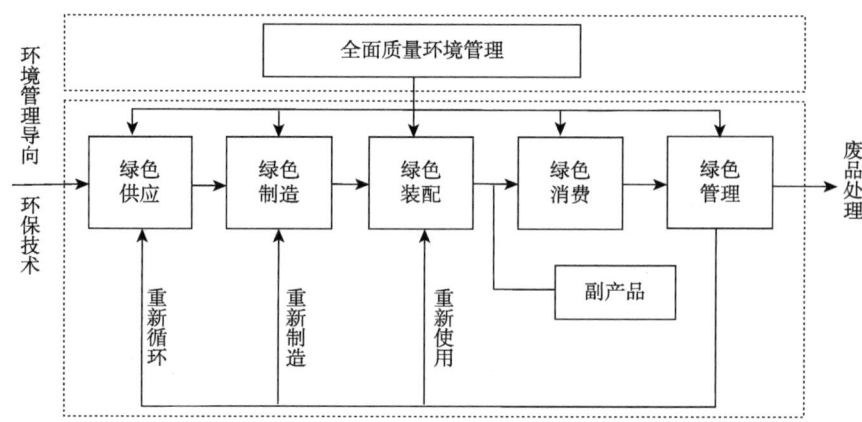

图 8.30 企业绿色价值链的构成

传统制造业耗竭式地使用自然资源。绿色制造模式力求兼顾经济发展与环境保护，尽最大可能减小对生态环境的破坏力度，从根本上实现经济又好又快、可持续发展。

（4）经济性。实践经验表明，绿色制造所采用的绿色生产技术，不仅能够节约资源、减少对环境的污染，还能够降低企业制造成本，提升企业利润空间。对于市场竞争极为激烈的制造业，越来越多的传统制造企业意识到，绿色技术创新对企业竞争优势获得的重要性，纷纷通过联盟合作、技术引进等方式，提高企业绿色技术创新能力。

（5）有效性。不同于传统制造模式，绿色制造模式摆脱了产品末端污染治理的方式，通过对生产的全过程控制，实现在产品制造的每一个生产环节使用最少的资源、获得最大的收益。在这种方式下，既可以减少资源浪费，也能够提高企业投入产出比。并且，随着绿色技术的不断发展进步，绿色制造模式将引领制造业不断向高端制造业攀升，最终实现制造业的绿色升级。

2. 绿色制造的发展模式

（1）绿色材料选择模式。制造业升级必将伴随着生产原材料的升级，如何选择材料及选择怎样的材料成了重中之重。在过去，企业在材料选择方面一直聚焦于材料的功能和性能，从而导致很多材料虽能给企业带来高额利润，但对社会回收及环境治理造成了严重的困扰。因此，材料的选择在绿色制造过程中尤为重要，绿色的材料不仅能避免材料的浪费，提升材料的回收利用率，还能减少材料对环境带来的危害。

（2）绿色制造设计模式。过去，产品设计更关注产品性能和功能，目的很单一，只是为了制造产品和拓展产品功能而设计，很少有人将自然环境这一重要因素纳入设计考虑范畴内。但是制造就是如此,不仅设计需要投入大量的资源,调度资源也需要消耗大量的人力物力,过程中难免产生一些环境污染的问题,资源的浪费更是没办法避免。但绿色制造在产品设计阶段即将绿色、低碳理念贯穿至产品整个生命周期,以最大程度减少对环境的污染。

(3)绿色制造工艺模式。传统制造业生产模式中资源有效利用率不高,技术含量相对较低,消耗大量的资源,且无法保证产品的质量,从而导致生产失败率增加,资源无法有效利用导致环境破坏,而且很多情况下这种破坏是不可逆的、无法治理。从图8.31可以看出,为了解决这一系列的环境问题,绿色制造工艺模式尤为重要,该模式不仅能解决环境问题,还能够提高生产效率,具有较好的社会经济效益。

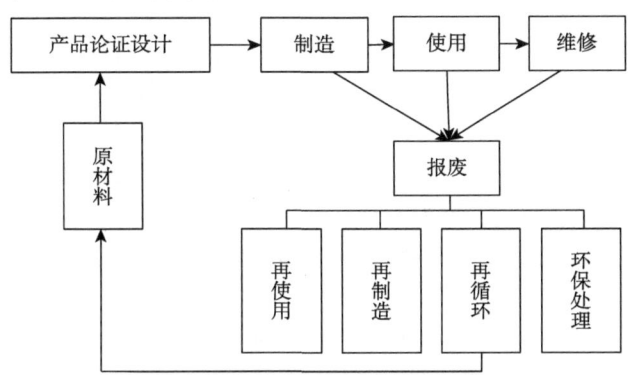

图 8.31　绿色制造工艺的构成

(4)绿色管理模式。在企业的发展过程中,管理起着至关重要的作用,制造业当然也不例外。近年来,很多企业为了提高生产效率,提升自身的市场竞争力,开始使用绿色管理模式。为了解决企业的环境污染问题,我国也着手通过法律手段强制环境污染企业使用绿色管理模式,提高企业绿色环保意识,主张以预防为主,重在防治,结合企业自身实际情况,因地制宜地制订契合企业自身的绿色保护方案。

3. 制造业绿色技术扩散过程与方式

制造业绿色技术扩散本质上是制造企业内部及企业间的绿色技术扩散,通常使用总产出中创新产出的比重来衡量企业绿色技术创新的程度。一般来说,制造企业绿色技术扩散过程通常包括四个阶段,具体分为产生需求、技术创新、技术改进及实际应用。针对技术扩散的不同阶段,高校、研究所及制造企业作为绿色技术的创新者和受益者,决定了绿色技术扩散方式。绿色技术扩散过程与方式,如图8.32所示。

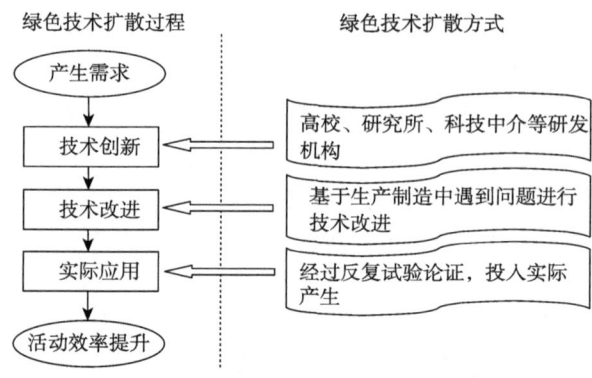

图 8.32 制造业绿色技术扩散示意图

（1）产生需求阶段。绿色技术的创新源于制造企业的内外部需求：一方面是企业为了满足环境规制的排放标准；另一方面是消费者偏好引发市场需求。这些都能够促使制造企业自主创新或引进绿色低碳的生产工艺。

（2）技术创新阶段。绿色技术的创新主体通常为高等院校及研究机构等，制造企业依托于外部机构研发或独立研发，将绿色技术应用到生产过程中。此外，其他制造企业还可以通过知识与技术共享等方式，减少自身研发成本、缩短研发周期、降低研发风险。

（3）技术改进阶段。绿色技术刚刚投入实际生产中，难免因各种因素无法满足企业各项要求。此时，需要统筹企业生产过程中遇到的实际问题，经过创新主体与创新受体的不断交流，有针对性地解决绿色技术应用中的问题，最终进一步改进生产技术与生产工艺。

（4）实际应用阶段。此阶段是将绿色技术真正大规模地投入到实际生产中去，并且在实际应用阶段不断总结经验、提出完善意见，对那些难于操作的生产工艺，组织企业人员进行讲解示范，最终提升企业自身绿色技术创新能力。

4. 中国绿色技术扩散现状

目前，我国制造业绿色技术水平与世界发达国家还存在较大差距，绿色技术扩散规模小、扩散速度慢，严重制约了我国制造业的绿色升级步伐。经验表明，阻碍我国制造业绿色技术扩散原因主要包括以下方面。

第一，采用绿色技术创新的企业实力不足，技术及人才储备不足，技术研发能力有所欠缺，产品的设计和生产过程中依旧有很多缺陷，导致生产的绿色产品技术含量低、市场淘汰率高，与发达国家的环保企业的科学技术水平相比，还有很大的差距。资料分析显示：我国现有的绿色科技产品中能达到国际水平的产品仅占总数量的 5%，余下的绿色科技产品由于科技含量水平不达标，已经被市场所淘汰。

第二，相关的独立知识产权较少，科技发达的最终的指标就是独立知识产权数量，目前，我国企业在此方面还有不足。高科技产品的开发和使用频率低，也在一定程度上反映出我国在绿色技术创新上的综合实力较弱。

第三，我国绿色技术产品数量相对较少，且竞争力相对较弱。OECD 统计显示，2017 年全球绿色技术数量中欧盟占比 50%，其中德国最高，为 41.9%，美国为 26%，日本为 11.2%，而中国仅占 3.2%，占比偏小。

第四，我国绿色技术创新体制不完善，导致绿色技术转化率较低，不能很好地将绿色环保技术创新和企业收益结合起来。高等院校等科研机构的创新成果一旦被抄袭、窃取，科技成果将无法发挥其应有的市场价值，不利于市场营造健康的技术创新环境。

第五，我国的技术人才培养体制导致我国绿色创新的人才供不应求，无法满足行业对于创新科研型人才的需要。目前，我国绿色技术创新培养体系的人才输出与绿色技术创新需求还有相当大的差距，技术人才方面缺口较大，亟须高水平技术人才与先进生产工艺，加快我国制造业绿色转型升级进程。其中，2017 年世界主要经济体绿色技术产品数量占比如图 8.33 所示。

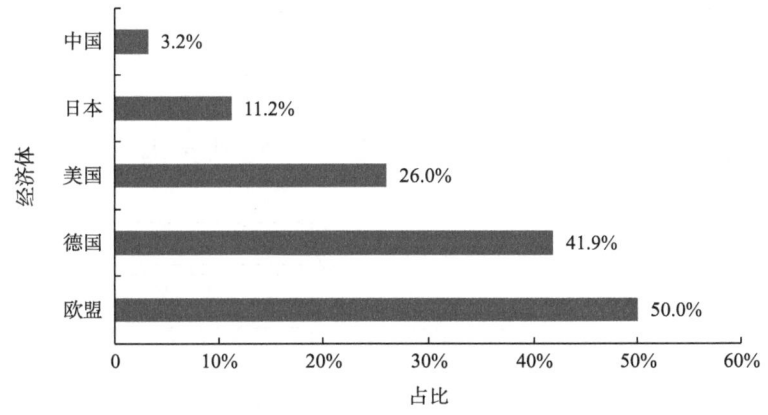

图 8.33　2017 年世界主要经济体绿色技术产品数量占比

资料来源：课题组根据 OECD 数据库相关数据绘制

5. 加强我国绿色技术扩散的建议

绿色技术创新发展战略的实施对传统产业和传统制造企业的发展前景及整个社会的经济发展与社会进步而言都具有重大的推动和促进作用。绿色技术创新发展战略的实施将极大减少能源资源的浪费和污染物的排放，加快和谐社会建设进程，由此可见，企业绿色技术的研发和实施是社会发展的必行之法，意义深远，本书通过资料分析总结出以下措施来加快绿色技术创新的进程。

首先,国家依据绿色技术扩散过程中遇到的问题和困难,有针对性地实施相关保护措施,从政策上支持和保障绿色技术的扩散与推广,实现绿色技术与制造业经济的共同发展。

其次,提高传统制造企业的技术创新意识,推动传统制造业的绿色升级。一方面,传统制造企业污染物排放较多、科技水平低;另一方面,传统制造企业治污成本高,在越来越严格的环境规制政策下,传统制造企业只有从技术上实现低碳创新,才能从根本上解决污染排放问题。

最后,国家制定相关政策推动企业绿色技术创新开展的同时,要根据实际情况不断调整法规,使相关法规更加贴合企业、社会的发展需求。企业同时要发展第三产业,提高企业的环保和治污能力,和政府政策统一,从根本上解决环境问题,推动整体的产业升级和技术革新。

8.3.4 节能环保产业发展与制造业绿色升级

1. 我国节能环保产业发展现状

节能环保产业是全球未来经济发展中的新增长点之一,为实施节能减排、环境保护和可持续发展战略提供了坚实物质基础,也是其发展的技术保障。节能环保产业是指为节约资源和能源、保护环境、避免有害物质污染提供技术支持的新产业。节能环保产业主要可以分为节能产业、环保产业和资源循环利用产业,如图 8.34 所示。

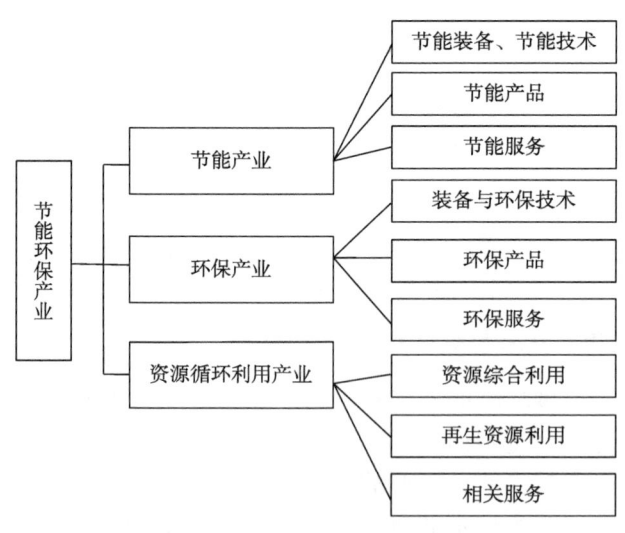

图 8.34 节能环保产业分类及范畴

(1) 节能产业。随着国际资源争夺日趋激烈，中国在"十二五"规划中明确提出要大力发展节能环保产业。我国现代节能技术的发展始于"十一五"时期，主要将节能技术应用于高能耗制造行业。目前，在国家对经济与能源协调发展的重视下，节能产业得到迅速发展，2010~2015年节能产业规模从47亿元激增至800亿元以上，为国家节约能源投资累计达到1800亿元。

(2) 环保产业。近年来，我国环保产业完成了两个发展转变：一是由被动节能向主动维护的转变，通过建设试点示范产业园区，带动制造业绿色转型发展；二是由单点向系统转变，在国家对低碳、环保技术创新的大力支持下，部分高能耗制造行业逐渐完成了制造系统绿色转型升级的目标。

(3) 资源循环利用产业。"十一五"至今，我国资源循环利用产业规模不断扩大，截至2015年，我国政府批准实施的资源循环利用产业园已将近200个，建设大型回收加工基地将近100个，循环经济区超过100个。目前，我国资源循环利用产业园区主要有以下几种类型：原料集聚型、产业拉动型、政策监督型及技术推动型。不同类型的产业园区各司其职，以绿色技术为核心推动力，逐步实现我国以绿色制造为导向的制造业升级。

我国环保产业发展时间较短，缺乏关键的核心技术，因此在国际上的竞争力不强。在国内市场中，我国节能环保产业发展的速度较快，支柱企业已经基本成型。但是和国外的节能环保产业对比，由于我国的很多小企业核心竞争力不强，产品缺乏竞争性，企业实力较弱，逐渐被国际市场淘汰出局。特别是，面对德国、美国等国家的强大产品优势，我国在这个领域仍处于下风，无法占据一席之地。

2016年，《"十三五"节能环保产业发展规划》文件印发，进一步明确了未来一段时期我国政策偏重方向和重点。现在我国的节能环保产业已经基本进入稳定的阶段，但是依然存在着很多问题。现阶段，中国节能环保产业发展面临的挑战主要有：①虽然节能环保产业企业数量不少，但是这些企业的规模都太小，导致产业不能集中，缺乏系统、常态的节能减排检测体系；②我国的绿色技术创新体系不健全，技术创新及研究的投入严重不足，独立知识产权数量较少；③虽然近年来，我国出台了一系列相关的法律法规和政策来推动节能环保产业的发展，但是依然需要在未来的发展中慢慢摸索完善。只有逐步解决这些问题，才能让我国的绿色环保产业再上一个台阶。

2. 环保产业带动制造业绿色升级的路径

目前，资源耗竭的速率远远超出预期，导致传统制造企业生产成本持续上涨，因而越来越多的企业渴望寻求先进生产技术，以提高能源利用率，实现生产成本的降低。节能环保产业凭借其在成本与低碳等方面的优势，近年来受到政府及全社会的高度关注。节能环保产业既可与传统制造业互利共生，又能够带动传统制造业实现绿色升级，本书认为环保产业带动传统制造业绿色升级的路径如下（图 8.35）。

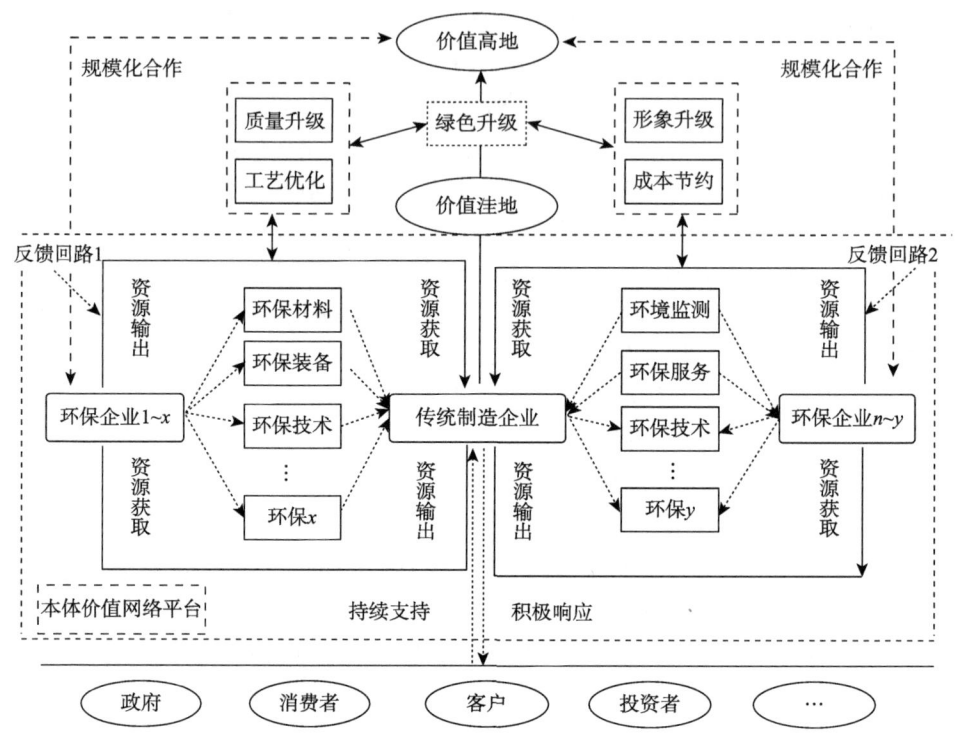

图 8.35　环保企业带动传统制造业绿色升级[①]

资料来源：课题组根据文献[203]整理得到

（1）前端带领。节能环保产业将低碳、环保理念贯穿产品制造的全过程中，如生产原料的选择、生产工艺与生产设备的使用，力求实现能耗更低、更环保的目标。在节能环保产业的带领下，传统制造业为了降低能源成本，优先选用先进的低碳技术与环保设备进行生产。在长期发展中，传统制造企业的绿色技术创新能力逐渐提高，最终实现低碳化生产。

（2）后端推动。传统制造企业在处理其排放的污染物时，通常选择末端治理的方式，不但增加了企业治污成本，也对生态环境造成严重破坏。节能环保企业将治理后的工业废水、废物进行循环再利用，一方面降低了企业自身生产成本，另一方面有利于全社会生态环境质量的改善。在传统制造企业与环保产业合作互

---

① 图 8.35 中环保企业与传统制造企业形成共生单元。其中，1~x 为环保企业数量、n~y 为共生体中的环保企业数。

动的过程中，环保企业将低碳循环理念和治污方案传递给传统制造企业，通过价值的传递，推动传统制造业绿色升级。

（3）协同共生。传统制造业绿色升级是一个不断优化、反馈、再优化的螺旋上升过程，而节能环保产业则起到了互利共生、协同优化的作用。一方面，传统制造企业能够将环保技术与环保设备的使用结果反馈给节能环保企业；另一方面，节能环保企业通过接收反馈，实现绿色生产技术的不断创新与生产工艺的不断改进。在传统制造企业与环保企业互动中，传统制造企业的绿色技术水平得以不断提升，从而实现传统制造向环境友好、资源节约的发展转变。

针对我国目前传统制造业与环保产业互动现状，可从以下几个方面发挥节能环保产业对传统制造业绿色升级的带动作用。

（1）政府层面。政府制定、实施的环境规制政策是促进传统制造业提升技术创新能力、实现绿色升级的重要推动力。鉴于制造业行业间的差异，政府应有针对性地采用基于行业异质性的规制政策标准，通过合理的政策有效激发传统制造企业"创新补充效应"，促进传统制造业实现绿色升级。此外，政府还可以通过增加专项"绿色补贴"、鼓励环保行为等，促进制造企业加大治污力度，改善生态环境质量。

图8.36为我国2010~2017年工业污染治理完成投资额。从图8.36中可以看出，我国工业污染治理完成投资额在2014年之前呈上升趋势，2014年之后呈波动态势。近年来，雾霾等大气污染问题引起全社会的高度关注。2014年，我国工业污染治理完成投资额最多，但末端治理方式并不能从根本上解决环境污染问题。政府应加强节能环保产业的带动作用，对节能环保企业给予相应"创新奖励"，为节能环保产业与传统制造业搭建合作平台，全面支持传统制造业的低碳化、绿色化。

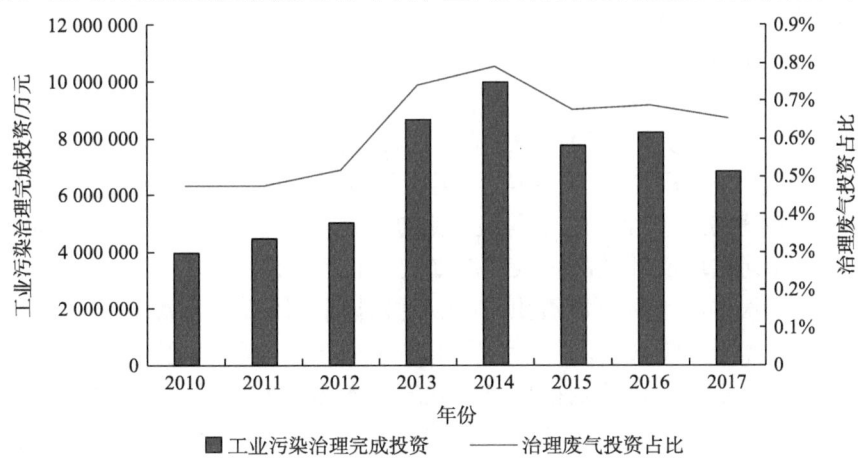

图8.36 2010~2017年中国工业污染治理完成投资

资料来源：项目组根据《中国统计年鉴》相关数据绘制

(2)产业层面。节能环保产业作为传播绿色技术、改进生产工艺的重要行业，在推动制造业绿色升级过程中，起着协调产业关系的重要作用。随着制造业的绿色升级，环保产业的示范功能将不断改进、完善。一方面，环保产业将行业内外的新知识、新技术最先应用在生产过程中，推动了绿色技术的不断发展；另一方面，环保产业连接不同行业内的生产企业，起到了传播先进生产技术与生产工艺的桥梁作用。因此，应大力提倡环保产业的示范作用，并及时解决实际情况中可能出现的各种问题，从而加快我国传统制造业绿色升级。

(3)企业层面。在市场机制下，绝大多数企业以追求利润最大化为前提，绿色发展并不是其自身天然意愿。传统制造企业在进行绿色技术升级过程中，可能需要投入大量的资金和人力资本。因而，绝大多数传统制造企业不愿意投入大量资源进行绿色升级。但是，随着我国资源耗竭速率的加快，资源、生态环境对传统制造业发展的约束越来越明显，传统制造业必须审时度势，主动与环保企业进行合作，建立"生态优势"，放眼于长期发展，把绿色升级落到实处。

3. 重大科技攻关计划中的绿色技术创新

传统制造业污染排放所引发的环境问题，越来越成为一个跨学科、跨部门的环境公共安全问题。公共环境政策决定了传统制造业发展的方向，公共科技支出指公共财政科技支出占财政总支出的比重，该支出比重增长促使传统制造业采用环境友好型生产技术与生产工艺。为贯彻落实党的十五届五中全会精神，适应国民经济和社会发展的新形势及新要求，进一步明确"十五"期间国家科技攻关计划的定位、目标和任务，根据《国民经济和社会发展第十个五年计划科技教育发展专项规划（科技发展规划）》的总体部署，科学技术部制定了《"十五"国家科技攻关计划实施纲要》。

改革开放以来，中国政府通过制订科技计划，组织各类先进科技活动，旨在优化科技资源配置，力求解决国家面临的重大资源问题、环境问题及科技问题。1982 年中国第一个国家科技计划——国家科技攻关计划正式开始实施。其中，1982 年主要的国家级基金、专项科技计划就达到 39 项之多[204]。中国 2001~2013 年三大科技计划在环境领域的投入情况如表 8.14 所示。

从表 8.14 报告的结果可以看出：三大科技计划总体投入经费呈上升趋势。2013 年经费投资总额为 141.60 亿元，年均增长幅度较大，体现出我国对科技进步的迫切渴望；其中，三大科技计划在环境领域的投入比重平均值为 11.1%，保持着较高的投入比重，反映出我国对环境问题的高度关注和以科技带动传统制造业绿色升级的决心。

表8.14　2001~2013年中国三大科技计划在环境领域的投入情况

类别	2001年	2003年	2005年	2007年	2009年	2011年	2013年
科技支撑计划/亿元	0.582	0.582	0.582	2.720	3.750	4.730	4.230
863计划/亿元	1.085	1.900	4.070	4.140	4.600	3.730	7.700
973计划/亿元	1.338	1.338	1.338	1.812	4.420	5.031	3.750
三大科技计划在环境领域投入经费总额/亿元	3.01	3.82	5.99	8.67	12.77	13.49	15.68
三大科技计划投入经费总额/亿元	23.80	51.19	66.10	111.60	120.10	137.10	141.60
三大科技计划在环境领域投入经费占其投入经费总额比例	12.6%	7.5%	9.1%	7.8%	10.6%	9.8%	11.1%

资料来源：文献[205]

（1）科技支撑计划的初始阶段，关于环境保护的立项较少，经历了从无到有的过程。以"六五"期间为例，关于污染治理与环境保护的科技立项仅为1个，到"七五"期间则上升为4个。"八五"期间关于环境、资源与人口发展的科技基金、项目陆续被立项，表明国家已从环境质量视角下，考虑以科技进步促进人与自然和谐共处。除了科技支撑计划中环境项目立项数稳步上升，关于环境保护的专项资金投入额也在持续增加。在"十五"期间，环境投资经费已占到科技支撑计划总投资额的8.5%。

（2）863计划。1997年863计划中第一个关于资源环境的课题立项。截止到"十五"期间，在863计划中，关于资源环境与低碳技术的项目数超过10%，"十二五"期间更高达13.17%。在项目经费方面，"十五"期间到"十二五"期间科技资金投入持续增加。其中，2003~2013年中国863计划在资源环境领域经费投入趋势如图8.37所示。

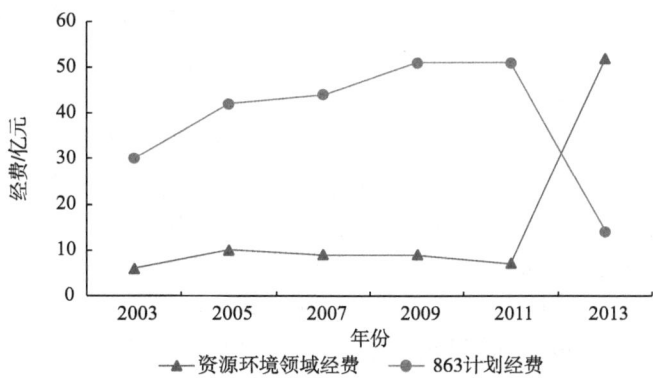

图8.37　2003~2013年中国863计划在资源环境领域经费投入

资料来源：项目组根据《中国科技统计年鉴》相关数据绘制

（3）973 计划。如图 8.38 所示，近年来，在环境保护科技资金投入方面，973 计划呈现出大幅提升趋势。其中，主要的原因有两方面：一方面，我国政府对环境问题的重视程度不断加强，环境问题成为全民关注的焦点问题；另一方面，资源、生态环境对传统制造业的发展约束，倒逼其优化产业结构，降低污染物排放量。

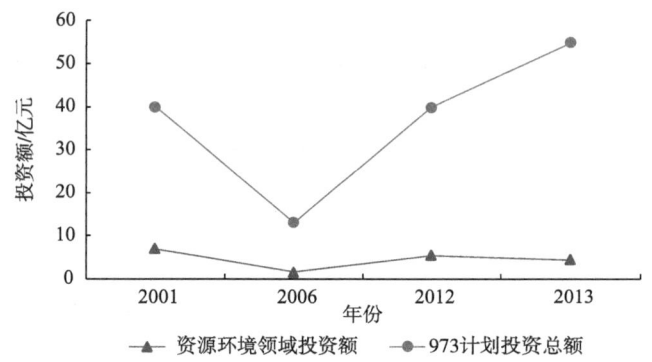

图 8.38　2001~2013 年中国 973 计划在资源环境领域经费投入
资料来源：项目组根据《中国科技统计年鉴》相关数据绘制

4. 制造业重大发展计划

近年来，国家颁布了不少制造业重大发展计划，如 2009 年发布《装备制造业调整和振兴规划》，2012 年发布《高端装备制造业"十二五"发展规划》，2015 年发布《中国制造 2025》等。

2016 年 3 月 23 日至 24 日，气候组织等国际环境改善相关机构在北京举办了"2016 全球清洁技术峰会"，会议内容强调发展国内外 100 项清洁技术，旨在加速推进中国的绿色发展进程，促进其在中国融资。《中华人民共和国国民经济和社会发展第十三个五年规划纲要》提出了主动控制碳排放，落实减排承诺。中国经济结构正在向低碳化转型，绿色技术创新将驱动碳强度下降。面对经济新常态发展，加强清洁低碳的节能技术创新，重塑能源生产和消费体系能够从源头上减少温室气体排放和环境污染。中国科学院科技战略咨询研究院提出：绿色发展是生态文明建设的重要组成部分，只有把整个社会经济系统"绿色化"，才能推动我国制造业向全球价值链高附加值两端攀升。随着环境问题和资源问题的日益突出，人们逐渐意识到传统技术创新所带来的影响，以及绿色技术创新带来的变革。

制造业重大发展计划和科技攻关计划为我国传统制造业绿色升级指明了方向，是人们走出生态危机、实现绿色发展的必由之路。绿色技术创新为我国制造业重大发展计划和科技攻关计划提供了坚实的技术支撑。只有促进传统制造业提高绿色技术创新能力，才有利于加快绿色技术研发和推广，才能实现制造业绿色升级。

8.4 绿色技术创新与制造业绿色升级：企业层面的研究

8.4.1 制造企业的绿色产品创新和绿色工艺创新

制造业产业整体长期粗放型的经济增长模式，导致资源浪费与环境污染等问题进一步加重。2015 年我国发布的《中国制造 2025》强调，未来制造业的发展方向为高端化、智能化、绿色化、服务化，其中着重强调了制造企业绿色发展的重要性。所以，制造企业要想实现绿色升级和可持续发展，如何合理有效地实施绿色技术创新是关键。现阶段，对于绿色技术创新的划分有很多种，其中最广泛使用的是将绿色技术创新分为绿色产品创新和绿色工艺创新，所以，本部分分别从制造企业的绿色产品创新和绿色工艺创新两个角度对如何实现制造企业绿色升级进行详细的分析。

1. 绿色产品创新

绿色产品创新最开始源于产品创新，对于产品创新相关学者也进行了大量的研究。Utterback 和 Abernathy[206]认为产品创新是指为了满足用户或市场的需求而引进的一项新技术或技术的组合，并通过此种技术组合实现商业化的过程。孙冰和刘希宋[207]认为现代产品创新是建立在广义的产品整体概念基础上的以市场为导向的技术创新系统工程，即从新的概念出发，将产品要素合理组合制造出新产品，并向市场进行销售的全过程。Diamantopoulos 和 Hart[208]认为与技术创新、开发新产品相关的活动都称为产品创新，并且产品创新的目的是通过新的办法改进和改善产品。胡树华等[209]提出产品创新是一种以市场为导向的创新工程。随着我国对环境问题的关注越来越多，制造企业产品创新向绿色产品创新的过渡已成为必然趋势。但现阶段对于绿色产品创新并没有一个统一的定义，主要从两个角度进行概括：一是企业为提高自身竞争优势而生产差异化产品；二是基于环境保护的理念而进行产品创新。而现阶段更容易接受的角度是基于环境保护理念的产品创新。Porter 和 van der Linder[210]将绿色产品创新表述成有利于改善环境的新产品或产品改进。Bemaner 等[211]认为绿色产品创新是指在整个生命周期中能够减少对环境影响的产品创新。所以，本书基于上述相关学者的研究，对于绿色产品创新的定义为：企业在产品整个生命周期内，通过研发设计，生产环保的绿色化产品，从而实现节能减排和环境保护。

我国制造企业对绿色产品创新的实施与很多因素均有关系。本部分主要从三个主要因素来进行分析，分别为市场需求、政府管制和技术创新。其中，市场需求被认为是影响企业实施绿色产品创新的最重要因素。柯晓和罗清河[212]通过对消费者进行调查发现，消费者的低碳环保意识、绿色性能的认知对其购买绿色产品具有显著的影响。所以，消费者对于绿色产品的需求在很大程度上决定了企业对绿色产品创新的实施力度，随着消费者环保意识的逐步增强，实施绿色产品创新的企业会形成一定的产品竞争优势，有利于制造企业的可持续发展。对于政府管制，主要有两种效果，一是通过实施排污费等税收政策来倒逼制造企业进行绿色产品创新，二是通过减少税收和补贴等来激发企业自主进行绿色产品创新，引导消费者进行绿色产品消费。技术创新是产品创新的前提条件，制造企业只有具备了一定的技术创新条件，才能在此基础上以环保意识进行绿色产品创新。所以，在了解影响企业进行绿色产品创新因素的基础上，研究制造企业绿色产品创新的实施路径是其实现绿色升级的关键。根据现阶段的主要研究，制造企业绿色产品创新主要从产品制造、组织管理和政府三个路径来实现绿色升级，具体如图 8.39 所示。

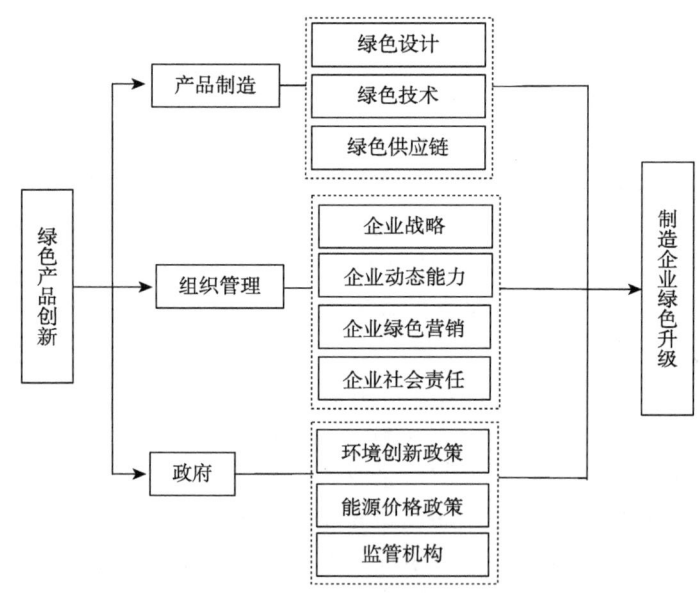

图 8.39　制造企业绿色产品创新实施路径

资料来源：课题组根据《绿色产品创新研究的知识图谱——基于 Web of Science 数据的文献计量分析》绘制

从图 8.39 可以看出，制造企业绿色产品创新实施路径主要有三条，分别为产品制造、组织管理和政府。其中，产品制造层面，制造企业的绿色设计、绿色技术和绿色供应链是关键，但这也是我国制造企业所缺失的方面，本书认为实施绿色设计的关键是及时了解市场需求，而绿色技术是需要企业在已有技术创新的基础上加入环保理念，绿色供应链是需要上下两个企业成员的不断合作来实现的。组织管理层面，主要包括企业战略、企业动态能力、企业绿色营销和企业社会责任，企业必须增强自身的创造力，落实高层管理支持，采取与环境基准相关的具体行动，制定相应的环境产品战略，从而提高企业的核心竞争力和产品绩效。政府层面，主要包括环境创新政策、能源价格政策和监管机构，即政府应通过补贴等来提高企业进行绿色产品创新的积极性，而能源价格影响了中小企业对产品的回收利用行为，所以对能源价格政策进行调整也许比环境规制更有效率。所以，制造企业绿色产品创新的实施是需要多个方面共同进行的，现阶段我国政府的实施力度相对于企业更大，所以如何加强企业实施绿色产品创新的自发性是促进制造企业绿色升级的关键，也是我国需要关注的主要问题。

2.绿色工艺创新

绿色工艺创新源于工艺创新，目前学术界对工艺创新的定义也还未完全统一，归纳起来，主要观点有以下几种：傅家骥认为工艺创新是指产品生产技术的改革，主要包括新工艺和新设备等创新[172]，如在技术较大变化基础上采用全新工艺的创新和对原有工艺的改进所形成的创新。卢建波等[213]认为工艺创新指在生产过程中产生的技术创新，不仅包括过程创新，即生产过程中的工艺创新，还包括技术变革创新，即生产过程中的技术变革。随着制造企业环保意识的逐步增强，工艺创新向绿色工艺创新的演变已成为必然趋势。我国学者毕克新等[214]从区域创新差异的角度进行了重新研究，其中中部地区绿色工艺创新绩效较好，西部地区其次，东部地区最差。所以，基于上述学者的研究，本书对于绿色工艺创新的定义为：通过工艺技术改造和更新设备、回收利用废物等途径降低工业活动对环境污染的影响，实现节能减排。

本书根据制造企业绿色工艺创新一般需要的三个维度：创新程度、创新资源和能力、创新引导主体，并根据田红娜等[215]等的研究，总结出为促进制造企业绿色升级所需要的八种基本路径，具体如图8.40所示。

1）基于创新程度的绿色工艺创新

根据制造企业的创新程度将绿色工艺创新分为渐进式绿色工艺创新和激进式绿色工艺创新。其主要区别在于创新的速率和力度，以及是否从局部入手开始创新。渐进式绿色工艺创新通过逐步对每一个环节实施绿色创新改进和全体成员的配合，实现绿色升级。激进式绿色工艺创新相比于渐进式绿色工艺创新，采用与之前完全不同的工艺流程、技术和设备，实现对工艺流程的创新与再造，但该方

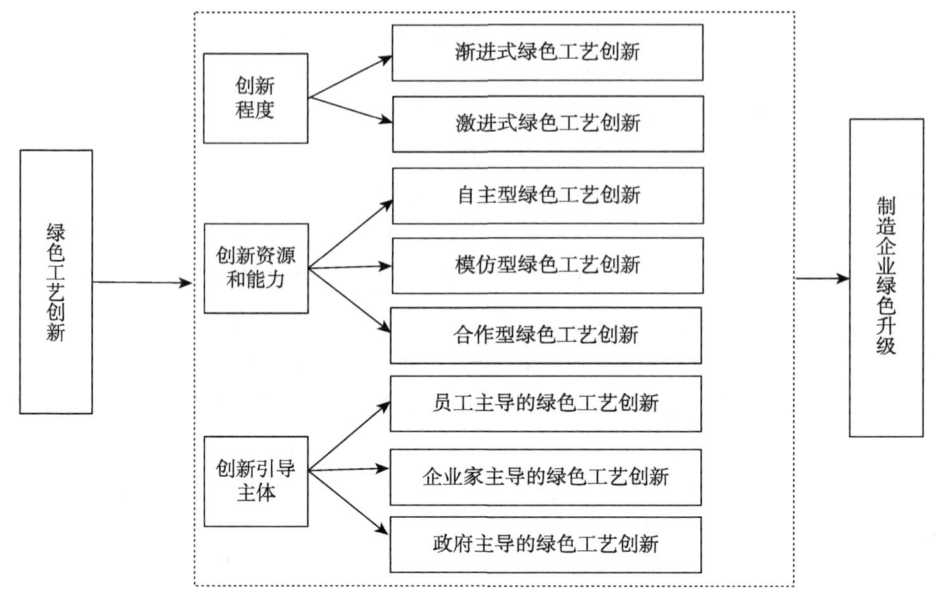

图 8.40　制造企业绿色工艺创新的八个基本路径
资料来源：课题组根据文献[216]绘制

法的实施难度较大，如果能够有效合理实现，将会有突破性的进展，有利于提高企业的核心竞争力。

2）基于创新资源和能力的绿色工艺创新

根据制造企业的创新资源和能力将绿色工艺创新划分为自主型绿色工艺创新、模仿型绿色工艺创新和合作型绿色工艺创新。首先，自主型绿色工艺创新是指制造企业为达成环境政策的相关约束，通过向内改善企业自身的管理与生产过程等方式，达到节约资源、降低污染的目标，这一过程中企业是通过自主性研发改进来完成的，而未借助外部的核心技术和设备。因此，具有较强的综合实力的大型企业往往是进行自主型绿色创新的主体，它们所掌握的资源与信息，可以对市场环境进行准确的分析，从而制定出科学的绿色战略。其次，模仿型绿色工艺创新是指制造企业通过对先进工艺技术、设备或流程的模仿进行的创新活动，具体可以分为完全模仿和二次改良。完全模仿是制造企业对他人先进工艺技术的仿造，而二次改良则是制造企业根据企业自身的特点，对先进的工艺技术进行再创新。但是由于产权制度的不断完善，制造企业进行模仿的成本也越来越高。因此，制造企业不仅需要一个很好的研发团队，还需要积极地与先进工艺技术的持有人协调沟通。最后，合作型绿色工艺创新鼓励制造企业资源共享，风险共担，与需求相近的同类企业分散研发创新压力，达到资源成果共享，或与高校科研院所等机构进行协同研发，及时吸纳接收研发创新成果，创造企业竞争优势。目前，中国大部分制造企业缺乏强大的科研团队，独自研发的成本和风险很大，因此，大部分制造企业会选择与相关企业合作，通过合作研发的方式来降低自身风险，提高研发效益。合作研发在很大程度上可以使得企业之间共享发展资源和条件，获取互惠互利的协同优势。

3）基于创新引导主体的绿色工艺创新

根据绿色工艺创新的引导主体的类型将绿色工艺创新进行进一步细分，可以分为政府、企业家和员工分别主导的绿色工艺创新。首先，员工主导的绿色工艺创新的实现能够在可控的风险范围内进行，因此这种类型的绿色工艺创新的成本小，能够促成企业与员工之间的协同发展。其次，企业家主导的绿色工艺创新重视发挥企业家才能，强调企业家在创新过程中发挥的作用。企业家是企业战略的制定者，因此企业家决定了绿色工艺创新的决策、方向与定位。这种类型的绿色工艺创新具有一定的风险，它的成功与否很大程度上与企业家的决策是否合理有关。最后，政府主导的绿色工艺创新则强调了政府在绿色工艺创新中发挥的重要作用。由于环境污染问题具有外部影响，制造企业很难主动进行绿色工艺创新。另外，由于绿色技术的实施在前期"成本效应"大于"创新补偿效应"，追求短期效益的企业宁愿选择后期治理污染也不会去创新绿色技术。因此，政府必须设置和实施合理有效的政策机制，积极引导制造企业进行绿色工艺创新。一方面，可以通过实施严厉的环境规制倒逼制造企业实施绿色工艺创新；另一方面，可以通过补贴、税收减免来引导、支持与鼓励制造企业进行绿色工艺创新。

通过上述分析，绿色产品创新与绿色工艺创新可以从两个方面提高企业的竞争力。一方面，从产品需求的角度来看，随着中国非正式环境规制的逐渐深入，消费者的环保意识与健康意识越来越强，更多的人更偏好清洁、健康的绿色产品。再加上中国经济的快速发展，人均收入逐渐提升，消费者对绿色产品的需求进一步加大，这就使得绿色产品创新有巨大的盈利空间。因此，企业进行绿色产品创新不但可以解决广大消费者的绿色消费需求，还可以提高自身竞争优势。另一方面，从产品供给者角度来看，进行绿色产品创新与绿色工艺创新，可以减少能源消耗、污染排放。中国环境规制已经深入实施，主要包括命令控制型环境规制、市场激励型环境规制、自愿型环境规制和隐性环境规制。这在一定程度上解决了环境外部性的问题，企业需要为它们污染的环境付出相应的成本，因此迫于环境规制压力，企业进行绿色工艺创新可以在生产上减少污染排放以达到国家对污染排放的要求。此外，对于绿色技术创新的企业，国家还有相应的补贴政策，这为实施绿色技术创新的企业带来了极大的竞争优势。因此，中国制造业必须加快绿色升级的步伐。

《中华人民共和国国民经济和社会发展第十三个五年规划纲要》中着重强调了创新驱动和绿色发展在中国经济社会发展中的重要性。中国经济新常态下，经济增速放缓，资源环境约束加大，绿色创新则是保证经济发展质量与数量的最有效的措施，将起到比以往任何时期都更为重要的作用。

中国传统制造业的优势在于中国劳动力成本低，竞争力强，劳动密集型产业具有很大优势。但随着经济的发展，尤其是进入21世纪后，该优势逐渐消失。近几年，中国不断加强实施创新驱动发展战略，努力实现"中国制造"向"中国创造"的转变。2015年，我国研发经费支出相比1995年增长了40倍，高达14 169.88亿元；研发经费支出占GDP的比重比1995年提高了1.5个百分点，高达2.06%。绿色创新作为创新驱动和绿色发展的结合点而再次成为社会各界的关注热点。

经济转型升级是经济发展的客观规律，是一个国家发展到一定阶段的必由之路。新的增长动力的更新促进产业结构的升级，也意味着经济体制的改变和向前推进。这些变化体现了一个国家经济从弱到强，经济质量从低到高的转变。目前，中国经济已经进入新常态，经济增速开始换挡回落，传统产业加速升级，新的增长动力正在酝酿而出，国民经济正在发生深刻变化，旧有发展方式难以为继，经济转型升级成为历史的呼唤。因此，在中国经济转型升级背景下的绿色技术创新应该更注重于绿色技术创新。与创新型国家相比，我国绿色技术创新能力仍显薄弱，与主要工业化国家相比还存在很大差距。绿色技术创新能力不足是中国制造企业目前最大的问题，这也将造成中国制造企业绿色技术创新动力不足的后果，阻碍中国创新增长的步伐。

目前，中国环境污染主要来自技术水平薄弱、污染治理困难的传统制造行业，如造纸、制革、电镀、印染、水泥、制砖、煤炭、有色金属、非金属和黑色金属矿物采矿业等。这些制造企业具有资金投入与技术要求门槛低的特点，而且主要是以小规模的乡镇企业与民营企业为主。面向制造业产业升级的绿色技术创新能够减轻企业污染问题，应实施绿色技术创新，让企业大幅度改变传统的高投入、低产出、高污染、高能耗的生产技术，从而使企业的经济效益与生态效益协调一致，经济效益与环境保护两不误。

8.4.2 绿色技术创新与企业业务流程再造

1. 企业业务流程再造

近年来，随着中国综合国力的不断提高，中国企业在全球市场中的地位也逐渐变得重要。同时，在经济全球化和互联网时代的背景下，市场竞争日趋激烈。传统的管理模式难以满足外部竞争的需要，中国企业的生存和发展面临着挑战。哈默[216]首次提出业务流程再造的概念。1993年，随着哈默和钱皮的《企业再造：企业革命的宣言书》的出版，企业业务流程再造迅速风靡美国商业并走向全世界[217]。

企业业务流程再造是学术界为解决 20 世纪 70 年代以来欧美企业面临的发展困境，为提高企业的竞争力、生存能力和发展能力而总结提出的一种全新的管理思想和方法，其核心是从根本上对企业原有的业务流程进行思考，进一步重塑企业的整个生产、服务和经营流程，以提高其科学性和合理化程度，从而使时间、成本、质量、服务、速度和环境这些反映企业竞争力的要素得到显著的改善和提高。所以，本部分根据院振强[218]对业务流程再造特征的相关研究，从改造对象角度总结出业务流程再造的四个基本特征：根本性、彻底性、戏剧性和流程性。

（1）根本性：业务流程再造的核心思想就是对原有的业务流程进行根本性思考和彻底再造，所以根本性是企业进行业务流程再造的关键。其强调在整个业务流程再造过程中，企业需要解决自身存在的本质上的问题，通过对企业业务流程进行重新制定，对原有的业务流程进行再造，从根本上解决企业业务流程所存在的问题。

（2）彻底性：业务流程再造强调对企业现有的业务流程进行彻底的调整和改进，而不是只对部分业务流程进行一般性改变，否则企业只能得到短期的改善，而无法从根本上解决企业所存在的问题。所以，在确定好改变策略和输入、输出后，通过对现有的业务流程进行彻底的、全面的改革，从而实现企业业务流程的改善。

（3）戏剧性：企业业务流程再造强调业务流程改进后企业竞争力能够实现戏剧性的提升，即在实施阶段大幅度提高企业的经济效益，而不是一般性的、逐步的提升。哈默和钱皮强调，实施业务流程再造后企业需达到生产制造成本缩短 70%、生产成本降低 40%、市场份额增加 25%、客户满意度提高 40%的目标，只有达到这些目标才代表企业业务流程再造是成功的[217]。

（4）流程性：流程是企业进行业务流程再造的基本对象。因此，在企业进行业务流程再造的过程中，需要对原有的管理模式按照业务流程的需要进行改善，实现由原来的金字塔管理模式向扁平化管理模式的改进。所以，业务流程再造也不再是简单的流程优化过程，而是充分利用优化方法，帮助企业成功实现业务流程再造。

在实践中，业务流程再造得到广泛的应用，很多大企业实施业务流程再造以后取得了巨大成功，如美国电话电报公司拥有全球商业通信系统，通过再造其制造、服务和订单履行流程，将原先九位数的亏损扭转为九位数的盈利。因此，实施企业业务流程再造能够使得原有生产力大幅度提高，从而增强企业自身竞争力。

2. 绿色技术创新与企业绿色业务流程再造的影响

绿色技术创新作为实现企业可持续发展的重要方式，如何合理有效融入企业业务流程再造过程中是非常关键的。企业在实际进行业务流程再造的过程中很少会将可持续发展引入流程再造里，没有考虑到企业未来的长远发展，导致企业在运行过程中仍然存在着对资源的巨大消耗与浪费，从而导致企业无法实现可持续发展。因此，基于可持续发展的绿色企业业务流程再造是指从根本上重新思考和设计企业流程，建立可持续发展的新过程，并使经济发展、资源利用和生态环境更加协同发展。同时，我们应该结合包括信息技术和绿色技术在内的现代先进技术来改造流程，最终使得企业业绩大幅提升。绿色业务流程再造是引入绿色可持续发展的概念及绿色技术创新。

业务流程再造的目标不仅是最大化企业的经济效益，而且要实现资源的可持续利用及行业的可持续发展。因此，在设计过程中要注意资源的利用和资源的循环利用，实现"低消耗、低排放、低污染"，建立和谐可持续的发展的企业、环境和社会。随着现代科技迅速发展，技术局限性越来越小，在企业中引入绿色技术创新并进行相应的流程设计，能够让企业更加持续、健康地发展。现阶段，我国绿色技术创新主要分为绿色工艺创新和绿色产品创新两大类，而制造企业的主要业务流程包括采购、研发设计、组装生产、销售和售后服务。所以，如何将绿色工艺创新和绿色产品创新有效融入制造企业业务流程中，并实现企业绿色业务流程再造对于企业的发展是非常重要的。

基于绿色工艺创新的企业绿色业务流程再造。绿色工艺创新是指企业通过设备改进或更新、工艺技术创新和废物回收利用等来减少污染排放量。但并不是所有企业均能有效实现绿色业务流程再造，在进行企业绿色业务流程再造时，首先需要关注以下几点问题：一是原材料供应商是否具有环保意识；二是企业所需要的产品部件是否具有有毒物质；三是是否存在可以循环利用的生产材料；四是产品包装材料是否可以循环利用；五是最终产品报废的处置方式。所以，应在了解了企业业务流程所涉及的基本情况后，再通过绿色工艺创新实现企业绿色业务流程再造。使用绿色工艺创新实现绿色业务流程再造主要涉及以下三个方面：一是使用无污染或者污染较小的工艺技术来代替原有的高污染工艺，进而减少污染物的排放及企业污染治理成本；二是通过工艺技术创新来减少高辐射或者有毒材料的使用，进而减少对人体的伤害并提高产品的竞争优势；三是利用技术手段或先进的方法对已使用的原材料、产品等进行循环再利用，对有利用价值的废物进行回收利用，进而减少企业的生产成本并实现可持续发展。所以，企业的绿色工艺创新对于企业绿色业务流程再造、减少企业成本、提高企业竞争力具有重要意义。

基于绿色产品创新的企业绿色业务流程再造。绿色产品创新是指在整个产品生命周期内，通过生产符合环保要求的绿色产品来减少污染排放。由于绿色产品创新贯穿于整个产品的生命周期内，而企业业务流程也是以产品生产为核心，所以绿色产品创新对于实现企业绿色业务流程再造具有重要作用，有助于企业降低产品生产成本，提高企业竞争优势，并增强消费者的环保意识。使用绿色产品创新实现绿色业务流程再造主要涉及以下三个方面：一是在产品生产制造过程中尽可能减少能源消耗，在保证产品质量和客户需求的基础上实现节能减排；二是利用可再生或低能耗原材料代替不可再生或高能耗原材料，从而降低产品的生产成本；三是通过生产绿色化产品，来增强消费者的环保意识，倡导消费者购买绿色产品，从而在减少环境污染的同时也提高企业的竞争力。所以，绿色产品创新在业务流程再造中不仅仅强调企业作为供给方的需求和意愿，同时也强调消费者作为需求方如何为企业提供有效的信息，从而实现供需的相对平衡。基于以上分析，本书构建了基于绿色技术创新的企业绿色业务流程再造，具体如图 8.41 所示。

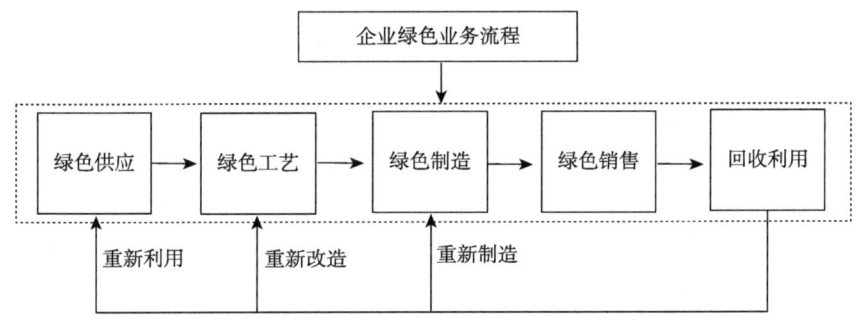

图 8.41 基于绿色技术创新的企业绿色业务流程再造

通过重新设计企业流程，企业绿色业务流程再造使得资源浪费和污染排放最小化和无害化。因此，绿色业务流程再造评价不仅包括经济效益、时间和成本，而且还包括绿色技术的指标，如企业资源利用效率、对社会的贡献等。在设计过程中，要体现对资源利用的重视，使资源得到重复利用和循环利用，实现"低消耗、低排放、低污染"。企业最典型的绿色业务流程就是绿色组织再造的过程，主要是增加新的环保部门，扩大现有的环保部门或给予现有环保部门更多的授权。环境保护部门的职能主要包括对产品材料选择、对生产过程和产品的污染排放的控制、生产废弃物的管理及水净化和循环等方面。在经历多年的市场经济发展后，面对国内外经济环境的复杂变化，走绿色技术创新与企业业务流程再造结合的道路成为我国传统企业的战略选择，只有如此才能提高企业竞争力并在国际舞台上占据一席之地。

3. 绿色技术创新在企业业务流程再造中的应用

海尔创建于 1984 年，是在引进德国电冰箱生产技术成立的青岛电冰箱总厂的基础上发展起来的企业。在海尔总裁张瑞敏"品牌战略"的指导下，经过努力奋斗和创新改革，海尔从一家小工厂发展为如今的跨国公司。

海尔以前是一个规模不大且濒临破产的集体企业，而如今的海尔能振兴发展，走出国门，离不开其流程创新和绿色技术创新。国内市场中，海尔的四大主导产品——冰箱、冷柜、空调、洗衣机，约占据了全部市场的 30%；而在海外市场中，海尔在全球白色家电制造商中已经排名靠前。

海尔通过业务流程再造，形成了适应国际市场的管理体系。企业的主要目标从过去的利润最大化转向以市场为中心，内化外部市场竞争效应。市场链的实施极大地激发了员工的活力和创造力，为海尔实现年度目标甚至进入世界 500 强打下了坚实的基础。2015 年 12 月 2 日，第九届中国空调冷冻新风净化行业品牌盛会&互联网大会在北京举行。海尔中央空调凭借在建筑领域节能技术的创新性贡献，获评 2015 年度绿色建筑节能技术创新品牌。2016 年，在中央空调行业整体低迷的市场中，海尔中央空调凭借自身的优势，销售率增长近 30%。这是以消费者需求为中心，推动绿色技术创新的结果。

海尔实施国际化战略，核心精神是通过绿色技术创新和高效率形成比较优势。我国传统企业不能总是"复制"国外先进企业的模式，而应该牢固地树立创新理念，尤其是绿色技术创新理念，站在前人的肩膀上，不断探索和形成自己的优势，从而在市场中占领一席之地。

8.4.3 绿色技术创新对企业价值创造的贡献

1. 绿色技术创新实施的必要性

随着生态环境问题的日益严峻，企业发展所面临的生态环境约束越来越强化，所以绿色技术创新与扩散是实现中国制造企业可持续发展的有效途径。但是绿色技术创新的实施难度和成本代价较高，导致我国现阶段绿色技术创新的实施力度较小，环境污染问题仍然存在，所以企业需要意识到实施绿色技术创新的必要性，来保证其健康稳定的发展。本部分基于企业实施绿色技术创新的现状，总结出以下几点。

第一，绿色技术创新能够解决企业污染问题。企业在工业生产中对环境造成了严重的污染，工业污染不仅破坏了生物的生存环境，而且直接危害着人类的健康。工业污染主要有以下几个方面：大气污染、水污染、土壤污染、固体废物污染等。调查显示，85%以上的中国工业企业在产品生产过程中产生高强度的污染排放，且仍有增加的趋势，并成为我国环境污染的主导因素，这主要集中在技术创新水平低、污染严重难以治理的行业。要想从根本上解决问题，企业必须从防污染的理念出发，实施绿色技术创新。通过促进企业改变传统高投入、低产量、高污染、高耗能的生产技术，实现"低消耗、低排放、低污染"的发展模式，从而扩大企业规模。

第二，绿色技术创新是实现企业可持续发展的根本途径。可持续发展是指经济、社会、资源与环境保护的协调发展，既要达到发展经济的目的，又要保护人口居住的自然资源和环境，使他们的后代能够继续生活在良好的环境中。传统技术创新只顾追求商业价值的实现，缺少对自然的人文关怀，不顾恶劣环境给人们带来的危害，从而带来生态环境破坏等一系列的负面影响。但绿色技术创新不同于传统技术创新，绿色技术创新注重人与自然、社会的关系，紧紧围绕经济发展、社会稳定、生态平衡等多维目标，对于目前制造业的升级转型有着重要的意义。企业大力开展绿色技术创新一方面可以降低环境污染带来的巨大成本，另一方面还会随着市场绿色产品需求的增加提高市场占有率，实现可持续发展。此外，拥有绿色技术的制造企业还可以通过转让其绿色技术来获得技术转让收入，这也是绿色技术创新的动力来源之一。

第三，绿色技术创新的实施与消费者环保理念具有双向促进作用。随着科学技术的进步和文明的发展，人们追求健康和保护环境的意识不断加强，绿色消费的概念也逐渐形成。消费者逐渐意识到环境保护对于人类生存的重要性。消费者的观念也在发生改变，随着经济的不断发展，传统消费理念将向绿色消费理念转变，消费者对于企业的生产也会更加关注。需求端的改变也要求企业进行新的战略调整，通过绿色技术创新如开发更加绿色的产品、研发新的绿色工艺等来迎合消费者的绿色需求，表现出企业的环境保护意识，为企业树立绿色环保的良好形象，帮助企业扩大市场份额。

2. 增强企业推进绿色技术创新的动力

从以上分析可以看出，绿色技术创新的实施对于我国各类企业来说是必不可少的，但目前的实施情况却并不乐观。大量调查分析表明，影响中国中小企业绿色技术创新的产生和发展的主要因素体现在以下几个方面。

第一,绿色技术创新意识薄弱。绿色技术创新意识包括绿色教育、绿色营销和绿色消费等,目的在于培养人们形成保护环境的意识。一个人的环保意识和环保习惯、环保知识和环保能力需要从小培养,所以当务之急是提高全民族的环境保护意识。例如,格兰仕曾在北京推出"绿色回收废旧家电——光波升级以旧换新"活动,消费者手中任何品牌的废旧家电均可折换成小额优惠券,用于格兰仕部分小家电的购买,同时格兰仕联合专业的环保公司对回收的废旧家电进行环保处理,避免了一般家庭因处理不当造成的环境危害。再如,中国每年都要消耗大量的塑料购物袋,而塑料袋的降解过程十分缓慢,从而产生了大量固体废物,形成白色污染。绿色环保购物袋的应用大大减少了白色污染。一般的绿色环保购物袋可重复多次使用,并且其制作材料容易被自然降解,从而能在一定程度上减少环境污染。社会公众的绿色技术创新意识淡薄将在一定程度上影响绿色技术的研发和绿色产品的推广,对未来经济的可持续发展形成阻碍。

第二,绿色技术创新相关法律制度不够完善。通过法律手段强制解决环境污染问题已经成为世界各国保护环境的主要手段了。中国关于绿色技术创新的相关法律基础建设,问题首先在于相关法律出台的总量较少,就算已经出台的法律也还有很多未完善的地方,在规制手段和方法上存在问题,没能为绿色技术创新的实施带来强有力的保障。

第三,缺少绿色技术创新的国家政策和激励机制。与绿色技术创新相关的国家政策和激励机制不够完善。政府出台各类政策激励制度是促进企业绿色技术创新的强大推动力。国际上,关于绿色技术创新的相关政策层出不穷,大致分为法律政策、财政税收政策、绿色采购政策等。中国绿色技术创新的总体水平较低,相应的政策也不够完善,还有很大的发展空间。另外,绿色技术研发过程周期长、投资多、风险大,具有不确定性,绝大多数的企业都不愿意在创新上投入太多。

所以,现阶段绿色技术创新的推进面临着较大的阻碍,因此对于企业实施绿色技术创新的动力进行分析以提高企业绿色技术创新的主动性对经济可持续发展至关重要。本部分从增强企业实施绿色技术创新的内部动力和外部动力角度进行详细的研究,具体如图 8.42 所示。

从图 8.42 可以看出,企业推动绿色技术创新需要内部动力与外部动力的有效结合。其中,内部动力主要包括绿色理念的形成、利益驱动导向、企业内部制度规范和企业家精神。对于绿色理念的形成,其强调不管是对于企业、供应商还是消费者,绿色理念的形成是促进企业进行绿色化生产和消费的关键。随着生态环

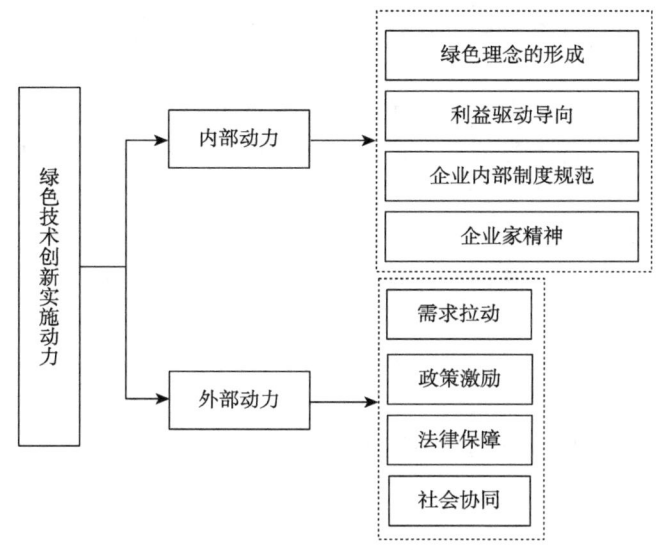

图 8.42 企业推动绿色技术创新的动力

资料来源：课题组根据《绿色技术创新的动力分析》相关资料绘制

境的日益恶化，如何合理培育和增强企业、供应商及消费者的环保意识是非常重要的，只有具备了绿色理念才能有效促进企业进行绿色技术创新来提高自身的竞争力及满足消费者的需求。对于利益驱动导向，企业的最终宗旨均是实现自身利益最大化，随着我国环境规制政策的不断实施，企业的污染治理成本逐步上升，所以绿色技术创新是减少企业成本与污染排放的重要手段，这也是相关企业花费一定量的资金投入成本来实施绿色技术创新的原因。对于企业内部制度规范，其强调要通过规范的企业内部制度来调动员工的积极性和创造性，在此过程中，消费者的信息反馈是非常重要的，而员工作为与消费者直接接触的主体，有效推动其工作的积极性，并定期实施奖惩制度对于企业推动绿色技术创新具有重要的影响。对于企业家精神，其强调一个优秀的企业需要具备建立共同愿景、团队学习、改变心智模式、自我超越和系统思考五项特征，企业家是一个企业的主心骨，企业能够有效推动绿色技术创新与企业家精神有着密不可分的关系，所以培养企业家精神是非常重要的。

外部动力主要包括需求拉动、政策激励、法律保障和社会协同四项。对于需求拉动，主要包括市场竞争性需求和社会公益性需求两部分，市场竞争性需求强调要满足消费者对绿色产品和绿色服务的需求，引导消费者购买绿色化产品，从而推动企业进行绿色技术创新。社会公益性需求强调要培育公众环保意识，意识到环境污染问题的严重性，做到企业进行绿色制造生产、供应商提供绿色化原材料、消费者进行绿色消费。对于政策激励，其强调政府需要推出一系列激励政策来推动企业进行绿色技术创新,包括绿色财税政策、绿色采购政策及绿色人才政策等。其中,绿色财税政策是指政府通过减免或抵扣企业所得税来刺激企业进行绿色技术创新,并降低企业进行绿色技术创新的风险。绿色采购政策是指政府在进行采购时,综合考虑产品或服务的环境友好度,优先选择符合国家绿色标准的产品或服务,通过政府采购的形式激励企业进行绿色生产、绿色技术升级和技术创新。绿色人才政策是指企业要加快推动绿色技术创新,需要建立一个创新型和复合型的绿色人才队伍,从而进行绿色研发与生产。法律保障作为一种强制性的社会规范,能够有效保障企业实施绿色技术创新,降低投资风险,保证并促进企业进行绿色技术创新。社会协同,是指企业推动绿色技术创新需要社会组织支持和大众传媒支持,只有社会团体与公众从内心真正接受绿色技术创新技术,才能有效推动企业进行绿色技术创新,减少环境污染。

3. 绿色技术创新对企业的贡献

我国对绿色技术创新的研究起步较晚,研究的深度和广度还远远不够。学术界关于绿色技术创新的研究尚处于起步阶段,相关概念的统一仍有待探讨。未来绿色科技创新研究应更多关注微观层面。对于一个企业来说,如果能够做好绿色技术创新,它可以从以下三个方面受益。

第一,企业经营成本降低。企业经营成本降低包括节约原材料成本、节约能源成本、节约环保成本等。尽管企业进行绿色技术创新前期投入会比较大,包括研发资金、设备的购买和安装等,但绿色技术一旦成功运营会极大降低企业的运营成本。比如,进行绿色产品创新的企业由于选择使用环保材料可以降低原材料成本,进行绿色工艺创新的企业可以极大地减少企业对于能源的消耗。此外,一方面由于排污的减少,企业可以免去排污超标带来的税收支出,另一方面政府对于绿色技术创新的支持也会使得企业获得一部分优惠政策,如税收减免、资金支持等。因此,在激烈的市场竞争中,进行绿色技术创新的企业会由于企业运营成本的降低获得竞争优势。

第二,通过推动企业彻底或大幅改变传统的高投入、低产量、高污染、高耗能的生产技术提高企业声誉度,不断扩大企业规模。随着中国经济的不断发展,人民对于美好生活的需求越来越大,如人们对于健康水平不断提升的诉求。因此,进行绿色技术创新的企业不但会受到政府的大力支持,还会受到更多消费群众的青睐。企业生产产品的最终目的是要将其产品销售出去,如此才能实现企业的自身价值。而如今的市场早已经从卖方市场转变为买方市场,产能过剩的例子足以证明,只有满足消费者的需求的企业才能在未来存活下去,这也是目前中国实施供给侧改革的主要原因。消费结构的升级必将带来企业的改革,具有远瞻性的企业家应及时调整长期战略。从需求出发,绿色产品消费的逐年增长足以看出消费者对于健康的重视,因此绿色技术创新是未来企业的必经之路。

第三,绿色技术创新会提高企业的利润。首先,企业研发新的绿色技术一方面会带来经营成本的降低,另一方面通过销售绿色产品会带来较高的销售收入。其次,进行绿色技术创新的企业可以将其新的绿色技术转让给其他企业从而获得利润。例如,中国高速铁路技术的研究和开发,它具有速度快、污染小、舒适度高、绿色环保、运输效率高的优点。如果我们将这项技术更广泛地推广到其他国家,可以提高国际地位,获得经济收益。最后,绿色技术的扩散会使整个产业形成一定的规模经济,不但使企业自身获得好处,而且能使相关的产业获得好处。

事实上,与创新型国家相比,中国绿色技术创新能力依然薄弱,与一些工业化国家相比仍有较大差距。绿色技术创新能力的缺乏将使中国经济发展缺少强有力的支持,导致国家创新地位下降。因此,采取有利的政策措施促进企业开展绿色技术创新迫在眉睫。

参考文献

[1] 董洁, 刘航. 中国传统产业 R&D 效率测度及其影响因素研究. 科技管理研究, 2015, 35（23）: 64-68.

[2] 刘满凤, 李昕耀. 我国战略性新兴产业与传统产业互动发展的计量验证——基于生产函数角度. 江西财经大学学报, 2017, （4）: 14-23, 134.

[3] 王霄琼. 论传统产业与高新技术产业的互动. 中州学刊, 2017, （8）: 29-34.

[4] 余泳泽, 刘大勇. 中国传统产业和新兴产业差异性技术进步路径选择研究. 财贸研究, 2013, 24（1）: 22-31.

[5] 刘瑞, 高峰. 我国传统产业调整效应评估. 江西社会科学, 2015, 35（5）: 57-67.

[6] 梁威, 刘满凤. 我国战略性新兴产业与传统产业耦合协调发展及时空分异. 经济地理, 2017, 37（4）: 117-126.

[7] 李钢, 廖建辉, 向奕霓. 中国产业升级的方向与路径——中国第二产业占 GDP 的比例过高了吗. 中国工业经济, 2011, （10）: 16-26.

[8] 刘仕国, 吴海英, 马涛, 等. 利用全球价值链促进产业升级. 国际经济评论, 2015, （1）: 64-84.

[9] Park A, Nayyar G, Low P. Supply chain perspectives and issues: a literature review. WTO, 2013.

[10] 张其仔, 李颢. 产业政策是应遵循还是违背比较优势. 经济管理, 2013, 35（10）: 27-37.

[11] 张其仔. 中国能否成功地实现雁阵式产业升级. 中国工业经济, 2014, （6）: 18-30.

[12] 波斯坦 M M, 哈巴库克 H J. 剑桥欧洲经济史（第六卷）: 工业革命及其以后的经济发展: 收入、人口及技术变迁. 王春法主译. 北京: 经济科学出版社, 2002.

[13] 芒图 P. 十八世纪产业革命——英国近代大工业初期的概况. 杨人楩, 陈希秦, 吴绪译. 北京: 商务印书馆, 1983.

[14] 库兹涅茨 S. 现代经济增长: 速度、结构与扩展. 戴睿, 易诚译. 北京: 北京经济学院出版社, 1989.

[15] 张跃发. 英国工业革命以来西方产业结构的两次转换. 世界历史, 1996, （1）: 123-126.

[16] 张跃发. 工业革命新探. 青海师范大学学报（哲学社会科学版）, 1989, （3）: 41-47, 54.

[17] 黄茂兴, 王茨. 新中国成立以来产业结构演变对经济增长的贡献研究. 经济研究参考, 2011, （63）: 2-13.

[18] 达尔文. 物种起源. 周建人, 叶笃庄, 方宗熙译. 北京: 商务印书馆, 1995.

[19] 李昌宇. 资源倾斜配置研究. 西安: 陕西人民出版社, 1994.

[20] 朱卫平, 陈林. 产业升级的内涵与模式研究——以广东产业升级为例. 经济学家, 2011, (2): 60-66.
[21] 贾晓峰. 中国产业结构研究. 南京: 南京师范大学出版社, 2004.
[22] 刘春梅. 中国产业投资优化研究. 上海: 上海财经大学出版社, 2006.
[23] 施守箭, 李国旺. 产业升级路径研究——黄岩专题报告. 上海: 复旦大学出版社, 2006.
[24] 金碚, 吕铁, 邓洲. 中国工业结构转型升级: 进展、问题与趋势. 中国工业经济, 2011, (2): 5-15.
[25] 赵慧芹. 传统产业与新兴产业如何协同发展. 人民论坛, 2017, (12): 92-93.
[26] 唐燕. 创新驱动传统产业向战略性新兴产业转型升级: 机理与路径. 农村经济与科技, 2018, 29 (10): 153, 155.
[27] 杨以文, 郑江淮, 黄永春. 传统产业升级与战略新兴产业发展——基于昆山制造企业的经验数据分析. 财经科学, 2012, (2): 71-77.
[28] 陆立军, 于斌斌. 传统产业与战略性新兴产业的融合演化及政府行为: 理论与实证. 中国软科学, 2012, (5): 28-39.
[29] 霍影, 霍金刚. 地方产业经济发展策略选择: 传统产业是否应让位于战略性新兴产业——协同发展视阈下战略性新兴产业布局与传统产业升级路径. 科技进步与对策, 2015, 32 (10): 28-31.
[30] 胡晓鹏. 产业共生: 理论界定及其内在机理. 中国工业经济, 2008, (9): 118-128.
[31] Riddle D. Service-led Growth: The Role of the Service Sector in World Development. New York: Praeger Publishers, 1986.
[32] 徐学军, 冯骥龙, 何来刚. 基于交易成本的制造业与生产服务业共生模式. 科技管理研究, 2007, (9): 171-173.
[33] 袁纯清. 共生理论——兼论小型经济. 北京: 经济科学出版社, 1998.
[34] 胡晓鹏, 李庆科. 生产性服务业与制造业共生关系研究——对苏、浙、沪投入产出表的动态比较. 数量经济技术经济研究, 2009, 26 (2): 33-46.
[35] 周孝坤, 刘茜. 西部地区生产性服务业与制造业互动发展实证研究. 经济问题探索, 2013, (3): 89-96.
[36] Lundquist K-J, Olander L-O, Henning M S. Producer services: growth and roles in long-term economic development. The Service Industries Journal, 2008, 28 (4): 463-477.
[37] 庞博慧, 郭振. 生产性服务业和制造业共生演化模型研究. 经济管理, 2010, 32 (9): 28-30.
[38] 金晟. 生产性服务业与制造业共生演化动力机理探讨. 统计与决策, 2018, 34 (9): 59-61.
[39] Färe R, Grosskopf S, Lovell C A K. Production Frontiers. Cambridge: Cambridge University Press, 1994.
[40] 肖卫东, 杜志雄. 中小企业集群发展创新平台构建: 鲁省案例. 改革, 2010, (2): 98-105.
[41] 张卫东, 王萍. 科技中介服务网络平台建设研究. 情报科学, 2011, 29 (7): 1071-1074, 1083.
[42] 朱桂龙, 杨飞虹, 彭有福. 科技中介服务及其发展特征探析. 科技进步与对策, 2003, 20 (2): 98-100.
[43] 王蓉, 陈良华, 王惠庆. 资源配置市场化条件下区域科技中介服务模式研究. 科技管理研

究，2017，37（4）：31-37.
[44] 孙立梅，戚红彦. RIS 中技术交易市场作用路径的实证检验分析. 情报杂志，2011，30（9）：191-195.
[45] 孙艳艳，吕志坚，王晓迪，等. 日本区域创新政策的案例分析研究——以日本首都圈为例. 科学学与科学技术管理，2016，37（6）：88-98.
[46] 许彩侠. 区域协同创新机制研究——基于创新驿站的再思考. 科研管理，2012，33（5）：19-25，55.
[47] 卢巧玲. 发达国家服务于中小企业技术创新的体系建设及对我国的启示. 科学管理研究，2010，28（5）：71-75.
[48] Da Silveira G，Borenstein D，Fogliatto F S. Mass customization：literature review and research directions. International Journal of Production Economics，2001，72（1）：1-13.
[49] 李靖华，等. 大规模定制化服务创新. 北京：科学出版社，2009.
[50] 周芬，孟庆良. 大规模定制服务设计的研究述评与展望. 科技管理研究，2013，33（19）：97-101.
[51] Zomerdijk L G，Voss C A. Service design for experience-centric services. Journal of Service Research，2010，13（1）：67-82.
[52] 蔺雷，吴贵生. KIBS 在创新中的作用. 科学学研究，2003，21（S1）：257-260.
[53] 姚建明. 服务大规模定制模式下的供应链调度优化. 运筹与管理，2015，24（1）：10-18.
[54] 张浩. 大规模定制服务适用性评价研究. 北京：首都经济贸易大学，2011.
[55] 李靖华. 基于大规模定制的服务创新策略. 科学学研究，2005，23（2）：283-288.
[56] Kahneman D，Tversky A. Prospect theory：an analysis of decision under risk. Econometrica，1979，47（2）：263-291.
[57] Sundbo J. Modulization of service production and a thesis of convergence between service and manufacturing organizations. Scandinavian Journal of Management，1994，10（3）：245-266.
[58] 蔺雷，吴贵生. 我国制造企业服务增强差异化机制的实证研究. 管理世界，2007，（6）：103-113.
[59] 陈会锋. 面向大规模定制的服务模块化及服务族配置方法研究. 沈阳：东北大学，2014.
[60] 李超. 基于模块化的中国计算机制造企业全球价值链升级研究. 湘潭：湘潭大学，2009.
[61] Houghton J，Pappas N，Sheehan P. "New manufacturing" one approach to the knowledge economy. Beijing：The Knowledge Economy and China's Development，1999.
[62] The Australian Expert Group in Industry Studies. Service enhanced manufacturing in the building and construction product system. 1999.
[63] Hauenstein L，Gao T，Sze T W，et al. A cross-functional service-oriented architecture to support real-time information exchange in emergency medical response. New York：2006 International Conference of the IEEE Engineering in Medicine and Biology Society，2006.
[64] 郭跃进. 论制造业的服务化经营趋势. 中国工业经济，1999，（3）：64-67.
[65] 孙林岩，李刚，江志斌，等. 21 世纪的先进制造模式——服务型制造. 中国机械工程，2007，18（19）：2307-2312.
[66] 张青山，逯晓宇，徐伟. 制造业服务化转型：挑战、路径与对策. 沈阳工业大学学报（社

会科学版), 2014, 7 (3): 237-244.

[67] 姚小远. 论制造业服务化——制造业与服务业融合发展的新型模式. 上海师范大学学报（哲学社会科学版), 2014, 43(6): 60-71.

[68] 张青山, 吴国秋. 具有竞争优势期望的服务型制造业务流程优化研究. 预测, 2014, 33 (2): 59-65.

[69] 王玉辉, 原毅军. 服务型制造带动制造业转型升级的阶段性特征及其效应. 经济学家, 2016, (11): 37-44.

[70] 韩江波. 智能工业化：工业化发展范式研究的新视角. 经济学家, 2017, (10): 21-30.

[71] Millard D E, Davis H C, Howard Y M, et al. The service responsibility and interaction design method: using an agile approach for web service design. Halle: The Fifth European Conference on Web Services, 2007.

[72] 李兆磊, 吴群琪. 高速铁路对区域运输通道系统结构的影响分析. 兰州学刊, 2010, (12): 47-50.

[73] 冯晓玲, 丁琦. 中国"制造业服务化"发展路径探讨. 亚太经济, 2011, (6): 73-78.

[74] 简兆权, 伍卓深. 制造业服务化的路径选择研究——基于微笑曲线理论的观点. 科学学与科学技术管理, 2011, 32 (12): 137-143.

[75] Quinn B. The temporal context of UK retailers' motives for international expansion. The Service Industries Journal, 1999, 19 (2): 101-116.

[76] Francini A, Chiussi F M, Clancy R T, et al. Enhanced weighted round robin schedulers for accurate bandwidth distribution in packet networks. Computer Networks, 2001, 37(5): 561-578.

[77] Gebauer H. An attention-based view on service orientation in the business strategy of manufacturing companies. Journal of Managerial Psychology, 2009, 24 (1): 79-98.

[78] 何哲, 孙林岩, 朱春燕. 服务型制造的概念、问题和前瞻. 科学学研究, 2010, 28 (1): 53-60.

[79] 周国华, 彭波. 基于贝叶斯网络的建设项目质量管理风险因素分析——以京沪高速铁路建设项目为例. 中国软科学, 2009, (9): 99-106.

[80] 顾远东, 彭纪生. 组织创新氛围对员工创新行为的影响：创新自我效能感的中介作用. 南开管理评论, 2010, 13 (1): 30-41.

[81] 连欣, 杨百寅, 马月婷. 组织创新氛围对员工创新行为影响研究. 管理学报, 2013, 10(7): 985-992.

[82] 孙锐. 战略人力资源管理、组织创新氛围与研发人员创新. 科研管理, 2014, 35(8): 34-43.

[83] Badawy M K. One more time: how to motivate your engineers. IEEE Transactions on Engineering Management, 1978, EM-25 (2): 37-42.

[84] Gelade G A, Ivery M. The impact of human resource management and work climate on organizational performance. Personnel Psychology, 2003, 56 (2): 383-404.

[85] Huselid M A. The Impact of human resource management practices on turnover, productivity, and corporate financial performance. Academy of Management Journal, 1995, 38 (3): 635-672.

[86] Shipton H, West M A, Dawson J, et al. HRM as a predictor of innovation. Human Resource Management Journal, 2006, 16 (1): 3-27.

[87] Arthur J B. Effects of human resource systems on manufacturing performance and turnover. Academy of Management Journal, 1994, 37 (3): 670-687.

[88] 杨大庆, 谭风其, 舒纪铭. 世界先进制造业的发展经验及其借鉴. 北方经济, 2006, (4): 65-66.

[89] 陈定方, 尹念东. 先进制造业技术的特点与发展趋势. 黄石理工学院学报, 2006, 22 (3): 7-10.

[90] 罗文. 从战略上推动我国先进制造业发展. 求是, 2014, (10): 22-24.

[91] 简晓彬, 陈宏伟. 先进制造业的培育机制及路径——以江苏省为例. 科技管理研究, 2018, 38 (7): 148-156.

[92] 郭巍, 林汉川. 北京市发展先进制造业的行业评析与研究. 北京工商大学学报（社会科学版）, 2010, 25 (6): 103-109.

[93] 黄烨菁. 何为"先进制造业"？——对一个模糊概念的学术梳理. 学术月刊, 2010, 42 (7): 87-93.

[94] 商黎. 先进制造业统计标准探析. 统计研究, 2014, 31 (11): 111-112.

[95] 李金华. 中国先进制造业技术效率的测度及政策思考. 中国地质大学学报（社会科学版）, 2017, 17 (4): 104-116.

[96] 汪芳, 潘毛毛. 产业融合、绩效提升与制造业成长——基于1998—2011年面板数据的实证. 科学学研究, 2015, 33 (4): 530-538, 548.

[97] 向书坚, 吴文君. OECD数字经济核算研究最新动态及其启示. 统计研究, 2018, 35 (12): 3-15.

[98] 马化腾, 孟昭莉, 闫德利, 等. 数字经济：中国创新增长新动能. 华北电业, 2017, (6): 91.

[99] 赵西三. 数字经济驱动中国制造转型升级研究. 中州学刊, 2017, (12): 36-41.

[100] 王建民. 工业大数据技术综述. 大数据, 2017, 3 (6): 3-14.

[101] 李永红, 张淑雯. 大数据驱动传统产业转型升级的路径——基于大数据价值链视角. 科技管理研究, 2019, 39 (7): 156-162.

[102] 顾东晓, 李童童, 梁昌勇, 等. 基于云计算的管理信息系统迁移模式与策略研究. 情报科学, 2018, 36 (12): 71-76.

[103] 王萍, 牟冬梅, 石琳, 等. 领域知识融合驱动下的数据挖掘模型构建与优化. 情报理论与实践, 2018, 41 (9): 114-117, 153.

[104] 李廉水, 石喜爱, 刘军. 中国制造业40年：智能化进程与展望. 中国软科学, 2019, (1): 1-9, 30.

[105] 刘亮, 谢根. 大数据智能制造在建造业应用及发展对策研究. 科技管理研究, 2019, 39 (8): 103-109.

[106] 王永龙. "再制造业化"战略建构及对我国的影响效应. 经济学家, 2017, (11): 97-104.

[107] 李景海. 智能制造转型的产业政策选择. 财经科学, 2019, 3: 119-132.

[108] 高歌. 新工业革命中智能制造与能源转型的互动. 科学管理研究, 2017, 35 (5): 45-48.

[109] 史竹琴, 蔡瑞林, 朱先奇. 智能生产共享商业模式创新研究. 中国软科学, 2017, (6): 130-139.

[110] 孟凡生, 于建雅. 新能源装备智造发展影响因素作用机理研究. 科研管理, 2019, 40 (5): 57-70.

[111] 钱雨, 张大鹏, 孙新波, 等. 基于价值共创理论的智能制造型企业商业模式演化机制案例研究. 科学学与科学技术管理, 2018, 39 (12): 123-141.

[112] 吕文晶, 陈劲, 刘进. 智能制造与全球价值链升级——海尔COSMOPlat案例研究. 科研管理, 2019, 40 (4): 145-156.

[113] 孟凡生, 李晓涵. 中国新能源装备智造化发展技术路线图研究. 中国软科学, 2017, (9): 30-37.

[114] 王岚, 李宏艳. 中国制造业融入全球价值链路径研究——嵌入位置和增值能力的视角. 中国工业经济, 2015, (2): 76-88.

[115] 李金华. 德国"工业4.0"与"中国制造2025"的比较及启示. 中国地质大学学报（社会科学版）, 2015, 15 (5): 71-79.

[116] 第43次《中国互联网络发展状况统计报告》（全文）. (2019-02-28) [2021-07-01]. http://www.cac.gov.cn/2019-02/28/c_1124175677.htm.

[117] 赵振. "互联网+"跨界经营:创造性破坏视角. 中国工业经济, 2015, (10): 146-160.

[118] 辽宁省人民政府发展研究中心课题组, 刘晓丹, 杨旭涛. "互联网+"背景下辽宁传统服务业的转型升级. 辽宁经济, 2017, (3): 10-17.

[119] 李向英. 顺应"互联网+"趋势 推动顺义传统服务业转型升级. 前线, 2016, 4 (2): 75-77.

[120] 卢福财, 徐远彬. 互联网对生产性服务业发展的影响——基于交易成本的视角. 当代财经, 2018, 4 (12): 92-101.

[121] 李继尊. 关于互联网金融的思考. 管理世界, 2015, (7): 1-7, 16.

[122] 沈悦, 郭品. 互联网金融、技术溢出与商业银行全要素生产率. 金融研究, 2015, (3): 160-175.

[123] 蔺雷, 吴贵生. 服务创新的四维度模型. 数量经济技术经济研究, 2004, 21 (3): 32-37.

[124] Subramaniam M, Youndt M A. The influence of intellectual capital on the types of innovative capabilities. Academy of Management Journal, 2005, 48 (3): 450-463.

[125] 陈永文. 自然资源学. 上海: 华东师范大学出版社, 2002.

[126] 陆净岚. 资源约束条件下我国产业结构调整理论与政策研究. 杭州: 浙江大学, 2003.

[127] 罗宾斯 L. 经济科学的性质和意义. 朱泱译. 北京: 商务印书馆, 2000.

[128] 宋德勇. 西方经济思想史. 武汉: 华中科技大学出版社, 2001.

[129] 张少兵. 环境约束下区域产业结构优化升级研究：以长三角为例. 武汉: 华中农业大学, 2008.

[130] Roberts C M. Ecological advice for the global fisher crisis. Trends in Ecology & Evolution, 1997, 12 (1): 35-38.

[131] 柳洲. "互联网+"与产业集群互联网化升级研究. 科学学与科学技术管理, 2015, 36 (8): 73-82.

[132] 曹颖. 区域产业布局优化及理论依据分析. 地理与地理信息科学, 2005, 21 (5): 72-74.

[133] 邬娜, 傅泽强, 谢园园, 等. 基于生态承载力的产业布局优化研究进展述评. 生态经济, 2015, 31 (5): 21-25.

[134] Hubacek K, Guan D B, Barrett J, et al. Environmental implications of urbanization and lifestyle

change in China: ecological and water footprints. Journal of Cleaner Production, 2009, 17(14): 1241-1248.

[135] Liu J G, Zang C F, Tian S Y, et al. Water conservancy projects in China: achievements, challenges and way forward. Global Environmental Change, 2013, 23(3): 633-643.

[136] 孙伟,陈雯,陈诚. 水环境协同约束分区与产业布局引导研究:以江苏省为例. 地理学报, 2010, 65(7): 819-827.

[137] 邬娜,傅泽强,吴佳,等. 水资源和水环境约束下的产业布局优化研究——以铁岭市为例. 环境工程技术学报, 2016, 6(6): 600-606.

[138] 杨清可,段学军,王磊. 基于水环境约束分区的产业优化调整——以江苏省太湖流域为例. 地理科学, 2016, 36(10): 1539-1545.

[139] 潘爽. 资源约束条件下区域经济发展的国际经验研究:以日本、德国为例. 长春:吉林大学, 2010.

[140] 覃成林,熊雪如. 我国制造业产业转移动态演变及特征分析——基于相对净流量指标的测度. 产业经济研究, 2013, (1): 12-21.

[141] 陈建军,陈菁菁. 生产性服务业与制造业的协同定位研究——以浙江省 69 个城市和地区为例. 中国工业经济, 2011, (6): 141-150.

[142] 王昆,黎晓. 多重约束、分工演化与区域协调发展:一个理论分析框架. 贵州财经大学学报, 2014, (2): 73-78.

[143] Walter I, Ugelow J L. Environmental policies in developing countries. Ambio, 1979, 8(2/3): 102-109.

[144] 姚从容. 产业转移、环境规制与污染集聚:基于污染密集型产业空间变动的分析. 广东社会科学, 2016, (5): 43-54.

[145] 何龙斌. 国内污染密集型产业区际转移路径及引申——基于 2000—2011 年相关工业产品产量面板数据. 经济学家, 2013, (6): 78-86.

[146] 马丽梅,张晓. 中国雾霾污染的空间效应及经济、能源结构影响. 中国工业经济, 2014, (4): 19-31.

[147] 刘友金,曾小明,刘京星. 污染产业转移、区域环境损害与管控政策设计. 经济地理, 2015, 35(6): 87-95.

[148] 李京文. 我国能源发展与环境问题. 数量经济技术经济研究, 1995, (12): 3-14.

[149] 杨永华,诸大建,王辰,等. 经济学视角的能源使用与环境质量关系研究. 资源环境与工程, 2007, 21(1): 71-74.

[150] 丁焕峰,李佩仪. 中国区域污染与经济增长实证:基于面板数据联立方程. 中国人口·资源与环境, 2012, 22(1): 49-56.

[151] 王锋,吴丽华,杨超. 中国经济发展中碳排放增长的驱动因素研究. 经济研究, 2010, 45(2): 123-136.

[152] 邵帅,李欣,曹建华,等. 中国雾霾污染治理的经济政策选择——基于空间溢出效应的视角. 经济研究, 2016, 51(9): 73-88.

[153] 王志芳,张海滨. 当前全球环境治理的特点与中国的应对. 中国国际战略评论, 2015, (0): 190-207.

[154] 配第 W. 政治算术. 陈冬野译. 北京: 商务印书馆, 1978.
[155] 魁奈 F. 魁奈经济著作选集. 吴斐丹, 张草纫选译. 北京: 商务印书馆, 1979.
[156] Ray S. The clash of progress and security by Allan G. B. Fisher. Sankhyā the Indian Journal of Statistics, 1936, 2 (4): 456-457.
[157] Kuznets S. Economic growth and income inequality. The American Economic Review, 1955, 45 (1): 1-28.
[158] Chenery H B. Restructuring the world economy. World Development, 1974, 2 (10/11/12): 1-9.
[159] Clark B C. The Conditions of Economic Progress. London: Macmillan, 1951.
[160] Syrquin M, Chenery H. Three decades of industrialization. The World Bank Economic Review, 1989, 3 (2): 145-181.
[161] Porter M. Competitive advantage of nations. Competitive Intelligence Review, 1990, 1 (1): 14.
[162] Bair J. Global capitalism and commodity chains: looking back, going forward. Competition & Change, 2005, 9 (2): 153-180.
[163] Poon J M L. Effects of performance appraisal politics on job satisfaction and turnover intention. Personnel Review, 2004, 33 (3): 322-334.
[164] 姚昕, 蒋竺均, 刘江华. 改革化石能源补贴可以支持清洁能源发展. 金融研究, 2011, (3): 184-197.
[165] 何慧爽. 环境质量、环境规制与产业结构优化——基于中国东、中、西部面板数据的实证分析. 地域研究与开发, 2015, 34 (1): 105-110.
[166] 王寿兵, 柏红霞, 王祥荣, 等. 中国工业系统各行业综合污染度评价方法与实例. 中国人口·资源与环境, 2018, 18 (6): 127-133.
[167] 孙坤鑫, 钟茂初. 环境规制、产业结构优化与城市空气质量. 中南财经政法大学学报, 2017, (6): 63-72, 159.
[168] 张晏, 汪劲. 我国环境标准制度存在的问题及对策. 中国环境科学, 2012, 32(1): 187-192.
[169] 谢荣辉. 环境全要素生产率对中国产业绿色升级的影响机理研究. 大连: 大连理工大学, 2017.
[170] 中国社会科学院工业经济研究所课题组, 李平. 中国工业绿色转型研究. 中国工业经济, 2011, (4): 5-14.
[171] 刘慧, 陈光. 企业绿色技术创新: 一种科学发展观. 科学学与科学技术管理, 2004, 25(8): 82-85.
[172] 傅家骥. 技术创新: 中国企业发展之路. 北京: 企业管理出版社, 1992.
[173] 吴贵生. 技术创新管理. 北京: 清华大学出版社, 2000.
[174] 贾友梅. 试论绿色技术创新及其发展. 煤炭经济研究, 2004, 24 (11): 18-19.
[175] 王金南, 曹东, 陈潇君. 国家绿色发展战略规划的初步构想. 环境保护, 2006, 34 (6): 39-43.
[176] 王福君, 宋玉祥. 技术创新推动辽宁省装备制造业升级的机理和路径. 理论界, 2008, (12): 63-64.

[177] Macher J T, Mowery D C. Innovation in Global Industries : U. S. Firms Competing in a New World. Washington: The National Academies Press, 2008.

[178] 高光锐, 王莹. 六大主要国家制造业竞争力实证分析. 工业技术经济, 2008, 27（2）: 44-50.

[179] 汪德华, 江静, 夏杰长. 生产性服务业与制造业融合对制造业升级的影响——基于北京市与长三角地区的比较分析. 首都经济贸易大学学报, 2010, （2）: 15-22.

[180] 王玉, 许俊斌, 南洋. 中国各地区制造业竞争力及其影响因素的实证研究. 财经研究, 2011, 37（2）: 93-103.

[181] 秦惠敏, 徐卓顺. 东北地区制造业产业转移及优化升级的重点领域研究. 当代经济研究, 2016, （6）: 85-92.

[182] 王旭, 秦书生, 王宽. 企业绿色技术创新驱动绿色发展探析. 技术经济与管理研究, 2014, （8）: 26-29.

[183] 何小钢. 能源约束、绿色技术创新与可持续增长——理论模型与经验证据. 中南财经政法大学学报, 2015, （4）: 30-38, 158-159.

[184] 代谦, 别朝霞. 人力资本、动态比较优势与发展中国家产业结构升级. 世界经济, 2006, 29（11）: 70-84, 96.

[185] 张国强, 温军, 汤向俊. 中国人力资本、人力资本结构与产业结构升级. 中国人口·资源与环境, 2011, 21（10）: 138-146.

[186] 余伟, 陈强. "波特假说" 20年——环境规制与创新、竞争力研究述评. 科研管理, 2015, 36（5）: 65-71.

[187] Porter M E, van der Linde C. Toward a new conception of the environment-competitiveness relationship. Journal of Economic Perspectives, 1995, 9（4）: 97-118.

[188] 王娟茹, 张渝. 环境规制、绿色技术创新意愿与绿色技术创新行为. 科学学研究, 2018, 36（2）: 352-360.

[189] Kao C A. Efficiency decomposition in network data envelopment analysis: a relational model. European Journal of Operational Research, 2009, 192（3）: 949-962.

[190] 王玉婧, 刘辉煌. 绿色技术创新的路径思考——基于绿色壁垒的理性分析. 生态经济, 2007, 23: 88-92.

[191] 朱永跃, 马志强, 陈永清. 企业绿色技术创新环境的多级模糊综合评价. 科技进步与对策, 2010, 27（9）: 102-105.

[192] 涂颖清. 全球价值链下我国制造业升级研究. 上海: 复旦大学, 2010.

[193] 林毅夫. 潮涌现象与发展中国家宏观经济理论的重新构建. 经济研究, 2007, 42（1）: 126-131.

[194] 张其仔. 比较优势的演化与中国产业升级路径的选择. 中国工业经济, 2008, （9）: 58-68.

[195] 张剑, 袁洪飞, 吴解生. 全球价值链视角下中国制造业地位的提升. 企业经济, 2007, 26（6）: 95-98.

[196] 罗文. 德国工业4.0战略对我国推进工业转型升级的启示. 中国电子报, 2014-08-01.

[197] 丁纯, 李君扬. 德国 "工业4.0": 内容、动因与前景及其启示. 德国研究, 2014, 29（4）: 49-66, 126.

[198] 黄群慧, 贺俊. 中国制造业的核心能力、功能定位与发展战略——兼评《中国制造2025》.

中国工业经济，2015，(6)：5-17.

[199] 路甬祥. 提高自主创新能力是建设创新型国家的重大战略任务. 党建研究，2007，(11)：50-55.

[200] 金碚，李钢，陈志. 加入WTO以来中国制造业国际竞争力的实证分析. 中国工业经济，2006，(10)：5-14.

[201] 周升起，郑玉琳，兰珍先. 加入WTO十年来的中国对外直接投资：特征、困扰与思考. 世界经济研究，2011，(12)：26-33，85.

[202] 王永靖，刘飞，王琦峰，等. 汽车制造企业绿色制造运行模式及关键技术研究. 中国机械工程，2008，19(23)：2830-2834.

[203] 胡峰，张月月，陈力田. 传统制造企业与环保企业互动共生中实现绿色升级. 华侨大学学报（哲学社会科学版），2016，(5)：48-56.

[204] 苑广增，等. 中国科学技术发展规划与计划. 北京：国防工业出版社，1992.

[205] 封颖. 中国主要科技计划体现环境保护的宏观演变格局研究：1982—2015年. 科技管理研究，2018，38(14)：237-247.

[206] Utterback J M，Abernathy W J. A dynamic model of process and product innovation. Omega，1975，3(6)：639-656.

[207] 孙冰，刘希宋. 企业产品创新状况评价指标体系的构建. 科研管理，2002，23(4)：47-51.

[208] Diamantopoulos A，Hart S. Linking market orientation and company performance: preliminary evidence on Kohli and Jaworski's framework. Journal of Strategic Marketing，1993，1(2)：93-121.

[209] 胡树华，李必强，海丰. 面向产品创新的管理集成. 中国软科学，2000，(4)：87-89.

[210] Porter M G，van der Linder C. Green and competitive. Harvard Business Review，1995，73(5)：120-134.

[211] Bemaner T，Engels S，Krammerer D. Explaining green innovation. The Center for Comparative and International Studies，2006，(17)：3-5.

[212] 柯晓，罗清和. 消费者低碳意识、认知及对绿色产品接受程度的调查分析. 理论月刊，2014，(8)：134-138.

[213] 卢建波，王颖，伦学廷. 我国中小企业工艺创新中存在的问题及对策分析. 技术经济与管理研究，2003，(4)：47-48.

[214] 毕克新，杨朝均，黄平. 中国绿色工艺创新绩效的地区差异及影响因素研究. 中国工业经济，2013，(10)：57-69.

[215] 田红娜，张琳，高晶，等. 我国制造业绿色工艺创新路径设计与选择研究——基于我国制造业的问卷调查. 软科学，2015，29(5)：6-11.

[216] 哈默 M. 再造：不是自动化改造而是推倒重来. 知识经济，2004，(4)：48-50.

[217] 哈默 M，钱皮 J. 企业再造：企业革命的宣言书. 王珊珊，等译. 上海：上海译文出版社，2007.

[218] 院振强. 基于信息化的企业流程再造实施研究. 无锡：江南大学，2008.